黄海嵩·主编

朱连昌
梁金辉 ·副主编

企业职场

乙未年版

高级职业经理人论坛

企业管理出版社

EMPH ENTERPRISE MANAGEMENT PUBLISHING HOUSE

图书在版编目（CIP）数据

企业职场：高级职业经理人论坛：乙未年版 / 黄海嵩主编.
--北京：企业管理出版社, 2016.3

ISBN 978-7-5164-1227-5

Ⅰ.①企… Ⅱ.①黄… Ⅲ.①企业管理—研究报告—中国 Ⅳ.①F279.23

中国版本图书馆CIP数据核字(2016)第033232号

书　　名：企业职场：高级职业经理人论坛（乙未年版）

主　　编：黄海嵩

副 主 编：朱连昌　梁金辉

责任编辑：尤　颖　徐金凤

书　　号：ISBN 978-7-5164-1227-5

出版发行：企业管理出版社

地　　址：北京市海淀区紫竹院南路17号　　　邮编：100048

网　　址：http://www.emph.cn

电　　话：总编室（010）68701719 发行部（010）68701816 编辑部（010）68701638

电子信箱：80147@sina.com

印　　刷：北京画中画印刷有限公司

经　　销：新华书店

规　　格：170毫米 ×240毫米　　16开本　30.25印张　500千字

版　　次：2016年3月第1版　　2016年3月第1次印刷

定　　价：98.00元

序

王忠禹

  2015年，中国企业联合会中国企业家协会与中国人民大学签订了战略合作协议，联合部分省政府和部分中央企业，共同在全国逐步实施"中国企业高级经营管理人才素质提升工程"。这是一件大好事。第一期研修班开班仪式在中国人民大学举行，我参加了，还讲了我的一些评价和建议。近日，黄海嵩同志给我介绍，目前已成功举办了两期研修班，126名来自全国各地的企业家参加了研修，受到了社会各界和企业家的广泛关注与好评。

  这次联合举办研修班，我觉得很有特点，和其他那些联合办学是不一样的。第一点，我们有各省参加，据我所知，联合办学有各省政府参加的不多，这是很大的一个特点。第二点，企业直接参与。如中电建十三局、十一局、河南建设投资集团、平煤神马集团等以企业的名义组织参加研修，不能说没有，但不多。就中企联来说，这样联合办学也是第一次，很有特色。

  海嵩同志谈到，中国企业高级经营管理人才素质提升工程委员会在时间短、人手缺、无资金、缺少经验的情况下，围绕造就具有世界眼光、战略思维、创新精神、经营能力的宏大的职业经理人队伍这一战略目标，积极探索多家联合培训的新路子，明确了政府重视、部门推动、整合社会优势资源与企业互动的工程思路，确立了社会公益性、高端化的工作原则，建立了联合培训的工程领导体制和工作机制，组建了工程专家（导师）库，进行了由10户央企、55户省属重要骨干企业、17户民营企业参加的高级经理人研修实践，受得了有关部省级领导的高度关注，得到了地方政府、全国知名企业家和广大学员的高度评价，初步起到了继承校会好传统、发挥校会新优势、弘扬培训正能量、树立校会新旗帜的作用。

学员们反映，学到了知识、开阔了视野、拓宽了思路、增强了能力、增进了友谊，感到震撼；联合办学的地方政府普遍反映办学方式新、培训平台高、发展前景好；企业反映是当今培训的"高、大、上"。对此，应予以充分肯定。

为使学员能把学到的理论知识与工作实践相结合，提升学员的综合素质和理论造诣，素质提升工程委决定让每一位学员学习以后写一篇论文，并编辑成书，由企业管理出版社出版，这是一件很有意义的事情。因为通过编写此书，给学员们提供一个学习和交流的平台，对他们的职业生涯大有帮助，对企业间的合作交流与长远发展大有裨益。

中企高管人才素质提升工程是一项系统工程，研修仅仅是开端，下一步还要进行职业经理人评价、所在企业管理水平评价、专精特新企业分类、信息资源共享，以及与地方政府联手开展招商引资等工作。

搞企业人才素质提升，是一项具有战略意义的创新工程，一定要坚定不移、毫不动摇地办下去。办好了，国家受益、企业受益、个人受益。办好了，我们要总结经验，完善机制，开拓渠道，力争能探索一条路子，推广开来。

希望中企高管素质提升工程委员会加强与人民大学和中企联的沟通交流，完善体制机制，提高师资水平，持之以恒地办下去。各个单位要统一思想，顾全大局，改革创新，积极高效地支持此项工作。也希望全国的企业家都能积极地参与到职业经理人培训中来，加强理论知识学习，不断提高综合素质，为企业的发展做出应有贡献，争做一名有德品、有担当、有智慧、有作为的优秀企业家。

海嵩同志让我为此书作序，我同意将我在研修班开学典礼上的简短致辞写在此书前面。

2016年1月28日

（作者为中国企业联合会　中国企业家协会会长、
第十届全国政协委员会副主席）

中国企业高级经营管理人才素质提升工程高级职业经理人研修班学员调研报告（论文）评选（编辑）委员会名单

评委会主任：黄海嵩

评委会副主任：姚待献　郝中建　孙庆生

评委会委员：

陈永录　中国电建集团党委副书记

冯真理　中国水利水电第十一工程局有限公司党委书记

赵景涛　中国水利水电第十三工程局有限公司党委书记

刘志江　神华集团安徽公司董事长

吴优福　神华集团福建公司董事长

梁铁山　中国平煤神马集团董事长

陈祥恩　河南能源化工集团董事长

朱连昌　河南投资集团董事长

赵时运　安徽建工集团董事长

赵士兵　中煤三建集团董事长

杨　军　铜陵有色集团董事长

乔传福　安徽高速公路投资集团党委书记、副董事长

王明胜　淮北矿业集团董事长

杨　军　皖北矿业集团董事长

梁金辉　古井贡酒集团董事长

刘　杰　淮海实业总公司董事长

顾凌波　安徽省招标集团董事长

评委会办公室主任：

姚待献（兼）中企高管委常务副主任

评委会办公室副主任：

郝中建　中企高管委副主任、中国人民大学培训学院副院长

王仕斌　《企业管理》杂志社采编中心主任

评委会办公室成员：

孙慧琳　安徽工美工作部主任、省工艺美术促进会会长

李　乐　安徽工作部主任、省企业发展促进中心副主任

赵凤菊　河南工作部主任、省中小企业培训中心副主任

孟　齐　仁大瑞智管理咨询有限公司董事长

秦大禹　中企瑞展工作部主任

龙　斌　中国人民大学培训学院院长助理

丁　宁　中企高管委办公室工作人员

刘新勇　河南省建设投资集团总经理

李富军　神华集团福建公司副总经理

申顺更　河南省能源化工集团副总经理

马　源　河南省平煤神马集团常务副总经理

江长发　神华福建晋江热电有限公司党委书记

黄小毛　安徽省高速地产集团有限公司党委书记

刘　杰　淮北矿业集团机关党委书记

尚　谨　河南省发展燃气有限公司总经理

吉如昇　中国平煤神马集团经济运行部副总工程师兼部长

陈世鹏　中国水利水电第十三工程局有限公司机电安装公司党委
　　　　书记

付文博　中国水利水电第十三工程局有限公司党工部主任、机关党
　　　　委书记

洪　伟　安徽安庆皖江发电有限责任公司副总经理

左登宏　安徽建工集团三建工程有限公司董事长

张显胜　南阳鸭河口发电有限责任公司副总经理

曹代毛　安徽省招标集团股份有限公司副总经理

杨彦华　黄山市牯牛降旅游发展有限公司董事长

张武举　淮北盛顺达工贸有限责任公司工程师

陈少林　北京新发展集团董事长

毛朝阳　中国平煤神马集团郑州办事处党总支书记

任士虎　淮海实业集团工会主席

目　录

（按姓氏笔画排序）

目　录

新常态下国有大型能源化工企业
资本运作模式探讨

中国平煤神马集团　万善福

资本运作是企业发展到一定规模后，进一步推进快速发展的利器，也是大企业破解发展瓶颈、推进产业升级的重要法宝。一些企业在发展过程中，抓住有利时机，善于利用资本运作手段，有力促进了企业规模提升和结构优化调整。在经济发展进入新常态的大背景下，国有能源化工企业如何按照国家关于改革转型要求，实现产业结构调整和优化升级，是摆在当前的重要任务。笔者认为，经济增长进入新常态，也是国有能源化工企业资本运作大有作为的时期。作为充分竞争的国有能源化工企业，可利用企业自身的实业资产优势，运用资本平台，开展资本运作和产业整合，推进产业转型升级，促进企业健康稳定运行。

一、当前新常态下国有大型能源化工企业开展资本运作的必要性分析

（一）有利于企业低成本并购重组，实现弯道超车、进一步做强做大优势核心主业

目前，我国已经进入经济中高速增长的新常态，传统能源化工企业在这种新常态下表现出诸多不适应性，尤其是传统的能源、化工、钢铁、建材等行业。由于产能严重过剩，导致产品价格持续下滑、企业由盈利转亏损，并

且亏损面还在加大。面对这种行业发展持续走低的不利局面，大量企业投资者为降低投资风险，或者由于产业过度分散出现资金链断裂等问题，纷纷开始出售相关非核心业务资产或股权，而且价格成本相对较低。大型能源化工企业在核心主业具有比较优势，在部分领域具有话语权，且亏损额相对较小或稍有盈利。可以借此机会，围绕增强核心主业目标，瞄准相关主业类资产，开展并购重组，一方面提高了所属核心主业的产业规模，实现弯道超车；另一方面可进一步提高产品市场份额，提高话语权，推进整个行业的健康发展。

（二）有利于企业通过资本运作多渠道募集资金，提高应对市场波动能力、推进健康稳定运营

资本运作的另一项重要功能，就是充分利用资本市场，推进企业相关资产的证券化。面对经济的寒冬，如果没有强有力的资金链安全做保证，实现弯道超车是不现实的。因此，需要充分发挥资本市场资金融通功能，通过优势企业的上市融资，或优势独资企业引进战略投资者，实现相关企业股权结构优化为目标的资本投资，来募集企业发展资金，提高资金的保障能力。对于已经拥有上市公司的企业，需要进一步将集团所属企业资产进行梳理，对具备进入上市公司的资产，装入上市公司，增加集团本部的资金流量。同时还可以利用资本市场的相关金融工具，多渠道筹集资金。通过多渠道资本运作手段，募集企业经营发展资金，可有效提高应对市场波动能力，推进企业实现健康稳定运营。

（三）有利于推进企业有进有退发展，实现产业、产品结构转型升级

目前，正处于经济增长速度换挡期、结构调整阵痛期、前期刺激政策消化期"三期"叠加的转型升级期。经济调节重点从"需求侧"的"三架马车"，转向"供给侧"的产品质量提档升级上。因此，传统产业所面临的产能过剩，只能通过淘汰落后产能来逐步解决。传统能源化工产业进入了产业结构优化整合的关键时期。要在当前经济下行的压力下，加快结构调整步伐，推进产品结构优化升级，利用资本运作手段是其中的重要渠道之一。通过开展资本运作，可以将所属非核心主业剥离出去，退出劣势产业领域，并寻求在新的领域实现突破，并购相关新兴产业，获得产业支撑，并可获得相关技术、人才等，有效降低进入新领域的门槛，推进企业顺利转型和产业优化升级。

二、新常态下国有大型能源化工企业开展资本运作的模式探讨

（一）以资本市场为平台，实施资产证券化战略，推进重点领域的融资和资本合作

一是利用好上市公司平台推进资产证券化。国有大型能源化工企业大部分主业资产都已实现了上市，应依托现有上市公司平台和拟上市公司资源，在资本市场上灵活运用重大资产重组、非公开发行、公司债、反向收购等资本运作手段，将大量实物资产转换为可上市流通的证券化资本。就拿中国平煤神马集团来说，该集团现有平煤股份、神马股份和新大新材三家上市公司。平煤股份作为煤炭采选板块上市公司，目前旗下主要煤炭经营性资产基本实现了（除后备、枯竭资源和少数生产矿井）整体上市，仍有部分相关资产具备装入上市公司条件，时机成熟后，可根据需要，推进该类资产注入。神马股份是该集团尼龙化工板块上市公司，目前该集团尚有部分优良资产未进入上市公司，可通过深入进行尽职调查和专项治理工作，制定科学详尽的实施规划，推进整体上市。新大新材是中国平煤神马集团新能源、新材料板块上市公司，在明确其定位的基础上，将其打造为战略新兴产业上市公司平台。对于集团所属新能源、新材料等战略性新兴产业资产，如太阳能发电、新型材料等相关企业，应进行全面梳理和包装，逐步装入上市公司。通过上述措施，尽可能实现相关产业企业都能成为相应上市公司，最大限度地提高企业综合证券化程度。

二是推进下属中小企业新三板上市。2014年以来，国家出台政策鼓励

新三板挂牌上市。国有能源化工企业下属中小企业众多。就拿中国平煤神马集团来说，所属的中小企业三百多家，这些企业中不乏质量较好、成长性高的，应选择优质中小企业，谋求新三板上市后，通过引进机构投资，也可以募集部分发展资金。通过该种方式，为中小企业发展开辟了新的成长途径，同时推进中小企业的规范运作，为今后转板上市奠定坚实基础。

三是利用资本市场开展并购和募集发展资金。资产证券化工作在服务于存量资产资本化的同时，其最大的意义还在于开辟了"上市公司并购"这一集团高端资本运营、发展混合所有制经济的新途径。可将目标企业以定向增发等方式或通过市场融资收购的方式，对目标企业实施兼并重组，成为上市公司资产，实现并购目标。另外，在资产整合中，可以利用上市公司、新三板等渠道募集资金。对于新装入上市公司的资产，可通过上市增发的方式，也可以直接向投资者融资，募集相应发展资金，也可以发行公司债等方式募集资金。通过上述募集手段，提高企业资金保证能力，确保企业在经济持续下行时期资金链完整健全。

（二）利用金融机构平台作用，全方位开展资金融通，提高资金保障能力。国有大型能源化工企业在发展建设过程中，或多或少开展了金融领域的产业

目前，中国平煤神马集团通过新设、参股等方式，拥有了银行、证券、财务公司、商业保理、融资担保、融资租赁、期货等多种融资渠道，打破了长期以来单靠银行借款的单一融资局面。例如，中平投资的定位是投资具有良好技术和市场潜力的创业企业，作为集团产业拓展的前沿孵化器和专业投融资平台。依托财务公司，构建了新的金融服务平台，盘活了存量资金，存贷、承兑、担保、同业拆借等多元化融资服务得到有效拓展。

在当前调结构的阵痛期，国有大型能源化工企业要实现成功转型，资金保障是前提。一是引进民间资本，设立基金公司。充分利用资金、技术、人才、管理等优势，以及在实业和资本市场领域内的影响力，发起设立各类投融资平台，吸纳和利用社会资本。初期可以以投资公司的形式为主，吸引民营企业参股，积累经验和资本，待取得业界认可后，可以资产管理者身份设立投资基金或与政府联合设立产业基金，从而在更大规模上，以更加灵活和直接的方式筹集和利用社会资本。二是发挥保理公司、金融和融资租赁等功能，拓展多元化融资渠道。金融和融资租赁从外在形式上来看，资产租赁方通过向融资租赁机构支付租金，获得设备使用权，但实质上是租赁方从融资租赁机构获得借款，用于购买设备，并以租金的方式支付本息。可根据需要，当企业急缺资金时，将现有设备产权转让给融资或金融租赁机构，取得货币资金，再通过回租取得设备使用权。

（三）以资本运作为抓手，实施走出去战略，继续推进并购重组与合资合作

过去一段时期，国有能源化工企业在推进企业发展过程中，积极开展资本合作和产业并购重组，推进做大做强，扩大资产、营收规模。今后，随着宏观经济形势和企业主业发展趋势的变化，以及中央政策导向的变化，结合产业结构优化升级和发展方式转变的要求，推进并购重组和合资合作。

一是实施产业纵向、横向一体化重组战略开展并购重组。通过并购重组整合，有利于加快推进扩大优势产能、淘汰落后产能，集中力量进行产能升级，促进传统产业新陈代谢，优胜劣汰，整体提升产业质量和生产效率，进一步丰富和完善相关板块产业链条，巩固和提升市场抗风险能力。比如，过去中国平煤神马集团在煤化等领域做了大量工作，收到很好的效果；在电力企业合作发展上，做得还不够。应找准时机，加大集团对火电项目的兼并重组力度，提高发电企业的控、参股规模，增强电煤市场的调控能力。在尼龙化工产业，可将尼龙利用量大、科技含量高的新兴材料企业纳入视野，开展并购重组，在调整产品结构的同时，延伸了产业链条，提高抗风险能力。

二是适度拓展多元化发展空间。大型能源化工企业在发展中，一直更多地强调要发展相关多元化，主要围绕煤炭、化工等相关产业开展战略重组，实践证明这有利于形成整体合力，增强综合实力和竞争力。随着产业规模的逐步扩大和产业转型升级压力的提高，加上经济周期的不可避免，可以尝试开展一些其他领域的重组整合，谋求新的发展领域，以增强企业抵御市场波动风险的能力。国际上一些大型企业集团，在发展多元化的路上，一般都采取收购相关企业，奠定产业发展基础，进而顺利进入一个新的领域，形成企业新的经济增长点。但类似兼并收购需要慎之又慎，在搞好市场研究、技术研究后，明晰产业进军方向、确定产业定位后，稳步实施，确保迈好关键的多元并购步伐。目前来看，需着力推进战略性新兴产业战略重组，稳步提升新材料产业，发展金融资本，进军高端机电等领域。通过几年的运作调整，形成产业规模，进而成为集团新的经济发展着力点，构建起应对经济波动若干个新的稳定器和压仓石，提高稳定运营能力。

（四）以实业资产为依托，实施引进来战略，引进各类资本入股相关企业

引入外部资本，是实现集团现有子企业股权多元化的重要渠道。中国平煤神马集团下属产业领域中，煤焦化、盐化工、装备、建材等产业规模都比较大，且属于高度竞争性领域。随着市场环境的变化，都不同程度出现了利润下降、亏损面扩大等问题。要改变这种不利局面，就需要加强与行业内及上下游企业的合资合作，本着有利于改善企业产权结构、有利于促进产业优化升级和技术进步的原则，通过与优秀的民营企业及外资企业进行合资合作，引进民营资本参股的方式，实现国有民营优势互补，发展混合所有制经济，提高传统产业市场化程度，通过市场机制优化资源配置，促进产业结构调整。同时，通过引进资金，可腾出更多的国有资本用于引导战略新兴产业发展，发挥国有经济主导作用。

总之，在新常态下，在产业转型升级明显加快的关键时期，国有大型能源化工企业要想适应新常态、引领新常态，就必须利用好资本运作这一重要工具，积极探索适合企业实际的资本运作各种模式，促进企业按照战略规模目标，利用好资本市场、开展兼并重组，完善产业链条，促进产品换档，推进产业升级，才能把握好产业转型升级机遇期，推进企业持续健康发展。

关于淮北淮海建设公司未来发展战略的思考

淮北淮海建设工程有限责任公司　　王　平

淮北淮海建设工程有限责任公司（以下简称淮海建工），作为安徽淮海实业发展集团有限公司（以下简称淮海集团）控股的重要骨干企业，以完全市场竞争性的建筑工程施工安装为核心业务，活跃在安徽北部建筑业市场，根据外部市场条件有选择地开拓新兴业务，构建主次分明、相辅相成的多元化业务格局。通过把握价值链优势环节，与淮海集团内部的房地产开发、勘探工程、水泥、建材等企业携手互动，打造品牌，创新管理，塑造文化，推行模块化、区域性复制管理，多渠道融资合作。发挥房屋建筑工程施工总承包一级资质的资源优势，整合控制现有资源，挖掘市场潜力，集聚竞争能量，构建核心竞争优势，努力跻身淮北建筑企业前列，稳步发展成为皖北乃至周边地区知名度较高、竞争力较强的大型建筑工程施工企业。

一、淮海建工业务发展环境和发展现状

（一）公司概况综述

淮海建工成立于1989年，隶属淮海集团，坐落在淮北市杜集区开渠路1号淮北市经济开发区内，环境优美、交通便利。公司的前身为"淮北矿区建筑安装工程处"，2008年通过改制，由国资控股经营，实现体制创新，并在此基础上进行了以管理为核心的一系列机制创新，使企业步入良性发展阶段。

公司改制以来，资本结构合理，法人治理结构完善。2013年6月经住房和城乡建设部核批，公司资质升级为"房屋建筑施工总承包一级"。2004年获得ISO9001国际质量体系认证，具有独立法人资格。公司现有注册资本8000万元。目前，市场已从局部发展向省内外各地尝试性拓展过渡，经济效益不断提高。

近年来，公司承建工程先后荣获安徽省"省级建筑施工安全质量标准化示范工地"、淮北市"市级安全文明标准化工地"、淮北市建筑工程"相王杯"奖、宿州市"市级建筑施工安全质量标准化工地"等荣誉称号。公司多次被淮北市政府、市建委、淮矿集团授予"创最佳效益单位""先进企业""重合同守信用企业""淮北市优秀总承包企业""安全生产管理先进企业"等荣誉称号，受到社会各界的一致好评。

（二）淮海建工业务发展环境

党的十八大指出，要加快完善社会主义市场经济体制和加快转变经济发展方式，确保在2020年实现全面建设小康社会宏伟目标，实现国内生产总值比2010年翻一番。2015年，中央继续实施积极的财政政策和稳健的货币政策，政策导向更多地转向稳增长、调结构。到"十三五"末，全国建筑业产值将达到或接近35万亿元，行业前景仍十分看好。

从安徽省建筑业发展形势看，2014年全省建筑业总产值达到7000亿元，安徽省委、省政府充分认识到大力发展建筑业对于吸纳和转移富余劳动力、拉动相关产业发展、促进经济平稳较快增长、加快城镇化，具有重要而深远的意义。安徽省建筑业的发展与周边其他省份相比、与自身跨越发展、加速崛起的要求相比，差距较大，潜力巨大，主要表现在建筑业总量还不大，核心竞争力和自主创新能力仍不强，亟待加快发展。

"十三五"期间，安徽省将大力发展建筑业，增强全省建筑业总体实力。重点是扶持建筑企业做大做强，支持总承包企业拓宽服务领域，鼓励建筑业企业通过兼并、重组、改制改革、集团化运作模式做大做强，积极支持上述企业的资质重新核准、升级、增项等工作。鼓励大型建筑企业积极参与高端建筑市场竞争，提高市场覆盖率。鼓励大型建筑企业带动中小企业发展，共同开拓建筑市场。促进银行与建筑企业合作，为优势建筑企业提供与施工能力相匹配的授信额度。积极推动建筑强省，出台安徽省建筑强市、强县考核标准。积极为优势建筑企业在人才引进、市场准入、资金融通、政策咨询等方面提供支持和服务，引导建筑企业做大做强。安徽省正处于工业化、城镇化加速推进的阶段，经济增长的内生动力较为强劲，近年来每年固定资产投资均超过1万亿元。这对于安徽建筑业而言是一个大发展的关键时期，十分有利于拓展发展空间。

淮北市"十三五"城镇建设规划以建设"双百双宜"城市为目标，始终贯穿城市转型、城乡统筹发展、加快城镇化、服务民生，更加注重环境保护、节能减排，突出管理创新和技术进步，推进生态城市建设。完善各镇区内道路网络结合农民集中居住区建设配套完善的道路网络。城镇建设：重点镇需要有较完善的市政基础设施和公共服务设施，城市支持农村，推进社会主义新农村建设，加快城镇化进程。重点建设和发展区域中心镇：石台镇、段园镇、古饶镇等。烈山镇和渠沟镇已在城市规划区内，按城市基础设施标准统一建设。城市道路建设：重点实施城市"东扩、南进、西延"战略，以建设东部新城为龙头，新建东部新城道路网络、提高南部和西部道路密度，建设组团间至各开发区及各镇的城市干道；提高完善老城区的道路服务功能，优化道路系统。园林绿化：重点加快风景区建设，保护开发城市湿地，大力推进城市公共绿地建设，完善城市社会绿化管理体系和排水、排污处理。

当前，淮北市正处于城市发展建设关键时期，随着工业化、城市化、城乡一体化战略的大力推进，经济开发区的建设、食品工业名城、"2256"工程的全面实施，以及市委市政府系列城市建设重大战略决策的推进，淮北市在今后相当长的一段时期内仍会保持快速发展的水平，为建筑业提供了重要的发展机遇。

（三）淮海建工业务发展现状

淮海建工的主营业务为房屋建筑工程施工，其建筑业务的发展已历时二十多年。企业成立以来，经过多年的艰苦创业，已具备房屋建筑工程施工总承包一级资质，同时具备市政公用工程施工总承包二级、建筑装修装饰工程专业承包二级、混凝土预制构件专业承包二级、机电设备安装工程专业承包二级、钢结构工程专业承包二级、建筑防水工程专业承包二级、防腐保温工程专业承包二级等资质。目前，淮海建工年施工产值接近5亿元规模，合同履约能力、生产经营能力、质量保障能力、支付能力、客户服务体系等方面，不断得到增强和完善，"淮海建工"品牌逐步被社会认可。

但是，淮海建工当前的资质，除房屋建筑工程施工总承包一级资质外，其他业务资质的等级偏低，无条件问鼎国内大、中型建设项目；虽然企业规模、经营效益也在不断扩大、提高，但市场覆盖率、市场占有率相对较低，主营业务主要为普通住宅和一般工业建筑业务，市场区域目前仍局限于淮北矿区和周边区域，收益点相对集中，随着对当地目标市场的深层次发掘，市场竞争不断加剧，而在其他地区出现了大面积市场开发空白点。

回顾过去几年的发展，公司取得的良好业绩主要得益于国家宏观经济尤其是建筑行业的快速发展，在本地区依靠淮矿集团与淮海集团的支持，在市场上占有了一席之地。虽然目前营业额还在增长，但一些问题已经凸显。从外部宏观经济环境来看，当前国际形势复杂多变，市场需求不断萎缩，世界经济低速增长态势仍将延续，短期内不具备快速增长的条件。国内经济增长下行压力和产能相对过剩的矛盾有所加剧，企业生产经营成本上升和创新能力不足的问题并存，调整转型的任务比较重。从建筑业发展形势看，国家对基础建设、房地产的宏观调控政策复杂多变，调控力度不减，调控效果逐步显现，对建筑业市场的影响和冲击不可避免。同时，建筑行业内部竞争日趋激烈，行业对企业的要求、规范程度越来越高，控制管理越来越严。从企业自身来看，淮海建工的发展基础还比较薄弱，市场核心竞争力亟待提高，人力资源的匮乏对公司规模化扩张发展带来了较大制约。各类管理人员和专业技术人员的数量、素质、结构等，都与企业发展规模不匹配，中、高级职称和注册职业资格人员数量满足不了公司快速发展的需要。管理层面与企业发展不相适应的各类矛盾和问题还很多。在管理运营方面，存在的主要问题表现为：资源不集中，资源消耗严重；管理链条不科学，决策和应变能力弱；施工产值规模上升的同时，收益率下降，存在"剪刀差"现象。在业务构成方面，面临非常诱人的庞大基础设施建设投资市场，淮海建工目前的主业仅以房屋建筑为主，业务构成与自身已具备的资源、自身发展需要、业务发展潜力相比较，产业链向上下游延伸整合滞后，存在一定程度的错位现象。目前公司收入主要来源于淮矿集团和淮海集团的新建住宅、退城进区带来的建筑业务，市政工程施工、钢结构专业承包施工、锅炉安装维修等业务还处在起步阶段。此外，淮海建工的未来发展存在诸多不确定性和不可逾越的瓶颈障碍。在市场营销服务方面，与同行业先进企业相比较，还存在一定差距，除了产品及质量存在着一定的差距、行业劳动生产率低、资金投入产出率低等问题之外，还有一个不容忽视的缺陷就是，整体市场意识薄弱，员工对业主和其他客户需求的了解不深、不主动，进而无法真正满足其要求，致使企业的市场占有率偏低。

二、战略规划思考

在经济新常态下，应做好明确的战略规划，本人认为应做到以下几个方面。

（一）指导思想及战略方针

指导思想：坚持第一要务是发展，强效的科学管理是建筑企业的第一生产力，核心是以人为本，基本要求是全面、协调、可持续，根本方法是"统筹兼顾"的理念。

企业愿景：铸就顾客信赖的"淮海建工"品牌。

企业使命：为顾客创造精品，为企业创造财富，为员工创造平台，为社会创造价值。

企业价值观：追求财富，超越财富，依法经营，诚实守信。

企业精神：同心同德，自强不息，精益求精，众志成城。

经营方针：以市场为导向，以建筑业务转型升级为主线，以管理创新和技术进步为动力，现场市场并重，产品人品同铸，促进企业快速发展壮大。

企业宗旨：发展更加科学，经济更加繁荣，环境更加和谐，品牌更加卓越，顾客更加满意，员工更加幸福。

战略类型：跨越型。

战略方针：经营集团化，资本市场化，业务多元化，极力拓展外部市场，保障核心业务的绝对领先并实现战略性业务的崛起，在国内市场上形成重点突破格局。

（二）业务战略定位

支撑定位：保障核心业务在皖北地区的绝对领先并实现战略性业务的崛起。以淮矿集团和淮海集团建筑业务为基本立足点，积极发展与集团公司内部的房地产开发、勘探工程、水泥、建材等业务的对接合作，形成合力优势，在一定程度上为淮海集团产业链的延伸拓展、价值链的优化完善创造条件。同时，积极探索省内外不同区域的分公司运营模式，在外部市场上形成重点突破格局。

产业链定位：重点在建筑施工总承包业务的产业链上游整合资源，同时向下游不断拓展业务领域，促进梯级业务协同发展，从而完善企业价值链，提高企业自身盈利水平。

区域定位：以淮北为中心向周边地区进行辐射延伸，实行走出去战略，不断拓展和占领外部市场，实现施工产值收入和经济效益、社会效益同步扩大和提升。

品牌定位：选用家族品牌模式，在"淮海"集团品牌下，发挥集团公司的"淮海"品牌优势，以及"国资控股企业"的资源优势、政治优势和社会信誉优势，积极培育"淮海建工"富有个性特色和优势的品牌，坚持单一品牌的发展定位，形成强大的品牌号召力。

（三）发展目标

1. 业务目标

淮海建工以建筑工程业务为基础，向上下游产业链的相关业务领域延伸拓展，不断巩固提升自身在皖北地区建筑行业的知名度和竞争力。构建房屋建筑、市政公用工程、钢结构、机电设备安装、建筑装修装饰、造价咨询、工程监理、试验室检测、水利水电、园林绿化等经济成分格局。

淮海建工业务目标为：作为核心业务的房建施工总承包业务的施工产值比重达到80%；市政公用工程施工、钢结构工程施工、机电设备安装工程、建筑装修装饰、设备租赁等战略性发展业务的施工产值比重达到10%；水利水电、造价咨询、工程监理、试验室检测、园林绿化等种子业务的营业收入达到10%。从业务组合上改变房屋建筑工程施工业务一枝独秀的局面，从地域上逐步改变过分依赖本地市场的局面，向省内、国内重点目标市场拓展进发。

2. 管理目标

加快市场拓展、业务扩张的节奏和力度，有步骤地引进专业技术和管理人员。积极探索完善符合行业发展和管理规律、以及顺利实现公司战略目标的管理模式、运行机制和管理措施，稳步提高企业的管控水平和经济效益。

3. 安全生产和工程质量目标

安全生产方面，确保无重大安全事故发生。工程质量方面，不断提升创建省级、市级安全文明施工标准化水平，积极创建更多的淮北市建设工程"相王杯"奖等市级奖项，填补淮海建工创建安徽省建设工程"黄山杯"奖的空白，向获取国家级建设工程"鲁班奖"而努力。

4. 其他目标

规划期内，全面实行集团化经营。搭建完成五大平台（融资平台、职业工人信息平台、物资供应平台、技术平台、人才平台）；多方面拓展融资渠道，实行总承包一体化管理。

（四）组织结构

结合直线制与事业部制相结合的组织模式，构建淮海建工集团化经营管理格局，实现决策、监督、管理职能的相对分离（管理组织与生产组织分设），以提高业务能力和资源整合力。建立八大管理中心，即综合办公室、人力资源管理中心、财务管理中心、经济运行管理中心、安全质量管理中心、技术管理中心、市场发展与风险控制管理中心、企业文化发展中心；搭建五大平台，即融资平台、职业工人信息平台、物资供应平台、技术平台、人才平台。

探索"母—子公司"和"总—分公司"相结合的多种运营管理模式。实现决策、监督和经营管理的相对分离。建立以战略为指导、以效率为标准、以服务为宗旨、以控制为手段、以科学为基础、以效益为目的、责权利明确到位的管理和生产组织体系。

淮海建工新的组织结构如图1所示。

淮北淮海建设工程有限责任公司

董事长 —— 党组书记

董事会

监事会

总经理

副总经理 ｜ 总工程师 ｜ 总经济师 ｜ 总会计师

职能管理机构

综合办公室 ｜ 人力资源管理中心 ｜ 财务管理中心 ｜ 经济运行管理中心 ｜ 安全生产管理中心 ｜ 技术管理中心 ｜ 风险控制管理中心 ｜ 企业文化发展中心

子公司 ｜ 分公司 ｜ 关联企业

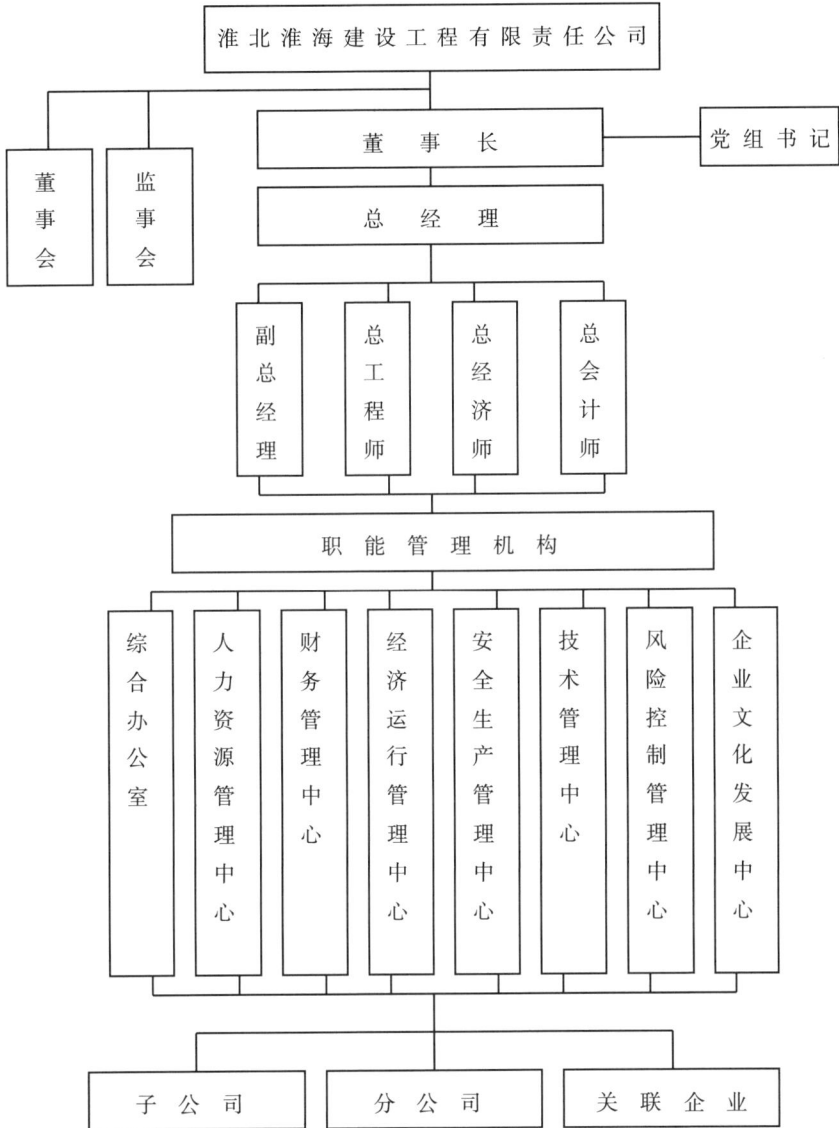

图1 淮海建工组织结构图

三、战略措施及其实施的思考

（一）树立"大建筑、大市场、大项目"的开放理念

所谓开放，就是按照市场经济规律办事。淮海建工将特别强调商业化运作，其核心是解决发展理念问题。作为国资控股企业，在担当必要社会责任的同时，必须以经济效益为中心，在激烈的市场竞争中，不断增强企业的综合竞争实力。逐步改变淮海建工长期以来以土建施工为主、市场覆盖面狭窄、利润空间不大、资本积累受限、综合竞争力不强等现状，随着行业发展变化，抓住机遇，灵活开展专业性布局，走适度多元化的经营之路。深度发展、做精做细与房建相关的装饰、钢结构、机电安装等专业工程，创造条件，对相关资质进行升级，对已取得的房屋建筑总承包一级资质进行充分利用。细分业务板块，有重点、分阶段进行突破。力争在未来五年的规划期内，形成"四大板块"支撑的战略格局：主业板块（房建施工）方面，创品牌，做规模，求稳定；延伸板块（房建以外的专业施工）创效益，增实力；供应链板块（物资供应、设备租赁）挖潜力，降成本；产业链相关板块（房地产开发、设计监管等）促转型，谋发展。条件成熟时，探索经营方式的转变。将施工经营与资本对接有机结合，积极探索DB（设计—施工）、EPC（设计—采购—施工）、BT（建设—转让）、BOT（建设—经营—转让）等投资承包方式的运用和实施模式。同时，公司发展更加兼顾到基于外部关系运营、内部潜力挖掘提升这两个层面。

只有大市场，才能孕育大企业，只有大企业，才能建设大项目，只有大项目，才能捕捉到大机遇，实现企业战略目标。做好市场源头对接，可以收到经营开拓事半功倍的效果。市场源头对接方面，主动捕捉市场拓展区域内的相关投资规划源头信息，做到既准确又高效；密切注视大项目动向，强化大业主源头跟踪；深入洞悉投标方式的新变化，熟练掌握有关工程总承包、法人招标理念知识，为我所用，为企业发展服务。加大社会攻关力度，实现与业主高层对接，使公司的市场对接呈多层面展开，形成多

方位辐射。

（二）调整管理体制和运营机制

坚持以资本作为链接，探索多种经营体制和多种运行模式的"分公司"发展之路，发挥淮海建工总部优势。合理界定母子公司关系，从优化资源要素配置着手，组织优质资产、优秀人才进行重点突围，在资金、人才和品牌等工作方面下功夫，以此推动公司的管理体制改革创新。完善公司治理机制，以清晰的法人治理结构、科学的决策体系、完备的职业经理人才和管理技术人才队伍、有效的激励和约束机制、先进的企业文化，推进企业整体运行机制市场化。

（三）实施项目部的专业化改组改造，营造不同层次的经营竞争实体

与房屋建筑施工总承包一级资质相适应，改革淮海建工以前的传统项目部管理模式，将不同的管控模式、不同层次、不同类型的项目部，改组成为按建筑施工要求而形成的"专业化公司"，在经营责任、权利、义务上赋予项目部更多内容。组建若干个专业化承包实体，形成内部协作、竞争并存的价值链体系。对有条件的项目部，与公司区域性战略布局相结合，改组成为区域性的分公司。分层次、分阶段优化资源要素配置，以公司内部专业化协作促进生产方式和生产观念的变革，增强淮海建工的整体竞争实力，以更充分地发挥各级各层次的积极性，更有效地占领市场份额。

（四）架构适应市场竞争要求的企业经营管理体系

在企业的变革过程中，学习和引进现代建筑安装行业较先进的管理模式，包括建立和运用国内通行的质量管理体系、环保管理体系及安全管理体系，并以这三大体系为核心，有机构建淮海建工协调运作的现代管理模式。特别要改进项目施工管理方式，以项目的集约经营确保企业的竞争实力和经济效益。同时，从观念和程序上，切实按照市场规律要求进行运作，理顺各级各层次关系，提高企业运营效率。在对经营竞争实体的管控上，一方面，视不同类型，逐级建立企业经营决策失误追究机制，推行国有资本保值增值

的绩效考核评价制度；另一方面，将项目部的专业化改组改造与加强管理，从制度上和机制上真正结合起来，切实实现适应市场化竞争的企业内部运作机制。

（五）加强与建筑施工大承包商、房地产开发商的合作

从承包方式、融资渠道、管理模式等方面，与大的建筑施工承包商相对接，学习和研究他们的先进经验，加深对竞争规则的学习和了解，增强紧迫感，提高竞争力。此外，主动与房地产开发商合作，寻求拓展淮海建工市场生存的空间。在投资、融资、捕捉市场信息、提升服务水平、稳定客户等方面下功夫。

（六）重视技术的开发、引进与创新

主要是加强与研究机构、设计院及大专院校的联合，建立有效的科研转化体系。围绕提高工程质量、降低项目施工成本，在施工上加大应用新技术、新材料、新工艺、新设备，将现有技术成果转化为生产力。加快施工设备、器具的更新换代，不断引进建筑施工领域的先进设备。以技术进步创造淮海建工在成本上的新优势。

（七）以政策为导向，对企业经营活动进行适时调整和引导

密切关注政府出台的有关基础设施建设和民生工程方面的较大规模投资计划信息，捕捉持续推进的城镇化、工业化进程以及新农村建设方面蕴藏的巨大建筑市场需求，抓住安徽省委、省政府关于加快皖北和沿淮部分市县发展的机遇，坚持"走出去"的战略方针，加大"走出去"的力度，加快"走出去"的步伐，下大力气拓展周边及省内外市场，对企业年度工作计划、目标及工作思路进行调整完善，扩大淮海建工的市场影响力和核心竞争能力，自觉抵御和防范市场风险。

（八）内强基础外树形象，提高安全生产文明施工水平

从源头抓起，既要有治标之举，更要有治本之策。进一步强化安全责

任主体和安全生产责任制落实，深化全员安全理念和安全意识教育。认真遵守国家相关法律、法规，贯彻落实上级、行业主管部门有关政策文件精神，实现安全生产的程序化、规范化、标准化。加大安全教育培训的力度和广度，根据形势发展需要，不断充实安全教育培训的新内容。项目部各工种岗前培训率要达到100%，特种操作人员持证上岗率要达到100%。加大安全监督检查力度，严惩三违人员，防范于未然。落实安全防护、文明施工措施费用使用管理办法，确保安全文明施工费用投入到位。创新安全工作的方法和手段，依靠科学生产、科学管理、技术进步，全面提升安全生产和文明施工管理水平。同时，进一步明确安全职责范围，加大安全奖罚力度。

四、经济新常态下，淮海建工发展的新思路

一是新的经济常态下，发展增速放慢。建筑业依赖国家固定资产投资拉动的高速增长已经成为历史，企业追求规模效益的时代已经结束，产业的供求矛盾将更加突出。二是行业无序竞争的局面正在扭转，市场回归理性，企业将面临诚信与严管新的考验。三是企业在转型中寻求新的经济增长点，商业模式与服务内涵将逐步发生变化。四是建筑人力成本持续增高，高素质的人才和劳务将成为市场上的稀缺资源。

（一）转型商业模式，扩大服务内涵，增强自主创新的动力

（1）淮海建工要将注意力转向自主创新，跟踪消费新动向，寻求建筑服务新的增长点。例如，在基础设施建设中采取PPP或BOT的模式，提高资源汲取与分配的效率；在旧城和房屋改造中提供便捷的维修改造、功能提升等新的服务项目；在项目建设中提供技术咨询与代建服务等。

（2）要重视建筑物全寿命周期的管理研究。将经营的触角逐步伸向设计、维修、维护、运营、改造等多个环节，向社会提供更人性化的建筑产品，提供建筑物管理的增值服务，从而获取增值利润。

（3）是在绿色建筑与施工中有所作为。

（4）要从规模效益向质量效益转变，提供高品质的服务。信誉企业的质量提升就是要提升全部产品的品质，提升所有工程细部的品质，相信社会最终会认可"优质优价"的原则。

（二）进行企业产权体制的改革

按照三中全会的精神，企业还是走混合所有制的路子为好，而且允许混合所有制经济实行员工持股，这是一个很好的机遇。国有企业改制要从实际出发，淮海建工目前的实际情况是：带领企业历经艰辛，闯过市场的经营者们对企业负有一定的责任，对职工怀有深厚的感情。让这些经营者为主体的管理层持有较多的企业股权，对企业的长远发展较为有利。项目管理的改革要服从于企业管理的全局，服从于企业的整体利益。成熟的市场要求规范的法人经营与管理，企业也应实行集约经营，提高法人的收益。项目管理人员的薪酬改革将要提到议事日程，改革的方向是项目经理人的职业化与市场价值的均等化。

（三）建筑产业工人队伍的建设问题

在新常态下，淮海建设工程公司要从资源配置的战略高度看待产业工人队伍建设的问题，谁拥有了相对稳定、优良的劳务队伍，谁就拥有了新的市场竞争能力。要加强企业新员工的培训，提高技术素质，熏陶企业文化，使他们逐步建立起产业工人的成就感与荣誉感。新常态是一个长期变化的概念，是国家经济发展走向更成熟的概念，对于淮海建工来说也是一个新的机遇。因此企业要主动地去适应这一变化，在转型中寻求新的发展。

经济新常态下相山水泥公司的自我救赎

淮北矿业相山水泥有限责任公司　王　放

一、淮北矿业相山水泥公司概况

（一）企业简介

淮北矿业相山水泥有限责任公司（以下简称相山水泥公司）位于安徽省淮北市北面301国道旁，始建于1962年，原名淮北矿务局水泥支架厂，是淮北矿务局为配套煤矿井下水泥支架而设立的一家企业，几年后开始自产立窑水泥。2009年，淮北矿业集团（原淮北矿务局）实施主、辅分离政策，相山水泥公司等几十家非煤企业通过改制从煤炭主业中剥离，成立了淮海实业集团公司。淮海实业集团成为安徽省第32家省属企业，相山水泥公司系淮海实业集团控股78%的子公司（剩余22%为职工股）。

（二）相山水泥公司的发展历程

1962年刚建厂时，相山水泥公司是靠购买水泥制作煤矿井下使用的水泥支架。20世纪70年代初上马了机立窑，年产水泥不足10万吨。80年代初上马了两条当时国内较先进的湿法长窑生产线，年产水泥20万吨。21世纪初是全国范围内掀起水泥干法生产线建设热潮的年代，相山水泥公司在2004年建成一条日产2500吨熟料的水泥干法生产线，水泥年产能跃升至100万吨。

2009年，随着淮海实业集团的成立，一是水泥成为淮海实业集团的主营板块，二是全国基本建设热潮正酣，对水泥的需求每年都在快速上升，相山水泥公司也进入一轮快速扩张期。2009年并购了淮北市众城水泥公司；2010年在淮北市临焕工业园建成全资子公司相淮水泥公司，水泥粉磨年产能100万吨；2011年建成全资子公司相海管桩公司，预制管桩年产能100万米；2012年成立相泰分公司，建成一条日产5000吨的熟料生产线，新增熟料年产能190万吨；同年并购福乐定混凝土搅拌站，年产商砼10万方；2013年分别控股两家民营企业——鑫丰水泥公司和富特尔编织袋公司60%的股份；2014年再次斥资在相山本部和相淮公司分别新建一条年产120万吨的粉磨生产线。

经过5年多的快速产能扩张后，目前相山水泥公司净资产达9.2亿元，拥有职工1600多人，主要产品产能状况如表1所示。

表1　主要产品产能状况

熟料产能（年）	380万吨
水泥产能（年）	600万吨
商砼（年）	10万方
预制管桩（年）	100万米
编织袋（年）	8000万条

二、相山水泥公司近年来企业经营状况

（一）2015年以前经营状况

1. 相海管桩公司

由于生产人员对新工艺不熟悉，销售人员对市场更加陌生，管桩生产线自投产以来一直处于亏损状态。目前已处于停产状态，尚积压一万多米管桩长期销售不出去，年亏损额在450万元左右。

2. 福乐定搅拌站

该搅拌站建于十年前，工艺落后，设备老化。大的订单不敢接，产能供不上；只能接些零星工程，惨淡经营。虽基本实现盈亏平衡，但应收账款逐

年升高。

3. 富特尔编织袋公司

富特尔编织袋公司是相山水泥公司控股民营企业的一次试点，但从经营成果来看不算成功。编织袋的生产属于劳动力密集型行业，国有资本控股后，用工制度远没有民营企业灵活，造成人力成本上升，每条编织袋高于市场均价5分至1毛钱左右，外部销路难以打开，只能全部在相山水泥公司内部使用，成本转嫁至袋装水泥上。即使如此，富特尔公司每年亏损额仍然在300万元左右。

4. 总体财务状况

2010—2014年期间，水泥市场需求量相对强劲，由于产能扩大随之销售绝对量的增加，从而摊薄了成本，刺激了利润的提升。例如2014年相山水泥公司总销售额15亿元，在消化了其他辅业亏损之后，净利润依然达到1亿元。

（二）2015年以来的经营状况

进入2015年以后，水泥市场急剧变化，需求量萎缩，产能过剩的恶果凸显。为争夺有限的市场，保持开机率，各大水泥企业竞相降价，水泥行业顿时哀鸿遍野。在这种恶劣市场环境下，相山水泥公司当然也不会幸免，首先是在2015年产能比2014年增长近150万吨的背景下销售量与2014年基本持平，但水泥均价下降了近60元/吨，粉磨设备开机率只有50%左右。而且为了保住传统市场，水泥售价不得不一度低于成本销售。

虽然此间相山水泥公司也采取了降低职工薪酬，节约各项费用等降低生产成本的措施，但依然效果甚微。截至2015年11月底，相山水泥累计销售水泥358万吨，销售收入10.9亿元，亏损额仍然达2100万元，与2014年的经营状况已有天壤之别。

三、经济新常态对水泥行业的影响

十八大以后中国经济进入新常态，其主要表现为三个特点：速度——从高速增长转为中高速增长；结构——经济产业结构不断优化升级；动力——从要素驱动、投资驱动转向服务业发展及创新驱动。以新常态来判断当前中国经济的特征，并将之上升到战略高度，表明中央对当前中国经济增长阶段变化规律的认识更加深刻，正在对宏观政策的选择、行业企业的转型升级产生方向性、决定性的重大影响。新常态之"新"，意味着不同以往；新常态之"常"，意味着相对稳定；转入新常态，意味着我国经济发展的条件和环境已经或即将发生诸多重大转变，经济增长将与过去30多年10%左右的高速度基本告别，与传统的不平衡、不协调、不可持续的粗放增长模式基本告别。因此，新常态绝不只是增速降了几个百分点，转向"新常态"也不会只是一年两年的调整。认识不到新常态下的新趋势、新特征、新动力，不仅难以适应新常态，更难以把握经济工作的主动权。

对于水泥工业来讲，经济增速放缓带来的直接影响是投资增速下滑，投资增速下降，水泥等基础原材料行业首当其冲受到影响。2008—2014年以来全国水泥需求量平均增速10.5%，从2008年的13.9亿吨增至到2014年的24.76亿吨。2014年以来水泥需求的增速已呈明显放缓迹象，2013年，全国水泥产量增长9.6%，2014年只有1.8%，为24年来最低，行业发展面临巨大挑战。由此可见，水泥需求增长率的下降速度远大于GDP增速的下降速度。水泥行业进入今天的状况既是中国经济转型的微观反映，也是行业发展规律的必然结果。一是新常态下投资乏力，产能过剩加剧，供需形势更加严峻，不可能再支撑水泥产销的高增长。二是从环境负荷来看，水泥产能不可能再大规模增加。我国水泥产能全球最大，治理雾霾等环保要求对水泥行业来说将是长期挑战。三是从世界范围来看，中国人均水泥用量远远超过其他任何一个发达国家和经济体。

其实我国水泥行业早在2003年就出现产能过剩的苗头，当时立窑等落后产能的产量占总产量的78%，新型干法水泥产量占22%，主要任务是淘汰落后的立窑产能过剩。到2012年，新型干法水泥产量占水泥总产量已达到90%，在房地产业和重化工业快速发展的需求推动下，众多行业纷纷涌入水泥行业，产能过剩的风险不断积聚。为应对金融危机，政府出台4万亿投资刺激计划，2008年和2009年，水泥行业投资额快速增加，两年水泥行业分别完成投资1051.5亿元、1700.7亿元，增幅高达60.8%、61.8%。面对一年新增上百条水泥生产线的状况，2009年年初就出现水泥投资过热、产能过剩的苗头。2009年下半年，国务院批转发改委等部门《关于抑制部分行业产能过剩和重复建设引导产业健康发展的若干意见》，即国发38号文件，明确提出要严格控制新增水泥产能，对2009年9月30日前尚未开工水泥项目一律暂停建设，并进行一次认真清理。但事实上，水泥产能盲目扩张的势头并没有刹住车，新增生产线越建越多。数据显示，在38号文发布后到2012年年底新建的生产线中，比38号文出台时核定的418条在建生产线多建了205条，多增熟料产能近3亿吨。截至2012年年底，全国共新建了623条生产线，新增熟料产能7.07亿吨。事实上，相山水泥公司也正是在这期间进行了产能快速扩张，起到推波助澜的作用。

进入2015年以后，水泥需求增速快速下滑，历经多年的水泥产能严重过剩的"脓疮"终于被挑破，水泥企业踩踏经营，价格一降再降，大部分企业发生大面积亏损，状况较好的也是生存在微利和亏损的边缘。此时的水泥企业大梦方醒，而却不得不吞下自己种下的苦果。

四、经济新常态下相山水泥公司应采取的应对措施

2015年对于相山水泥公司来说是近10多年来最为艰难的一年，但是应该清醒地意识到，至少未来三至五年内企业面临的市场及经济压力不会好于2015年。如果任由这样的经营状况发展下去，相山水泥公司的命运可想而知。因此，如何积极应对当前的新形势，使企业安全度过经济结构转型期，是摆在全体相山人面前的一个严峻的课题。

（一）勇于退出，实现战略收缩

1. 去除出血点，从不擅长的辅业中退出

盲目的扩张或失败的扩张常常是导致企业死亡的元凶之一。相山水泥公

司必须直面当前的经营状况和经济形势，下定决心从管桩生产和商砼生产中退出，对相海公司和福乐定公司毅然进行"切割"，让更有实力的专业公司去接管，以防止其源源不断的亏损拉垮整个企业。对富特尔编织袋公司应采取减持策略，让民营资本控股。这样一方面能继续参与编织袋的生产，保证了水泥编织袋的生产质量；另一方面将灵活的生产组织形式和用工形式还给企业，实现生产成本的下降，提高市场竞争力。

2. 响应政府号召，主动淘汰落后产能

以前因为市场容量大，一些落后产能虽然生产成本较高，但仍有盈利空间，所以企业一般都敝帚自珍，不到万不得已不愿主动淘汰落后产能。相山水泥公司2015年以来，水泥粉磨的平均开机率不到50%；水泥窑虽能保持正常开机，但落地积压大量水泥熟料。这些水泥熟料露天存放，一是风吹雨淋，强度在逐渐下降；二是还需花费二次倒运成本；三是使用落地熟料的可能性越来越小。因此必须自己动手术，让落后产能完全停下来，把先进生产线的优势发挥出来，运转率提上去，从而拉动成本下降，提高市场竞争力。目前相山水泥公司的水泥、熟料生产线如表2所示。

表2 水泥、熟料生产线

生产厂区	主机型号	产能	生产线数量	投产日期
一、熟料生产线				
相山公司	φ4*60米	2500吨/天	1	2004
相泰公司	φ5*70米	5000吨/天	1	2012
众城公司	φ3.5*60米	1200吨/天	2	1999
二、水泥粉磨生产线				
相山公司	φ4.2*13（带辊压机）	220吨/小时	1	2014
	φ3.8*13	100吨/小时	1	2004
	φ2.4*13	25吨/小时	2	1982
众诚公司	φ3.8*13	100吨/小时	1	2007
	φ3.0*13	30吨/小时	2	1999
相淮公司	φ4.0*13（带辊压机）	170吨/小时	1	2010
	φ4.2*13（带辊压机）	220吨/小时	1	2014
鑫丰公司	φ3.5*13	90吨/小时	2	2007

当前相山水泥公司应淘汰下列生产线：①众城公司两条1200吨/天的熟料生产线。②众城公司两条φ3.0*13的水泥粉磨生产线。③相山公司两条φ2.4*13的水泥生产线。④相山公司一条φ3.8*13的水泥生产线。

这样使相山水泥公司的熟料产能降至290万吨；水泥粉磨产能降至450万吨。剪除落后产能后，相山水泥公司的熟料落地积压状况会得到有效缓解，装备水平与先进水泥企业的差距将进一步缩小，先进生产线的运转率会得到提升，用工数量也会有所下降，市场竞争力会因生产成本的降低而得到加强。

（二）实行精细化生产，努力降低产品成本

相山水泥公司因为连续多年来生产状况及效益均较好，所以生产管理通常较为粗犷，但在当前企业处于生死攸关的形势下，企业组织生产必须精打细算，如履薄冰。

1.优化两条水泥窑的检修时间，杜绝熟料落地情况的发生

以前水泥窑的检修时间一般都固定安排在春节前后，并不考虑市场需求的变化。当前形势下必须认真分析市场情况，合理安排停窑时间，实现错峰检修。必要时应与周边其他水泥公司搞好协同，做好限产工作。

2.排列生产线优先顺序，充分利用低谷电组织生产

相山水泥公司即使淘汰了落后生产线后，其产能可能依然大于市场销售量。这就要求公司按生产线先进程度、按生产成本高低排列生产线的优先开机顺序，根据市场需求合理调度各子公司生产线的开停，并充分利用低谷电进行生产，以期达到最低生产成本，为利润赢得空间。

（三）努力缩减人员，优化薪酬分配

相山水泥公司现有从事水泥行业的在岗职工1448名，按2014年的水泥销量，人均年生产水泥只有2800多吨，大大低于同行业1万多吨的先进水平。企业要想在艰难环境下继续前行，必须给企业轻装。

1.彻底去除企业办社会功能

相山水泥公司在2008年企业进行改制时遗留的企业办社会问题，当前必

须全力解决。例如幼儿园、物业公司、工房社区管委会等，要全力争取交给当地政府。

2. 全额清退260名劳务合同工

相山水泥公司近年来因为产能扩大，陆续从社会招聘了260名劳务合同工。这批劳务工一般均从事一些技术要求较低的体力劳动，从落后生产线上精简下来的职工稍加培训就可替代由此产生的空缺。之所以选择全额清退，是因为这些劳务派遣工多数家里有田地、有生意，他们的生存谋生能力要远大于企业员工。

3. 自上而下层层梳理，重新定员定岗

经过调研，相山水泥公司目前中层以上领导干部有153人，机关后勤人员达236人，非生产人员明显臃肿，生产岗位设置不紧凑现象也普遍存在。企业必须下大力气，下大决心，顶住各种压力进行人员的精简，使生产力水平与职工人数相匹配。坚决杜绝大家绑在一起混岗，有一技之长人员被逼出走的现象发生。必须保证企业骨干获得应有的报酬，他们是企业的脊梁，是企业的真正财富。按照目前的水泥产销量，相山水泥公司第一批精简人员数量不应低于400人。

4. 提供宽松环境，鼓励员工自主创业

人员精简后，失去劳动岗位的职工安置是国有企业最大的难题。当前企业可以采用轮岗、长期放假等灵活政策，为他们提供较为宽松的创业环境，一段时间内为其提供生活费，免除其后顾之忧，鼓励他们进入第三产业，自主创业。这也是经济新常态下，传统企业转型、提效必然要付出的代价。

（四）树立品牌，驾驭市场

降低成本，降低产品售价，确实是提高产品市场竞争力的有效手段之一，但是树立品牌优势，实现差异化竞争也是企业从红海进入蓝海的重要法宝。相山水泥公司建厂时间早，2000年以前是皖北地区唯一的大型水泥制造厂。因此"相山"品牌在皖北地区尤其是农村市场有着较好的群众基础和口碑。2000年以后，中联、海螺、天瑞等大型水泥企业相继崛起，它们的水泥产品以价格低的优势，严重冲击着相山水泥公司的传统市场。相山水泥公司如果单一与这些大型水泥企业拼价格，可能力不从心，但是相山水泥公司有近40年历史的"相山"品牌，有40年来的广大客户群，这是其他水泥公司没有的。相山水泥公司应紧紧抓住这两点，扩大宣传力度，提高服务水平软实力，努力经营市场，真正打造好"相山"品牌的形象，走靠品牌、靠服务、靠质量赢得市场的道路。

（五）谋划转型方向，培育新的经济增长点

水泥行业属高耗能、高污染行业，而全国的水泥产能又处于严重过剩状态，因此企业转型是每一个水泥生产企业不得不考虑的一个课题。但对于水泥生产这样的技术水平低下，研发能力基本没有的传统行业来说，要实现创新和转型是艰难的，它不是一日之功，不会一蹴而就。相山水泥公司当前可从以下两方面进行有益的尝试。

1. 利用现有技术能力，尝试环保设备的加工

相山水泥公司现有机械加工厂一座，以前主要为水泥生产线加工一些损坏的零部件，加工厂内车、铣、刨、磨、煅机床齐全，尤其是拥有一批技术精湛的铆焊技术工人。现在国家对环保要求越来越严格，各企业对环保设备的需求量也在加大。相山水泥公司内环保设备众多，且有一批设备管理技术人员对环保设备原理、性能较为熟悉，如能尝试加工环保设备，先满足自身需求，再逐步学习探索烟气脱硫、脱销等较为前卫的技术，承接相关环境治理项目，或许可找到些转型的线索。

2. 做好矿山废弃石的综合利用，培育新的经济增长点

随着政府环境治理力度的加大，淮北市已关停了几十家粉尘治理不合格的小型建筑骨料生产厂家，使得2015年以来建筑沙石骨料市场始终呈供不应求状态，骨料价格一路攀升，且采购困难。而相山水泥公司拥有两座石灰石矿山资源，企业在开采石灰石时会剥离大量山皮石等不适宜做水泥原料的石头，这些石头有些贱卖给民营企业，有些胡乱堆积在开采地。只要稍加投资，同时做好环保措施，将这些废弃石料加工成建筑骨料，就会立即产生可

观的经济效益。按现在市场价初步估算一吨骨料的净利润不低于20元，远超过一吨水泥的利润。虽然由于资源的限制，这可能不是一劳永逸的转型方向，但不失为培养新的经济增长点，渡过当前难关的一种实用的方案。

　　总结：经济新常态是经济发展规律的体现，也是历史发展的必然，它对每一个传统企业都是一个严峻的考验。它意味着一批企业将实现凤凰涅槃获得重生，而必然有一批企业将会退出市场被淘汰出局。相山水泥公司必须正确分析形势，找准自身定位，大刀阔斧自动手术方能成功地实现自我救赎，在本轮洗牌中保有立足之地。

中小企业科技创新风险防范管理

淮海实业集团　　王剑

实施科技创新是中小企业快速发展的主要途径，但科技创新受许多不确定性因素影响，风险较大。根据中小企业科技创新的特点，分析科技创新风险因素，针对中小企业科技创新风险类型，提出相应的防范对策。

一、中小企业科技创新的特点

1. 科技创新意识缺乏

中小企业起步较晚，许多中小企业是由传统的民族手工业发展而来，属于传统型中小企业，所处行业及生产产品对技术需求不是很大，科技创新压力较小，缺乏科技创新意识。据调查：已开展科技创新活动的企业其科技创新动力主要是由于市场需求和竞争压力。

中小企业管理者受传统文化影响很深，惧怕科技创新风险，害怕失败，求稳怕乱，图个安稳日子；部分中小企业小富即安，不谋做大做强，不注重创新，科技创新的主动性较差。

2. 科技创新模式多样化

科技创新模式是指创新主体在一定时期内所采用的相对稳定的一般创新行为倾向和样式。根据科技创新方法分为自主创新模式、模仿创新模式和合作创新模式。中小企业应根据企业性质及企业所处的发展时期选择适合本企业发展的科技创新模式，降低风险，获取收益。

3. 知识产权保护意识不强

中小企业知识产权保护意识不强，在知识产权保护方面采取的措施不够完善。由于对知识产权的保护意识不强，创新企业的一些科技创新成果不能得到很好保护，被别的企业或个人"搭便车"，挫伤其创新积极性，影响科技创新水平的提高。

二、中小企业科技创新风险类型

中小企业的发展离不开科技创新，但科技创新受许多不确定性因素影响，风险较大。科技创新风险是指由于外部环境的不确定性、科技创新项目的难度与复杂性以及创新者自身能力与实力的有限性，而导致的科技创新活动达不到预期目标的可能性及其后果。理论上讲，科技创新是具有创造性的过程，整个过程中的各个阶段、各个环节都有风险存在。

1. 技术风险

技术风险主要是指由于技术方面的因素及其变化的不确定性而导致创新失败的可能性。中小企业资产规模小、技术力量弱等特点，使得技术风险在所难免。一方面由于技术基础薄弱，技术积累不足，缺乏相应的科技创新能力，不能够达到预期的创新效果。另一方面由于对引进技术的有用性和先进性不能正确评价，无法产生预期收益；对引进技术不能消化、吸收及进一步创新、开发，导致低水平重复引进。同时，由于缺乏知识产权保护意识及相应的科技创新成果保护措施，致使科技创新成果以公开或隐蔽的方式流向企业外部。所有这些都可能引起技术风险。

2. 人力资源风险

中小企业职工素质普遍较低，尤其是高素质的科技创新人才更为缺乏。甚至有许多企业就没有专门的科研人员。科技创新活动离不开高素质的科技创新人才，创新人才的缺乏势必给科技创新带来不确定性，并可能成为风险。

3. 资金风险

政府对中小企业科技资金的投入力度不大，科技资金投入更是严重不足。

由于财政科技投入严重不足，中小企业科技创新资金主要以自筹和银行贷款为主。由于中小企业自有资金规模小，通过银行贷款融资又比较困难，因此中小企业资金缺乏，很难保证科技创新的资金需求，技术创新需要持续的资金投入，如果企业缺乏持续投入能力，无钱继续投入，某些创新就可能随时搁浅，甚至导致企业从此一蹶不振，影响科技创新活动的正常进行，形成风险。

4. 市场风险

市场是企业科技创新的起点和终点。企业通过市场调查，了解市场需求，从而可以选择适合市场需要的科技创新项目，通过加强管理，取得创新成果，最终满足市场需求，获取科技创新收益。但由于中小企业非常分散，使得企业很难及时、准确地收集到市场信息，把握市场变化，科技创新盲目性较大；同时，由于缺乏必要的市场信息，创新成果也很难推向市场获取收益，风险较大。

三、中小企业科技创新风险防范对策

1. 技术风险的防范对策

培育企业科技创新能力，加强技术积累；在科技创新项目的引进上尽量选择与企业自身能力相匹配的项目；同时回避风险较高的科技创新项目。加强产学研合作，主动寻求与科研机构、高等院校的合作，由它们为企业提供技术咨询、解决企业技术难题，降低企业创新风险；同时积极与其他企业合作，联合攻关，减少研发风险。实施科技创新多元化策略，选择合适的科技创新项目进行组合，达到分散风险的目的。建立相应的科技创新风险预警系统，降低风险发生的可能性和频率；同时建立"科技创新风险基金"，增强风险承受能力，减少风险损失对企业正常生产经营活动的影响程度。提高知识产权保护意识，通过申请专利权、注册商标权及技术保密等措施切实保护企业科技创新成果。

2. 人力资源风险防范对策

积极加强人才引进，通过采取各种优惠政策吸引、招聘高校毕业生及各种高素质的人才到企业工作。注重"引进与培养相结合"，加大员工培训力度，提高员工素质；同时加强"科研团队"的组建和培养。改革用人机制，"不为所有，但为所用"，引进"候鸟型"高素质科技人才；同时，聘请本地科研机构和高等院校的专家、学者到企业做顾问或者咨询人员。构建有效的激励机制，调动科技人员的积极性，留住人才。

3.资金风险防范对策

积极争取政府科技创新的财政支持和优惠政策。拓宽融资渠道，确定适合自身状况的融资途径，寻求和利用外部资金。转移科技创新项目的投资风险，如向保险公司投保或吸收风险投资。

4.市场风险防范对策

中小企业在技术创新之前，必须充分进行市场调研，了解市场热点，抓住客户当前的最主要的需要和期望。对中小企业而言，技术创新不一定会带来更好的经济利益，只有符合市场需要的有效技术创新才能带来更好的经济效益，企业技术创新的产品能否符合市场的需求，决定了企业的生存和发展，因此，充分的市场调研是企业避免技术创新市场风险的基石。加强市场调查，畅通信息沟通渠道，及时掌握市场信息，通过了解、分析，发现市场的现实和潜在需求，抓住市场机遇，使科技创新活动"有的放矢"。加强与同行的技术协作，与用户建立密切联系，建立信息反馈系统。加强市场营销，组建"营销团队"，制定有效的市场营销策略，注重营销沟通，使科技创新成果能快速推向市场并迅速转化为企业利益。

创新是一种充满了不确定性的活动，因而也是风险极大的活动。但是，企业不可能为了回避风险而不进行创新，因为创新是企业发展不竭的动力，企业最大的风险就是不创新。企业经营管理者在追求技术创新高收益的同时，应当对创新过程中潜伏的各种风险给予高度重视，通过各种方式和手段，在一定程度上防范和控制风险，不断降低、分散和转移风险，力争实现以最小的成本获得最大的安全保障，从而提高技术创新的获利能力，实现技术创新的目的。

公司文化未来发展规划

神华（福州）罗源湾港电有限公司　王　威

一、建设背景

1. 优秀的企业文化是神福罗源湾港电竞争力的源泉

企业文化是企业生存和发展的重要资源，是企业的精神支柱和宝贵的无形资产，是提升企业核心竞争力的重要因素。神华福建能源公司［神华（福州）罗源港湾电有限公司股东之一］作为国内新锐的电力企业，一直注重企业文化的建设工作，通过两年多的发展，取得一定的成绩，推动了企业的发展。在神华（福州）罗源湾港电有限公司（以下简称神福罗源湾港电）领导的高度重视下，神福罗源湾港电的企业文化建设走在国内前列。对于努力创造国际品牌的神福罗源湾港电而言，优秀企业文化是竞争力的源泉，是企业的一项重要战略。

2. 神福罗源湾港电企业文化建设初见成效，任重道远

经过一年的企业文化积淀，神福罗源湾港电的企业文化建设迈出了坚实的一步。企业文化基本成形，企业的核心理念、行为规范以及视觉形象系统等内容的规划、设计还未形成，实施计划在逐步推行，神福罗源湾港电上上下下对企业文化有了初步的认识，优秀的企业文化还在形成之中。

3. 神福罗源湾港电企业文化建设面临的形势

总体上看，神福罗源湾港电的企业文化建设具有诸多有利因素。神华集团、神华福建能源公司以及神福罗源湾港电公司领导的重视，高素质员工的

支持，浓厚人文底蕴的良好基础等，都为神福罗源湾港电的企业文化建设提供了强大的动力。

然而，从整体上来看，神福罗源湾港电的企业文化建设面临着不少问题。对企业文化建设工作的重要性认识不足，理解不全面，未真正作为一项提高企业核心竞争力的重要工作来抓；共同的价值观还没有成为大多数人主动的心理意识，共同的行为规范还没有完全成为员工的自觉行动；没有将企业文化建设视为一项长期性、系统性的工程来做，缺少统一规划和常抓不懈的机制；没有深入进行企业文化教育，许多员工对企业文化的宗旨及内容存在模糊认识；公司企业文化体系还有待进一步完善和规范。

无论是从企业发展的战略出发，还是从目前面临的形势考虑，都要求我们乘胜追击，以最大的热情及坚定的信念投入到企业文化建设中去。企业文化的建设是一项长期工作，也是一项需要全体人员共同参与的工作，共识的达成显得尤为重要。凡事预则立，不预则废。在此根据神福罗源湾港电的特点，提出神福罗源湾港电企业文化建设的五年规划，希望使之成为未来几年企业文化建设的蓝本。

二、理论基础

在研究之初，我们首先对企业文化理论进行总结和梳理，其中包括企业文化内涵、企业文化结构、企业文化的特征、功能和周期，并对神福罗源湾港电企业文化内涵、构成、内容体系和功能意义进行阐述，同时还包括本文研究的企业文化联系紧密的社会生态系统理论、生态经济学理论和可持续发展理论，以及绿色文化、系统论等基础理论，为本文研究打下坚实的基础，为本文立论构建理论平台。

1. 企业文化的内涵

"文化"（culture）来源于拉丁语，其最早的意义为培养、栽种和耕种等种植业含义，在以后逐渐延伸到其他领域。大英牛津词典对此进行的解释为在人类能力发展的高级阶段发展出的身心的提高和修养。在汉语之中，

"文化"一词主要指"人文化成",即指以文明教育天下。随着人类对于文化的概念的深化研究,企业文化研究作为管理学的一个分支所出现,成为管理学研究的热点之一。20世纪80年代,美国学者埃德加·沙因最先进行企业文化研究,他指出企业文化就是在企业发展的过程中企业成员互相作用形成的、被绝大多数企业成员所认可,同时教育企业新进成员的一整套企业发展的价值体系。

与此同时,国内学者罗长海认为,企业文化是指在特定的社会和历史现实之下,企业进行其自身生产与经营活动过程之中形成和创造的具有自身特点的精神和物质形态的集合,以精神形态为主。但国内学者姜学敏认为企业文化具有狭义和广义两种概念,狭义的概念是指在企业长期社会实践过程之中形成的并为企业全体人员所认可和遵守的特色的企业价值观念,同时还有其经营与道德准则。广义的企业文化概念是指在企业长期生产和管理过程中所创造的物质与精神财富的综合。柴世钦、王君毅指出,企业文化是在一定的社会经济条件下通过社会实践所形成的并为全体成员遵循的共同意识、价值观念、职业道德、行为规范和准则的总和,是一个企业或一个组织在自身发展过程中形成的以价值为核心的独特的文化管理模式。

对企业文化的定义还有很多,在此不能一一列举并提出一个公众认可的概念以适应所有研究的需要,但是本文为了进一步的讨论和研究,对企业文化的概念进行界定,以方便以下的研究,我们认为企业文化是在企业发展和经营的整个过程之中孕育并形成的共同遵守的价值、目标和信念,同时全体成员共同遵守企业的行为规范。这种精神和原则是企业发展的核心,是企业制度、物质文化和精神文化的核心,是推动企业进一步发展的基本动力,可以促进企业的创新和变革,进而影响整个社会。

2. 企业文化的结构

企业文化结构就是企业文化的组成、层次、内容、形式、类型等要素的存在形式和关系内容。企业文化结构分为物质层、制度层、行为层和精神层四个方面。企业文化的物质层,主要是由企业员工创造的产品和各种物质设施构成的器物文化,主要包括企业建筑设施、生产实施及生产产品等;企业文化的行为层，主要是企业员工在生产经营、学习生活中产生的活动文化，是一种以文化现象为主要研究对象的幔层企业文化；企业文化的制度层，是一种约束企业和员工行为的规范性文化，是以各种规定和条例位置为研究对象的深层文化，主要包括企业管理制度、企业组织机构、企业领导体制等；企业文化的精神层，主要是企业的精神成果和文化观念，是一种更深层次的文化现象。

从企业文化结构来看，第一层是表层的物质文化，第二层是幔层的行为文化，第三层是中层的制度文化，第四层是核心层的精神文化。其中，精神文化是物质文化、行为文化的升华，是企业的上层建筑，也是企业文化的核心。见图1。

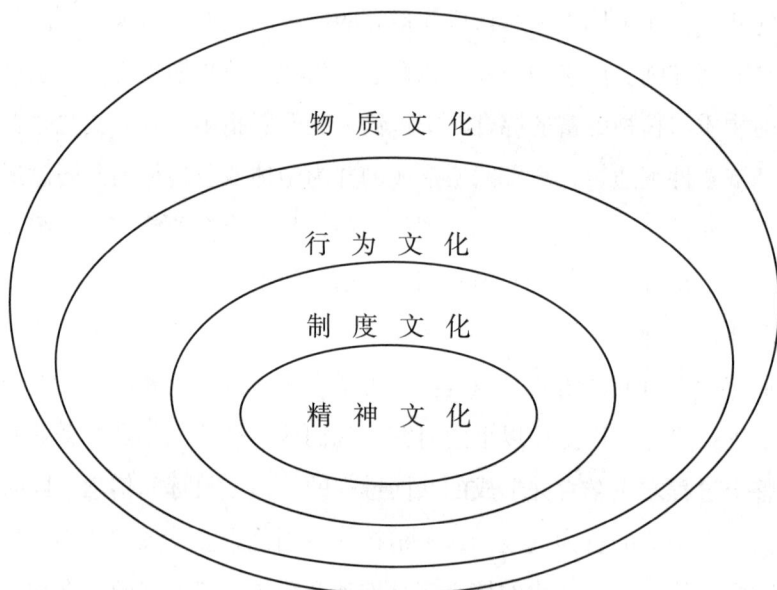

图1　企业文化结构示意图

3. 企业文化的特征

企业文化作为社会文化的重要组成部分之一，所表现出的特征与社会文化相比来说，必有相似之处。企业文化的理念中含企业长期生存准则、企业经营发展战略目标以及自身企业文化底蕴，即企业文化有四种相对突出的特征：

首先，企业文化具有社会性的特征。企业文化作为社会企业管理的一个重要部分，体现了社会生产关系的需要，促进企业精神文明建设起到重要作用，进而促进和影响整个社会的发展。所以，企业文化具有强烈的社会属性和政治属性。

其次，企业文化具有人本性的特征。在以人为核心的企业之中，员工是企业文化的主体和主要载体，企业建设企业文化的根本目的就是希望对员工进行全面的价值观、人生观、道德观等方面的指导和促进，进而促进企业经营目标的实现，以及员工与企业共同发展目标的实现。

再次，企业文化具有系统性和差异性的特征。其系统性表现在由于企业文化是由企业不同的要素所构成，各个部分之间有机结合到一起，融合到一个大的企业文化背景之下，任何角度来看，都是一个有着特定功能的整体。其差异性是由于企业发展过程不尽相同，同时所处的社会和历史环境差异巨大，不同企业的企业文化肯定不同，具有不易模仿和个性鲜明的特点。

最后，企业文化具有创新性的特征。企业文化是企业创新源源不断的动力，一个具有优秀企业文化的企业必将在发展过程中不断汲取自身创造的营养，为自身和社会提供更大的价值。在这个过程中不能停滞不前，更要不断向前发展，突破局限，大胆实践、积极探索、与时俱进，这样才能和时代发展同步，使得企业发展适应时代发展的需求。

4. 企业文化的功能

企业文化的基本功能主要表现为充分调动企业员工的主动性和创造性，进而不断增强企业向心力、凝聚力和竞争力。为便于对企业文化的理解，可以概括地说，企业文化功能主要有正向导向、全面辐射、品牌效应、综合效益四个功能。

（1）正向导向功能

企业文化正向导向功能，包括对员工的约束、激励、管理和凝聚的功能，对企业员工具有正向的引导作用，对企业员工的行为规范、价值取向、行为举止，以及应遵守的各项规章制度等具有正面指导的功能。

（2）全面辐射功能

企业文化不仅会对企业及其员工产生较大的影响，而且会通过各种媒介、载体、渠道对企业所在地区、本行业及其他行业产生一定影响。优秀的企业文化对内塑造员工素质，对外树立良好形象，并对促进企业发展有着积极帮助。

（3）品牌效应功能

企业文化的品牌树立，有利于提升企业形象，提高企业的信誉度和知名度。企业品牌包含企业精神、企业价值观念及对客户服务的态度等。品牌体现的企业精神和企业价值观将随着市场环境的变化而不断创新发展，从而更好地推动企业新一轮发展。

（4）综合效益功能

企业文化的上述功能一旦得到充分有效发挥，不仅可以使企业取得良好的经济效益，还能取得良好的社会效益，对内提升企业核心竞争力，对外赢得合作伙伴和客户的信任和尊重，因此企业文化还具有强有力的综合效益功能。

5. 企业文化的周期

企业文化建设是一个长期的过程，同时企业文化也有自身的发展周期，是一个动态的过程。在理解企业文化的过程之中，我们要用发展的、战略的眼光去观察问题和解决问题，纵观企业文化发展的整个脉络，将企业文化的构建视为一个调整、变革和动态的发展历程，如此才能摆脱企业文化由胜至衰，由强到弱的不足和问题，在企业文化发展周期之中立于不败之地，在新的发展战略指引下实现企业发展的飞跃。基于此观念，我们总结了企业文化发展的周期，在这个循环之中，企业的管理者扮演着极其重要的角色，只有企业领导者重视并培育新的企业文化，以战略和发展的眼光去看企业文化才能使得企业文化长盛不衰，不断迎接下一个企业文化的繁荣。

我们将企业文化发展归纳为以下几个阶段，即企业文化成长、企业文化成熟、企业文化衰退和企业文化变革。在这个长期的过程之中，企业文化伴随着企业发展的路径发展，同时又落后于企业发展的路径。在企业成长的过程之中，企业文化繁盛还未能实现，只是萌芽阶段；在企业繁盛阶段，是企业文化的成长阶段；在企业衰退的阶段，企业文化逐渐落于下风，逐渐与企业发展的路径相重合，但是在变革时期，企业文化得以化茧成蝶，通过变革和创新，发展企业文化。这一整个过程伴随着企业的发展如图2所示。

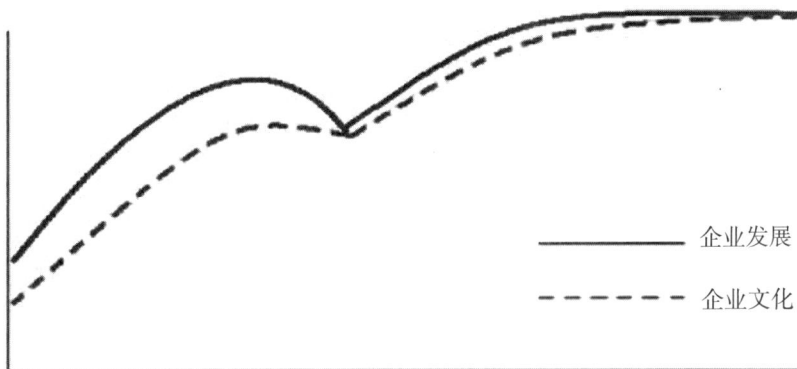

图2　企业发展和企业文化生命周期示意图

三、指导思想和遵循原则

1.公司概况

（1）神华集团

神华集团有限责任公司（简称神华集团）是于1995年10月经国务院批准设立的国有独资公司，是中央直管国有重要骨干企业，是以煤为基础，电力、铁路、港口、航运、煤制油与煤化工为一体，产运销一条龙经营的特大型能源企业，是我国规模最大、现代化程度最高的煤炭企业和世界上最大的煤炭经销商。主要经营国务院授权范围内的国有资产，开发煤炭等资源性产品，进行电力、热力、港口、铁路、航运、煤制油、煤化工等行业领域的投资、管理；规划、组织、协调、管理神华集团所属企业在上述行业领域内的生产经营活动。集团总部设在北京。由神华集团独家发起成立的中国神华能源股份有限公司分别在香港、上海上市。神华集团在2014年度《财富》全球500强企业中排名第165位。

2014年，面对严峻复杂的经济环境、走势多变的市场形势，神华集团积极实施清洁能源发展战略，坚持底线思维和价值创造，自觉遵循市场规律，依靠调整结构、转型升级、创新驱动的新引擎，推动各项工作协调发展，呈现出良好的发展态势。全年完成煤炭销售5.88亿吨，发电量3246亿度，铁路总运量4.12亿吨，港口装船量1.83亿吨，航运量1.31亿吨，各类油品化工品1255万吨，营业收入3286亿元，利润总额640亿元。神华集团国有资本保值增值率处于行业优秀水平，企业经济贡献率连续多年居全国煤炭行业第一，年利润总额在中央直管企业中名列前茅，安全生产多年来保持世界先进水平。面向未来，神华集团将继续推进"科学发展，再造神华，五年经济总量再翻番，建设具有国际竞争力的世界一流煤炭综合能源企业"的发展战略，充分发挥神华矿电路港航油化一体化优势和协同效应，努力打造绿色、国际、可持续发展的神华集团。

（2）神华福建能源公司

神华（福建）能源有限责任公司（简称神华福建能源公司）于2011年11月注册成立，是神华集团的全资子公司，公司本部位于福建省福州市。根据2011年7月神华集团与福建省人民政府签署的战略合作框架协议，神华福建能源公司将承担神华集团在福建省的能源项目开发及运营管理，承担神华集团在海峡西岸经济区投资项目研究开发管理；主要经营电力及附属产品的开发、生产、销售和服务，煤炭的开发、采购、储运与销售，港口、码头的开发、仓储与运营业务，铁路建设、运营业务，粉煤灰提取氧化铝综合利用项目，能源技术开发、培训、转让与研究。

神华福建能源公司贯彻落实神华集团与福建省人民政府战略合作框架协议，践行科学发展观，确定了企业规划目标和发展战略，加快项目前期突破，落实项目收购重组，推进项目建设，组织生产运营，为实现企业全面协调可持续发展奠定基础。

①规划目标。抢抓机遇、跨越发展，五年内电力装机容量超过1000万千

瓦，煤炭吞吐量达到5000万吨/年，建设成为区域内最具竞争力和影响力的世界一流综合能源企业。

②发展战略。依托神华集团的综合资源优势，发挥福建省区位优势和港口优势，利用境内外煤炭资源和海峡两岸的能源市场需求，按照"一圈一网三基地"的设想，进行海西能源布局，积极拓展发展空间。

"一圈"——以海峡两岸能源需求为导向，形成海西能源辐射圈。公司立足福建开拓能源发展，向西辐射江西、湖南；向南辐射广东、香港；向北辐射浙江南部；向东为海峡东岸电力企业输送煤炭，发挥海峡东岸与西岸的纽带联系。

"一网"——以神华的路、港、航优势为依托，打造立体化物流网络系统。充分发挥集团"煤、电、路、港、航、化"一体化优势，建成水水转运、水路联运、海铁联运的立体化物流网络系统。

"三基地"——以境内外煤炭资源为基础，建设罗源湾和湄洲湾港储中转发电一体化基地、鸿山电力生产等三个能源基地。其中，罗源湾港储中转发电一体化基地，一期建设2×1000MW火力发电厂及年吞吐量2000万吨储煤基地，二期建成后发电装机达到4×1000MW，年吞吐量达到3000万吨；湄洲湾港储中转发电一体化基地，规划一期建设2×1000MW火力发电厂及年运转量1000万吨储煤基地，二期建成后发电装机达到4×1000MW，年吞吐量达到1500万吨/年；鸿山电力生产及能源综合开发利用基地，鸿山电厂二期和龙岩发电、雁石发电、晋江热电三个运营电厂用煤量550万吨/年。

截至2015年底，公司资产总额100亿元，控股龙岩电厂、雁石电厂、晋江热电厂、石狮鸿山电厂二期等运营和在建电厂，装机容量达到524万千瓦；新建项目前期工作也取得了突破性进展，2012年9月罗源湾国家级煤炭应急储备基地获得国家发改委和财政部的批准，新建2×100万千瓦电厂项目取得国家"路条"。

2015年，神华福建能源公司以党的十八大精神为指引，全面落实神华集团年度工作会议精神，围绕提升企业价值创造力和可持续发展力的工作中心，突出"夯实基础强管理、开源节流争效益、提升能力抓基建、两翼齐飞谋发展"四条主线，实现企业规模、产业结构、经济效益、管理水平和人才素质"五大跨越"，发扬千方百计、千言万语、千山万水、千辛万苦"四千"精神，艰苦创业、百折不挠、只争朝夕，努力建设区域内最具竞争力和影响力的世界一流综合能源企业。

（3）神福罗源湾港电

为了贯彻落实国家海西战略、保障福建省乃至海西能源安全，助力福建省"科学发展，跨越发展"战略的实施，神华集团有限责任公司与福建省人民政府于2011年7月签订《战略合作框架协议》。

神华（福建）能源有限责任公司根据《战略合作框架协议》布局罗源湾，开发神华福建罗源湾港储中转发电一体化项目。神华（福州）罗源湾港电有限公司于2012年4月注册成立，股东方由神华（福建）能源有限责任公司、福建恒联集团有限公司组成。

神华福建罗源湾港储中转发电一体化项目是2011年12月福州市与神华集团签约的项目，是福建省"十二五"重要的能源保障项目，总投资约200亿元，其中：一期总投资约110亿元，计划2017年底前建成。项目落地连江可门作业区，主要由三部分组成：一是三个水工结构30万吨的大型深水泊位，二是建设国家煤炭应急储备基地，实现年中转煤炭3000万吨；三是建设4×1000MW超超临界燃煤机组（一期工程2×1000MW超超临界机组），形成综合能源一体化项目。

该项目按照"港—煤—电"循环经济模式建设，符合"高效率、低消耗、低排放"的要求，是典型的循环经济项目、高效节能减排项目和生态环保工程，符合国家的产业结构和经济政策。该项目建成投产后，采用先进的脱硫脱硝技术，脱硫效率不低于98%，脱氮效率不小于80%，且供电煤耗不高于273.8克标准煤/千瓦时，为当前国内外先进水平，烟气排放及生产废弃物排放量远远低于国家限制排放标准。

该项目港、储、电一体化规划、设计、建设、管理、运营，产业协同效应显著，充分应用国际国内先进理念与集成技术，按照"本质安全型、质量效益型、创新驱动型、节约环保型、和谐发展型""数字化、集约化、艺术化"目标，致力建设国内领先、国际一流港储中转发电一体化示范工程，打造沿海能源工业艺术品。

2. 指导思想

基于上述理论分析，可以说，企业文化是企业的精神支柱和核心灵魂，未来的企业竞争就是企业文化竞争。优秀企业文化的培育，是一个不断探索、实践、积淀，再探索、再实践、再积淀的漫长过程，也是全体员工与企业自我修炼、共同成长、实现双赢的过程。从这个意义上说，神福罗源湾港电企业文化建设关系企业长远发展的一项系统工程，不是一蹴而就，其理论性、实践性、探索性、创新性都很强，只有起点，没有终点，任重而道远。这需要提出新的目标来凝聚员工力量，推动企业可持续发展，神福罗源湾港电领导层站在新起点，适时提出了建设"同期国内第一、世界一流"工程的战略目标，为企业文化建设起到了积极的推动作用。

结合这一奋斗目标，神福罗源湾港电在积累神华福建能源公司企业文化建设经验的基础上，为确保企业文化建设的顺利实施，深入研究企业自身的文化理念，从企业文化建设目标、原则、结构、框架、模式等方面出发，汲取国内外优秀的文化和实践经验，分析文化内在规律、发现规律，把握规律，科学规划，系统实施，持续改进，最终实现企业文化建设，以文化力促进企业可持续发展力的提升，保持企业旺盛的生命力。

按照企业文化建设的总体思路，即培育绿色价值观，增强企业文化意识；建立企业文化制度，建设绿色管理模式；实施绿色管理，树立绿色形象，神福罗源湾港电要做好应对措施，紧跟时代的脉搏，以市场为依据，以文化为导向，树立绿色理念、开展绿色生产、进行绿色经营、实施绿色管理、提升绿色发展，将企业文化贯穿始终，促使神福罗源湾港电既对本企业负责又对社会负责，实现企业可持续发展。

3. 遵循原则

（1）企业文化建设必须坚持以人为本。

以人为本是现代企业经营管理最核心的理念，是公司企业文化建设的切入点和着力点，充分调动广大职工的积极性、创造性，进一步规范企业和职工的行为，树立一流的企业形象，把各方面的积极因素凝聚到有利于公司持续发展的方向上来。

（2）企业文化建设必须坚持服从和服务于公司的发展战略。

企业文化建设的目的是推动企业的长远发展。从企业的组织结构、管理形式、发展目标、经营战略、生产经营特点和职工队伍状况的实际出发，并考虑外部政治、经济、文化环境等诸方面因素的影响，与企业的各项工作紧密结合，有的放矢地进行企业文化的设计和组织实施。

（3）企业文化建设必须坚持重在创新。

结合当前改革和生产经营的实际，着眼于公司未来发展的需要，积极借鉴国内外先进的管理思想和企业文化的优秀成果，用发展的观点、创新的思维对现有的企业文化进行整合、提炼和创新，进一步弘扬时代精神，突出特色，使企业文化建设符合时代发展和形势任务的要求。

（4）企业文化必须坚持重在建设。

以深入宣传贯彻公司的企业精神、核心经营管理理念及公司标识为突破口，以企业文化建设带动和推进员工队伍的观念转变和企业的体制创新、机制创新、管理创新与科技创新。要充分调动积极性，发挥创造性，努力促进员工队伍的全面建设。进一步加强企业文化阵地建设，积极构建宣传企业发展成就的平台，不断提高公司的知名度和美誉度。

（5）企业文化建设必须坚持员工广泛参与。

让员工的广泛、积极参与，形成领导者牵引、执行者组织、实践者参与的"三位一体"互动体系，使企业文化建设具有上下联动的基础，并转化为全体员工的自觉行动。通过广泛宣传，对全体员工进行企业文化基本知识的教育，利用灵活多样的方式方法，形成强劲的企业文化建设氛围，让全体员工消化吸收，真正提高员工的素质。

四、主要目标

1. 总体目标

以科学发展观为指引，以促进企业科学发展、服务发展战略为宗旨，创新和建设企业文化，树立绿色理念，开展绿色生产，进行绿色经营，实施绿色管理，提升绿色发展等内在要素，内强企业素质，外塑企业形象，形成具有鲜明自身特色的企业文化，增强企业凝聚力，提高企业核心竞争力，实现企业文化与企业发展战略的和谐统一，企业发展与员工发展的和谐统一，企业文化优势与竞争优势的和谐统一，为公司可持续发展、赢得市场竞争提供强有力的文化支撑。经过未来五年的持续建设发展，有效提升企业发展的"软实力"，实现一流的企业文化落地。

2. 阶段目标

第一阶段：2015年为企业文化初步形成阶段。

深入贯彻落实国家"十二五"国民经济和社会发展规划纲要、"十二五"时期文化发展规划纲要、国资委《关于加强中央企业企业文化建设的指导意见》《关于开展企业文化建设评价工作的通知》和中国企业文化促进会《2006—2020年中国企业文化建设发展规划纲要》及《神华集团企业文化建设纲要》，通过不断挖掘"企业文化"内涵和寓意，从人、机、料、法、环五大方面入手，制定企业文化建设目标、原则、结构、框架、模式，以人为主体，加强机组、设备、设施、工艺、人员素质，营造"经营企业文化，提升企业业绩"的文化导向。

第二阶段：2015—2016年为企业文化理念深化融合阶段。

通过调研诊断分析、提炼升华企业文化理念，突出解决企业文化理念深化、落地问题，保持与神华集团、神华福建能源公司企业文化理念高度融合，包括企业理念识别系统（MI）、企业行为识别系统（BI）、企业视觉识别系统（VI）三个方面，并以企业文化为灵魂，以发展升华精神文化、制度文化和物质文化为核心，以丰富创新安全文化、健康文化、环保文化、创一流文化等亚文化为载体横向发展，纵向发展部门文化、班组文化、员工文化，学习、推广、巩固、提高企业文化建设整体水平。

第三阶段：2016—2017年为企业文化固化成熟发展阶段。

用两年时间形成比较完善的、跟进时代发展的、符合先进文化前进方向、具有鲜明时代特征、与现代企业制度发展要求相适应、能够满足创建一流发展战略目标的企业文化模式，即建立模式、检查评价、持续改进、形成成果，成功塑造神福罗源湾港电绿色形象，打造绿色品牌，提升企业知名度和信誉度，使神福罗源湾港电步入神华福建能源公司、以及国内、国际成功优秀企业文化建设行列。

五、建设策略

神福罗源湾港电企业文化建设策略是根据公司的特点而制定的，是未来几年文化建设的基本指导思想，它使文化建设更有效率，使总体目标得以顺利实现。

◆建设方法

1. 推进理念识别系统建设，铸造企业灵魂

（1）确立公司的经营理念。

企业经营理念是企业在经营管理实践中形成的世界观和方法论，是企业在加强管理、处理内外部关系、实现企业目标过程中表现出来的文化现象。要积极培育既有公司个性，又富时代感的、追求卓越的企业经营理念，实现管理创新。

调查研究，精心规划。广泛吸收、借鉴国内外先进经验，积极汲取企业文化理论的最新成果，立足企业实际，设计本企业文化建设的近、中、远期目标规划整体框架，分步实施，逐步完善。

（2）培育公司的企业精神。

企业精神是企业的灵魂和精神支柱，是根据核心价值观营造的企业员工的共同心理状态、思想境界和理想追求，以及相应的精神氛围。要结合企业生产经营和管理工作的实际，采取总结提炼、座谈讨论、专家咨询等方式，总结提炼具有先进性和群众性、概念清晰、语句简练、生动形象、利于广泛传播的企业精神。

宣传发动，全员参与。利用一切舆论工具和宣传手段在企业全体员工中大力倡导和弘扬企业精神，将企业共同的信念和追求根植于每个员工的心

中，鼓舞员工的干劲，规范员工的行为，使企业改革发展的经营思想变为员工自觉的行动，使全体员工同呼吸共命运，全心全意地为实现企业目标努力奋斗。

建设载体，强化宣贯。推进以有效载体为依托的文化宣传教育活动，利用各种条件和机会，将企业理念体现在各种活动之中，形成强势企业文化氛围，使员工在履行岗位职责和参与企业每一项活动中，耳濡目染，在多种形式中不断接受、理解固化理念并形成习惯。

（3）培育企业道德。

培育企业和员工共同遵守的道德意识、道德关系和道德行为，形成企业内部调整人与人、单位与单位、个人与集体、个人与社会、企业与社会之间关系的行为准则和规范，形成企业微观的意识形态。

领导带头，责任落实。各级领导干部既是企业文化的倡导者，更是实践者，示范是最有效的宣传。企业中高层管理者要以身作则，严于律己，利用各种时机宣贯公司企业文化理念，强化员工对企业文化的认同。企业领导要注重提高自身修养，在公众环境、公务交往中展示神华人及神福人形象。要形成党委领导、企业文化部牵头、各职能部门配合、全员广泛参与的企业文化建设格局。

2. 推进行为识别系统建设，提升员工整体素质

（1）建立健全企业各项规章制度，构筑完善的制度体系。

建立健全保证企业各项工作正常有序开展的工作制度，保证整个企业能够分工协作、井然有序、高效运转的责任制度。

制度约束，养成习惯。把建立健全刚性的管理制度与"以人为本"的人性化管理相结合，通过灵活多样的方法，强化规章制度的刚性和体现企业文化的柔性，做到刚柔相济，软硬相和，使员工养成良好的职业习惯，自觉自为，塑造神福人的良好社会形象。

（2）营造企业良好的精神氛围。

将企业长期沿革、约定俗成的典礼、仪式、节日活动、习惯行为等加以改造和培育，如知识竞赛、技术比武、体育比赛、团拜会、节日庆典等加以

规范升华，增加企业的凝聚力，增加员工对企业认同感，培育员工积极向上的追求和健康高雅的情趣。使企业风俗和企业的各项责任制度、工作制度和谐统一，互为补充、互相强化，为塑造良好的企业形象发挥作用。

学习借鉴，持续推进。积极学习中外优秀企业文化建设经验，尤其是要研究电力行业特色的企业文化建设经验，加强企业文化交流和沟通活动，通过组织现场观摩、企间交流、经验研讨，不断提升企业文化建设水平。

注重培训，培养人才。加强组织企业文化管理师职业培训，建立一支专兼职的企业文化管理师人才队伍，建立起企业文化宣传、教育、培训、管理骨干人员队伍。

（3）塑造文明员工形象。

通过在企业中倡导和推行员工行为规范，在员工群体中形成共识和自觉意识，增强企业内部的凝聚力，提高企业的工作效率。企业领导成员行为规范应突出开拓进取、率先垂范等内容；管理人员行为规范应突出奉公守法、敬业守职等内容；普通员工的行为规范应突出忠诚守信、勤奋上进等内容。

树推典型，榜样引路。发现、树立、培养先进典型，开展创优评先活动，以先进典型人物身上所展示的高尚思想、良好品质、优秀职业素质告诉员工什么是企业所提倡的，什么是企业所赞成的，什么是符合神华福建能源公司文化理念的行为，使员工学有榜样，行有方向，做有目标，自觉成为企业文化理念的践行者，以表彰会、精神与物质奖励结合、文学、文艺等多种方式宣传先进典型，有效激励群体的创业活力。

3.推进视觉识别系统建设，塑造现代企业新形象

设计和确定以企业的标志、标准字和标准色为中心内容的视觉识别系统，在公司系统的规定场合和场所使用统一的公司标识，集中进行企业文化的视觉展现。

规划和营造企业外貌，包括自然环境的净化、绿化和美化、办公室和生产场所的优化布置等，营造人们对企业的第一良好印象。

加强文化设施和阵地建设，包括建立和完善企业自办的报刊、神福内外网、宣传栏、广告牌、招贴画等。

◆建设要点

1. 企业文化建设主题化

每年为企业文化建设制定一至二个主题，一年中的各项工作尽可能围绕主题而展开，这样每年集中精力在一两个方面真抓实干做出成效，而不是漫无目标不分重点的做事情。主题的设定根据企业的实际情况而定，对企业文化具有深远影响的问题作为主题，各年的主题根据轻重缓急科学规划。

2. 五年建设环环相扣，层层推进

企业文化的建设是一个线性过程，一个阶段的建设取得了成果才能进入到下一个阶段。在五年建设目标上，要一年上一台阶，三年见成效，五年出特色。在企业文化建设内容上，建设的重心从最易实施的视觉形象，到企业理念灌输，再到行为习惯的培养逐步深化。在针对的对象上，首先注重企业的高中层领导，然后再推移至中层干部，最后波及到广大基层员工。

3. 抓住关键人关键事，以点带面

企业经营过程中涌现的关键人物和关键性事件，对企业往往具有极大的影响。抓住这些关键人和事，充分利用其示范效应，以点带面，将使企业文化建设取得事半功倍的效果。

4. 注重企业文化建设的节奏

企业文化五年建设，要做到整体规划、分步实施。做出五年的规划，建设过程掌握好节奏，做到不徐不疾，张弛有度，避免一年到头无声无息或者大搞运动的局面出现。针对每个子目标，按照预热、高潮、巩固的节奏循序渐进稳固推进。

5. 创造员工喜闻乐见的丰富形式

优秀企业文化的形成需要全体员工的共同参与，参与程度越深，效果就会越好。神福罗源湾港电企业文化建设不能做成枯燥无味的思想政治教育，而是要开创各种员工喜闻乐见的形式，寓教于乐，使员工不知不觉地接受理念和改变行为。企业文化建设工作应努力起到丰富员工生活的作用，而不是成为员工抵触的运动。

6. 紧扣目标，过程控制

五年的企业文化建设会分为若干个具体的子目标，建设工作将根据这些子目标逐步实施，尽量避免工作的随意性。没有完美的过程，就没有理想的结果。建设过程中进行严格的过程控制，使各项工作落到实处，而不是浮于表面，搞形式主义。

六、目标分解

基于神福罗源湾港电企业文化建设的总体目标、阶段目标，在深刻理解和熟悉掌握企业文化建设工作原理的基础上，为深入推进和加强企业文化建设，确保每年有一个文化主题，并进行年度目标分解，让企业文化建设更加主题化、具体化。

① 2015年定为文化培育年：培养形成企业文化，使员工对企业文化有初步认可；

② 2016年定为文化宣贯年：学习宣贯企业文化，使员工对企业文化有更深认识；

③ 2018年定为文化积淀年：升华发展企业文化，使企业文化深入人心；

④ 2019年定为文化提升年：再次升华企业文化，使企业文化有更深的含义；

⑤ 2020年定为文化创新年：新一轮创新企业文化，使企业文化得到新的发展。

如此规划，不但是基于建设一流企业文化的目标而考虑，也是基于企业文化的共性和自身的特点而考虑的。沟通、团队、诚信、责任、规范、素颜、业绩、创新、人文、和谐等，是优秀企业文化的重要因子，同时也与我们倡导企业文化所寓意的健康、环保、安全是相一致的，是企业文化建设的核心内容。

以上是对未来几年企业文化建设主题的初步规划和目标分解，需要说明的是，以沟通与团队、诚信与责任等作为每年企业文化建设的主题内容，并不意味着其他方面的企业文化建设工作就会偏废，而是为了确定一个重点，其他日常性的工作照常进行。对于规划的主题和年度目标分解，在建设过程中，也可以根据企业的实际需要进行调整。同时在企业文化建设中，要充分考虑"绿色理念、绿色生产、绿色经营、绿色管理、绿色发展"等相关要素，避免出现"两张皮"，为搞文化而搞文化。

七、实施步骤

1.企业文化建设组织架构

神福罗源湾港电紧紧围绕企业战略目标，建立企业文化建设组织架构，设立较高层次、精干化、高素质化的组织机构，在决策层领导下，管理层、执行层各自履行职责，形成"企业行政一把手或党政一把手，企业文化建设领导机构，企业文化建设日常机构，部门牵头，班组和员工参与"齐抓共管的管理模式。

（1）决策层：即企业领导班子层或企业文化建设管理委员会。

为确保企业文化建设良好运作，公司成立企业文化建设管理委员会或企业文化建设领导机构。委员会主任由企业行政一把手或党政一把手担任，其他领导为企业文化建设责任人，是企业文化建设的组织者、倡导者、布道者和执行者。主要负责宏观调控、部署企业文化规划的实施推进；审议企业文化建设目标、指标、方案；按计划对企业文化执行机构的阶段工作进行指导、监督和考核；对企业文化执行机构提交的建议、计划进行审议；实行企业文化建设工作考核，把企业文化建设的各项任务落到实处。

企业文化建设执行机构的办公室设在党建工作部/企业文化部，在负责企业文化建设领导小组领导下，编制和组织实施企业文化建设规划方案、推广方案和工作计划，总体协调日常工作；接受企业文化建设领导小组的指导、安排和考核等；监督、调整基层企业文化的推进进度，推动企业文化建设顺利开展。

（2）管理层（包括党建工作部/企业文化部、管理部门）。

党建工作部/企业文化部（目前是综合管理部）是企业文化建设主管部门。负责企业文化建设的宣传推进；负责企业文化建设规划的目标、指标、方案的策划与制定；负责指导和监督各部门企业文化建设的各个环节的运作；负责组织实施企业文化建设等。经营管理部（目前是计划部）负责将企业文化建设工作纳入企业中长期战略和规划。财务产权部负责为企业文化建设提供专项资金保证。人力资源部负责制定或审核企业文化建设培训计划，合理配置企业文化建设人力资源。总经理工作部（目前是综合管理部）负责企业文化建设过程中各种资源的沟通和协调。

（3）执行层（包括所有部门、班组和员工）。

各部门负责人负责本部门企业文化建设工作，为部门企业文化建设第一责任人；负责组织制定本单位特点的企业文化年度目标、指标、方案，制定工作总结和计划安排，采取各种措施推动本单位文化建设工作有序开展；负责组织部门员工积极参与企业文化建设工作或活动，并对部门班组及员工参与情况进行监督和评测；负责对企业文化建设方案等提出改进建议或意见，并落实本部门文化建设的改进与提升计划。

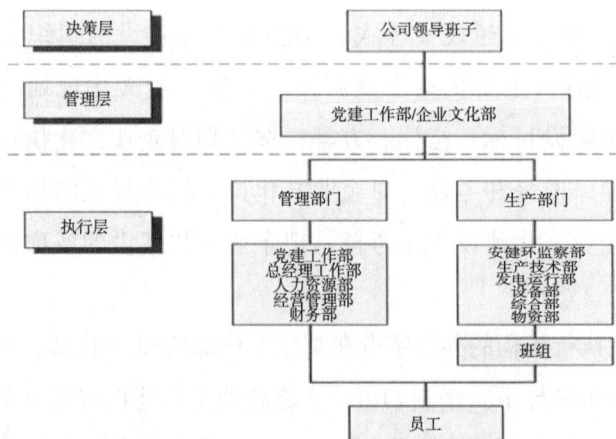

图3 企业文化建设组织机构示意图

各班组负责人负责班组企业文化建设的实施推进工作，执行公司企业文化建设方案、工作计划；负责组织开展班组各类活动，培育班组成员的核心价值观和价值取向；负责敦促班组成员严格执行文化建设标准、方案、规定等。员工负责学习掌握相关企业文化建设标准要求，明确自己的权利与义务；自觉遵守企业核心价值观及行为规范，做文化建设的传播者、执行者和实践者；参加企业组织开展的各种文化建设活动，并对文化建设的实施推进提出合理化的意见与建议，推动文化建设的深入发展。

总之，为加强和深入开展企业文化建设，在公司层面建立企业文化建设领导小组，负责整个公司企业文化的指导。在各部门建立企业文化大使或员工代表，负责企业文化的宣传、推广、践行，反馈，同时建立相应的企业文化制度，做到有计划、有安排、有总结、有评价、有闭环，从而使企业文化建设处于动态不断优化中。

2. 企业文化建设的研究方法

① 调查法：即深入企业内部，综合利用现有的文字材料开展调研活动，准确掌握企业发展战略、经营目标、制度建设、思想文化体系及领导层价值取向、企业精神等，掌握企业文化建设的方向和需求。

② 查证法：即深入企业的生产环境、办公环境、生活环境进行实地观察，了解员工精神风貌、责任意识和环保意识等，以感受文化氛围的浓厚。

③ 访谈法：即深入企业了解各层次人员的思想动态、真实想法及对文化理念的理解程度，与企业高层、中层及基层员工进行充分有效地互动沟通，以对企业文化建设情况做出正确客观的诊断评估。

④ 问卷法：即深入企业以发放问卷的形式，编撰问卷发放，直接与基层人员对话，了解员工对企业文化建设理念的理解、执行力文化的落实及对本企业开展企业文化建设的认可度，以客观的数据进行定量分析。

⑤ 诊断法：即由专家依据评估评价标准，深入企业进行现场诊断评估，通过详细诊断，了解实际执行情况与评价标准的一致性，从而诊断建设成果。

⑥ 文献研究法：即对企业文化和绿色文化等相关的文献资料进行整理，并进行研究，利用图书馆资料和电子资料对相关研究进行资料的整合，分析

其中对于本企业的企业文化发展论点，找出文章内采取的研究方法和路径。主要参阅占据主流地位的文献，以理论研究为主，方法借鉴为辅，理论性和实践性相辅相成。

3. 企业文化建设关键要素

（1）文化建设主题化。

每年为企业文化建设制定一至二个主题。一年中的各项工作尽可能围绕主题而展开，这样每年集中精力在一两个方面真抓实干做出成效，而不是漫无目标不分重点的做事情。主题的设定根据企业的实际情况而定，对企业文化具有深远影响的问题作为主题，各年的主题根据轻重缓急互为补充，互为调整，科学规划。

（2）文化建设科学化。

企业文化的五年建设，做到整体规划、分步实施。企业文化建设过程掌握好节奏，做到稳步推进，张弛有度，避免一年到头无声无息或者大搞运动的局面出现。针对每个子目标，按照预热、高潮、巩固的节奏循序渐进稳固推进。

（3）文化建设系统化。

企业文化建设是一个线性过程，五年建设环环相扣，层层推进。一个阶段的建设取得了成果才能进入到下一个阶段。在企业文化建设内容上，建设的重心从最易实施的视觉形象，到企业理念灌输，再到行为习惯培养逐步深化。在针对的对象上，首先重心在企业高层领导，然后再推移至中层干部，最后波及到广大基层员工。

（4）文化建设故事化。

企业经营过程中涌现的关键人物和关键性事件，对企业往往具有极大的影响。发挥企业家、企业英雄、企业员工的作用，抓住关键人和事，大肆宣传他们的先进和感人事迹，充分利用其示范效应，以点带面，使企业文化建设取得事半功倍的效果。

（5）文化建设生动化。

优秀企业文化的形成需要全体员工的共同参与，参与程度越深，效果就会越好。企业文化建设不能做成枯燥无味的思想教育灌输，而是要开创各种员工喜闻乐见的文化活动形式，寓教于乐，使员工不知不觉地接受理念和改变行为。

（6）文化建设具体化。

五年的企业文化建设会分解为若干个具体的子目标，文化建设将根据子目标逐步实施，落实责任，全员参与，提高计划执行刚性，尽量避免工作的随意性。建设过程中进行严格的过程控制，使各项工作落到实处，而不是浮于表面，搞形式主义。

（7）文化建设指标化。

为确保企业文化建设落到实处，在开展企业文化建设的过程中，对企业文化建设工作、企业文化建设状况、企业文化建设效果进行指标设置，对企业文化建设进行整体检查评价，形成一套科学的评价指标，使文化建设真正做实、做细、做深。

4. 企业文化建设工作原理

在企业文化的建设过程之中，其运作模式主要包括企业文化建设的主要目标、企业文化的改进、企业文化的计划、企业文化的实施和企业文化的检查等几个部分的内容，其中计划、实施、检查和改进四个步骤是一个PDCA循环的过程。根据企业文化生命周期论的内容，神福罗源湾港电在进行企业文化建设的管理过程中遵循流动的管理方式，通过动态的不断修正的体系来进行整体的改造，以达到实现企业文化建设的目标。

从图4可以看出，企业文化建设首先提出目标，策划和制订文化建设计划，包括目标、方向与任务，以及实现目标需要采取的措施；计划制订之后，围绕理念、行为、视觉三个层面，按照计划实施开展企业文化建设推进工作，实现企业文化落地；计划实施后检查，运用企业文化评价，应用评价指标和现状诊断，看是否实现预期效果，有没有达到预期的目标；通过检查找出问题和原因，进行评价与总结，将经验和教训制订成标准、形成制度，固化成果，形成企业文化优秀成果、优秀案例和优秀论文，在整个公司范围内，乃至发电企业推广应用，以推动企业文化建设上升到更高水平。

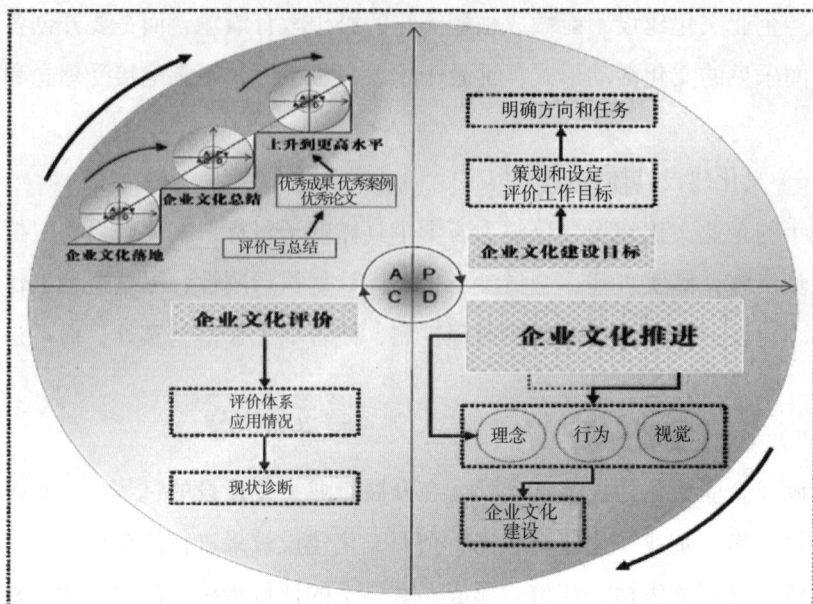

图4 神福罗源湾港电企业文化建设工作原理示意图

5.企业文化建设实施程序

（1）企业文化建设总体思路设计。

依据神福罗源湾港电企业文化的理念同电力企业的现状相结合，构建系统化的企业文化。具体来说，神福罗源湾港电企业文化建设的总体思路应从以下三方面探索：

①培育绿色价值观，增强企业文化意识。绿色价值观是企业文化建设的核心，企业文化意识是企业文化建设的理论基础。将绿色经营理念贯穿与企业管理者的经营哲学中，把可持续发展的绿色价值理念作为企业发展的指导思想，建立绿色循环的管理思维，实施绿色循环经济生产模式。企业文化建设使全体员工形成良好的节约习惯，从基层做到减少污染，合理利用资源，自觉保护环境。

②建立企业文化制度，建设绿色管理模式。用企业文化指导企业日常的生产与生活是确保企业文化建设的基础，而企业文化的制度化是企业文化建设有效实施的保障。企业文化制度化要求企业制定管理制度中加入环保理

念，用强制手段增强员工的绿色文化意识，潜移默化中培养员工的环保习惯。环境污染日益严重的今天，全球经济将目光专注于"绿色"，建立健全企业文化制度是顺应绿色经济发展的潮流。

③实施开展绿色管理，树立企业绿色形象。实施绿色生产是实施企业绿色管理的原则之一。绿色生产是指将绿色环保理念贯穿生产全过程中。在企业生产过程中，以节能、降耗、减污为目标，以绿色管理和绿色技术为手段，通过提高资源合理利用率，来降低和减少环境污染，确保人类生活的安全，达到经济效益和环境效益双赢的战略目标。绿色生产技术是实施绿色管理的灵魂，企业应加大科技投入力度以及增强技术创新能力，确保企业绿色生产和循环经济的顺利进行，从而树立企业在公众心目中的绿色形象。

（2）企业文化建设指标设计。

神福罗源湾港电企业文化建设要紧紧围绕提升企业核心竞争力，围绕"绿色理念、绿色生产、绿色经营、绿色管理、绿色发展"等相关要素，按着由表及里四个层次企业文化结构，即物质文化、行为文化、制度文化和精神文化来设计指标。物质文化是企业文化的外在表现和主营载体，是行为文化、制度文化和精神文化的物质基础；制度文化是精神文化的载体，制度文化又规范着行为文化；精神文化是形成行为文化和制度文化的理念基础，也是企业文化的核心所在。

在物质文化层面上，神福罗源湾港电要遵循企业内部运作的基本规律，强调战略目标的一致性，把短、中、长期愿景和企业目前实际结合起来；同时要进行内外部环境的构建，明确企业文化构建的环境，保证生态、社会和企业的三方和谐；在生产运营方面要进行发电量的规划，市场占有率、供电煤耗和资源消耗的计算，把握市场的前提下注重附加值的培育；在企业形象方面全面建设企业视觉体系、品牌形象和行为体系、成果展示，全面展现企业企业文化的魅力。

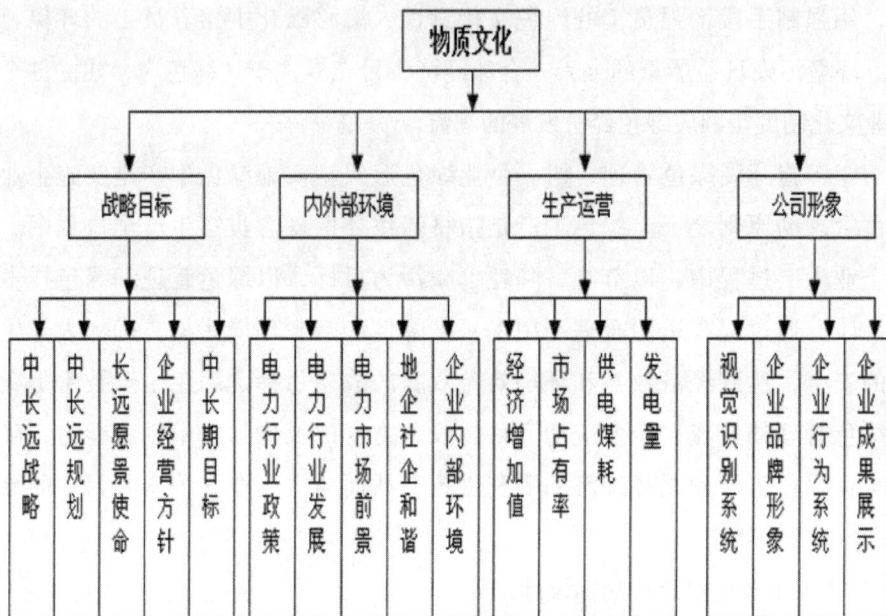

图5 神福罗源湾港电企业文化建设物质文化指标分解示意图

在行为文化层面上，神福罗源湾港电要强调企业自身信誉的培育和企业素质素养的形成，这两点是企业行为文化的核心内容。企业素质素养的形成主要包括从上到下的企业家、企业员工、企业管理者和企业人力资源等几个方面的内容，分层次、分层级地进行企业文化的培育和灌输，让员工进入企业的第一天开始就接触和贯彻企业文化，完善自身知识结构；在企业信誉培育过程中，要进行企业知名度、企业信誉度、企业宣传度、客户满意度和员工满意度的调查和研究，全面铺开企业文化的概念，在各个环节贯彻企业文化的精髓。

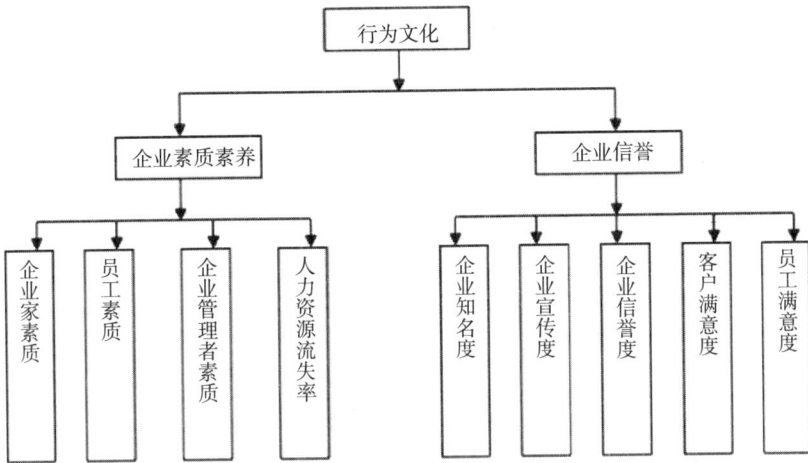

图6　神福罗源湾港电企业文化建设行为文化指标分解示意图

在制度文化层面上，神福罗源湾港电要强调企业组织架构的完善，进行机构的合理性和有效性调研，完善企业内部组织结构，一切为企业的企业文化服务。同时，在管理制度上要完善各个方面的规章和制度，以企业文化为先，从企业规章到员工守则、从管理标准到工作流程都要彻底贯彻，不留死角。在民主建设方面，要发挥国有企业的特殊性，充分贯彻民主的长效机制，根据企业文化的核心开展朴素和绿色概念的养成，促进合理化建议和职工代表大会议案的通过。

在精神文化层面上，神福罗源湾港电要在主流（核心）和非主流（非核心）理念两块阵地都争取打胜仗，促进企业核心价值观、企业精神、企业战略、企业愿景和企业使命的高度融合，同时对企业内部的企业文化总纲和管理方针贯彻到底，从经营管理和安全统筹等多方面进行企业文化的全面建设。

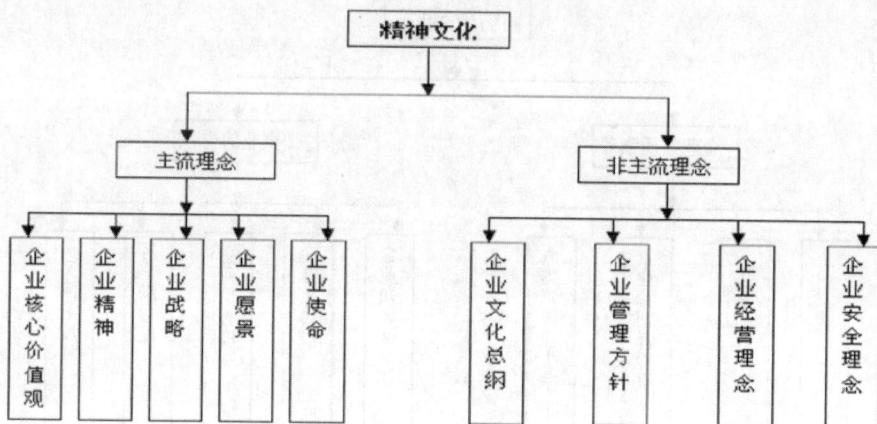

图7 神福罗源湾港电企业文化建设精神文化指标分解示意图

（3）企业文化建设内容设计。

①企业文化建设关键内容。神福罗源湾港电本着"主攻精神文化，规范制度文化，推进行为文化，提升物质文化"的总体思路，并基于以上企业文化建设指标设计，对企业文化建设内容进行标准上设计，用于具体指导和开展企业文化建设的依据标准，有利于相对准确把握企业文化建设的关键要素和内容；有利于推进企业文化建设的执行力度，以求达到预期的效果。

表1 神福罗源湾港电企业文化建设关键内容表

企业文化建设指标	企业文化建设关键内容
1. 物质文化	
1.1 战略目标	
（1）发展战略	制定明确的中长期发展规划，并逐年修订
（2）年度目标	有明确的目标，并能如期实现
（3）责任分解	建立层层分解的目标责任体系
（4）经营业绩	1. 无重大设备、人身、火灾、交通等事故 2. 受到国家级表彰、奖励

企业文化建设指标	企业文化建设关键内容
（5）员工满意度	员工认可企业目标（满意度测评）
1.2 内外部环境	
（1）地企社企和谐	企业与地方党政部门沟通多，关系融洽，企地和谐，未发生不和谐事件
（2）工作生活环境	积极创造优美的生活环境，达到要求，受到地方政府肯定
（3）营造和谐氛围	文化、体育活动设施配备齐全，充分利用，满足基本要求；开展丰富的文娱活动，主题鲜明，形式多样，员工参与性强，效果显著，有主题，有特色
（4）企业与员工和谐	关注员工健康，体检制度健全，经常开展有利于员工身心健康的活动
（5）员工满意度	企业具有亲和力（满意度测评）
1.3 生产运营	
（1）发电能力	强停次数、等效可用系数
（2）节能能力	供电煤耗、直接厂用电率、发电水耗
（3）经营能力	市场占有率、净资产收益率、流动资产周转率、经济增加值
（4）环保能力	烟尘、SO_2、NO_x、废水、厂界噪声
（5）管控能力	安全隐患管理、物资管理、信息化建设、A级检修后评价、重大项目后评价、重大科技项目管理、发电管理系统评审、技术监督管理、档案资料管理、人力资源管理、FCM评级、星级班组建设和内控工作
（6）党建和企业文化	领导班子建设、党组织建设、企业文化建设、工团组织建设、企业和谐发展
（7）创新能力	有集团、神福级以上科技、文化和管理成果，或获得国家级荣誉称号
（8）员工满意度	员工认可公司价值创造力和可持续发展力（满意度测评）
1.4 公司形象	
（1）形象识别系统	系统地实施企业标识系统，按手册实施率达90%以上

企业文化建设指标	企业文化建设关键内容
（3）社会影响力	1. 获得国家级荣誉称号 2. 有受党纪、政纪处分或行政拘留人员，或发生集体上访事件、重大或负主要责任的一般交通事故、发生不稳定事件或损害公司形象的事件，影响较大
（4）员工满意度	以企业为荣（满意度测评）
2. 行为文化	
2.1 企业素质素养	
（1）党组织素质	充分发挥党支部的战斗堡垒作用和党员的先锋模范作用。没有不合格党员
（2）领导班子素质	领导班子整体素质好，团结协作，领导班子没有因为不团结造成影响
（3）党风廉政建设	中层以上管理人员没有发生违反廉洁自律规定行为
（4）员工素质	受到上级公司级及地方政府表彰、奖励
（5）设备素质	设备技术先进，管理水平高。没有发生重大设备损坏事故
（6）人才培养	开展创建学习型活动，做到有规划、有计划、有组织、有效果
（7）员工满意度	综合素质高（满意度测评）
2.2 企业信誉	
（1）企业宣传效果	企业广播、电视、网络、报刊、广告、文件、会议、培训企业文化传播的载体和渠道发挥特色作用，对外媒体的新闻上稿率高
（2）顾客满意度	市场占有率高，达到电量比大于等容量比
（3）企业内部约束力	企业员工自律意识强，没有发生影响力大的利益冲突事件
（4）社会影响力	员工参与公益性活动的意识强，覆盖面广，活动效果好，不少于3项
（5）员工满意度	员工普遍适应企业发展要求（满意度测评）
2.3 保障机制	
（1）领导重视	企业领导班子以身作则，带头实践企业文化建设。组织召开典型推进会议
（2）资金保障	企业领导班子重视对企业文化建设的资金投入力度
（3）员工满意度	员工普遍认为企业十分重视企业文化建设（满意度测评）

企业文化建设指标	企业文化建设关键内容
3. 制度文化	
3.1 组织机构	
（1）机构设置	内部机构设置科学、完善、合理，严格执行公司相关规定
（2）信息传递	与外部信息交流灵敏、内部信息交流渠道畅通
（3）文化管理机构	明确党政正职领导是企业文化建设第一责任人，有专门部门和专职人员
（4）员工满意度	机构健全，合理有效（满意度测评）
3.2 管理体系	
（1）企业规章制度	形成完善的、标准化的制度体系
（2）制度与文化融合	制度体系不存在与文化理念相冲突
（3）员工满意度	制度合理，执行有效（满意度测评）
3.3 民主建设	
（1）重大事项决策	制度完善，决策民主。没有发生违法违纪举报事件
（2）领导作风	领导班子成员及相关职能部门干部作风民主，没有发生违法和违纪事件
（3）职代会作用	按时召开职工代表大会或职工大会，民主建设取得良好效果
（4）厂务公开机制	坚持厂务公开，做到企业、部门和班组三级公开。有制度，有记录，有效果
（5）合理化建议	面向员工，倾听呼声，反映意愿，集中智慧，按时审查、落实合理化建议
（6）员工满意度	员工民主意识强（满意度测评）
4. 精神文化	
4.1 理念形成	
（1）理念体系	文化理念体系符合企业发展要求和企业文化建设要求，编制企业文化手册，内容充实、完善、合理
（2）理念特色	突出电力企业特点，单位特色，有独立性
（3）员工满意度	认可理念体系（满意度测评）
4.2 理念宣贯	
（1）文化创新	推进活动系统，活动方式创新，活动效果显著

续表

企业文化建设指标	企业文化建设关键内容
（2）特色明显	在横纵向亚文化建设上有突出特色，形成专门总结材料
（3）理念融入	制度与理念匹配，员工普遍理解和接受理念，没有发生理念冲突
（4）员工满意度	员工积极参与企业文化推进活动，效果显著（满意度测评）

针对企业文化建设关键内容，设计开展一系列的企业文化建设、企业文化活动等，做到有计划、有步骤、有措施、有组织、有评价、有总结，确保企业文化建设有针对性，让企业文化建设真正落地，取得实效。

②企业文化建设定期工作。

每年要有企业文化推进工作计划，明确全年企业文化建设目标、任务、措施、责任人，提出考核评价标准。

每年要有一个体现企业文化理念、具有本企业特色的主题活动。

每年组织一次企业文化相关知识竞赛、主题读书、文化考试活动。

每年举办一至两次企业文化建设调查研究、考核评价活动。

每年组织一次企业文化建设考察学习、经验交流活动。

每年至少举办一次文体娱乐（征文、书法、摄影等）活动。

每年举办一期企业文化建设培训班或专题讲座。

每年要至少形成一项企业文化建设创新成果及成果评审。

每年组织一次企业文化案例征集活动。

每年组织一次企业文化建设星级单位评定工作。

（4）企业文化建设基本步骤设计。

神福罗源湾港电企业文化建设主要采用公司宏观指导与部门负责相结合，整体推进与试点突破相结合，企业文化建设办公室总体协调与责任部门自主实施相结合的方式，总体以企业文化理念为核心，横向以诚信文化、责任文化、安全文化、健康文化、环保文化为重要载体，纵向以公司文化、部门文化和班组文化为主要内容，以提高理念认知率、文化认同率、行为规范率、制度完善率、标识完整率为标志，推进企业文化建设纵深发展，使企业文化内化于心，固化于制，外化于行，体化于物。主要分项目调研、诊断分析、文化定位、理念提炼、行为、视觉提炼和实施规划等六个内容，其具体实施如下：

①调研分析及诊断阶段。主要是开展企业内外部调研，对企业文化现状进行诊断与剖析，明确未来企业文化建设的方向。

一是访谈神华福建能源公司企业文化部领导，目的是了解文化背景、对神福罗源湾港电企业文化建设的建议以及神华福建能源公司与神福罗源湾港电母子文化的对接。

二是访谈神福罗源湾港电高层核心管理人员，主要探讨神福罗源湾港电的新合力形成模式，对未来的展望以及对组织成员的倡导，了解神福罗源湾港电的企业价值观和价值取向。

三是访谈神福罗源湾港电中层管理人员和基层员工，主要探讨神福罗源湾港电未来发展和对未来的企盼等，了解他们的世界观、人生观、价值观。

四是调研国内外优秀同行以及知识技术密集型电力企业，尤其是发电企业相关组织的企业文化案例，并在其中找到共性文化因子。

通过多次反复调研、分析、反馈、确认、诊断等环节，提出员工期望的企业文化因子。并通过定性与定量调研，形成《企业文化诊断报告》。

②理念、行为、视觉提炼阶段。此阶段工作重点围绕调研诊断报告提供的神福罗源湾港电文化价值定位，构建神福罗源湾港电企业文化体系。主要分精神文化、制度文化、行为文化和物质文化等四个文化层次。四层文化内容提炼依据精神文化、制度文化、行为文化和物质文化的指标分解。

③实施规划和全面推广阶段。此阶段工作重点在整合提炼理念、行为及视觉的基础上，升华和发展企业文化体系建设，形成企业文化建设成果。该阶段的企业文化建设重点就是把"纸上的'企业文化'"变成神福罗源湾港电的"企业文化"。此阶段企业文化建设思路遵循如下：

第一步：集体的酝酿：通过培训与讨论，让员工理解"企业文化"的要求，熟记神福罗源湾港电倡导文化的核心理念。

第二步：试点的突破：选择最具代表性的单位作为试点，着重探讨通过文化落实推动组织变革，并在总结经验教训的基础上形成文化管理标准。

第三步：模式的建立：这是企业文化管理的高级追求。在文化落地的基础上，发挥"企业文化"的文化力，形成有生命力的管理模式，去赢得未来的挑战。

（5）企业文化建设实施途径设计。

按照上述构建思路、指标设计、基本步骤等，要求我们要做好应对措施，紧跟时代的脉搏，以市场为依据、文化为导向，真正做到实施绿色管理、促进绿色生产、做好绿色营销、将企业文化贯穿始终。神福罗源湾港电企业文化的建设促使企业即对本企业负责又对社会负责，确保企业的可持续发展。把履行社会责任，树立企业绿色形象，提升企业绿色发展作为企业文化建设的目标，将有利于培养企业保护环境的使命感和责任感。该如何确保企业文化建设的顺利实施，要深入研究企业自身的文化理念，粹取国内外优秀的文化和实践经验，为构建公司企业文化建设体系提供理论依据和发展方向。

①以企业精神为核心推动企业文化建设。集团公司把"艰苦奋斗、开拓务实、追求卓越"作为集团公司统一的企业精神，通过弘扬集团的企业精神为企业文化的创新发展提供理论依据。电力企业社会责任的承担者必然面临企业发展与环境协调的问题。绿色企业文化已成为电力企业文化建设的首要选择。将绿色企业文化应用到神福罗源湾港电企业文化建设中，实施绿色管理，为企业的可持续发展提供有力保障。电力企业是国有企业，在国家经济和社会快速发展中具有十分重要的地位和作用，是国民经济的支柱。虽然还处在非常辉煌的阶段，但如果不能未雨绸缪，可持续发展跟不上时代步伐，同样有被淘汰的可能。针对此，神福罗源湾港电应要以有效的绿色生产经营为社会提供安全、清洁、环保、绿色的电力产品，努力保护和改善人类赖以生存的自然环境，为社会的繁荣和经济文化的发展做出自己的贡献，促进电力企业的健康长久发展。

②以优秀的企业传统文化推动企业文化建设。神福罗源湾港电企业文化建设只有根植于企业传统文化，吸取其中的精髓，使之成为企业文化最重要

的组成部分，才能增强企业的凝聚力，提高企业的竞争力，以保证企业在日趋激烈的市场竞争中立于不败之地。"以人为本"的思想理念是大多数企业在历经长期的历练成长中沉淀下来的优秀企业文化结晶。神福罗源湾港电企业文化建设就要进一步开拓和利用"人本"思想的优势和经验，充分调动和发挥员工"本位"观念的积极性和主动性，将"以人为本"的理念与企业文化理念有机结合，确保企业文化建设有效的实施。

③借鉴国外优秀企业文化的案例来推动本企业文化的建设。国外许多著名企业的优秀企业文化不仅为创造良好的企业发展环境奠定了夯实的基础，同时也为提高员工的道德修养和文化素质，营造企业和谐温馨氛围及增强企业竞争力提供了有力保障，是企业发展不可或缺的、重要的组成部分。优秀企业文化对企业的作用日益突显，借鉴国外优秀企业文化的理论与实践经验，对企业文化建设的发展具有重要意义。在开展企业文化建设中，应该坚持"环保优先、安全第一"的绿色价值观，开展形式多样的宣传教育培训活动，夯实绿色环保的思想积淀，为实现企业的可持续发展奠定坚实基础。

④以集团电力企业的优秀经验推动企业文化建设。随着人类环境保护意识的不断增强，人们对绿色环境、降低环境污染的要求越来越高，因此电力企业就必须要重视绿色生产。"提升企业价值创造力和可持续发展力，为社会提供绿色电能"工作是集团电力企业的优秀传统，是集团电力企业可持续发展的一条基本经验，是企业一切工作的落脚点，是企业发展的根基，是企业实现可持续发展的根本源泉。企业文化建设与电力企业的企业使命的有效结合，可以提高企业员工的整体素质，确保企业健康可持续发展。

集团企业文化：

核心内容包括：神华集团的企业使命、愿景和核心价值观、企业精神以及安全、管理、经营、廉洁、人才等理念。

企业使命：为社会发展提供绿色能源。

企业愿景：坚持矿、路、港、电、化一体化发展，打造国际一流大型能源企业。

企业核心价值观：科学和谐、厚德思进。

企业精神：艰苦奋斗、开拓务实、追求卓越。

安全理念：煤矿做到保障员工人身安全；生产时瓦斯不超限。

管理理念：精准、严细、安全、高效。

经营理念：诚实守信、互利共赢。

廉洁理念：淡名泊利、慎权守职。

人才理念：纳天下才、育神华人。

神福企业文化：

基本精神：艰苦创业、百折不挠、只争朝夕。

"三敢"作风：敢于管理，敢于负责。

"四千"精神：千方百计、千言万语、千山万水、千辛万苦。

管理方针：目标分解、体系运作、过程管控、监督考核、持续改进。

建设原则：五型三化：

"五型"即本质安全型、质量效益型、创新驱动型、节约环保型、和谐发展型；"三化"即集约化、数字化、艺术化。

（6）企业文化建设形成成果设计。

表2 神福罗源湾港电企业文化建设成果表

序 号	内 容	每年成果
1	《企业文化》企业报	12期
2	企业文化特刊	2个主题4期
3	企业文化走廊	3期
4	企业文化故事书	2本
5	企业视觉形象检查报告	1份
6	企业文化调研诊断等相关报告	2份
7	沟通与团队等企业文化主题策划方案	6份
8	大型企业文化专题活动策划方案	2份
9	企业文化知识考试试卷	1份
10	企业文化台历	适时推出1本

续表

序　号	内　容	每年成果
11	企业文化手册/企业宣传画册	适时推出1本
12	企业宣传片	适时推出1辑
13	企业文化事件周报	52期
14	企业文化人物评选	1次

6. 企业文化建设评价实施

依据神福罗源湾港电企业文化建设工作原理，为因地制宜、有的放矢地推进企业文化建设，就必须建立一套科学的企业文化评价体系。它是针对文化建设整体工作所进行的诊断、测量、考核与评定，是对文化建设工作实际状况全方位评价。

（1）评价指标框架。

企业文化建设评价指标由企业文化建设工作评价、企业文化建设状况评价和企业文化建设效果评价再加创新评价共四部分组成。

（2）评价评分统计。

①企业文化建设评价分为100分，其中：工作评价部分30分、状况评价部分20分、效果评价部分50分。还有创新评价，本项不封顶。

②对可以直接量化打分的指标，通过实际调查法和查证法评价打分。对不能直接量化打分的指标，通过问卷调查的方法定性评价，将定性评价结果转化为量化分值。评价结果分为四个等级如"好、较好、一般、差""认同、基本认同、部分认同、不认同"等，与之对应的是四个等级分值。问卷调查中评价"好""很明晰""健全""认同""认可"等占90%及以上的记一等级分值（2分），80%～89%的记二等级分值（1.5分），60%～79%的记三等级分值（0.5分），59%及以下的记四等级分值（不得分）。

③企业文化建设评价最终得分为企业文化建设工作评价、企业文化建设

状况评价和企业文化建设效果评价再加创新评价四部分实际得分之和。

（3）创新评价加分。

神福罗源湾港电根据自身企业文化创新情况，每年撰写企业文化创新总结报告形成好效果，多出新成果，推广新经验。由公司党建工作部或企业文化建设考评人员通过查证、调查对公司企业文化创新成果进行综合评价，最终确认文化创新项目和成果。每项创新成果加1分，上不封顶，得分并入企业文化建设工作评价总分中。

（4）评价基本程序。

考核评价期为一至两年。根据评价主体不同，可采用企业自评和专家评价两种方式。企业自评就是企业依据评价标准进行自我评价，要求在规定的时间内申报完成。专家评价就是由公司组织专家进行考评，考评专家组由公司企业文化主管人员、基层相关人员或外聘专家组成。专家评价由公司统一安排，择时进行。在考评期内，开展问卷调查，有关调查结果可作为当次评价的依据。

7. 企业文化建设评价结果应用

为提升企业文化建设运作的有效性，神福罗源湾港电将文化建设评价结果与企业绩效、员工绩效直接挂钩，其目的是为充分发挥文化建设评价结果对员工的正面引导，以及正向激励的积极作用，在公司内部树立"经营企业文化，提升企业业绩"的文化导向。同时也促使各部门、各班组、基层员工重视企业文化建设，从而提升企业整体业绩水平。

根据企业文化建设评价结果，对企业文化建设成果进行星级评定：

（1）评价总分60分以下为文化建设前期导入阶段，定为1星；

（2）评价总分60～69分为文化建设初级实践阶段，定为2星；

（3）评价总分70～79分为文化建设中级实践阶段，定为3星；

（4）评价总分80～89分为文化建设认同发展，取得良好成果阶段，定为4星；

（5）评价总分90分以上为文化建设稳步发展，取得优秀成果阶段，定为5星。

表3 神福罗源湾港电企业文化建设评价结果表

评价分数	评价结果
总分60分以下	1星
总分60~69分	2星
总分70~79分	3星
总分80~89分	4星
总分90分以上	5星

对于评为5星的企业文化，我们将形成成功的经验，向外予以广泛推广。对于未评为5星的企业文化，我们制订改进计划，改革创新，通过实践推广来分析和评估企业文化达到的效果，以进一步的进行分析和改进，不断提升企业文化建设水平。

8. 企业文化建设持续改进

为实现企业文化建设PDCA闭环管理，公司要将企业文化建设持续改进作为一个不可缺少的环节。在制订改进计划之前，需要进行一项重要的流程，即沟通反馈。这是一个持续不断的过程，满足于企业绩效评价的需求。通过沟通反馈，加强规范沟通程序，使其贯穿于企业文化建设的全过程。待企业文化建设评价星级确定后，要求必须与各部门、各班组、基层员工进行直接面对面的沟通，向他们反馈评价结果。

同时为保证沟通反馈这个流程的持续性和有效性，将沟通反馈列入各单位（各部门）的定期工作，开展监督工作，列入持续改进环节。

持续改进企业文化建设是神福罗源湾港电开展企业文化建设的一个永恒目标，是神福罗源湾港电自我完善、自我创造、自我发展的过程，是保持企业文化建设的永久生命力的动力。持续改进的关键是"持续"和"改进"的"循环"，通过持续改进，不断提高能力，改进不足，不断创新，不断提升，丰富和活跃企业文化，提升和发展企业文化。我们要求各单位（各部门）根据企业文化建设情况，制订本单位的改进计划，分析和评价现有状况，确定改进的目标，查找建设的不足、差距、原因，寻找可能的解决方法，并分析评价这些解决办法，实施选定的解决办法，测量、验证、分析和评价实施的结果，并予以采纳更改，为下一步开展文化建设提供科学依据。

党建工作部/企业文化部（目前为综合管理部）作为企业文化建设的主管负责部门，负责分析、校验企业文化建设运作的科学性、有效性和适应性，找出企业文化建设中发生问题的原因，存在的潜在不足及发生不足的原因，收集整理决策层、管理层以及各单位反馈的改进意见和建议，并对收集的数据进行归类汇总，为文化建设持续改进提供数据支撑。同时对各层面负责的文化建设管理和改进内容进行职责分工，通过制订详实的改进措施和预控措施，自上而下和自下而上相结合的进行，督促各责任单位和各级人员进行整改，并建立相应的激励机制，确保企业文化建设的健康有序运作。

八、保障措施

1. 完善目标分解，建立各层级责任体系

建设先进的企业文化是企业党政领导的共同职责，其定位是党政一把手工程。要把企业文化建设工作列入重要议事日程，列入企业发展战略规划，列入领导班子业绩考核内容，与其他工作同部署、同检查、同考核、同奖惩。建立分工负责、关系协调的企业文化建设责任体系，形成党政主管领导负总责，分管领导抓执行，牵头部门抓落实，党政工团齐抓共管协调行动的工作格局。设立企业文化建设领导小组和负责企业文化建设的专门机构，明确职责，形成企业文化主管部门负责组织、各职能部门分工落实、员工广泛参与的工作体系。建立企业文化建设保障机制，设立企业文化建设专项经费，并纳入企业预算。

2. 制订年度工作计划，建立考核评价体系

本着把企业文化建设落实到基层、落实到项目、落实到企业生产经营管理过程、落实到全体员工行为中的原则，建立、完善企业文化建设考评标准和办法，形成企业文化建设的长效机制。根据总体部署、规划和相关要求，

逐年制订企业文化建设年度工作推进计划，做到目标责任明确，工作内容明确，保证措施完善，推进落实到位，并建立激励约束机制。强化企业文化建设制度保证，建立企业文化建设工作制度。将企业文化建设的项目落实到部门和班组，明确责任和分工，定出工作时间表，定期评价，不断改进。

作为企业的管理方法，企业文化涉及面广，既有"硬"管理成分，又有"软"管理成分，其建设过程是一个"软""硬"兼容的系统工程。实施起来工作头绪多、任务繁重、时间跨度大，要切实加大对企业文化建设在人力、财力、物力方面的投入，确保人财物投入到位。以充分的人财物投入来提供企业文化建设的物质保障，以阶段目标的实现来确保总体目标的实现，以企业文化力的提高来确保企业核心竞争力的提升。

3. 加强宣传贯彻，提高对企业文化建设价值的认知

树立企业文化的理念。建立以政工干部和经营管理者为骨干的企业文化建设队伍，整体推进企业文化建设。采取自培自训或请进来、送出去的方式，加强骨干队伍的培训，使其真正懂得企业文化，有的放矢抓企业文化，率先垂范落实企业文化。全面实践企业文化。利用各种学习会、组织讨论会，认真学习企业文化知识。公司要组织领导班子成员和全体员工，认真学习公司各种企业文化建设知识，使各级管理者对规范的内容全面了解和认同，并采取灌输、宣讲、培训等多种方式引导员工逐步将企业文化系统规范的内容变为自觉行动。加强企业文化建设管理。企业文化的主管部门要充分发挥各级组织、各部门、广大员工参与企业文化建设的积极性，建立企业文化联系会议制度，及时通报、检查企业文化各项建设任务落实情况，掌握员工对企业文化核心理念及规范的认同、执行情况，研究部署工作。

构建宣传网络，丰富和优化企业文化载体设计。整合企业文化宣传机构，建立统一的企业文化载体，做好企业文化专题宣传工作，充分利用公司网站、报刊等宣传阵地，利用企业文化学术研究、经验交流等形式，对内促进员工对企业文化的认同和执行，营造浓厚的企业文化建设氛围，推进企业文化建设工作深入发展；对外大力宣传企业精神、核心经营理念和企业发展

目标等。积极参与系统内外有关绿色企业文化建设的经验交流活动。广泛吸收国内外企业文化的精髓，学习借鉴绿色企业文化建设方面的先进经验和成功做法。适时组织召开现场推进会或经验交流会、绿色企业文化建设工作会等会议，做到典型引路，以点带面，整体推进，规范统一，用典型指导企业文化建设工作。

2016年全国暨郑州市房地产市场形势与环境分析

河南天地置业有限公司　　王新强

2015年是不平静的一年，经历了世界经济的下滑，出口贸易收缩，导致中国宏观经济下行压力加大。但对于房地产行业而言，无论是销售面积还是销售金额均有大幅增长，度过严寒迎来了春天。虽然投资额及土地购置面积增速持续下降，但这表明中国房地产业正在向健康平稳的发展期过渡。立足2015年展望2016年，便于为企业的重大决策提供依据。

一、2015年房地产形势与环境的回顾

（一）宏观经济及政策

1. 宏观经济

（1）2015年GDP总值及增速。

2015年前三季度GDP增速分别是7%、7%、6.9%，平均增速为6.9%，低于预期。总体上看，近两年的GDP增速呈递减趋势，可见宏观经济下行压力较大。

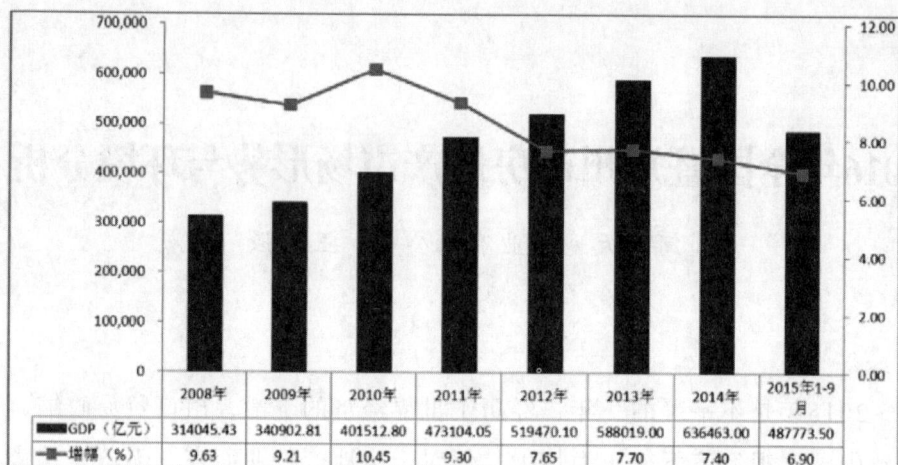

	2008年	2009年	2010年	2011年	2012年	2013年	2014年	2015年1-9月
GDP（亿元）	314045.43	340902.81	401512.80	473104.05	519470.10	588019.00	636463.00	487773.50
增幅（%）	9.63	9.21	10.45	9.30	7.65	7.70	7.40	6.90

数据来源：国家统计局

图1　全国2008—2015年9月GDP及增速

（2）2015年CPI指数变化。

截至2015年10月，消费价格指数CPI月均增长率为1.5%，且8月到10月下降明显，可见宏观经济存在通货紧缩的风险。

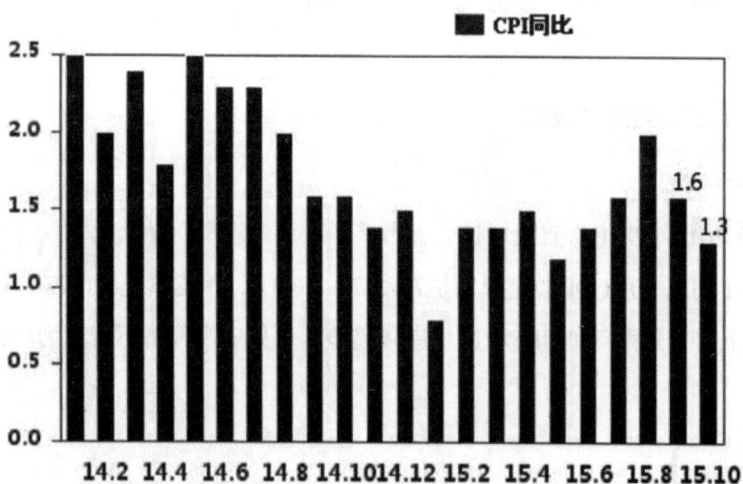

数据来源：国家统计局

图2　CPI 指数变化

（3）2015年PPI指数变化。

截至2015年10月，生产者价格指数PPI月均下降约5.0%，实体经济增长动力不足，下行压力较大。

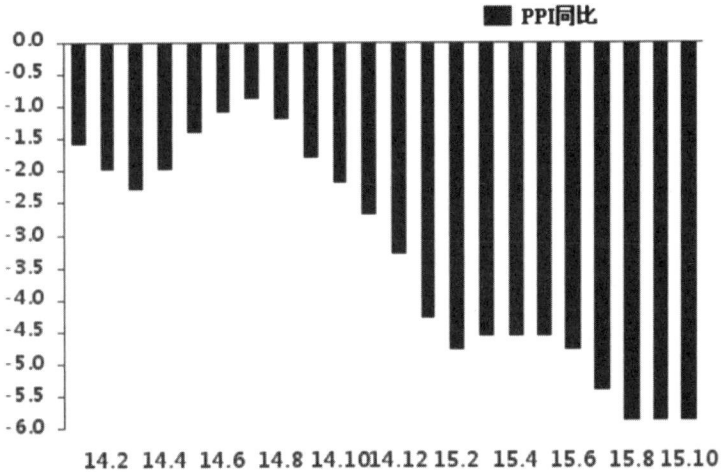

图3　PPI指数变化

总结： 由于受到对世界经济复苏不及预期及国内制造业等产业结构调整影响，2015年GDP增速略微下滑，且PPI指数连续下降，可见宏观经济下行压力较大。

2. 宏观政策

（1）6轮"降息降准"。

自2014年12月开始，央行实现首轮的降准与降息，到2015年10月23日第6轮的降准与降息，说明了国家充分利用货币政策，刺激经济复苏的愿望，同时为房地产行业带来了福音，2015年的降息与降准是近5年来最宽松的货币政策。

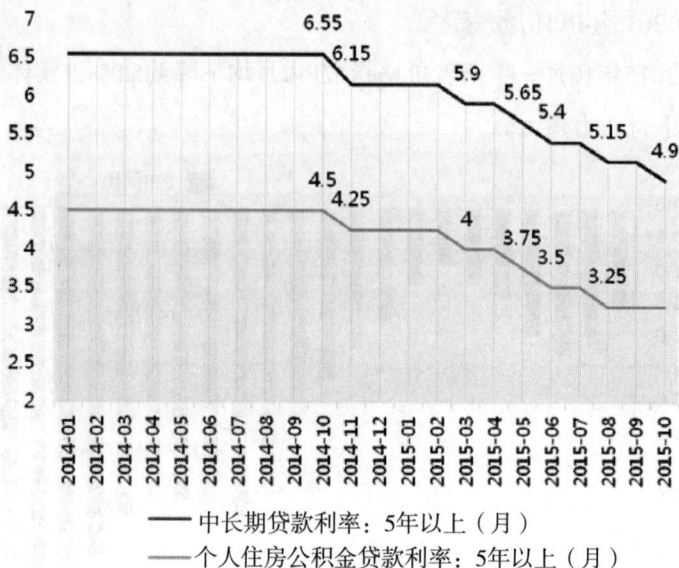

中长期贷款利率：5年以上（月）

个人住房公积金贷款利率：5年以上（月）

图4　月度贷款利率变化

（2）"330"政策。

2015年3月30日央行联合住建部银监会发布了个人住房贷款政策相关问题的通知，被称为"330"政策，主要降低了二套房贷款首付比例，公积金贷款购房的首付比例，降低了房屋交易征税限制的年限。该政策发布标志着2013年的限购政策彻底解除，同时表明了政府刺激房地产业复苏的决心。该政策相继在各省及地方得到落实。

（3）公积金政策。

继"330"新政之后，为激活公积金在房产购置中的作用，河南省及郑州市公积金中心发布了一系列的公积金政策。主要包括公积金贷款缴存时间由12个月缩短为6个月，可申请贷款额度由45万元提高到60万元，公积金贷款首套及二套房首付比例降低为20%~30%。此外公积金可异地申请贷款，申请贷款程序也做了相应的简化。今年特别活跃的公积金贷款政策为购房减轻了资金压力，同时降低了置业门槛。

总结：从2015年释放的政策来看，无论是宽松的货币政策、活跃的公积金政策还是解放房地产业的"330"政策，均为利好政策，为2015年释放了大量的购房需求。

（二）全国房地产发展情况

1. 全国商品房销售面积与销售额

2015年1—10月份全国商品房销售面积达到94898万平方米，同比增长7.2%，销售金额达到64790亿元，同比增长14.9%。两项指标在10月有所回落，但基本增长速度相当平稳。

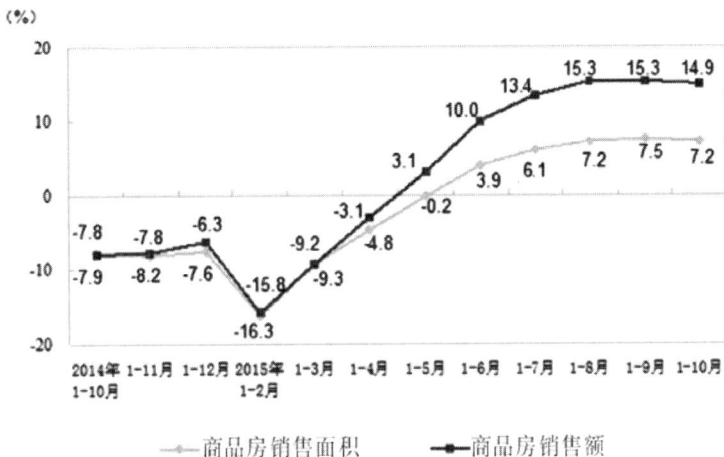

图5　全国商品房销售面积及销售额增速

2. 全国商品房投资金额与土地购置面积增速

2015年1—10月，全国房地产开发投资78801亿元，同比增长2.0%。较上个月下滑0.6%，整体是持续下滑的趋势。说明全国房地产投资在紧缩。

(%)

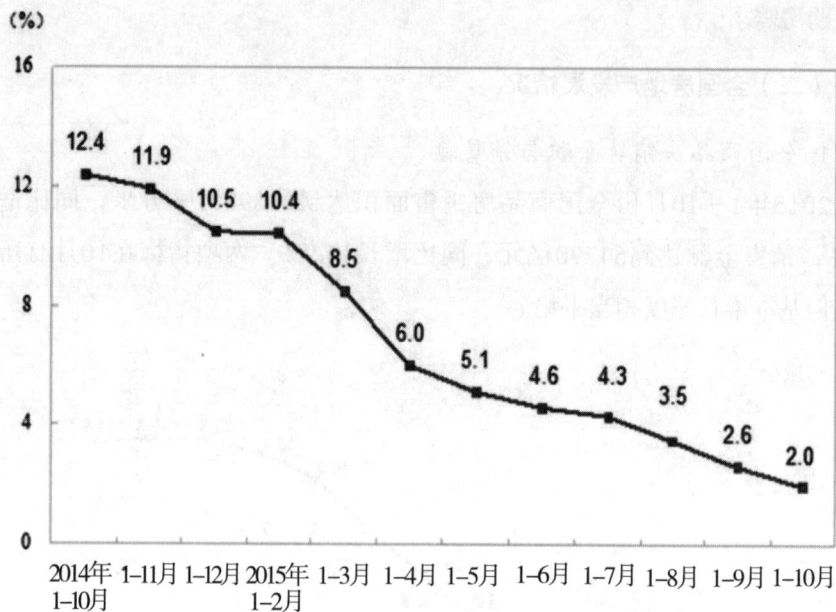

图6　全国房地产开发投资增速

2015年1—10月，全国房地产企业土地购置面积17847万平方米，同比下降33.8%，土地购置面积增速下降明显。

（％）

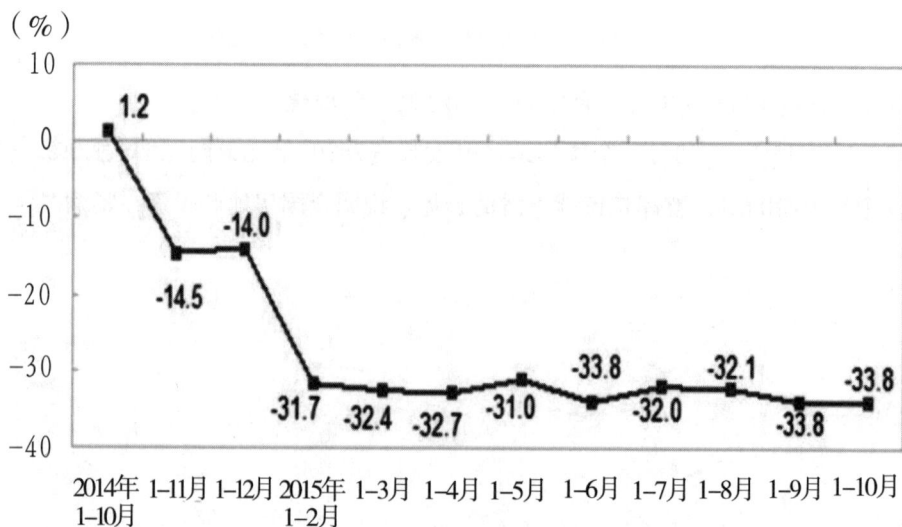

图7　全国房地产开发企业土地购置面积增速

从指标上来看，2015年1—10月，全国商品房销售面积与销售金额回升明显，但近两个月增长速度放缓。而房地产开发投资及土地购置面积两项指标持续下滑，且投资金额指标下滑明显，可见目前全国房地产业仍处于产业结构调整期，仍以去库存为主，房地产开发企业投资较谨慎。

（三）郑州市房地产发展情况

1. 郑州市宏观经济

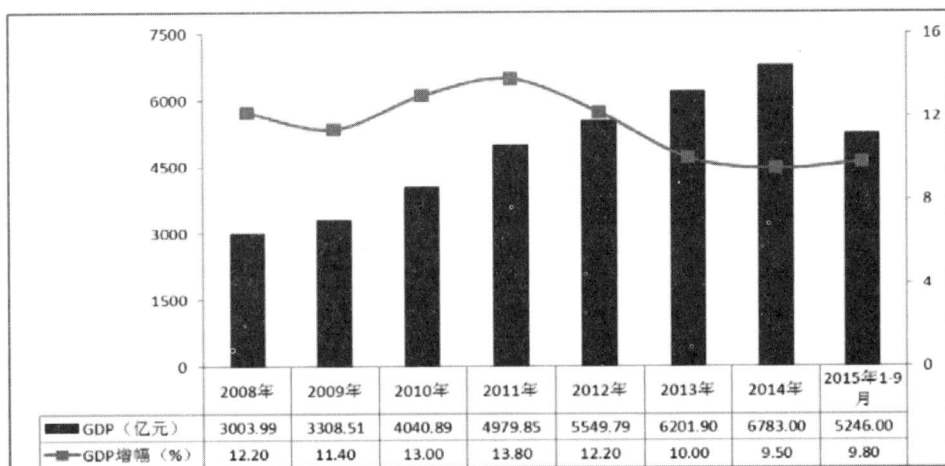

数据来源：郑州统计局

图8 2008—2015年9月郑州市GDP及其增速

2015年前三季度GDP增速9.8%，高于全国GDP增速，整体呈现平稳增长趋势。

2. 郑州市房地产市场发展情况

2015年1—10月，郑州市（含八区6市）完成商品房销售面积1387.9万平方米，同比增长18.8%，销售面积1052.11亿元，同比增长19%，呈持续增长趋势。郑州市商品房销售面积与金额两项指标的增长速度要快于全国市场水平。1—10月，郑州房地产投资额达到1550亿元，同比增长10%左右。该项指标同样高于全国投资额增长率，可见郑州商品房市场复苏的速度相对较快。

表1 房地产开发与销售　　　　　单位：万平方米、亿元

指 标	合 计	1.住宅	2.办公楼	3.商业营业用房
投资完成额	1550.28	1025.10	123.96	228.01
比去年同期 ± %	10.1	8.7	8.5	31.6
施工房屋面积	9867.51	6573.98	870.78	1055.35
比去年同期 ± %	−0.7	0.9	−3.0	5.7
本年新开工面积	2122.05	1481.06	124.32	227.93
比去年同期 ± %	−5.4	−4.3	−26.5	20.2
竣工房屋面积	428.53	287.06	30.92	50.14
比去年同期 ± %	−34.9	−38.3	82.6	−15.1
实际销售面积	1387.90	1250.99	70.73	55.36
比去年同期 ± %	18.8	29.5	−30.1	−18.3
实际销售金额	1052.11	907.96	69.86	60.32
比去年同期 ± %	19.0	41.8	−35.6	−23.1
待售房屋面积	368.04	245.87	30.70	61.98
比去年同期 ± %	3.1	−5.3	21.0	40.3

3. 库存量分析

商品房的库存量是衡量该区域房地产市场发展是否健康的主要指标。截至目前，郑州市商品房库存量达到约1530万平方米，同比增长29%，由于2015年新增供应量约1000万平方米，总体库存量又创新高。但从库存量结构分析可以看出，商品住宅库存量较小，8个多月可以消化，在合理范围之内，且月均去化速度相对较快。其他的商业及办公楼库存消化成为主要问题。

表2　2015年10月郑州市商品房库存量分析表

物业性质	库存量（万平方米）	占比（%）	月均去化量（万平方米）	去化周期（月）
商品房	1530	100	88	17.39
商品住宅	579	37.84	70	8.27
商业	381	24.90	4.25	89.65
写字楼	186	12.16	9.9	18.79

总结： 自2014年起中国房地产业从黄金时代进入白银时代，房地产业的区域分化更加明显，不同城市产业发展状态差别较大。而郑州因其城市规模较大、人口基数较大、商品住宅存量相对合理，因此郑州市房地产行业能够较快地保持平稳发展。

二、2016年房地产形势与环境的展望

（一）宏观经济与政策展望

1. 宏观经济形势预判

2016年上半年，预计中国宏观经济下行压力依然存在。一方面受到世界经济增长下滑的影响，大宗商品价格下降，造成出口贸易下行压力加大，短时间内难以改变。另一方面受到国内产业结构调整的影响，工业经济增长低迷，实体经济增长困难。但是在服务业增长、消费结构升级及城镇化加速的拉动下，预计2016年二季度经济探底，下半年会有所回升，宏观经济仍然会持续平稳地发展。

2. 宏观政策预判

（1）金融相关政策。由于整体经济复苏疲软、外部不确定性因素增多、金融市场危机犹存，为刺激消费与投资，预计2016年货币环境仍有宽松空间。受到宽松利好政策影响，房企融资环境有所改善，但由于库存量较大，

企业资金回笼压力仍然较大，且会持续存在。

（2）房产相关政策。公积金贷款政策在2015年有了充分发挥，预计2016年将会持续发挥拉动购房消费需求的作用，同时国家有望进一步发布相关利好政策。不动产登记政策将进入实质性执行阶段，预计2016年不动产登记信息平台将全面建立并投入试运行。随之而来的房产税正在立法中，预计未来两年将不会实施。

（3）棚户区改造计划。2015年6月国务院印发《关于进一步做好城镇棚户区和城乡危房改造及配套基础设施建设有关工作的意见》，2015—2017年改造包括城市危房、城中村在内的各类棚户区住房1800万套，预计2016年改造棚户区住房约600万套，大量安置房涌入将会对市场造成一定的冲击。

（4）固定资产投资政策。目前2015年1—10月全国固定资产投资及民间固定资产投资均呈下滑趋势，月均下滑速度为0.3%~0.6%，民间固定资产投资占比64%。固定资产投资不容乐观。国家为拉动固定资产投资，发行专项债券用于棚户区改造、基础设施建设、三农建设等项目，计划发行共计约1200万亿元资金。预计2016年固定资产投资将有小幅回升，经济增长在2016年下半年会有所改观。

综上所述，预计2016年在世界经济不景气的影响下，国内经济也面临着下行压力。宏观金融政策会持续宽松，不动产登记信息平台上线对房地产影响不大，2016年仍以刺激消费需求的利好政策为主。但由于经济下行压力，存在增长动力不足的风险，形势依然严峻。

（二）全国房地产业发展形势展望

从2014年开始，全国房地产业进入了产业结构调整时期，调整周期约2~3年。主要调整产能过剩、库存过剩的问题。从全国房地产开发投资来看，2015年房地产开发投资收紧，投资速度持续下滑，2016年仍以去库存为主要目标，预计开发投资持续收紧，下半年会有所上扬。从土地购置面积来看，2015年购置面积负增长约30%左右，预计2016年一二线城市会小幅回升，三四线城市土地购置面积会持续下滑。从城市房价来看，全国目前有50%城市房价有所上扬，而且房价上涨城市数量在不断增加，一线城市房价上涨明显，三四线城市房价下降幅度较大。预计2016年总体保持房价微涨趋势，三四线城市房价下跌压力较大。虽然宏观经济表现平平，但在利好政策的诱导下，全国房地产市场上半年会持续缓慢增长，但因存在增长动力不足的风险，估计下半年会有所回落。

（三）郑州市房地产业发展形势展望

郑州市2015年1—10月商品房销售面积及销售金额较上年年均增长明显，销售金额约达到932亿元，销售面积约922万平方米，其中商品住宅销售面积约756万平方米，占比82%左右。但目前库存量居高不下累计达到1530万平方米，预计2016年新增供应约1000万平方米，则2016年供应量约2500万平方米，市场竞争会加剧。

从郑州市场成交结构来看，刚需型产品90平方米以下占比40%，而120~130平方米改善型住房成交占比呈递增趋势，由刚需的绝对主导转变为刚需+改善共同主导，随着政策对于改善型需求的释放，未来客户对产品的需求变化将更为明显。

从区域去化速度来看，目前郑州住宅市场库存量持续攀升，各区域库存差异大，以中原区、金水区、航空港区供应量较大、库存消化周期相对较长，去化压力大，此类区域为销售高压区；库存消化周期相对较短的为经开区，市场竞争压力相对较小。

从楼盘销售策略来看，虽然2015年郑州房地产市场表现不俗，尤其商品住宅市场去化量同比增长40%。但是由于市场库存量大，企业回笼资金迫切，市场竞争仍然很激烈。很多企业采用"超低价""0首付""变相降价"等策略，刺激消费需求实现。目前市场执行的首付分期及少量企业推行的"0首付"等销售政策提前透支了未来市场需求，这无疑加剧了未来1~2年的去化困难。预计2016年上半年市场销售增长速度会放缓，下半年市场去化困难加剧。

（四）未来房产发展几大趋势

1. 区域分化明显

由于区域经济发展及人口导入差异较大，造成的房地产区域分化加剧。未来一线城市销售量及房价持续增长，二三线城市根据人口需求，房价有涨有跌，总体平稳。2016年库存量仍然居高，还是消化库存的周期。

2. 市场分化趋势

在房地产销售困难，市场竞争激烈的情况下，大企业、品牌企业的市场竞争力更强些，抢到的市场份额越来越大。郑州市2015年1—10月前十名企业销售金额占比40%，前二十名企业销售金额占比约60%，也就是其余约60家企业市场份额仅有40%左右。市场分化趋势会越来越明显。

3. 人口结构变化

目前主要购房的年龄段集中在25~35岁之间（占比34%）、35~45岁之间（占比35%），2015年是购房适龄人口比例最高峰，以后呈下降趋势，未来对楼市影响较大。另外，家庭人口结构越来越小，平均每户为3.0人，城市为每户2.8人。住房需求会随着小家庭的增多及单身老人增加对市场需求有所影响。

4. 互联网、大数据与房地产结合

国务院提出"互联网+"产业发展方向，而互联网+房地产近年发展迅速，如O2O的销售模式、线上销售APP、物业服务APP等。其次，对目标客户进行大数据分析，了解客户消费特征。然后通过网络进行线上预订，在住宅建设之前根据客户需求进行分类设计，规模化定制满足客户需求。利用大数据打造产品，有助于减少库存快速去化，是未来发展趋势。

综上所述，预计2016年面临的有利因素：①进一步宽松的货币政策；②继续实施的诸多的房产利好政策；③郑州较大的流动人口基数及较高的人口增长率给房地产业提供了一定的市场需求。以上有利因素，降低了置业门槛，拉动消费需求的实现。同时郑州市较大的市场需求为房地产市场稳定发展提供了一定的保障。

不利因素：①宏观经济下行压力；②郑州房地产市场供应过量；③郑州

房地产市场部分品牌房企低价抢客户；④棚户区改造投入对市场冲击等。以上因素使得2016年企业面临更加困难的销售环境。

2016年迎来了又一个"负利率时代"，虽然频频释放的利好政策改善了房地产市场环境，但是由于郑州市居高不下的库存量及不断涌入市场的新楼盘，使得2016年面临更加严峻的形势。

面对依然严峻的形势，给房地产开发企业提出以下几点建议：

1. 加大客户群体关注力度

中国房地产业发展正在回归本真，即解决"住房"问题。人口是城市房地产发展的根本导向，人口结构的变化对房地产产品结构调整意义重大。建议企业加大关注客户群体，根据未来客户的年龄、购买动机及家庭结构等方面，及早调整产品战略。

2. 严格控制成本，提高产品"性价比"

从刚需及首次改善型客户角度来看，产品的性价比是这部分客户在乎的关键。客户对房价的敏感度超乎想象，因此能够提供高性价比的产品，也是企业的生存之道。比如2015年热卖的郑州碧桂园项目，价格低于周边项目，产品展示及设计又高于竞争对手，加之轰炸式销售推广，使其成为本年度热销的典型案例。因此建议提高成本控制能力。

3. 塑造品牌从售后及品质做起

作为品牌塑造的重要内容，售后即房地产物业管理服务水平同样是塑造品牌的重要环节。品牌不仅体现在营销推广、产品策划等，同样体现在售后服务环节。建议在物业服务管理水平上多下功夫。比如业主档案管理、业主会员制、业主服务平台APP搭建等。

4. 根据区域政策变化提高项目拓展力度

郑州市八区的房地产供应及成交情况差异较大，建议根据企业发展战略，着重考虑几个重点区域，进行土地的跟踪与拓展。组建专业团队进行项目拓展，同时加强与同行的交流，吸取项目拓展的经验并获取土地信息。加强与相关行政管理单位的沟通，及早获取信息并进行跟踪调研。争取形成项目拓展的机制，确保每年平均土地面积购置新增值。

勘察设计企业管理创新策略分析

安徽省交通规划设计研究总院股份有限公司　毛洪强

2015年10月，中国共产党第十八届中央委员会第五次会议通过了《中共中央关于制定国民经济和社会发展第十三个五年规划的建议》，提出必须牢固树立创新、协调、绿色、开放、共享的发展理念。笔者结合自己在勘察设计企业的实际工作情况，深入调研分析，提出企业管理创新策略。工程勘察设计工作包括功能分析，提出设计目标、策划、收集基础资料，提出备选方案、方案评审、设计验证等过程。在勘察设计项目实施过程中有借鉴性的工作和创新性的工作。借鉴性工作靠的是设计单位和设计人员类似工作的积累，借鉴性工作比重大则工作效率高。创新性工作体现了设计人员的创造力，一个项目所做的创新性工作可以弥补以往借鉴性工作存在的不足，同时其创新成果可以作为以后项目的借鉴性工作来继承。创新工作能力是设计单位和设计人员追求卓越的必备能力。

一、　何谓设计创新

设计创新是指在勘察设计过程中，充分发挥设计者的创造力，利用已有的相关科技成果进行创新构思，淘汰落后的、不科学的、不合实际的，创造出先进的、有价值的设计理念和设计方案的活动过程。

在公路勘察设计中，主要是对影响到工程质量、造价、施工方便程度、运营养护便捷性等方面进行设计创新，不断完善设计产品的品质。

二、设计创新的分类

按照不同的标准可以将设计创新划分成不同的类别，如果按照技术应用的对象不同，设计创新可分成设计产品创新、设计流程创新和组织管理创新。

设计产品创新是指在生产过程中，采用新的代替传统的、常规的设计理念或者设计方案。或许理念和方案并不是全新的，但是打破常规地运用在特定的环境中，也可以称为创新。比如，我院开发的密肋式T形梁技术、在分离式立交桥中使用低高度梁以减少桥长以及打入桩在桥梁基础中的运用等都属于设计理念与方案的创新。

设计流程创新是指针对策划、指导、输入、检查、校审、验收、验证等环节，增加或者合并工序控制流程，持续提高产品的质量。比如对勘察设计外业调查分专业制定操作细则、制定标准工作控制表格、对分离立交桥净高计算复核制定专门检查表、在校审记录单中增加控制项等都属于流程创新。

管理创新是产生新的组织管理方式而进行的技术创新活动。勘察设计行业过去发展中往往体现为"以短期市场任务、短期效益为导向"的发展模式，企业发展中存在"重短期任务轻长期发展""重经营轻管理""重个人能力轻团队协作""重物质轻精神"等问题。在内外部环境发生巨大变化的前提下，这种传统发展模式已难以持续，需要对组织结构进行资源整合，如成立专业分院或研究所，逐步实行前、后台分工协作模式等都属于管理创新的范畴。

以上三种创新模式中，管理创新是影响到企业长远发展的战略层面的事情，实施起来相对困难；产品创新与流程创新应作为设计人员日常工作中要注意的问题，注重个人和团队创新能力的培养，将创新工作制度化、流程化。对勘察设计全过程进行监控，达到一定条件后自动进入改进、创新程序，避免创新工作的随意性，做到及时发现问题、制定创新目标、实施并按期完成创新。

三、勘察设计单位管理创新探索

自从国家实行扩大内需、加大基础设施投入政策以来，多数设计单位的组织模式是：由总院统一进行市场经营，将项目分配至综合分院、专业分院，项目管理部、技术部，进行进度、技术质量管理，设计从输入到输出全部由分院控制。

近几年，随着市场的变化，各分院逐步走向市场前台，分院直接面对市场、面对业主，分院对提高对外经营自主权的要求越来越高。同时，为了更好地为分院提供技术支持，总院也成立了专业化技术研究所、工程技术中心等技术支持部门。这种模式进一步完善后可以作为前、后台相结合的资源整合模式，前台是一些相对独立的专业院，直接面对业主和现场，了解业主需求、进行现场勘查、确定总体方案。后台可以成立工程技术研究院，整合工程师团队、技术质量、工程技术、生产项目、各专业研究所等技术资源，为前台提供更深入的技术服务。前台控制好设计输入，后台完成设计输出。

这种前、后台分工模式责任是可以界定清楚的，设计输入出问题责任在前台，设计输出不满足设计输入的要求，责任在后台。绩效分配可以采用内部虚拟产值的办法，不做产值切割，后台产值与前台产值相同，前、后台按一定的比例分配业务工作费，以产值确定绩效总额。

这种模式的优势是便于技术人才的合理分配，前台事业部可以配置一些沟通协调、表达能力强的综合型的总体设计人员；后台支持部可以配置专业知识、创造力强、善于钻研的技术人员。有效地解决了现在由于分院间任务不均衡而造成的技术人员忙闲不均的状况。

这种模式类似制造类企业的产品生产经营方式，便于提高效率，降低成本。

这种模式的产品输出的质量由总院决定而不是由分院决定，这样更便于总院对外扩张，不需要太多的技术人员就可以成立驻外分支机构。驻外分支机构与总院紧密结合，互相支持保持正常生产活动。

这种模式有利于科技创新，科研人员参与后台设计，使科研工作更好地与生产相结合。

这种模式的关键点：前后台要做到顺利衔接，就要不断研究完善设计输入、输入变更标准化的问题。

四、针对存在问题进行技术创新

（一）什么是问题

现实与理想的差距被称为问题，在勘察设计过程中，主要是设计方案与成本目标、质量目标、进度目标出现了偏差，需要采取措施进行纠正，这就是存在的问题。如大型桥梁、隧道、不良地质处理等控制性工程的工程规模太大、工期太长，致使节省投资、缩短工期的目标不能实现。或者未实现质量目标出现设计错误，造成道路的功能不能得到正常发挥，如净高、净宽、承载能力、抗灾能力、耐久性等不足都是公路勘察设计中存在的问题。

（二）如何解决问题

出现问题以后，不要草率地去解决问题，要通过认真调查、分析问题出现的根本原因，针对原因去解决，才能做到"治本"。比如，某段道路出现了雨天经常车辆侧滑的问题，设计人员通过现场调查发现路面有些光滑，附着系数不足，就简单下结论是路面问题，将路面铣刨后重新摊铺，结果雨天问题还是出现。再到现场调查发现根本原因是道路纵坡为平坡，同时位于超高渐变段，横坡也接近平坡，雨天路面水膜过厚，车速过快时，路面附着力满足不了离心力的要求，形成车辆侧滑。原因分析清楚后，就可以采取改善纵坡、增大横坡、排水路面等综合性措施，解决了本段道路的问题。

解决实际问题以后，还要进一步分析这个问题是否具有代表性，如果经常发生，还要针对这类问题启动创新程序，从替代产品的开发、流程控制上选择可行的解决方案，这样才算最终解决了问题。也就是问题出现后，要坚持对问题发生的频率以及严重程度没有进行统计分析不放过、发生问题的原因没彻底搞清楚不放过、没有纠正预防措施不放过的"三不放过"原则。

五、创新流程

在制度设计时，应将设计和施工过程中可能出现或已经出现的问题进行统计分类，当问题多发达到一定频率，或者此类问题很少出现但影响重大达到一定程度时，将自动启动创新流程。创新流程可以分成以下四个步骤：制订创新目标、建立设计标准、列出所有可能的方案、确定并实施解决方案。

（一）制订创新目标

创新目标要简短，一般只要一句话。如以"怎样才能最好地……"做关键短语开头；应以积极的语气和词语来描述创新目标，如果用消极的语气开始，会限制思维的深入程度；尽量做到思维先开放，再集中，不要限制思维的宽度。如针对我们勘察工作中经常出现的清淤数量不准的问题，我们可以制订如下创新目标：怎样才能最好地解决浅层不良地基处理的问题。针对平原区分离立交桥梁规模过大的问题，我们可以制订目标：怎样才能最好地满足平原区立交桥下净空。

（二）建立设计标准

创新标准应依据目标来建立，不是依据实现方法来建立；每一个创新标准只能用于一个创新目标，必须避免复合型目标；标准太多会成为限制条件而失去执行的意义，所以标准数量一般以6~8个为宜；对标准按照重要性进行排序，必须达到的标准作为限制性条件，最好达到的标准作为期望要素去考虑。比如针对空心板结构出现开裂的问题，我们建立的设计标准可以包括：不能出现支座脱空、具备可靠的横向连接、结构高度不能增加、造价不能增加太多、便于施工等。

（三）列出所有可能的方案

在列出所有可能的解决方案时，应集思广益，想出尽可能多的主意，采用自由思路，力主打破常规，在提出方案时可以暂时不作出判断，甚至不考虑其价值、可行性及重要性。这里可以采用很多创新工具和方法，如"两字关联法""谚语构思法""必要性超越""逆反假设""头脑风暴""横向思维法"等。比如，针对施工过程中出现的清淤工程数量不准的问题，我们可以采用发散思维：能不能不进行清淤、线位能不能避让、采用桩处理、采用先进的仪器探明深度和分布范围等。

（四）确定并实施解决方案

根据创新标准对各种可能的方案进行比选，首先考察限制条件，只有满足了限制条件才算是可行的方案，才能进入比选流程。然后考察期望要素，对各种期望要素赋以权值，对各方案进行对比打分，然后加权汇总，总分最高的一般可以作为实施方案。如果分数相近，还须对各方案进行风险评估，不利因素出现可能性比较大，同时带来的危害程度也很大的方案，实施风险也就很大，这种方案也是不可取的。

六、结语

设计创新是工程勘察设计行业一个永恒不变的主题，要求我们从业人员、从业单位注重创新能力的提升，将创新工作常态化、制度化、流程化。敢于解决行业中存在的难题，持续提高核心竞争能力，为社会做出更大的贡献。

浅谈中国平煤神马集团发展混合所有制经济的探索与实践

中国平煤神马集团　毛朝阳

党的十八届三中全会通过的《中共中央关于全面深化改革若干重大问题的决定》（以下简称《决定》）提出，要积极发展混合所有制经济，并强调国有资本、集体资本、非公有资本等交叉持股、相互融合的混合所有制经济，是基本经济制度的重要实现形式。这是党对社会主义初级阶段基本经济制度内涵的丰富和发展，为我国国有企业改革指明了方向。中国平煤神马能源化工集团有限责任公司（以下简称中国平煤神马集团）作为一家特大型国有企业，在发展混合所有制方面进行了十多年的艰辛探索与实践，积累了丰硕成果和宝贵经验。本文通过对该企业发展混合所有制经济的研究归纳，为我国国有企业发展混合所有制经济管窥一见。

一、中国平煤神马集团混合所有制经济的发展历程

自1998年以来，经过多年的探索实践，从摸着石头过河到勇趟深水区，从小步快走到快速发展，从以点带面到全面铺开。截至2014年年底，中国平煤神马集团及其子公司引入非公资本形成的混合所有制企业达到87家，数量占下属子公司近70%，改变了过去产业结构单一、投资主体单一、产权关系单一、经营方式单一的局面，已经成为集团加快结构调整、产业转型升级的主要力量。从中国平煤神马集团混合所有制经济的发展历程上来看，大致经

历了三个阶段。

（一）发展萌芽阶段（1998—2004年）

1998年，平顶山矿务局下放到河南省管理，实行公司制改革，成立了平煤集团公司。随着我国改革开放的推进，平煤集团提出了"以煤为本、相关多元"的发展战略，成立了多种经营管理处、多种经营公司，开始逐步发展多种经营和集体经济，这些企业主要服务煤炭生产，大多依附于煤矿，企业规模小、产品层次低、管理粗放、技术落后、效益低下、缺乏竞争优势，形不成产业体系，但这些集体经济作为混合所有制经济的雏形，为中国平煤神马集团发展混合所有制经济奠定了产业基础、体制基础。最具代表性的是，平煤集团成立于20世纪90年代的集体企业——平顶山磨料磨具厂，通过转换体制机制，经过多年市场拼搏，2013年5月与新大新材重组上市，实现了从一个技术落后、严重亏损的集体企业成长为发展前景广阔、拥有先进技术、具有行业龙头地位的上市公司。

（二）艰辛探索阶段（2004—2008年）

这一时期，全国煤炭形势一片大好，在国家政策、社会环境、企业发展理念等因素的影响和带动下，平煤集团从资源型企业可持续发展的高度，围绕形成"一本两翼"格局，沿着煤焦、煤电、煤化三条产业链，积极拓展煤炭下游产业，与各种非国有资本展开充分合作，混合所有制经济得到了快速发展，逐步改变了单一煤炭生产为主的产业格局。2004年5月，平煤集团和民营企业天瑞集团合资组建的第一家混合所有制企业——瑞平煤电公司成立。2005年，平煤集团和民营企业许昌卧虎山焦化公司合资成立首山焦化公司，开启了在焦化板块与民营企业合作的序幕。2005年，平煤集团和民营企业信儒集团合资成立河南能信热电有限公司。2006年11月，平煤股份A股在上海证券交易所挂牌上市，助推了企业的快速发展。

无论从平煤集团战略布局的宏观方面来看，还是公司治理的微观方面来看，这一时期混合所有制经济的探索都充满了艰辛。瑞平煤电公司成立后，作为第一家混合所有制企业，如何进行公司治理，保障双方股东权益，从职能划分、制度设计、高管任命、重大决策等方面经过多次协商、论证、实践、反复、完善，到最终实现规范的法人治理结构。平煤股份上市历时八年，期间两次冲击资本市场未果，是否重新上市，在集团内部引起了长达半年之久的大讨论，最终统一了思想。

囿于当时的经济形势和思想解放程度，这一时期混合所有制经济的明显特征是在股权设置上采用了单一的二元制股权结构，以国有绝对控股为主。如瑞平煤电公司，平煤集团占股本60%，民营企业占40%；首山焦化公司，平煤集团占股本51%，民营企业占49%。但这一时期的混合所有制企业，在公司治理、管控模式、管理体系等方面，经过几年的逐步成熟和完善，为下一步更大范围、更高层次发展混合所有制经济打下了良好基础。

（三）全面发展阶段（2008年至今）

2008年12月，中国平煤神马集团由两家原中国500强企业平煤集团和神马集团重组成立。以此为契机，中国平煤神马集团对接整合两个集团的产业优势，进一步扩大了与非公有资本在各个产业板块的合作，打通了全球最完整的煤基尼龙化工产业链，拓宽了尼龙产业国内外生产经营的范围，发展了一批新能源新材料等高新技术企业。混合所有制企业遍布煤炭、尼龙、焦化、盐化等各大产业，对集团营业收入和资产总额的贡献超过80%。在煤炭板块中，8家子公司有6家是混合所有制；焦化板块中，7家子公司有5家是混合所有制；尼龙板块中，10家子公司有5家是混合所有制；盐化板块中，8家子公司有5家是混合所有制；其他产业中，有17家子公司是混合所有制；下级子公司与民营合资合作的还有49家混合所有制企业，集团拥有了平煤股份、神马股份、易成新能三家上市公司。

中国平煤神马集团在全面总结和梳理原有发展经验的基础上，发展混合所有制的合作方式、运作模式、管理经验更加成熟，股权结构得到优化，不再拘泥于过去的国有绝对控股。如京宝焦化公司，集团占股本37.93%，民营企业占36.39%，其他占25.68%；上市公司易成新能，集团占股本19.43%，探索实施了高管持股的股权激励。

2014年9月，为了深入贯彻党的十八届三中全会和河南省委九届七次会议精神，河南省国资委召开了省管企业深化改革试点工作启动会。鉴于中国平煤神马集团在发展混合所有制经济方面思想解放、先行先试，走在了全省和国内同行业的前列。省国资委将集团4家子公司列入省管企业发展混合所有制经济的重要试点单位。同年12月，中国平煤神马集团对15家混合所有制子公司实行干部分级管理、下放干部管理权限、淡化职级身份、促进干部能上能下，混合所有制经济的发展进入了一个全新的历史时期。

二、中国平煤神马集团发展混合所有制经济的经验启示

2014年，中国平煤神马集团实现资产总额1394亿元，营业收入1458亿元，与40多个世界500强企业建立了战略合作关系，产品畅销世界30多个国家和地区，实现进出口贸易总额30多亿元。特别是近五年来，通过大力发展混合所有制经济，以有限的国有资本吸纳、带动、激活大量非公有资本，改变了长期以来形成的产业结构、投资主体和产权关系的单一局面，有力促进了思想观念的解放，内部活力得以不断激发，在加快企业发展、促进结构调整、优化产业升级、创新体制机制等方面取得了令人瞩目的成就。究其根源，有以下几点经验。

（一）混合所有制经济是实现国有资产保值增值的有效形式

《决定》指出"公有制经济财产权不可侵犯，非公有制经济财产权同样不可侵犯"。2007年9月，经河南省煤炭工业局批准，平煤集团和天瑞集团对瑞平煤电公司进行了增资扩股，平煤集团以现金出资46885.5万元，占注册资本的60%，天瑞集团以张村矿、庇山矿采矿权价款出资31257万元，占注册资本的40%。平煤集团向瑞平煤电公司派驻董事长、财务总监，充分依托国有、民营两大股东的雄厚实力，通过对汝州矿区资源的整合，做大做强煤炭主业，2008—2013年的短短6年时间，累计完成营业收入62.6亿元，实现利润

14.2亿元，累计分红7亿元。其中，平煤集团分得红利4亿多元，基本收回了前期投资，不仅没有削弱国有资本的力量，反而充实了国有资本，增加了国有资本的控制力和影响力。

（二）混合所有制经济是完善现代企业制度的重要途径

《决定》指出，要"健全协调运转、有效制衡的公司法人治理结构"。但国有企业董事会和经理层都是由组织部或国资委任命，董事会和经理层怎么制衡、管理层之间权责不清、运转不畅等，一直是困扰国有企业的大难题。中国平煤神马集团混合所有制企业，尤其是股权多元化的混合所有制企业，在企业成立之初，就制定了《公司章程》，形成了股东会、董事会、监事会、经理层各负其责、运转协调、有效制衡的法人治理结构，聘请了外部独立董事，增加了职工董事、职工监事，还有会计师事务所、律师事务所的监督和指导，使其运行更加有效。

（三）混合所有制经济是深化企业内部改革的主要途径

《决定》指出，要"深化企业内部管理人员能上能下、员工能进能出、收入能增能减的制度改革"。但是这三项制度改革，是国有企业多年探索改革却始终改不了的难题。中国平煤神马集团对15家混合所有制子公司实行干部分级管理后，经理层由董事会按照职数选聘，明确了职务薪酬待遇，任期内享受所在单位职务待遇，任期结束需要重新参与竞聘，真正实现了干部能上能下。国有企业对口建立的组织部、宣传部、工会、团委等政工部门，混合所有制企业一般合并设立政工部来开展工作。如朝川焦化公司，该企业改制为混合所有制企业后，原有的20个科级管理部门，精减为10个，科级以上管理人员比同行国有企业减少50%。再如京宝焦化公司，企业裁减40人，没有人写信告状，三项制度改革在混合所有制企业很容易就推行了。

（四）混合所有制经济是推进科技创新的强大动力

《决定》指出，要"强化企业在技术创新中的主体地位，发挥大型企业创新骨干作用，激发中小企业创新活力"。但是面对竞争，国有企业自身存在研发与创新不够、技术与管理水平落后、核心竞争力缺乏等亟待解决的问题。中国平煤神马集团以获取先进技术为目的，积极探索通过技术入股合作成立混合所有制企业，有效整合产学研力量，加快了科技创新成果的转化应用。如集团与上海交大合作建成1000吨氢气制硅烷项目，开发出最先进、最经济的硅烷法生产多晶硅工艺，打破了国外技术垄断，产品供不应求。集团与浙江大学合作，推广运用煤炭热解联产技术，提高了煤炭利用价值。集团与德国PHP公司合作建成气囊丝生产企业，引进其先进技术、销售渠道和管理经验，为集团加快产业升级打下了基础。

（五）混合所有制经济有利于解决国有企业效率低下的问题

《决定》指出，要"允许混合所有制经济实行企业员工持股，提高企业效率，增强企业活力"。过去，国有企业员工慵懒散、出勤不出力、得过且过、做一天和尚撞一天钟的现象非常普遍，令国有企业领导非常头疼，采取了很多劳动竞赛、创先争优、技术比武等方式激励鞭策员工，但收效甚微。中国平煤神马集团引进民营上市公司林州重机、山东矿机等民营资本，对市场竞争充分、多年严重亏损的机械装备集团进行重组改制，在机械装备板块发展了11家混合所有制企业。这些混合所有制企业探索实施了管理层与技术骨干持股，进一步优化和改善了股权及公司治理结构，充分发挥混合所有制多元化资本的比较优势，稳定了管理团队，增强了管理责任，极大地调动了员工积极性，盘活了存量资产，使机械装备板块焕发了活力，目前已经扭亏为盈。

（六）混合所有制经济有利于加快产业结构调整步伐

《决定》指出，要"加快转变经济发展方式，推动经济更有效率、更加公平、更可持续发展"。中国平煤神马集团是一家煤炭、化工等传统产业比重较大的国有特大型企业，产业结构调整、企业转型升级任务十分艰巨。如何调？如何转？往哪里调？向何处转？2012年，集团做出了"加快推进企业由规模增长向质量效益提升转变，由传统产业向传统产业与战略新兴产业并重转变，由实业经营向实业与资本双轮驱动转变"的战略构想。同时，大力发展混合所有制经济，坚持一企一策、分类推进，引入多种形式战略投资，探索股权激励和技术入股等新途径，实现了改革的新突破、企业的大发展。集团混合所有制企业焦炭产能达到1600万吨，稳固了焦煤下游市场，全集团的焦煤实现了内部转化。集团与江苏文凤集团、南通鹏发科技公司、世腾（香港）投资公司、江苏永通新材料公司等民营企业合资的7家混合所有制企业，稳固了尼龙产业下游市场。集团还通过参股的形式入股中原证券、中原银行、平顶山银行，组建投资公司、融资担保公司、小额贷款公司、融资租赁公司、创业投资公司，打通了金融产业链。

综上所述，通过混合所有制经济的全面快速发展，中国平煤神马集团打通了从煤炭到焦炭再到尼龙、碳素、糖精钠、新材料产品等多条特色产业链和黄金价值链，形成了煤炭采选、煤焦化工、尼龙化工、盐化工四大主导产业，取得了"三个转变"的阶段性胜利，逐步向资本化、高端化、专业化、市场化迈进，增强了企业抵御风险的能力，对于应对经济下行起到了关键作用。

实践证明，中国平煤神马集团发展混合所有制经济的有益探索符合党的十八届三中全会精神，具有一定的前瞻性、开创性和代表性，走出了一条国企改革创新之路。

应对市场经济下行　保障职工权益
促企业转型发展

新宇公司　任士虎

国内煤炭行业低迷，煤炭生产企业收益下降，职工福利降低，使得企业内部职工的思想政治工作开展比较困难。本人结合自身工作实际，首先简要分析了新形势下保障职工权益受到挑战的原因，其次主要从应对市场经济下行出发探讨了保障职工权益的途径。经过调研和自我思考对新形势下如何保障职工权益促进企业转型发展有以下思考。

自2012年以来，受国家经济调控和环保节能减排的影响，煤炭滞销，加上进口煤炭的冲击，煤炭行业内弥漫着一种悲观的预期。纵观全国煤炭企业，由于经济下滑、煤价骤降、库存激增，煤炭市场步入寒冬。为减省开支，煤炭企业开始从内部研究对策，压缩成本，相继以减薪、增收节支等降低成本，减薪大潮已席卷部分煤炭大省。 在面对这样不利的情况下，煤炭行业的职工福利普遍下降，煤炭行业职工流动性加大，情绪波动比较明显。煤企思想工作者以及处于煤矿内部管理的各级政治工作领导人员，应该积极主动掌握新形势下职工的思想情绪波动的动态变化，因势利导，做好相关工作。

一、新形势下煤企职工权益受到挑战的原因

由于前几年煤炭市场火爆，煤企职工队伍的思想状况一直比较稳定，企

业的发展也比较平稳。但是，煤炭市场低迷给企业经营带来困难，造成职工思想的严重波动，影响了企业的稳定。

（一）外部原因

（1）煤炭市场的疲软，煤炭产量的过剩，煤价下调，造成广大职工涨工资的期望落空。

（2）职工收入与其他行业及政府工作人员收入差距过大，造成职工心理失衡，导致职工情绪不稳，易出现各种过激行为。

（3）来自其他企业对职工，特别是技术人员高工资、高福利待遇的引诱，导致部分职工、技术人员与企业同进退的决心发生了动摇，影响了企业职工队伍的稳定。

（二）内部原因

（1）现行的岗位工资和绩效工资的分配制度，虽然职级之间、工种之间、岗位之间拉开了一定的差距，但还有待进一步补充和完善；现有用人制度，包括工资待遇、人才交流、职级待遇等方面都存在限制过死的问题，不利于企业引进人才和留住现有的人才。

（2）传统的宣传渠道和宣传方式存在死角，公司的意图无法让每一名职工了解。公司内部的经营生产情况不能得到及时有效的宣传，使得职工不能够正视煤炭企业目前生产的现实困境，职工容易对于公司的一些触及本身利益的举措产生怀疑以及不满情绪。

二、提高煤企管理效能，保障职工权益的途径

（一）分析形势，宣讲政策，树立信心，稳定职工队伍

认真分析能源产业现状，我国依靠燃煤发电的状况难以改变，燃煤火力发电仍是当前能源支柱。从我国能源结构看石油占20%左右，天然气占6%左右，当前国家大力发展清洁能源，水、风、核能仅占8%左右，但是煤炭

作为电力的主要来源依然占比超过60%。短时间内，我国依靠燃煤发电的状况难以改变，燃煤火力发电仍是最经济的能源转换方式。通过环保改造项目实现煤炭清洁高效利用，是当前能源结构下积极有效的选择。上海外高桥第三发电公司和北京燕郊三河电厂通过技术改造，粉尘、二氧化硫、氮氧化物排放已达到并优于燃气机组大气污染物排放限值，实现"近零排放"。目前，华润、神华、大唐、华电等四家集团与外三签订了全面推广技术的合作协议。第一个大规模改造项目华润铜山电厂1000MW机组的改造已于2014年年底前完成，性能试验及电厂统计表明，煤耗比改造前下降了10克／千瓦时以上，污染物排放量均达到行业标准且低于燃气排放量。这一成功案例表明清洁发电经验完全可以复制推广。实验的成功尤其对"多煤少油缺气"的中国而言，"外三""燕三"闯出了一条清洁高效利用煤炭的现实路径。这对处于"寒冬"的煤炭企业来说，无疑是利好消息，"冬天来了，春天还会远吗"。

从组织层面来讲，只有全面动员基层员工，才能够充满活力；只有面向员工提供人性化服务，并且增强自身凝聚力，才能团结职工，真正发挥其凝聚力。在新形势下，还要适应企业普遍职工福利下降的最新情况，采取措施稳定一线职工队伍，加强在人员分流、薪酬发放、富余人员清退等方面的沟通，制定出合理方案，并专门成立政策宣讲团，深入基层一线，对广大职工进行形势和任务教育，对具体政策与措施进行详细讲解，让广大职工干部了解企业现状，理解企业出台的每项政策和决定，同时注重解决职工的合理诉求，稳定队伍。

（二）坚持以人为本，全心全意为职工办事

建设和谐矿区，努力提高职工的生活福利待遇是企业的总体要求。人的问题处理不好，企业发展也是一句空话。新形势下，对于煤炭行业的低迷，职工收入减少，福利下降，这样的情况下，更应该坚持以人为本，全心全意为职工办事。企业在"过冬"的时期，加强管理效能的提升，全心全意为职工办事。

　　从2012年开始，压缩非生产性开支，开展修旧利废"双增双节"活动和实行内部市场化模式工作就在不断推进，每年煤炭成本同比呈下降趋势，到2015年已至极限。转型发展，已成为企业亟待解决的重要问题，早转就主动，晚转必被动。淮矿集团以煤矿和选煤厂托管运营为试点，利用技术优势转型发展，在经济形势下行压力下，努力增加职工收入。

　　淮北矿区地处皖北地区，煤炭地质结构较为复杂，从20世纪50年代建矿，到目前已有近60年历史，长期以来积累了较丰富采矿经验。2009年年底随着淮北临涣选煤厂二期改造工程建成投产，临涣选煤厂年入洗原煤达1600万吨，成为亚洲最大的炼焦煤选煤厂，由于淮北地区煤种丰富且矸石含量较高，也为选煤技术的发展打下了基础，近年来"世界选煤看中国，中国选煤看临选"逐步成为选煤业界对临涣选煤厂技术水平的共识。由于煤炭市场低迷，职工收入下降，如何利用自身的技术优势走出去成了解决职工收入降低的切入点。2014年淮矿集团利用采煤技术优势在内蒙成功托管运营了蒙太集团范家村煤矿，2014年和2015年临涣选煤厂也利用选煤技术优势在山西、内蒙等地承包运营了近十家大小不一的选煤厂，国有企业给民营企业打工也成了公司的亮点。"托管煤矿和选煤厂是异地创业不是外出打工""职工是企业的财富，不是包袱""困难，困难，困在家里就是难；出路，出路，走出去就有路"等转型发展理念逐渐在干部职工思想中生根发芽。

（三）发挥塑造企业文化的管理服务效能，凝聚人心

　　先进的和符合时代特色的企业文化是帮助企业渡过难关以及使得企业持续发展的保障。海尔的张瑞敏曾说过："一个企业可以带走客户资源、内部材料，但带不走企业文化。"企业的生存和发展，必须依靠优秀的企业文化。煤炭市场的低迷，工资福利的下降，企业文化建设的任务就越是紧迫。企业文化诸要素中，观念、精神、道德、制度等文化的建设是可以不花钱或少花钱就可以干起来的，抓好企业文化建设，企业有了精神支柱，有了目标、追求，企业上下同心，精神振奋，方略正确，就会带来好的效益。尤其是在企业经营形势不好的情况下，注重企业文化的建设，在企业中树立和传

承其特有的、优秀的企业文化。对一个员工而言，是否认识自己企业的企业文化，是否了解企业的核心价值观，是否知道自己企业的领导层信奉什么，是否知道对于提高自己企业的竞争力和凝聚力最重要的是什么，关系到这个员工能否做一个合格、优秀的工作者。为此，要把企业文化建设作为自身的中心工作来抓，根据当前企业所处的环境制订出相应的文化建设规划，并结合近期目标任务建立"自我提拔、自我奖励、自我淘汰、自我革命"的"四自"管理机制、推行任期制契约化管理、试点"去行政化"管理等改革措施，建立"能者上、庸者下"，用业绩说话的企业文化，用新的文化理念，让每一名职工放下思想包袱，积极投入干事创业的氛围中去，从而促进企业转型发展。也只有尊重职工的利益，坚持科学施策，才能保证工作进度与职工利益两不误。

　　当前我国面临着世界经济短期难以走出低迷，国内长期积累的结构性矛盾日渐突出和跨越"中等收入陷阱"等多重挑战。前不久召开的十八届五中全会提出"十三五"期间要全面建成小康社会，我们要切实把新的发展理念贯穿到经济建设的各项工作中去，着力保持经济运行在合理的区间，实现经济的中高速增长；着力加快产业升级，缩短新旧动能转换期，提高质量效益，推动经济迈向新水平。

关于淮海减速机产品的发展策略

淮海集团　任　建

一、引　言

这次参加中国企业家联合会组织的人民大学高级职业经理人培训班使我非常受益，老师们高屋建瓴，从宏观经济、国内国际、各行各业深入浅出分析当前经济情况，指出矛盾和问题，提出解决办法和应对策略。我在淮海集团负责减速机项目，听课后我深受感触，结合减速机在发展中的困难和问题，结合我的现实工作经验，通过调研和思考，我论文拟题为《关于淮海减速机产品的发展策略》。

减速机作为传统的传动产品，有广阔的市场，但近年来，减速机行业发展上的低水平重复建设，普通减速机生产能力过剩的问题，已经日渐显现出来。同时我国多数减速机生产厂商创新能力不强，品牌意识不足，生产与营销脱节，不注重先进营销方式和系统营销策略结合，恶性竞争，致使许多生产厂商陷于困难局面。

二、淮海集团减速机厂简介

（一）淮海集团基本情况介绍

安徽淮海实业发展集团有限公司（以下简称淮海集团）成立于2007年

12月，坐落在安徽省淮北市，毗邻苏鲁豫三省，是集机械装备制造、建筑建材、房地产、轻工化工、商贸旅游、煤矿勘探、物流为一体的大型企业集团。

淮海集团是省属国有企业。旗下有新园公司，祁南公司、九源公司、四兴公司、安徽矿机公司等12家单位。已形成结构合理，经营灵活，运作规范，管理科学的管控格局。

淮海集团现拥有总资产80多亿元，员工近1.5万人，年销售收入120亿元。

主要产品有：减速机、综掘机、刮板运输机、浮选机、震动筛、离心选矿机等矿用机械类产品，水泥、中高密度板、矸石砖等建材类产品。其中，"天宇"牌震动筛、"皖星"牌刮板运输机、"相山"牌水泥、"力象"牌钢绳、"上淮"牌矿车、"淮海"牌减速机等均为安徽省名牌产品。伴随着中国经济的不断成长，淮海集团主动把握市场机会适时地提出了"1234"的集团整体战略规划，到2015年年底累计投资100亿元；年销售收入突破100亿大关，同比2010年翻两番；集团职工人均月收入达到4千元；集团重点做大做强三大板块，即机械制造、建材建筑、房地产。减速机是淮海集团机械制造板块重点发展项目。

（二）淮海集团减速机厂发展情况介绍

淮海集团减速机厂是集齿轮产品科研、设计、生产加工于一体的高精密技术型企业。公司坐落于宿州市南部，浍河岸边，邻接206国道和合徐高速，交通十分方便，地理环境优势明显。

淮海集团减速机项目，是集团于2010年10月委托中国齿轮专业协会编制的减速机产品技术改造方案，根据淮海集团减速机厂发展实际情况制定了"5258"规划方案，即5年规划期，分2步实施，总投资5千万元，末期实现8千万元的销售产值。

在集团公司的大力支持下，减速机厂经过近年的努力，一期投入已完成，减速机厂机械设备齐全，检测、检验设备完整，拥有齿轮加工的先进设备生产线，是皖北区域当前第一家配备预抽真空多用炉热处理设备和CL-12W万能齿轮测量仪的齿轮生产企业。现有通用设备52台，专用齿轮加工设备40台，计量仪器检测检验设备30台，从生产到检测形成了全序能力，累计投资5100多万元，几年来实现销售业绩如图1所示。

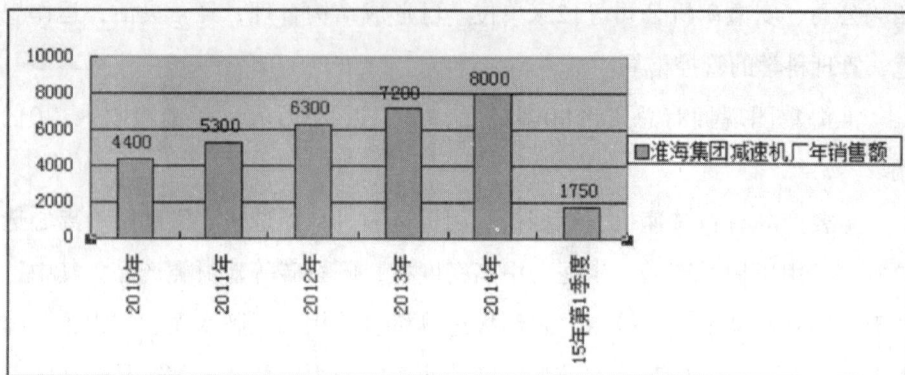

图1　2010—2015年淮海减速机厂年销售额

三、淮海集团减速机市场分析

（一）减速机行业环境分析

改革开放已经走过37个年头，在这个过程中，我国减速机行业生产装配水平不断完备，产品涉及航空船舶、机床工具、工程机械、水泥建筑、起重运输、矿山冶金等诸多领域。依靠近几年我国对汽车、风电、高铁等项目的建设的重视，行业发展步入"快车道"，到2015年中国减速机行业的市场规模将超过1900亿元，如图2所示，中国是名副其实的世界减速机需求大国。

目前，我国减速机行业产品与外国同类产品相比生产周期长、使用时间短，整体水平相当于20世纪90年代发达国家的水平，当前减速机行业中低端产品市场早已供大于求，竞争激烈，全部为国内企业生产。高端产品市场竞争力不足，80%为国外品牌企业生产，而且中国每年进口的高端减速机数量较大。

综合来看，虽然减速机市场规模不断扩大，但机会与挑战并存，形势严峻，不容乐观。淮海集团减速机厂作为入围减速机生产较短的企业，面临的困难会更多，因此要做好各方面的功课，以迎挑战抓机遇。

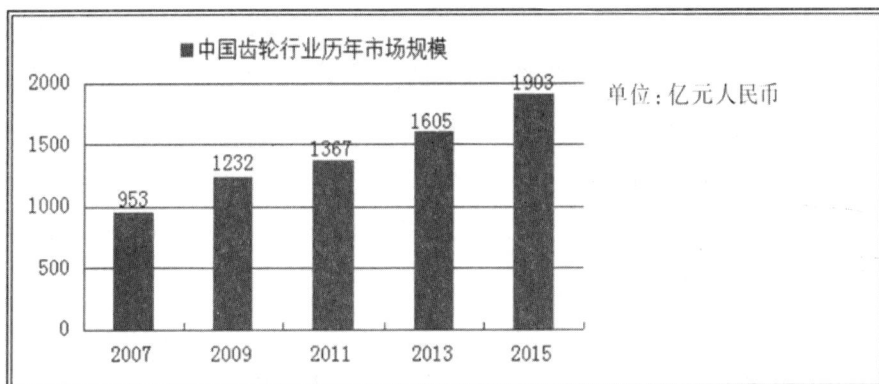

图2　中国齿轮行业历年市场规模

（二）竞争对手分析

1.行业内主要竞争者

目前减速机行业竞争十分激烈，既有SEW、BOTTON等国际知名厂商又有国内的像江苏泰兴减速机厂、国茂减速机有限公司等大型减速机生产厂商。中国经济发展，基本建设投资稳步增长，经济实力明显增强，中国设备制造商对减速机的需求明显增大。

（1）国际知名减速机厂商。

这些知名的减速机厂商具有广大的市场和成熟的售后服务机制，引领着当前市场的方向，下面举例介绍具有代表性的两家：

①SEW传动设备公司（德国）。SEW公司成立以来一直以占领减速机行业最大市场份额，引领行业发展方向为目标，为达到这一目标，他们基本市场战略是：打造最优质的产品、提供最全面的产品解决方案、加强新产品研发、维护企业形象。到2014年，SEW公司的年销售额超过了60亿元，稳坐减速机行业的头把交椅。

②FLENDER传动设备公司（德国）。FLENDER公司的产品是第一批进入我国减速机市场的，公司生产技术一流、市场经验丰富、销售网络成熟、企业竞争优势显著。但由于企业高层对市场预测的不足，对企业后续发展投资力度不够，致使一批老客户转投其他企业。目前公司在中国的市场份额位居前5。

以上两家既是淮海减速机厂学习的榜样又是市场竞争的对手，在国内用户心目中SEW、FLENDER两品牌有很高的知名度，虽然价格高，较贵。但质量好，信誉高，加之国人对洋品牌的偏好，所以市场份额占比较大。相比之下，淮海减速机处于两难境地，走低端，有市场而没多少利润。走高端，知名度不够，目前市场份额很少。如何突破两难境地，只有通过市场分析，找出切合实际的市场定位和营销策略。

（2）国内减速机厂商。

国内减速机厂家很多，总计有500多家，下面举例介绍具有代表性的两家：

①南京高精齿轮集团有限公司。南京高精齿轮集团有限公司的产品以大型设备用减速机为主，在国内高速重载齿轮的生产技术上具有明显的优势，2013年被评选为"中国减速机行业十大领军企业"之一。从2013企业公布的资产负债表来看，公司累计总资产达15亿元，2013年创造的销售业绩约10亿元，集团公司旗下拥有七大销售公司，宝钢、中石化、国家电网等国内大型企业都是他们的产品采购商。在国际市场上，南京高精齿轮集团的产品销路广泛，在美国、日本等国家都占有一定的市场份额。公司不仅在高速重载齿轮箱方面做精做强，在矿山通用减速机方面也不断探索研究，利用自身技术设备优势，开发多项产品填补国内空白，是中国齿轮行业公认的龙头企业。

②国贸减速机集团有限公司。公司成立至今已有30个年头，是中国减速机企业的领头羊，"技术创新"是国贸公司的核心竞争力，公司技术研发实力雄厚，在江苏省创立了多个专业的传动技术研究中心，并成立了减速机行业第一个博士后科研工作站，这为企业不断与国际先进技术接轨，打造国有传动设备品牌提供保障；公司不断深化产品差异化、服务个性化的理念，提高市场信誉。他们的销售网络覆盖全国各地，专业的销售队伍，成熟的营销

渠道，优质的售后服务让他们总能第一时间了解市场，并做出反应。

在某些领域里这两家企业已具有和国外进口减速机相对抗的实力，相信随着企业知名度的扩大以及顾客对产品的不断认可，市场现有的竞争格局必将改变。淮海减速机厂从技术、设备、能力、市场开拓等方面与这两家企业都很相似，若奋发努力，苦练内功，做好市场，会步入国内先进减速机厂家行列。

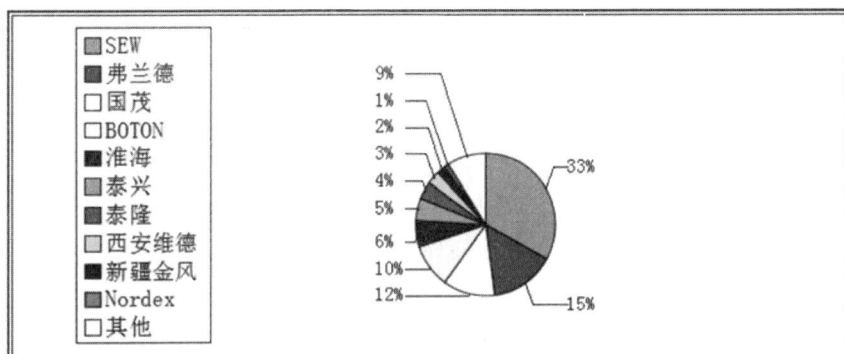

图3 我国煤炭市场前十位减速机生产商及其市场份额

四、淮海集团减速机能力分析

（一）技术能力分析

淮海集团减速机产品拥有自身的技术特征，具体概述如下：

（1）在设计方面：淮海减速机厂，现拥有一批20人的技术团队，为了提高设计水平，公司定期输送技术人员到中德合资的山东华成公司、天津沃德公司学习。并且通过加强与河南科技大学的沟通合作，聘请一批专业教授作为公司的技术顾问，为减速机产品在设计上的突破创新提供助力。目前公司在减速机的设计上，已开发了自己的产品设计软件。

（2）在箱体方面：JS40（A）～75（A）型系列减速机是淮海集团目前的主打产品，采用优化设计的整体球墨铸铁铸造箱体，这种设计的好处在于保证高强度的同时又降低了噪声和温度。多油路的箱体设计保障了齿轮箱的自润滑效果，油路入口处加设永磁原件，能有效吸附润滑油中的金属颗粒，对防止金属颗粒损伤齿面及齿轴起到保护作用；减速箱采用优化三级减速，提高高速级传动弧齿锥齿的支承刚性，有利减少振动和噪音。箱体可实现卧式、立式、悬挂式等多种安装方式。

（3）在齿轮方面：减速机——轴螺伞齿轮采用军工合金钢20Cr2Ni4A，抗弯抗拉屈服强度极高，其他斜齿硬齿面齿轮采用碳氮共渗表面硬化处理技术，可达HRC60。双面磨齿，齿面精度达5~6级。通过电脑专业软件技术对齿轮螺旋角、度圆直径、齿面间隙处理修形，达到最佳啮合。

（4）在检测方面：淮海减速机厂的齿轮精度检测仪是格森公司出产的万能齿轮测量仪CL-12W，测量范围15mm~1200mm直径的齿轮，这台万能齿轮测量仪采用坐标点测量原理，不需借助诸如标准齿轮、标准蜗轮等标准测量元件就可进行各种参数的测量渐开线圆柱齿轮的齿廓偏差、螺旋线偏差、齿距偏差、径向跳动，保障了产品的加工精度。配备的理化分析室，确保了使用材料的预测性。

图4　万能齿轮检测仪

（二）生产能力分析

淮海集团减速机厂拥有现代化标准厂房9000平方米，室内行车10T十台，5T十二台、3T八台，室外有龙门吊16T/5T一台足以保证生产。目前配备了皖北地区最大规格的滚齿加工设备、插齿加工设备，可加工最大模数20，直径2米的斜齿圆柱齿轮、鼓形齿，精度高可达7级。公司新进的一台YK7380秦川数控成形磨齿机，适用于冶金、矿山、机车、船舶、化工等重型机械传动中高精度齿轮，精度可达6级。

公司拥有的热处理设备预抽真空多用炉不需要专门的发生炉即可实现渗碳、渗氮、碳氮共渗、光亮淬火等表面硬化处理，该设备目前全国仅有20余台。同时还配备箱式电阻炉、台车式电阻炉、井式渗碳炉、中频加热器、高频处理器可满足调质、正火、淬火等热处理工艺需求，保证齿轮等产品的加工质量。

图5　预抽真空多用炉 BBH–1000　　　　图6　感应淬火机床 CCK3560

五、淮海集团减速机优劣势分析

（一）淮海集团减速机竞争优势

竞争优势（Strength）是指一个企业特有的，行业其他竞争者所不具备的东西。在同行业竞争中淮海集团减速机的优势表现在以下几个方面：①淮海集团内部市场优势，煤机制造、建筑建材和房地产是淮海集团的三大主业，淮海减速机作为集团内保产品，占据着得天独厚的优势。②淮海集团财力资金雄厚，减速机厂配备了先进的加工、装配设备，未来发展空间良好。③淮海减速机以矿用减速机为发展起步，依靠便利的地理位置，培养了一批成熟的销售团队，销售网络已分布安徽、山东、河南的各大矿区，在矿用减速机方面具有一定的竞争力。

（二）淮海集团减速机竞争劣势

竞争劣势（Weakness）是指公司缺乏的、不足的地方，或指一些使公司处于竞争劣势的条件，会使公司内部弱势化。淮海减速机的劣势有：①缺少品牌竞争优势。起初建立减速机厂，只是进行零部件的加工，并不生产销售整机。以至于大部分客户不了解淮海减速机这个品牌，这样一来淮海减速机的品牌效应就大打折扣。②产品单一，目前跟那些拥有大大小小几十种几百种的产品群的一流减速机厂相比较，淮海减速机的产品单一，只有二十多种产品。③技术开发能力不足，技术研发队伍有待壮大和提高，现在淮海减速机厂还没有涉及100KW以上减速机的研发，且涉及行业也较少。④市场营销重视力度不够，没有定下完善合适的销售策略，营销手段单一。

（三）淮海集团减速机的机会与威胁

淮海集团减速机的机会：①中国机械加工行业正处于迅猛发展的阶段，应把握这一发展机遇，提升自身齿轮加工的实力，提高减速机生产能力，提高产品质量。②皖北地区劳动力资源丰富，有利于降低产品的生产成本。③随着淮海集团"十三五"发展战略的制定，集团公司下一步将对减速机厂加大投入，更加重视产品在全国的市场拓展。

淮海集团减速机的威胁：①随着减速机制造业的发展，越来越多的竞争对手进入市场。②与竞争对手的价格战愈发的激烈。③受技术研发，设备加工能力等因素限制，目前淮海集团减速机在高端市场不具备竞争力。

下面使用SWOT分析法，对公司内外部战略因素进行分析。

内部因素 外部因素	优势(Strength) 1. 淮海的集团优势及未来良好的成长空间； 2. 较合理的财务管理能力； 3. 规范化的管理体系； 4. 健全的销售队； 5. 较好的硬件条件。	劣势(Weakness) 1. 产品单一； 2. 公司品牌知名度低； 3. 产品配套能力差； 4. 技术开发能力不足； 5. 营销手段单一。
机会(Opportunity) 1. 中国机械加工行业迅猛发展； 2. 劳动力资源丰富，对降低产品成本极为有利； 3. 淮海集团从战略上高度重视，在发展上大力支持。	SO战略(增长性战略) 1. 抓住公司能力优势和所处的区域优势，稳固皖、豫地区减速机产品市场的竞争主动权； 2. 充分发挥自身的有利因素和发展空间，加快减速机厂的建设速虔，使产品竞争力得到大幅度提升； 3. 加强品牌建设，维护品牌形象，稳步提高市场竞争力。	WO战略(扭转型战略) 1. 利用人才优势，聘用优秀生产、销售管理人才； 2. 抓住中国经济平稳发展的机遇，扎实稳定地向前进； 3. 加大对减速机厂的投资力度。
威胁(threat) 1. 减速机制造业迅速发展，越来越多的竞争对手进入市场想分一杯羹； 2. 竞争对手的价格大战愈演愈烈； 3. 目前的产品在高端减速机市场不具备竞争力。	ST战略多种经营战略) 1. 开发新的产品系列，增加市场营销能力，努力提高市场占有率； 2. 依靠规范化、标准化管理能力，不断提高自身的营销管理水平和产品品质； 3. 创造条件与国内知名企业进行强强联合。	WT战略(防御型战略) 1. 加大在竞争对手弱势的产品系列上开发力度，扬长避短； 2. 大力发展地区经销商，增大现有经销商的利润空间，提高他们的销售积极性； 3. 加强企业的内部管理，从而有效降低成本。

图7 淮海公司SWOT优劣势分析图

通过对淮海减速机在市场的SWOT分析，确定淮海公司采用WO与SO相结合的营销战略。在未来的营销中，淮海公司应采用以下战略：

（1）充分发挥本身的优势和成长空间，加大对淮海减速机厂投资力度；

（2）加强品牌建设，维护品牌形象，稳步提高市场竞争力；

（3）利用产品系列全面的优势，增加市场营销能力，扩大市场覆盖面；

（4）依靠规范化管理，提高自身的营销管理水平和产品质量；

（5）利用竞争对手不足之处，扬长避短；

（6）加强技术研发，学习行业领先的加工技术。

六、淮海集团减速机竞争策略

（一）产品策略

1. 产品组合策略

淮海集团减速机拥有一定的产品群，生产的产品主要有：齿轮减速电机、减速箱、变频器、联轴器。齿轮加工规格2m~20m，轴加工最大直径630mm，最大长度4m，减速箱加工最大尺寸为2m。在机械精加工方面淮海减速机厂在皖北地区位列前茅，小有名气，因此可在配件代加工、定点客户生产上多做文章，扩大销售。

另外，淮海集团减速机厂依靠自身技术优势、设备优势、集团优势正努力研发其他配套产品。

2. 产品打包服务策略

在产品打包服务策略上，淮海减速机应抓住以下三个方面：

（1）与主机配套。煤矿上用采煤机、掘进机、带式和刮板输送机的主机生产厂家由于成本、技术等其他因素的限制，他们并不生产相应的减速机。举例来说一台在煤矿上常用的150带式输送机就需要配套2台JS75KW的减速机，而一台煤巷EBZ132型悬臂式掘进机就需要配套2台切割减速器、2台运输减速器。2014年淮海集团下属的安徽省矿业机电装备公司，掘进机的年产量30台，刮板机年产量50台。2014年淮海集团下属的新园矿山设备公司生产的皮带机，年产量100台。淮海减速机厂应充分抓住与主机配套的机会，多与配套厂家联系。而且以目前淮海减速机在煤矿机械齿轮传动技术上的实力来看，这一策略是完全可行的。

图8　刮板输送机（左）、带式输送机（右）

（2）与项目配套。随着中国新型工业化进程的加快，资源约束矛盾日益突出，企业为了提高生产效率，增强竞争力，不断加强技术创新和结构调整。如水泥工业的发展，就是不断淘汰落后的生产能力，淘汰能耗高，污染高的企业。淮海减速机厂就是要抓住企业改扩建项目、技术改革项目时的机会。围绕生产装备技术大型化、高效率、低能耗、低污染、高可靠性的特点，把淮海优质的产品推出去，打响淮海的品牌。

（3）与服务和保运转捆绑。淮海集团不仅销售好的产品还要配套好的服务，例如，矿用减速机，它们的工作条件十分苛刻，在外形尺寸受到限制和经受水、粉尘和甲烷等有害气体侵入的条件下，要承受大功率、高转矩、过载冲击载荷的考验。属低速重载传动，要求高可靠性，一旦矿用减速机在使用过程中发生故障，不能及时处理影响生产将带来很大损失。而减速机的维修需要一定的技术水平，针对这种情况，淮海减速机应采取服务和保运转捆绑的策略，目前淮海减速机厂承诺：使用淮海减速机一年内免费维修，使用淮海减速机整机配套设备一年内免费保运转。这一打包服务策略，不仅将淮海减速机在皖北的地域优势发挥出来，还能有效提高淮海减速机的知名度。

3. 新产品开发

（1）针对煤矿行业，开发通用型矿用真空泵用减速机。这类减速机通用的功率小于100KW，采用3级齿轮变速，速比1:16.3—1:21.8，从技术上完全可行，在生产方面，公司无需投入新的设备，依靠现有的JS-75A系列装备生产线就能满足。

（2）针对起重行业，进行配套减速机研发。起重行业以平均每年12%的速度递增，年需求双梁、门式起重机20000余台，单梁起重机55000余台，市场额度为20亿元左右，加之我们距起重机之乡河南长垣较近，有很好的地理优势。

（二）价格策略

1. 低价格渗透策略

在制定产品价格时抓住客户追求低价的心理，低于市场平均价格水平，等产品取得稳定市场时再逐渐把价格提高。低价格渗透策略能够帮助产品快速占有市场，吸引大量客户尝试购买。由于初期价格较低，所以利润率不高，竞争对手不会纷纷效仿，从而使产品在市场竞争中占据上风。

淮海集团目前研发的矿用真空泵减速机和单梁起重机用的减速机这两种新产品，由于新产品的市场占有率不高，公司决定采用低价格渗透策略，努力打开市场。

2. 附加价值策略

当企业面临市场价格战时，不随竞争对手降价而降价，而是以产品的附加价值为突破，让客户得到满足和优惠。最常用的附加价值策略是增加服务，这一策略的优势体现在，不仅维持了产品的市场价格，保护了企业的品牌形象，还为企业带来新的竞争力。

在皖北地区，淮海减速机厂生产的矿用减速机较其他竞争者相比，区位优势明显，所以在价格策略上，并不直接降价，而是采用附加价值策略。现在淮海减速机厂销售的矿用减速机，一方面使用厂点可以申请免费试用，试用期为3个月；另一方面淮海减速机全部保修1年，而且在使用期间免费提供技术服务、免费安装，这是其他竞争者目前难以做到的。

（三）直销渠道策略

1. 重型减速机的销售首选直销渠道

重型减速机产品与其他通用类减速机产品相比，由于应用的行业不同，对于机型的参数、工艺的布置、性能等都有特殊的要求，如果不具备专业的技术素养，很难为客户提供优质的解决方案。通过直销渠道由厂家配备专业人员实地调研，解决客户在技术上的难题，直接面对终端客户，服务性强，有利于培养忠实客户。

2. 大型项目适合直销渠道销售

如安然重工萧县-淮北风力发电项目、宿州南坪港煤沙石运输项目等，这类项目一般采用的网上公布或电话邀标的形式进行采购，由于大型项目的技术要求高，项目资金大，竞争主要是价格竞争。采用直销策略，在价格竞争上会更具优势，同时由于直销交流充分，可打消客户对产品技术支持、售后服务保障等方面的顾虑。

3. 重点客户采取直销渠道进行销售

例如，淮北矿业集团、新园矿山设备公司作为重点客户与淮海减速机厂签订了产品合作协议，产品通过直销渠道供应到相应厂点。这些重点客户同样也是其他竞争对手争相合作的对象，要从众多竞争对手中脱颖而出，不仅要依靠淮海自身的硬实力、稳固的客户关系，更要让客户享受到与淮海合作所带来的方便和效益。

（四）促销策略

1. 广告媒体促销

主流的大众媒体的广告促销虽然信息覆盖率大，但成本过高，而且作为工业品面对的客户群体有限，促销效果并不理想。所以通过专业网站及行业期刊杂志的广告促销，更适用于减速机的销售。

2. 销售人员推销

对于减速机销售，主要依靠销售人员的推销，销售人员若对企业产品充满热情和憧憬，他们会竭尽全力开拓市场，并最终说服消费者购买产品。淮海减速机目前有效地利用销售人员推销的方式来推销，对扩大淮海集团减速机的市场作用明显。

3. 其他

（1）展会方式：中国每年都举会办大大小小的工业品展会，通过展会不仅能展现各企业综合实力，还提供了各企业间的学习交流的机会。淮海集团就应择机参加"中国国际机床展""上海动力传动与控制技术展览会"等工业展会，以展示淮海集团的综合实力，扩大宣传和影响。

（2）电话、传真、邮寄方式：一般而言，这三种方法适合第一次跟客户接触时使用，一方面让顾客对公司的产品建立初步的认识，另一方面企业获取有价值的客户信息为下一步沟通、销售工作做准备。这是淮海集团销售人员的基本技能。

（3）网络促销方式：电子商务已成为当前社会商务活动的主要组成部分，我国电子商务的交易形式有网上购物（B2C）、企业之间网上交易（B2B）、离线商务模式（O2O）、电子支付等，客户随时随地都可以通过网络购买到他们需要的商品。淮海集团要加强这方面的学习、跟踪和推广。

相关建议：

在整体经济形势下滑、减速机市场激烈竞争的环境下，如何应对挑战。本人针对淮海减速机厂、淮海集团公司，对减速机行业提出以下建议：

第一，对于淮海减速机厂，淮海减速机要依托煤矿走出煤矿，综合性做好产供销一体工作，明确市场定位，明确产品定位，找准营销方法，要把技术研发和营销服务放在重中之重来抓。

第二，对于淮海集团，要加强对淮海减速机厂的管理，加大在人力、物力上的支持，为淮海减速机厂的良好发展提供强有力的保障。

第三，关于淮海减速机，要紧盯国家出台的相应政策，积极参与国家工业2025规划，积极参与企业兼并、重组，提高整体实力和竞争力。

论推动晋江品牌发展之五大角色的职能和关系

神华福建晋江热电有限公司　江长发

一座小渔村，渔民们从简陋的家庭作坊仿造洋货开始，到为国际品牌贴牌生产，再发展为自创品牌，如今，利郎、七匹狼、安踏、柒牌、九牧王、劲霸……众多的品牌，已成为这座城市的耀眼名片——这就是晋江。目前，晋江全市已有中国驰名商标81枚，中国名牌产品24项，中国出口名牌2项，5个品牌入选亚洲500强，10个商标入选中国最有价值商标500强，3个品牌入选中国行业标准性品牌……晋江成为全国拥有中国名牌最多的县级市之一。

这个充满传奇的舞台，是当地政府的高瞻远瞩，是企业家的雄才伟略，是营销人的创意智慧，是媒体的推波助澜，是明星的魅力光环——是它们，分别扮演了不同的角色，生、旦、净、末、丑，不可或缺，共同打造了一出精彩纷呈的晋江品牌大戏。

本文正是试图从以上五大方面——政府、企业家、营销人、媒体、明星，分析其在推动晋江品牌发展中的不同阶段所发挥的不同职能，挖掘其各自的内在关系，并从中得到启示，面对晋江品牌发展提升的关键阶段，针对问题，以及严峻的市场现状和未来趋势，为晋江品牌更健康、更长久的发展提出相应的思考和建议。

一、晋江品牌的发展历程

回顾晋江品牌的发展历程，我们可以看出有几个标志性的关键阶段，它们都是在晋江品牌的发展过程中不可或缺的一部分。

1. **工业生产初期（20世纪80年代）——仿造品牌**

晋江纺织服装业起步于20世纪80年代初期，是晋江起步较早、发展较快的传统制造产业。早在改革开放初期，晋江人看到人们热衷于购买各种各样的舶来品，便利用手中的闲钱，在自家闲置的房子里，纷纷办起家庭作坊，从仿造入手，生产大批所谓"国产洋货"，仿造的产品以纺织服装类居多。这种仿造就是晋江纺织服装业的雏形，生产之初，晋江纺织服装业完全以市场为风向标，跟在人家后面跑，市场流行什么，他们就生产什么。这种创业方式在20世纪80年代初到90年代初的晋江极为盛行，取得了巨大的成功。成功者的带动和利润的驱动，无形中又带动了乡里乡邻的仿效和亲朋故旧的入伙，循着亲缘、地缘、人缘关系的经济辐射，逐渐形成了"一村一品、一镇一业"的格局。当时，凡是仿造得出的服装产品，马上被一抢而空，一点也不愁销售。

2. **工业生产成长期（20世纪90年代）——贴牌生产**

晋江服装企业的加工能力引起国际知名纺织服装厂商的注意，纷纷来晋江下单订制、贴牌生产，甚至合作、合资。自此，晋江纺织服装业完成了从"依样画葫芦"的仿造生产到"为他人作嫁衣"的贴牌加工的蜕变，即OEM。当时，晋江这种贴牌服装企业达到500多家，据TNS报告显示，仅2005年，晋江OEM出口量就高达8500万件。供不应求的买方市场，以及大量的加工贴牌业务，让晋江人既尝到了甜头，也完成了资本的原始积累。

3. **工业生产发展期（20世纪90年代末至今）——自创品牌**

从20世纪90年代末，晋江企业意识到一旦市场发生意外，将出现"多米诺骨牌效应"。特别是1997年亚洲金融风暴引发的亚洲经济衰退，一下子让满足于做OEM的晋江人醒了过来。看着自己辛辛苦苦生产出来的产品，贴上别人的商标后便身价倍增，"品牌"这个字眼开始在心里滋生，"品牌创造"意识开始觉醒。这一时期是晋江纺织服装业走向成熟的蓄势期。本文重点探讨的就是发展期的晋江品牌如何开创自己的自主创新之路。

二、晋江品牌飞速发展的五大角色

1. 企业家的觉醒

"仿造生产"的方式在20世纪80年代的晋江风靡一时，家庭作坊遍布晋江，生产着形似而神不似的"国产小洋货"。随着大规模的设备引进和技术改造，晋江主要制造业的技术装备水平在20世纪90年代中、后期已经居于国内领先地位，陆续有不少厂商取得了为国际知名品牌做OEM的资格。晋江企业家意识到OEM即贴牌加工这种生产方式，能够减少复杂的市场营销管理活动，具有经营风险小、成本低、利润来源稳定的优点。20世纪90年代中后期，晋江民营企业对境外订单的依存度迅速提高，国际品牌和采购商所下的订单、支付的加工费源源不断，旱涝保收、高枕无忧，一度曾让晋江企业感觉甚好。

然而"忧"还是来了，1997年突然降临的亚洲金融危机，给满足于当OEM厂商的晋江企业当头棒喝。国际市场日渐艰难、订单急剧缩水，使得原本依靠做OEM过日子的企业遇到了极大困难；而那些拥有自创品牌、在国际和国内市场拥有独立市场渠道的企业，所受到的冲击则要小得多。善于顺应时变的晋江人，又开始了他们的"造牌运动"。

在市场环境发生逆转的情势下，晋江的许多企业家在更广阔的视野里读懂了"品牌"这两个看似寻常的字眼。他们此时已经意识到，在商品同质化、供过于求的新竞争时代，品牌才是商品的生命、企业的生命，市场的消费流向在很大程度上要依靠品牌来引导，经济资源的配置在很大程度上要依托品牌来实现。

已是中国运动鞋民族品牌领跑者之一、集"全国驰名商标""中国名牌产品""中国免检产品"于一身的安踏公司，品牌塑造之路一波三折。由于知识产权保护意识不强，还致使已有一定知名度的公司名称"求质"被别人作为商标抢注。无奈之下，公司只得于1994年更名为安踏（福建）鞋业有限公司，名称与商标被迫统一。严酷的事实使安踏的创业者们明白了一个道理：在"产品同质、品牌做大"的背景下，企业的生存之本在于品牌和终端网络。从此，安踏致力于市场营销与终端网络建设，并于1999年聘请乒乓球国手孔令辉担纲品牌代言人，实施品牌经营整体战略，迅速从一个区域品牌提升为全国著名品牌。在此基础上，安踏迈出了决定性的一步，从单一的运动鞋厂商向综合体育用品品牌逐步过渡，从鞋类生产型企业向品牌经营型企业全面转型。

晋江人开始了由商人向企业家的转变，因为商人多重利，而企业家要有更多运营的智慧。现在，晋江企业家群体都有着各自的品牌，而且在一个区域中，在同一个产业里，大家都尽量做着细分不同人群的定位——将一个品类做到极致。这仿佛是一个晋江企业家群体观念变更的开始。我们似乎看到，晋江企业家群体的品牌意识的集体觉醒。

2. 明星的效应

爱乐与喜剧天王周星驰携手，共同诠释着"爱运动真快乐"的品牌主张；因为"我选择我喜欢"，孔令辉与安踏走到了一起；王楠穿着金莱克一步一步迈向顶峰；齐秦在七匹狼极具煽情地诉说着"狼的传说"；柒牌则借助国际巨星李连杰强调其"比肩世界的男装"；而今连NBA巨星德雷克斯勒也被请进了寰球……歌星、影星、世界冠军齐聚晋江，蔚为奇观，显示出晋江企业对品牌塑造的热衷。

这场造牌运动的始作俑者就是安踏。1999年，安踏沿袭国际运动品牌NIKE、ADIDAS等屡试不爽的名人策略作为突破口，希望利用消费者对运动明星的喜爱，来拉动消费者的实际购买。因此，安踏签下年轻、充满朝气和活力的世界冠军孔令辉，安踏运动鞋首位签约代言人诞生了！当孔令辉青春、健康的形象出现在荧屏上，立刻征服了不同阶层消费者的心，也使安踏运动鞋的品牌亲和力和知名度得到空前的提升，特别是在孔令辉的老家哈尔滨，安踏销量迅速攀升到各大商场排名榜的第一位。仅此一招，安踏在当年的市场占有率便迅速攀升至13.4%，安踏因此获得了中国运动鞋的第一块"中国驰名商标"。

榜样的力量是无穷的，安踏的成功立即引来了本地其他企业的争先效仿。这种"明星+广告"的造牌模式立即席卷了整个晋江市，从2000年—2003年两年多，继安踏之后，361度、特步、贵人鸟等30多个晋江鞋业品牌在

CCTV-1和CCTV-5不断亮相。

3. 媒体的标杆

晋江民企仅在国家级电视台一年的广告投入就有六七亿元之巨。晋江企业都采取相同的营销模式——明星代言、央视广告、终端陈列、经销商定货奖励。晋江的品牌，通过媒体，让更多的人了解，也取得了一定程度的认同。有的企业就是运用了明星代言，通过投放媒体，让本来默默无闻的品牌，变成了驰名商标，这就是媒体的标杆。

4. 营销人的助力

晋江是福建县域经济的领头羊，在2008年公布的全国百强县排行榜上，晋江居第五位。晋江民营经济起步于草根工业，改革开放初期，拥有侨乡优势的晋江利用"闲人、闲钱、闲房"起步，率先进入服装、鞋类、食品、陶瓷等传统产业。

来到晋江，随地可见的广告牌是晋江留给外来者的最深影响，无论是内地的各类明星还是港台的演艺大腕甚至国际级的巨星，都在晋江留下了他们的广告印迹。在研究晋江品牌现象时，不能不提到晋江品牌聚集后面的另一个聚集：广告聚集。这是营销人在背后不断推波助澜的结果。

晋江的鞋企几乎把营销做到神乎其技。据不完全统计，为晋江民企做广告或是充当形象代言人的各类明星高达数百人。早在1999年，安踏（中国）有限公司邀请孔令辉担任品牌形象代言人，在中央电视台体育频道投放广告，首开晋江鞋企明星加广告的推广策略。自此，从体坛的王楠、伏明霞、刘国梁、孙继海，到娱乐圈的谢霆锋、F4、古天乐、Twins，都被晋江的鞋企网罗到门下担纲形象代言人。高潮时期，曾经同时有44家晋江鞋企的明星代言人在CCTV-5节目中冲着观众叫喊"我选择，我喜欢""率真自我""天地任我行""英雄本色，舍我其谁""我运动我存在""我的个性"等口号。

当时，在渠道建设基本到位的情况下，这种明星加广告的营销模式非常有效。安踏2000年的销售收入只有5000万元，2001年则突破3亿元，2003年达5亿元，2004年接近10亿元。其他如德尔惠、三兴、361度等大大小小的鞋企都经历了这样跳跃式增长，并在短时间内扩大了品牌知名度。

5. 政府的作为

晋江是实施产业集群发展战略的始作俑者。"九五"以来，晋江市政府以"培育主体、营造载体、注入动力，产业做大、企业做强、品牌打响"为中心，致力于研究解决发展后劲和结构调整问题，先后出台了扶持重点企业、鼓励采标创牌、吸纳优秀人才、增强出口能力、引导入园发展等一系列政策措施。有力的引导资金、人才、技术、信息等生产要素和资源的合理配置，力促晋江制造业尽快形成完整的产业链和具有强大竞争力的产业群。

进入21世纪，在当地政府的强势引导下，一场"造牌运动"在晋江民企中掀起，大手笔的奖励成为政府引导企业树立品牌意识、创立品牌的有效手段。晋江市又规定，对获得"中国名牌或中国驰名商标"的企业，给予一次性奖励100万元；对获得"福建省名牌产品或福建省著名商标"的企业，给予一次性奖励5万元；对获得国家出口免检产品的企业，给予一次性奖励30万元；对获得国家免检产品的企业，给予一次性奖励20万元。近年来，晋江市政府用于企业创牌的奖励资金逐年提高，2003年为873万元，2004年提高到1824万元，2005年，这一数字接近2500万元。

为了打造品牌之都，晋江于2003年着手制定了产业集群和品牌发展规划，并在全国率先举办了中国产业集群经济发展（晋江）论坛、品牌之都（晋江）名牌高峰论坛等活动，引导企业走名牌发展之路。晋江市政府自2000年以后启动实施了整个工业园区建设，通过引导同类企业入驻以后，也进一步推动了产业的集聚度，对整个产业的集群对外影响力。2008年国家体育产业基地落户晋江，更是推动了整个产业集群的提升发展，增强了国内外消费者对晋江产业的认同感和认知感。

三、晋江品牌的发展现状与问题

1. 企业家的素质

晋江99%的企业都是中小民营企业，而且几乎都是家族企业。企业家作为地区经济发展的活跃因子，构成集群形成和发展的一个重要的要素条件。产业集群的形成，就是一系列企业的创建过程。在形成初期，部分企业家的创新行为具有很强的外部效应，正是这种外部效应促进了产业集群的形成。而外部效应需要依靠企业家社会网络的路径进行传导。晋江产业集群有其特殊性，确切地说是晋江企业家有其特殊性。企业家的"爱拼""敢为天下先"造就了晋江的经济成就。但其"小农思想"、实用主义等特点也直接造成了晋江产业集群的一些难题，如创新不足、缺乏人才等。

晋江民营企业家族式经营的现象非常普遍。家族企业在经营观念、管理方式上的弱点就是经营观念短视，排外心态严重，对家族以外的人不信任，任人唯亲。这种家长制应用于企业管理，缺乏科学、规范和系统的规章制度及现代管理方式，企业的经营决策往往由老板说了算。这些老板凭借一句"爱拼才会赢"，虽然在创业中立下汗马功劳，也积累了丰富经验，但很多文化素质低，有的连普通话都不会讲，习惯于凭经验办事，对科学技术和现代管理方法不灵敏，思想趋于保守，活力和冲劲明显不足，与日新月异瞬息万变的经济形势不相适应。在新的市场竞争环境下，比拼的是企业全方位的能力，其中最重要的是企业家素质的比拼。因此，提升晋江企业家的素质成为当务之急。

2. 明星的负累

在晋江，最多的时候有200多位大大小小的明星分别代表着200多个不同的运动品牌，但名人形象和品牌文化之间没有必然的契合度，名人短短的一两年代言，也根本起不到完成品牌形象符号化职能的作用。

（1）广告盲目模仿，制作粗糙，缺乏创意。

在广告中，数不清的明星们向坐在电视前的观众们推荐某种运动鞋品牌：孔令辉一脸严肃的表情："安踏，我选择，我喜欢"；伏明霞甜甜的微笑："运动，每时每刻"；谢霆锋宣称："特步，飞一般的感觉"……广告的场面和情节明显雷同，对消费者已经缺乏强烈的冲击力。观众在看过了一堆的明星脸以后可能只能记住哪些明星做了广告，但是却会混淆了他们代言的产品。

（2）明星与产品本身脱节，使代言流于形式。

名人广告的目的主要是借明星的影响力来提升产品的形象和知名度。但是并不是所有产品广告都可以达到这样的效果。主要原因在于明星和产品的脱节。因此在选择明星时应该考虑这个名人和产品的关联性怎么样？他的感觉和产品的形象是否契合？比如，美克请跳水皇后伏明霞做运动鞋广告就让人觉得有点莫名其妙，伏明霞光着脚跳水和她穿什么鞋子有什么关系？再比如特步请了twins姐妹来做代言。想要针对城市的年轻人，twins代言人算是找对了，但是twins原本洋气时尚的姐妹穿上一双太过花俏让人感觉土气的运动鞋以后怎么看都有点让人别扭，甚至有一种明星被产品贬低的感觉。因此，在请明星代言时，我们不仅要寻找一个和运动鞋本身功能相关联的明星，同时也要找到一个气质和感觉能与产品相吻合的代言人。

盲目的造星运动也说明了大多运动产品品牌核心价值的缺失。明星本是品牌核心价值的体现，只是一种手段，品牌的核心价值才是真正的目的，不符合品牌核心价值的明星即使是免费的也不能请。当企业无法明了自己的品牌的核心的价值的时候，也就无法找到适合自己的品牌明星。盲目地跟风模仿，牵强的代言只会让观众认为明星只是贴在品牌表面的一张金纸罢了。

3. 媒体的分化

20世纪80年代，全村人围着一台电视看得津津有味，舍不得回家；20世纪90年代，一家人围在电视机前，对着电视节目评头论足；而到了今天的互联网时代，人们更愿意到网上冲浪，观看网络视频，网络购物，电视却成了摆在客厅的装饰品。在这样的大背景下，互联网媒体异军突起，对传统媒介形成巨大的冲击。网络购物所占比例也越来越大。2008年中国网络购物人数达到惊人的8000万，即每3个网民中就有1个通过网络购物。网络购物交易量方面，2008年中国网络购物的交易量达到1268亿元，2010年达到惊人的4000亿元。再看看占中国网络购物老大地位的淘宝网的交易数据：8500万注册用户，每天1300万消费者通过淘宝网购物；每天卖出3亿元的商品，2008年总交易额近1000亿。

媒体介质越来越多，销售渠道越来越多，企业陷入为难：是每一种媒体广泛地撒胡椒面，还是集中传播资源狙击核心受众？社会信息泛滥，企业也是为难：面面俱到列举品牌的全部信息，还是点到为止集中诉求？受众注意力严重稀释，企业同样为难：广泛撒网全面传播，还是定点拦网，深度传播？

4. 营销人的偏差

事实证明，最初明星加广告的营销模式在渠道建设未基本到位的情况下是非常有效的。

安踏、德尔惠、三兴、361度等大大小小的鞋企都因此而在短时间内扩大了品牌知名度。但"成也萧何败也萧何"，从2004年下半年开始，这套拿手好戏渐渐黯然失色了。据统计，在收看CCTV-5的观众里，仅有1%的人能把一个品牌及其代言人对上号；35%的人能回忆起几个明星，但记不住牌子；42%的人根本不关心是什么品牌；29%的人认为大同小异，牌子太杂；28%的人认为明星再炫，这类品牌也根本无法与耐克、阿迪达斯媲美。

在原来市场存在空白点的情况下，明星代言和密集的广告投放，确实能在短时间内大量吸引代理商的加入，从而迅速提高销售量，开拓新的市场。像安踏、德尔惠、特步、361度等在品牌建设上先行一步的较大型企业已经与小型鞋企逐渐拉开了距离，越来越多的中小型鞋企离开市场，转型成为替大型鞋企代工的OEM厂商，它们留下的市场空间被迅速瓜分，还暂时支撑了晋江鞋业的增长。而在市场已经被瓜分殆尽的情况下，要拓展新的市场，就必须从别人手里争夺才行。过去那种轻易就能拓展空间的好日子已经一去不复返了。显然要继续保持增长，营销人在营销模式上必须要有持续的创新。

5. 政府的缺位

晋江市政府在晋江品牌的发展中起到了推波助澜的作用。当地政府积极响应国家政策制定了一系列的扶持政策，积极推进企业进行改革。针对企业"星星"多，"月亮"少的状况，也就是小规模企业多，大规模企业少的状况，市政府创造性地提出"抓大扶小"的发展战略。狠抓企业增资扩营，做大做强传统企业，如服装、鞋业、食品、玩具、建材、陶瓷等。

然而，这种良好的经济态势对于晋江来说却是喜忧参半。"喜"的是，经过20多年的快速发展，晋江已经形成多个成熟的产业集群，而在每个产业集群中，又成长起一批很有竞争力并引以为豪的品牌企业。"忧"的是目前晋江市第三产业和高科技产业发展不足，经济体系不够健全。特别是作为现代经济生活重要组成部分的交通、通讯、金融保险、科技开发、信息咨询等服务业比较落后和短缺，难以满足企业的需求。

同时高层次的人才、土地资源储备不足也是两个很值得担忧的问题。晋江市人力资源开发整体水平偏低，人才总量不足，高层次人才严重缺乏，特别是具有一定产品开发能力、能独立开展重大科研活动的科技人才，懂得国际惯例、熟悉世贸规则的高级经营管理、金融、保险人才，取得国际化职业资格的注册会计师、注册设计师等人才更是奇缺；晋江市土地资源日趋紧张，土地资源有限给经济发展带来的阻碍，是眼下晋江市企业发展面临的突出问题。

城市配套服务环境的劣势极有可能导致品牌企业的流失。据当地媒体报道，随着产业集群的不断发展壮大和企业品牌的不断扩张，七匹狼、安踏、浔兴等晋江不少规模企业都在上海等重点城市设立了分支机构。这些规模企业虽然暂时没有把总部机构搬迁出晋江，但是为了适应现代化企业的发展需求和打造国际品牌的需求，提高产品研发能力，实现企业价值链与区域资源实现最优空间整合，兼备部分总部功能的企业研发中心已经延伸到上海、厦门等优势地区。

而晋江这座城市自身的品味，也没有切实的因品牌而提升到足够的高度。城市的规划建设及相关配套设施尚未成熟，中小型企业的管理还处在粗放型阶段，政府的管理政策未能得到很好的体现，就业环境与居住环境尚未达到吸引人才、留住人才的境界；放眼大街小巷，看到的大多数是小型的工厂，参差不齐的楼房，新旧交叉的地段，较为凌乱的工厂集中地，不要说与国内外的时尚都市相比了，即使与比邻的泉州、厦门相比，在城市软硬件建设方面，都还存在相当大的差距。如何打造晋江的城市文化和城市品牌这张名片，以城市品牌助力晋江品牌再上台阶，是摆在当地政府面前的一道永恒的课题。

四、晋江品牌的新起点

1. 企业家的新视野和新高度

要想改变晋江家族企业的现状，推进公司股改制，提升企业品牌形象，企业家必须回归自身的精神本位，即企业家的职能本位是创新，"建立一种新的生产函数"，把一种关于生产要素和生产条件的"新组合"引入生产体系。例如晋江运动鞋，在品牌打造上花费了巨资，也在国内外制造了一个"晋江现象"。但反过头来看，就会发现这些品牌集群还仅处在一个非常雷同的水平，在品牌打造理念方面还存在跟风现象。在残酷的竞争压力下，体育用品市场不得不进入新一轮的"品牌集中"阶段，大量品牌面临着生存压力。因此，企业家们必须通过提升自己的专业能力，提高核心竞争力，否则部分品牌将随着竞争的加剧最终被淘汰出局。

2. 营销人的务实与责任

针对晋江运动鞋生产企业的品牌营销上的种种问题，提出以下的对策：

（1）理性的对待明星广告，找到适合本品牌核心价值的广告方式，不要盲目跟风。

在21世纪的品牌大战中，广告营销已经成为了品牌营销的催化剂。如何在品牌大战中争得一席之地，并使之发展壮大，是企业家和品牌在营销策略上首先需要思考的问题。在同质化竞争异常激烈的今天，特别是服装行业由于进入障碍低，产品质量的保证、布料的选择和款式更新的速度，已不再是笼络消费者的第一诉求点。在采取广告营销策略中，必须注意前期的调研策划，加大代言人与品牌之间的关联度，找到适合本品牌核心价值的广告方式，建立健全的网络营销体系，实现品牌营销传播的整合，利用广告来宣传其内在价值，而不仅是产品本身，就像安踏选择孔令辉（大众流行定位）、特步选择谢霆锋（时尚个性定位）等的成功。

（2）在仔细进行市场调查的基础上进行市场细分，针对目标消费群体来明确产品和品牌的特征。

必须尽快地进行市场调查，明确自己的品牌特征，例如，安踏在经过很短时间的摇摆后，确立了明确的品牌道路，用丁志忠的话说，"安踏品牌的灵魂是专业体育精神"。安踏2008年公开提出了"安踏2008——中国体育用品领袖"的品牌口号，坚定走专业体育品牌建设的道路。不久前，安踏的广告语也换成了"赢的力量"，更具体育色彩。与安踏坚定地走"专业体育路线"不同，在知名度上紧随其后的德尔惠则打起了差异化战略——把"娱乐"进行到底。2002年，当多达44个晋江运动鞋品牌在CCTV-5"肉搏"的时候，负责德尔惠市场推广的何苦迅速抽身，开始在湖南卫视《娱乐无极限》投放广告，不仅开了鞋商在地方台投广告的先河，也使德尔惠走上了一条"体育+娱乐"的品牌推广之路。2003年，德尔惠请周杰伦为其代言，一直持续到今天。此后，德尔惠坚持淡化体育、走娱乐路线，除了《娱乐现场》《娱乐新闻网》《同一首歌》等栏目外，又进一步覆盖一些收视率高的娱乐节目。进军《幸运52》《非常6+1》和火爆的"超级女声"。这些品牌的成功，就是基于对市场的调查，找准了自己的品牌特征。

（3）加大研发力度，提高产品质量，从根本上来提升企业的实力和品牌的竞争力。

品牌稀释和核心竞争力不强的现象已经引起了晋江决策者和一些民企的反思，必须建立强化自主创新能力为主的新品牌战略。例如，曾经引发晋江民企广告风暴的安踏公司，在强化企业自主创新能力、塑造品牌核心竞争力方面再次领先一步。2008年夏天，该公司建立了自己的运动科学实验室，从事运动鞋先进技术的研究与开发。目前，安踏鞋类产品的耐折耐磨性能、剥离粘着强度，都远远高于国家标准。值得一提的是，作为一家从家庭企业发展起来的制鞋企业，安踏去年成为旅游鞋国家产品标准的起草修订者之一。这都能够促进自主品牌的建立，形成核心竞争力。在2008年举办的晋江鞋博会上，另一品牌"鸿星尔克"喊出了"科技领跑"的新口号，同时推出了"GDS减震系统""四大功能系统"等多种主打科技旗号的新产品，在鞋博会上引起不小的轰动。其他如特步、361度等晋江知名鞋企，也无不推出了加大科技投入、创立自己核心技术的新战略。

（4）加强学习，改变以往不良商业习惯，塑造国人对晋江商人和企业的良好印象。

晋江企业粗放型的管理模式，对于其长远的发展存在不利因素，特别是地方区域观念强，产品雷同率高、企业缺乏有效的管理等问题造成国人对晋江商人和企业的形象大打折扣。因此，晋江企业家要多学习，多借鉴先进的理念，先进的管理思路，来代替原有的、凭习惯、凭经验做事的不良商业习惯，重新塑造企业形象。

（5）综合利用公关、事件等塑造品牌的手段，从不同层面来打造企业品牌形象。

当今的市场已经由卖方市场转化为买方市场，市场竞争的目的在于占领市场，占领市场的实质在于占领消费者的头脑，也就是让消费者产生深刻的印象，所以事件公关是必不可少的。

3. 政府因应时势的新作为

目前晋江地区经济形态正处于再升级阶段。晋江市已经形成的产业集群优势和企业品牌优势，是再上台阶的坚实基础。在市场经济条件下，地方政府不是全程参与企业技术创新，而是有其具体的职能定位。重点体现在通过政策引导和鼓励企业创新、提升政府服务职能、发挥政府在公共管理和城市建设方面的职能等。

一是在政策上鼓励企业自主创新。针对晋江品牌科技含量偏低、知识产权不多等弱点，将纵深推进品牌建设的着力点放在晋江创造上，鼓励品牌企业积极参与行业和国家标准的起草工作，获得市场话语权。引导企业实现从商品出口到品牌出口的转化，在鼓励品牌企业巩固国内市场的同时，鼓励他们积极到境外投资，注册商标，兼并或收购外国品牌，逐步提高自主品牌在国外市场的知名度。

二是提升政府服务职能，从政府层面引导企业建立行业组织、鼓励企业之间的相互交流和相互学习、引进外部先进理念和先进经验；从产业链建设角度出发引导企业优化产业链上下游结构、避免产品过度同质化而引起的过度竞争和生产力的重复建设；为企业提供产业政策和产业信息等。

三是发挥政府在城市建设和公共管理方面的职能。积极探索打造和提升晋江城市品牌的途径。加强城市建设的统一规划，提升城市公共设施建设水平，建造良好的城市硬件环境；全面提高城市管理水平，营造卫生、文明、平安、祥和的城市居住环境；加强文化设施建设，营造与产业群配套的文化设施，营造城市文化消费氛围，提升城市文化消费层次；最后从政策上来吸引和留住各层次人才，使之成为城市长期发展的动力。晋江城市品牌知名度与美誉度的提升，必然使晋江的企业品牌增加文化的内涵。

4. 五大角色的相互为用

晋江市企业的发展，政府、企业家、营销人、媒体、明星在其中扮演着重要角色，因此，要充分发挥五者的长处，建立有效的调控机制，由政府引导，企业家积极开拓思路，大胆创新改革，推进自主品牌培养，营销人利用正确的适合企业实际的营销策略，明星代言更能传达企业精神，媒体运用更为得当，必将会让晋江品牌再起辉煌。

结　论

谋事在人。晋江品牌发展中起到关键作用的五大角色，在新的发展要求和形势下，应充分发挥各自的能动性，变相互制约为相互为用，突破发展的障碍，为晋江品牌注入新的生机，且强者恒强，真正走向世界，而不仅仅是中国名牌。

浅析煤炭企业人才管理的问题及对策

淮北矿业集团　刘　杰

伴随着国际国内经济形势的发展变化，煤炭企业告别了黄金十年的高歌猛进、扩张发展，进入了需求增速下降、产能过剩、生产经营举步维艰的严峻局面。过去由于良好经营形势所掩盖的产业单一、效率低下、质量不高、人才短缺等问题不断显现出来，人才问题尤为突出。人才是企业兴衰的关键，企业发展战略的制定、实施及发展目标的实现都离不开各类人才。因此，探讨煤炭企业的人才管理，无疑有很重要的现实意义。

一、人才问题的表现

关于人才的定义，人力资源和社会保障部是这样认定的：是指"具有中专及以上学历，或相当于技术员或以上职称的人员"。对于这个界定，笔者不敢苟同，感觉过于狭隘，已经不能适应现代企业的人才理念。因此更倾向于下面的定义："具有一定的专业知识或专门技能，能够胜任岗位能力要求，进行创造性劳动并对企业发展做出贡献的人，是人力资源中能力和素质较高的员工"。煤炭企业根据岗位层次将人才划分为管理人才、专业技术人才及技能人才，即所谓三支人才队伍。

无论何种定义，都不难看出，人才并不等同于所有的企业员工，而是企业员工中能力和素质较高的群体。煤炭企业人才问题主要表现在人才的数量、结构、素质及发展速度等诸多方面。总的概括起来就是数量不足、结构单一、层次不高、发展速度缓慢。具体分析如下：

1. 人才的数量与结构性问题

数量与结构是两个相互关联的因素，因此这儿放在一起分析。煤炭企业历史上就存在人才引进困难，数量短缺的突出问题，随着黄金十年的到来，煤炭企业经营效益得到好转，加之就业压力的加大，煤炭企业对人才的吸引力有所增加，人才资源在数量上当得到了较大补充。但是新引进的人才虽然受过高等教育具有一定专业理论知识，却缺乏必要的实践锻炼和经验积累，暂时还难以胜任具体岗位要求，而采掘等井下专业由于工作艰苦，危险性高，人才还是难以引进。同时由于煤炭企业的产业链条向非煤行业甚至物流、金融领域延伸，使得煤炭企业对人才的需求呈现多元化，却没有现成的人才可用。当前由于形势的急剧变化，煤炭企业面临着人才思想观念陈旧、市场意识不强、经营管理能力不足的问题和急需人才引不进、成熟人才留不住、闲散人员撵不走的困境，结构性短缺问题异常突出。

2. 人才的层次性问题

得益于我国经济的持续发展，煤炭企业的形象在近年来有了一定的提升，但是高端人才还是不愿意到煤炭企业来工作，引进很困难，只能靠企业自己培养。高端人才的匮乏，严重影响了企业管理水平的提升，不利于生产技术的革命性进步和管理水平的实质性提高，妨碍了煤炭企业的健康发展。

3. 人才培养速度问题

长期沿袭的高投入、高产出的粗放型经营模式和人员密集型的管理模式使得煤炭企业发展缓慢，管理水平不高、新技术推广应用不多和劳动密集型特点突出。对于人才技能和技术等方面有计划、有步骤的培养明显不足，人才培养理念陈旧，方法探索不够，走过场的多，收效自然不大。企业人才学习与提高大多是出于个人的自觉与自发。

二、人才问题产生的根源

煤炭企业人才问题的产生有行业和历史的因素，也受发展前景的影响。

宏观上受行业性特点及传统体制的影响，具体到煤炭企业个体普遍存在人才观念及管理机制落后等问题。煤炭企业在长期处于劳动密集，科技发展速度缓慢的状况，加上工作环境差，危险性高，待遇低等不利因素多，长期处于人才培养缓慢，人才引进困难，人才流失严重的尴尬境地。同时，由于煤炭在我国能源结构中的基础性、战略性地位，也决定了煤炭企业普遍存在思想观念僵化、风险意识不强、创新能力不足的问题，人才观念淡薄，重生产轻管理、重生产轻技术的现象还普遍存在，人才培养投入不足，人才管理机制僵化，人才育用方法落后等。

近年来，煤炭企业迅速扩张和转型发展，新建扩建项目如火如荼，新投入的生产线已经远远超出原有的规模。企业的发展战略需要一大批理念新、管理强、技术优、技能精的人才去推动去实现。煤炭企业产业的多元化也使得对人才需要呈现多元化。煤炭企业在扩张转型的同时，也在不断引入现代企业管理理念，推广应用新技术和新工艺，减少用工数量，这无疑对员工的素质提出更高要求。

行业的落后、体制和机制的束缚、思想观念的陈旧等限制了人才的发展与培养，造成了人才资源的匮乏，使煤炭企业的转型与发展面临巨大的压力和挑战。

三、对策分析

人才资源是第一资源，如何解决目前煤炭企业人才资源供需矛盾是人才管理的中心任务。要解决这个问题，不是一朝一夕之功，不能一蹴而就。需要用系统的思维，需要有明确的目标，更需要科学的措施。

1. 目标

人才的管理是为企业的发展服务的，否则单纯的谈人才管理就失去了现实意义，变成应景的口号。企业的人才管理方向无外乎数量、结构、素质等方面，应以"开发人才、积蓄良才、塑造英才"为手段，达到 "数量充足、结构优化、布局合理、素质优良"的理想状态。

2.措施

关于人才管理仁者见仁智者见智，理论方法各成体系。笔者结合工作实践及思考，提出以下粗浅认识。

（1）管理思想要不断进步。只有思想上先人一步，才能在思路上高人一招，举措上胜人一筹。要充分重视人才在企业生存与发展中的决定性和关键性作用，摆脱陈旧观念的束缚，变人事管理为资源管理，变身份管理为岗位管理。做到不唯学历、不唯职称、不唯资历、不唯身份，使"人人都可以成才，工作出色就是人才"的理念深入人心。

（2）注重管理的结构性。前面说了人才是"具有一定的专业知识或专门技能，能够胜任岗位能力要求，进行创造性劳动并对企业发展做出贡献的人"。因此人才管理应根据不同岗位类型，建立管理人才、专业技术人才及技能人才的结构性管理体系。既要统筹考虑，又要根据各自特点区别对待。要细化层级设置，明确能力标准，推动岗位化岗位。

（3）抓好"选、育、用、留"四个环节。人才管理的落脚点在"选才、育才、用才、留才"四个关键环节上。

选才，要求选对人才。选才是补充企业人才需求的最快捷的手段。首先不能盲目，要根据企业人才现状，结合企业发展规划，提前做好对人才需求总量、结构、标准、层次、来源和时段要求的预测分析。按照"满足需求、合理储备"的要求，制订科学的人才引进计划。其次是要制定好适宜的选才方法，要尽可能地扩大选才范围，笔试与面试相结合、理论与实践相结合。需要注意的是不能单纯的依靠人事或人力资源部门，要让人才需求部门参与进去。

育才，目标是提高人才素质，以更好地满足现有或未来岗位需要。育才的方法多种，普遍的做法是培训，另外还有岗位锻炼、科研攻关、引导自学自修等。

培训是提高人才素质的最有效的做法。人才培养是职工培训的一部分，但是不能简单的等同。要充分掌握培训需求，把握好层次性，注重实效性。对于管理人才，侧重于思想理念和认知视野，多采用送出去的做法，到知名企业、先进行业、管理院校等接受新的思想理念；对于专业技术人员与技能人才要侧重于技术与能力，要紧密结合工作现场，采用请进来、走出去等方式，理论与实践相结合，提高专业知识与工作技能。

用才，就是要用好人才，实现人适其位，位得其人。用好人才是人才管理的关键环节，必须要高度重视，切实抓好。

首先，要优化人才选拔使用机制。坚持"以用为本"，坚持"不唯年龄、不唯学历、不唯资历"，不拘一格使用人才，使各类人才各得其所、用当其时、才尽其用。不断完善公开、公正、公平的人才选拔使用机制，加大公开选拔、公推公选、竞聘上岗等竞争性人才选拔工作力度。实施考察预告、表决票决、任前公示，坚持试用期、聘（任）期制，加大责令辞职、引咎辞职等淘汰退出力度，畅通正常退出渠道。

其次，要优化人才考核评价机制。要根据人才职业发展通道和岗位管理体系，规范各序列岗位任职资格条件，建立健全各类人才评价办法。注重业绩、能力与岗位、职级相适应，建立完善管理人员、专业技术人员和高技能人才的日常考核体系。加强聘任期动态考核，完善能上能下、能进能出的机制。

留才，就是留住人才，确保各项工作的稳定性和企业发展的连续性。留住人才通用的做法是"待遇留人、事业留人、感情留人"，这些考量无疑是正确有效的，但是在此笔者想补充一条"机制留人"。

好的工作机制往往是大多数人才去留的重要考量因素。因此先进的人才理念，公平公正的用人环境，合理的分配机制，人才持续发展需求的满足等无疑是企业人才管理工作的需要高度重视的方面。只有多种激励手段相结合，才能真正提高、提升人才的自豪感、荣誉感和归属感。

对庐江电厂当前工作的思考

神皖合肥庐江公司　刘　涛

2015年8月至9月，我有幸参加了中企高管人才素质提升工程委员会举办的第一期高级职业经理人研修班。学习中，近20位专家、教授、企业高管悉心讲授了当前国家经济形势及发展趋势、先进的企业管理方法理念、最前沿的产业变革和技术创新，使我开阔了眼界、拓展了思路，深化了对庐江公司生产准备与基建一体化建设及数字化电厂建设等工作的认识和考量。

现结合培训收获谈谈我对庐江电厂当前工作的两点思考：

一、生产准备与基建一体化的思考

庐江项目尚处于核准期，属于战略规划、蓝图细化、团队组建阶段，做好顶层设计至关重要。

1. 抢前抓早，明确生产准备工作四个目标

（1）构建一套科学的生产管理体系。通过职能合并减少部门设置，通过"大集控"模式减少运行人员；采用扁平化管理构架，在机构组建、人员配置、职责划分上符合精干、高效原则，做到既满足工作要求，又降低管理成本。

（2）建好三支队伍。即建设一支业务过硬、作风顽强、素质优良的运行队伍；一支技能精湛、一专多艺、能干活会管理的检修队伍；一支讲团结、乐奉献、复合型的干部队伍。

关键有两点：一是选好人。严把招聘关，本着宁缺毋滥的原则，选好部

门经理和值长、点检长和专业主管，有好的领导才能带出好的团队。二是做好文化引领。践行"诚、敬、勤、勇"为核心的企业文化，建立绩效引导、鼓励竞争、优胜劣汰的组织机制，形成以效益定成败、以效果比贡献，以效率判优劣的团队文化。

（3）做到4个"即"。保证新机组平稳过渡，即投产、即稳定、即盈利、即达设计值。

关键在于：一是做好前期参与，鼓励和支持生产准备人员提出意见和建议，将安全隐患和指标优化解决在设计、建设阶段；二是提前介入设备试运，做好深度调试。

（4）生产指标一次创优，机组三年内不做重大技改。生产指标一次创优是对设计、基建及调试、人员培训等工作的综合考量，要认真编写和执行《生产准备大纲》及《细则》，谋定而动，确保深度调试等关键工作如期保质开展。三年内不作重大技改则要求我们在系统设计和设备选型时具有前瞻性，要加大对国家宏观形势、行业要求的分析研判，及时掌握信息，确保我们的污染物排放值等敏感指标在一段时间内不落伍。

2. 全过程、全口径做好生产准备与基建的融合

纵向：全过程参与。从工程初可研、设计、招标、建设、安装、分部及整体试运，全程参与，贯彻始终。

横向：全口径参与。全面参与基建的质量管理、安全管理、进度管理。

实现的方式方法：建立一岗双责、基建与生产准备人员交叉任职的体制机制，并明确生产准备人员参与基建的职责和方式。在经营班子副职层面，可采取基建与生产准备负责人相互在对方主管的业务领域担任副职的方式进行相互融合，互为助手。在公司中层和专业主管层面可通过组建生产准备专业小组的方式按专业整合力量，同时为基建和生产准备工作服务。具体工作时，将生产准备人员按专业分派参与到基建的具体业务中。

发挥的作用：一是质量监督把关。提前发现和解决设计错误和缺陷，提高系统设备投产时的可靠性；二是从符合安全、优化指标、提高效率、便于操作和维护等角度提出优化建议，保证指标的先进性、运行检修的便捷性；

三是通过提前介入，熟悉设备系统，锻炼队伍，做到超前培训。提高生产准备人员知识和技能，实现投产时操作安全、运行经济，做到安全与指标并重。

3. 把握好生产准备四个阶段及四个重点

启动阶段重认知。重点开展设备系统及管理模式的调研、收资，开拓视野，形成顶层设计思路。并通过与基建一体化的参与功能，将思路转变为现实。

培训阶段重效果。建立优胜劣汰的用人机制和鼓励竞争的绩效导向，保证培训效果。

调试阶段重参与。人员提前介入调试并承担操作和维护的主力，提前进入角色。

整套启动阶段重深化。按大纲要求进行深度调试，充分暴露各类问题，充分掌握机组特性，保证投产即稳定、即创优。

4. 抓好五个方面的管理

一是生产准备基础管理：抓好组织机构搭建、制度建设和标准建立，以《生产准备大纲》为核心，以《细则》为措施抓好工作。

二是基建生产一体化管理：建立交叉兼职，一岗双职等组织保障，确定参与方式方法，把握好生产准备参与基建的深度和广度，帮忙不添乱，把关不越界，做到基建和生产准备工作的相互促进。

三是专业技术管理：通过调试大纲、规程、系统图、技术方案的编制，组建技术监督网络，建设专业技术管理体系和运作机制。

四是基建生产依法合规管理：按"三同时"要求建立安全管理体系，确保消防、环保、涉网管理、特种设备、工器具检定、人员上岗合乎要求。

五是外委队伍管理：选好比管好更重要，要严把准入关，通过广泛调研，侧面摸底等方式遴选管理基础好，项目经理负责，在业内有成功经验和良好信誉的承包商入围招标。

二、数字化电厂建设的思考

此次培训中，对我思想冲击最大的是工信部赛迪研究院、赛迪经略企业管理顾问有限公司两位专家、高管关于"智能制造和互联网+"的相关授课。让我第一次真切感受到新一轮产业变革的潮音。以3D打印、移动互联网、云计算、大数据等领域为代表的颠覆性产业迅猛发展，必将给传统工业带来不可回避的冲击。我国也继美国的"互联网+"、德国的"工业4.0"后提出了"中国制造2025"发展战略。

庐江电厂作为传统的火力发电企业，如何在新浪潮中建设、发展，适应时代，是值得我们深刻思考的命题。

神皖公司领导层对庐江电厂提出的建设"八化"电厂的目标与思路，正是对互联网+时代的准确判断和正确布局。现在需要我们思考的是如何将"八化"落实到具体的设计、建设中，并凸显新亮点、新特色，建设行业内理念领先的"数字化电厂"。

1. 数字化电厂现状调研分析

国华高安屯电厂在国内首创了"一控三中心"运营管理模式，同时拥有"一键启停、无人值守、全员值班、一体化平台、三维全景、智能巡检、智能票务"等开创性理念。

神皖安庆公司二期工程率先开始了"数字化电厂"探索，实现了"数字化三维移交、APS一键启停及运行管理、实时系统图、安健环管理、自动报表管理等现场生产管理信息化"。

2. 庐江电厂数字化定位和面临的难题

庐江电厂设计了更高的起点。计划建成集化水、除灰、脱硫和运行集控功能为一体的"大集控室"，每班次人员编制仅为13人，较传统分散式集控布局每班次减少运行人员7人，降低了运行成本。但同时也带来运行人员单位操作量大，必要的双人操作监护难以执行、外委巡检人员的素质难以满足一专多能要求、人均巡检范围扩大等难题，给安全生产带来压力。

3. "体系化操作"和"智能操作"理念

为破解以上难题需从三个方面着手：一是增加设备的可靠性；二是提高系统的自动化程度；三是技术创新。受本次培训启发，提出"数字化巡检员"和"体系化操作"等概念，实现生产现场的"人在体系下"的"智能操作"。

所谓"数字化巡检员"是指装备了头盔式摄像设备、实时通讯设备、智能移动终端（具备网络功能的手机、PID）、GPS定位设备和传统操作工具的巡检人员。

所谓"体系化操作"现场工作人员利用数字化平台进行工作调度、协调、监护、指导和技术支持，共同完成某一项工作任务。

即配备头盔式摄像设备的巡检人员在进行现场具体操作时，其所见、所做均通过摄像设备将实时图像上传到中央处理器，并显示在集控室主（副）操作员CRT上，集控室人员通过CRT多窗口功能，可以在监视系统图及参数的同时调阅电子操作票并观察现场操作画面，利用通讯设备指挥现场人员操作，做到技术支持和操作监护指导；此信号可同时上传至值长操作台，实现对重要操作步骤的双重监护；必要时上传至专业主管、部门经理等管理人员PC或手机平台，实现远方遥控操作和监督指导。在技术层面解决了人员少无法实现双人操作监护难题，同时从根本上防范了发生误操作和操作不到位而引发事故的风险。这样，就将巡检员的个人操作转变为一个团体共同进行的操作，将"个人"变为"系统"内的一个具有强大技术支持的节点，做到"人在体系下"，实现现场重大操作的体系化、日常操作的智能化。

数字化巡检员佩戴的GPS定位设备可让集控室控制员、值长实时掌握巡检人员路线、位置等信息，便于根据需求调配资源，同时可以监督检查其巡检路线、质量。

通过将巡检员或点检员手持测温枪等检测设备的实时数据传输到集控室及专业管理人员的PC平台，实现运行巡检与检修点检的数据交互、共享，检修维护人员也可以通过此设备将故障设备的图片、视频和相关型号数据进行无线传输，通过对实时数据与历史数据的比对分析，设备原始资料查阅、故障库信息等功能实现"在线分析诊断"，通过与库存备品信息的交联，保证设备维护检修的及时性。

现场图像的采集和积累还可作为运行、检修及事故分析的资料进行调阅。在事故处理、应急抢险中该系统还将大大提高突发事件处置速度和应急指挥的准确性。

4. 探索建设基建期安全数字化管理平台

以基建MIS系统及神皖公司本部及三家子公司正在试运的承包商管理平台为依托，建设基建现场安全管理平台，确保基建期生产安全。

（1）现场安全管理模块。包括硬件部分，主要有数字化门禁系统、视频监控系统、出入口道闸等安防系统、基建MIS系统主机站等。二是软件部分，主要是承包商管理软件。通过两者的有效整合，实现对外委单位、人员原始信息和实时信息的采集、分享、分析、管控，实时展现施工现场队伍、人员状况、出勤率、施工进度、具体工作任务、违章考核等动态信息。实现安全文明施工管理、安全事故管理、安全资料管理、风险预警、绩效考核、管理评价等功能，用科学手段提高安全管理的效率和精度。

（2）可视化操作模拟培训模块。基于AVEVA AVP可视化操作平台，开发工业游戏式的安全应用，包括重大设备吊装拆卸模拟、互动式应急预案模拟、紧急开停机安全操作可视化培训等可视化培训场景。为解决现场重大吊装等制定科学可行的安全措施、技术措施进行了模拟和指导。同时提供了一种形象化的直观培训手段，结合同步建设的集控主辅专业仿真机项目，强化运行岗位人员技能培训，保证投产前后的生产安全。

论企业管理创新与风险控制

安徽驰纬电气有限公司　汤本伟

　　创新与风险是一对孪生子。创新是价值创造之源，但同时也意味着更多不确定性，这种不确定性下，风险也应运而生。如果没有创新和风险投资中的任何一样，就没有苹果、谷歌、亚马逊、阿里巴巴、百度、分众、携程、如家这一长串的名字。

一、什么是风险

　　风险无处不在，而且几乎无可避免。曾有人提出一个观点：在现代企业关于创新管理的运营中存在周边相关联的"生态"系统风险。风险的产生主要是因为现代企业是一个高度专业化分工合作的企业，一个企业的创新由于涉及到一系列的前后端价值链企业，以及需要相关企业形成的企业生态群同时配合，才有可能成功。本文列举一些案例，例如：高清电视的推广、3G手机网络的发展都会因为相关的环境而面临生态系统风险。在中国的3G网络推进就是一个很明显的例子，3G网络自身没有什么问题，但是手机供应商的产品推出缓慢却大大影响了3G网络使用的速度，这个对现在的中国电信和中国联通的战略发展已经表现出短期内还要面临经营业绩不理想的风险。

　　一个企业的创新战略能否运营成功，取决于企业对创新生态系统的风险评估是否有效。并且认为创新生态系统中通常存在3类基本风险，企业只有在合作伙伴同时解决这3类风险而准备就绪，并且抢在竞争对手之前进入市场才有创新的价值：

项目风险（initiative risks）——单个项目管理中常见的不确定性；

依赖风险（interdependence risks）——与配套的产品创新者协调的不确定性；

整合风险（integration risks）——创新在价值链上的应用周期所带来的不确定性；

1. 风险管理过程的成本

与风险管理过程相关的成本会出现在资金或时间方面，但是机会成本可能更重要，而且机会成本在进行长期决策时发挥着重要作用。我们需要在固定的资源约束范围内工作，关键人员的时间会变得极其宝贵。用经济学术语来讲，风险管理过程涉及的所有人员（而不仅仅是风险管理过程的专业人员）每增加一个小时的边际成本，应该用花费这些时间完成其他工作所实现的最大价值来衡量。在项目运行的某一关键点上，所涉及人员的时间非常宝贵，可能是他们工资总成本的2倍、3倍甚至10倍，因此对这些人和时间的有效利用至关重要。风险管理过程本身即是一个高风险的项目。如果在基本执行过程中已经出现危机，此时试图增加风险管理过程的资源（包括对人员的更多支持，不只限于风险管理过程的专业人员）并非上策。给一个失控的项目增加人员如同"火上浇油"。

2. 风险管理的组织

高级管理层的支持，对于发挥风险管理过程的作用非常重要。风险管理过程应该反映高级管理层的需求和关注。所有相关经理人员，尤其是项目经理需要在早期阶段介入，保证相关的风险管理过程纳入到项目管理过程中去。理想的情况是在这个阶段任命项目经理，让他能够积极参与到这些任务中，在更加详细的设计与计划阶段之前确立风险管理过程的概念并阐明其作用。更多人员参与到任务中很有好处，这些人员包括组织职能部门中的个人、主要客户、主要承包商或分包商、潜在的合作伙伴以及设计和引入风险管理过程的顾问。

而在这次项目实施过程中，我们应该从以下几个方面进行风险管理的改进：

（1）时间管控方面尚欠经验。在项目开发中为防止项目意外事件而导致拖延，本项目由于没有做出此时间管控，而导致在项目意外时无法按时完成项目。

（2）与客户联系不够。虽然在前期中频繁联系客户，也给客户留下比较好的印象，但在后期中就很少联系客户了，不能及时让客户了解项目进行的情况。

（3）本项目采用的新技术比较多，在既要学习新技术又要开发项目的时候，质量难以保证。今后如涉及的新技术比较多的话，应争取更多的开发时间以保证项目质量；如项目比较急，应采用项目组比较熟悉的技术。

通过这次项目，使人认识到，如果不实施正式的风险管理过程，使之成为项目管理的一个常规方面，就无异于"商业自杀行为"。日益加剧的竞争，更加挑剔的顾客、技术开发和其他变革速度的加快、商业机会日益增加的复杂性和新奇性，都对管理的不确定性和项目风险系统的成功提出了更高的要求。如果等到"触发事件"（如主要项目的商业手段失误或未能赢得主要合同）出现以后才接受这些信息，就太令人遗憾了。

二、如何控制风险

企业可以在风险中挖掘形成新的竞争能力的要素，具体可以通过"延迟制造、修改合约、收集更加准确的信息、有意识地增加风险"这四个途径进行风险管理，推动商业模式创新。

1. 延迟制造，降低风险

传统的工业生产中往往会通过改造生产流水线，提高单位时间产出率以降低成本。要实现快速生产，除了设备上的改进，生产流程上的积极创新也不可或缺。然而，改变流程有时非但不能使成本下降，反而会增加总体成本，因为需求的不确定性会使快速生产给企业带来较大风险。那么是否存在对需求不确定性所带来的风险进行管理而降低成本的方法呢？宁钟指出，工业生产管理中一个很重要的方法即是"延迟制造"，通过对需求更准确地了解、把握与预测，降低需求的不确定性，控制风险，从而产生新的商业模式。

很多人将延迟制造理解为推迟投产时间，实际并非如此。所谓"延迟制造"，即用一些模块化的方法，明确地将产品划分为"标配"和"选配"，标配件提前生产，差异化最大的部分作为选配件则尽可能地推迟到市场供应的最后，根据相对更确定的需求生产。通过这种方式，可有效地大幅降低库存成本，进而降低总成本；同时，也降低了由于生产和需求不对应所带来的库存成本与亏损风险。

2. 修改合约，转嫁风险

"修改合约"也能成为一种新的商业模式，即通过利益相关者之间的关系处理，修改利益相关者之间的合约，将风险在相关者之间进行转移。以红星·美凯龙为例，作为中国家居销售连锁第一品牌，其在售后服务上实现了"修改合约"的商业模式创新。红星·美凯龙最初的消费者投诉解决方式是通过直接告诉消费者厂商的信息，让消费者与厂商自行沟通，这种方式给红星·美凯龙带来了许多实际问题：厂商的不良售后服务导致消费者投诉不断增多，最终直接影响了企业的经营。后来，红星·美凯龙修改了厂商租约内容来管理消费者投诉，在租户和权利条款之中均加入了新的内容：所有红星·美凯龙的认证商户均需预先交付一定的质量保证金，一旦商户与消费者之间发生纠纷，通过国家权威机构鉴定确认为商家责任，但此时商家又不予或无法解决的，红星·美凯龙将启动质量保证金对用户的实际损失进行赔付。这使得消费者购物的信心大增；此外，严格的合约内容控制了风险，使得厂商更加注重提高产品质量，力求成为优质厂商。这就是通过修改合约产生了一种新的商业模式。这种模式所产生的效果是：2005年红星·美凯龙上海地区年投诉量数据为1573次，而2006年采用了这种方式之后，投诉率大幅降低，降幅达到16.7%。

3. 精准数据，让价值创造更优化

当企业无法通过降低或转嫁的方式来规避风险的情况下，还有一种方式可供选择，即收集更加准确的信息，具体来说，就是让决策的信息更加可靠，从而让价值创造更优化。过去这一方式或许困难重重，但随着网络技术的发展、大数据的利用，"数据更准确，决策更有力"成为了可以实现的目标。虽然这样并不能完全消除风险，但通过数据可以切实地降低决策的不确定性，从而促使新的商业模式形成。

以吉盛伟邦与新浪家居的合作为例，凭借新浪家居丰富而精确的客户数据资源，二者的深度合作成功达到了"四赢"的目标——即新浪、吉盛伟邦，及其国际城中的进驻厂商和消费者的四者共赢。这一目标是如何达到的呢？吉盛伟邦在新浪设立家居展销频道，并将这一频道的浏览数据与新浪客户数据进行对接。凭借新浪对客户资源的良好积累，可在线定向推荐产品，消费者不再需要在家居城里耗时耗力搜罗，就能找到心仪的产品，并快捷地完成支付，亦能享受更多线下购买优惠。而有了精确的客户信息和线上定向营销，厂商则无需再花费巨资做广告宣传。吉盛伟邦则相当于拥有了一个24小时不停业的家具展销门户，也可以从厂商处获得更多的返利，家具城的日均成交率提高了63.4%，日均到访客流提升38.2%。对于新浪来说，其丰富而精确的用户资源得到了高效的商业利用。可见，这个商业模式中的四个角色均在这一创新中获益。

4. 增加风险，以风险驱动创新

风险是企业运营中客观存在的因素，宁钟认为，如果一个企业管理风险的能力比对手强，那何不通过进一步增加风险，将自己在风险控制上的优势发挥到极致，让对手望尘莫及？这是一条全新的可以产生新型商业模式的路径。

提出这样的路径并非没有理论依据：埃森哲创新绩效事业部董事总经理阿迪·阿伦在《管理创新风险的艺术》中谈到，当风险得到了有效的管理，公司便能够通过快速试验和敏捷性开发技巧，提高成功几率，创造出真正能带来收益的创新组合。敏捷性开发是指加强与客户、市场的互动、不断改进产品设计，进行产品开发的过程。

三、企业品牌创新的必然选择

我国企业迎来了非常难得的历史发展机遇，技术创新、金融创新、组织创新、管理创新、经营模式创新及企业文化创新层出不穷，如何把握这一机会时间之窗，借鉴世界发达国家企业以创新谋发展的经验教训，实现企业的跨越式发展，已经成为我国广大企业家必须严肃思考和决断的历史课题。

1. 品牌创新对企业的影响

伴随着经济全球化、网络化趋势的日益明显和市场竞争的日益激烈，品牌对企业在提升其企业形象，提高市场竞争力等方面的作用已显露无遗。企业间的竞争、产品的竞争，已越发明显地表现为品牌的竞争。谁拥有社会所公认的强势品牌，谁就不会在市场"大浪淘沙"的过程中被淘汰。所谓品牌创新，是指企业品牌要适应时代的变化和科技的进步，不断地寻求发展，包括技术创新、设备创新、材料创新、产品创新、组织创新、管理创新以及市场创新等。

它存在有两种创新方法：一种是骤变，即全新品牌策略，指舍弃原品牌，采用全新设计的品牌名称与标志。二是渐变，又称改变品牌的策略，指在原品牌上局部改进，使改进后的品牌与原品牌大体接近。不管采用何种创新方法，都是为了企业的长远利益。从来就不存在一劳永逸的品牌。曾经辉煌一时的"秦池""齐民思""太阳神"等，伴随着时间的流逝，逐渐退出了"历史的舞台"，而有些百年品牌，通过不断的创新也越开越根深叶茂，索尼公司每年都要向市场推出1000种新产品。飞利浦公司通过百余年的发展实现了近3000多项专利。这些都昭示我们，一个企业只有持续的品牌创新才能青春永驻。企业品牌创新是企业可持续发展的必然选择，是企业品牌走向世界的根本保障之一。

2. 企业品牌创新的风险

企业品牌创新是一项风险很大的工作，一旦失误，可能使企业血本无归。例如，美国德克萨斯仪器公司开发家用计算机失败，亏损了6.6亿美元；

美国无线电公司开发电视机游戏失败，损失了5.7亿美元。品牌创新所带来的损失，让我们触目惊心。

受假冒伪劣产品的冲击，企业品牌创新有了更大的风险。假冒商品近年来日益泛滥，成为我国经济生活中的一大恶症。在我们的日常生活中，假冒伪劣商品几乎无处不在。正因为这些假冒伪劣商品的存在，给品牌商品带来了巨大的伤害甚至破坏性的打击，严重影响了积极品牌创新的企业的经济效益，阻碍了品牌创新的热情。这样一种创新环境无异于向企业品牌创新的热情迎面直泼冷水。

虽然，诸多方面都说明，企业品牌创新是一种风险，它可能给企业带来巨额损失，但是一个企业要想做长久，还是应该不断追求品牌创新。我们可以肯定地说，创新品牌正是为了降低企业的竞争风险，不创新品牌才是最大的风险。

3. 品牌创新的风险管理

怎样才能提高品牌创新的成功率，降低风险避免失败呢？在品牌创新的风险管理过程中要注重品牌的核心价值。这是品牌创新的根本出发点。因此，我们首先必须为品牌提炼个性鲜明而又富有感染力的核心价值并持之以恒地维护它。然后，在此基础上，以企业本身为其品牌创新的风险管理的主角，从技术创新，产品创新和管理创新等方面切入：

（1）技术创新是品牌创新的风险管理根本；

（2）谨慎定位新品牌和分析市场，可以避免企业品牌创新过程中不必要的风险；

（3）加强品牌自我管理是企业品牌创新风险管理的关键所在。

在新经济和WTO的良好市场环境下，安徽驰纬电气有限公司只有勇于创新品牌，并不断从品牌创新中获益，才能让"CHIWR"大行天下，最终走出一条可持续发展的道路。

关于打造国际一流经理部的几点思考

天津水电十三局　　孙金辉

　　天津水电十三局（以下简称十三局）是一个蓬勃发展的企业，是一个值得我们用先进的理念、高远的追求、火热的激情全身心为之工作、奋斗、奉献的企业，中东经理部作为十三局的一个海外分支机构，我们要把它建设成一个学习型、管理型组织，让组织里每个人的价值在这里得到成倍地放大。我们的目标是把团队成员培养成世界一流的国际市场人才，不仅要有世界一流的做事才能，更要有世界一流的思想、境界、理念、视野。这种双一流，才是真正的一流。要实现这一目标，就必须有良好的理念设计，必须心存高远又脚踏实地。

　　首先，国际市场曾是工业革命后英国崛起的主要方式，也是第二次世界大战后美国崛起的主要方式，改革开放三十多年的实践证明，国际市场也是中国崛起和民族复兴的重要途径。因为全球越来越一体化，地球村越来越小，国际分工越来越精密细致，国家之间经济贸易已经形成相互依赖的关系。国际市场是实现大公司价值和个人价值的重要途径，只有在国际市场上一搏高下，才能真正奠定一个公司的国际市场地位，只有在国际市场久经考验，才能成为真正的强者。在这个前提下，十三局人要做好中东这个高端市场，做好项目完美履约，就必须心存高远，必须有全球市场视野，具备前瞻性的理念，在市场设计中走高端路线。根据高端市场要求和集团及十三局公司实际，确定符合自己的率先、快速、高效、可持续发展的市场战略，设计出符合高端市场要求和集团、公司实际的市场营销竞争计划，在市场上抢抓机遇，拿到合同。

其次，就是按照国际市场要求，结合集团、公司及个人实际，脚踏实地，扎实做事，把事情做细、做实、做精、做好。不断学习、根据不断变化的市场要求，及时、准确、全面地调整自己、超越自己，赢得市场，拿到合同，精心管理，精准施工，完美履约。

心存高远，有了前进的方向和目标，有了前进的激情和胆识，但到达目标还要靠双脚一步一步去走。所以，心存高远的同时一定要脚踏实地。中东经理部是十三局一个重要的区域市场，在此工作的每个员工都要做一个心存高远又脚踏实地的水电人。

一、要有国际市场理念、国际市场视野

国际市场理念和国际市场视野对我们在海外做市场营销的人来说非常重要，往往能影响到标书、合同、施工、履约的成败。回顾历史，甲午中日战争，北洋水师被日本舰队打败，不是败在军舰落后，而是败在作战思想、理念上。中东经理部的目标，就是要各位员工不仅要有世界一流的做事才能，更重要的是还要有世界一流的理念和思想境界。

在市场营销中，要把视野放远，把起点站高，把标准用严，把程序和规则用细，用国际一流团队的标准衡量自己，而不是夜郎自大，故步自封。打个比方，用国内视野做国际市场，相当于牛顿的经典力学，只在一种坐标系里做事，而国际视野则相当于爱因斯坦的相对论，坐标系是相对的，在多个坐标系中做事。为什么有很多非常卓越的中国企业走向国际市场后铩羽而归（譬如TCL集团）？为什么很多在国内表现卓越的优秀人才在国际市场的激烈竞争中败落下来？主要原因是他们用国内视野做国际市场，这就像刻舟求剑的楚人，情况变化了，思维做法却没有跟上变化创新，还是墨守成规，没有培育出自己的国际视野。我们要不断提高对自己的期许，对工作的期许，对公司的期许，在提高期许的同时360度放眼看世界，拓宽视野，提高自己思考问题、看问题、解决问题的层次和立脚点。美国人为什么在很多领域是世界第一？因为美国人视野宽广，标准高，要求高，起点高。

我们要争做世界一流的企业项目，什么是世界一流？我认为，从务实的角度讲，能及时准确全面地满足项目要求，能最大幅度地节约成本，环保安全健康，过程可控，记录完整，优质高效创造性地完成工作完美履约就是世界一流。从虚的角度讲，世界一流是一种思想、一种境界、一种永不满足的态度和追求。

在海外市场上，我们要树立开放的国际战略思维，把公司海外事业发展放在世界市场的大格局中去思考、去谋划，以更加开放的眼光审视自己，以更加广阔的胸怀博采众长。要始终盯紧国际先进水平，做到高点定位、高点起步，向一流看齐，绝不满足于低标准、一般化。坚决防止和克服自以为是、坐井观天、自我感觉良好的思想，坚决防止和克服故步自封、不思进取，只求过得去、不求过得硬的思想，坚决克服牢骚满腹、坐而论道、争功透过的不负责任态度，始终以高度的责任感履行职责、完成使命、促进公司海外事业发展。

二、创建学习型、创新型管理团队

中东经理部是一所学校，经理部同仁要通过市场营销、项目施工、按合同履约等工作实际不断提高自己的实践能力，还要根据不断变化的市场需求和业主要求学习各种相关的专业知识，提高自己的政治素质和业务理论能力，通过理论和实践相互印证、相互促进提高自己对市场、工程、履约的认识能力。只有这几种能力提高了，才能根据不断变化的实际，创新工作理念、思维方式和工作方法，创造性地开展工作，不断解决各种困难和问题。通过理论、实践、认识各方面能力持续不断地提高，个人的快速成长，集体的快速提升，打造一个学习型、创新型经理部。具备世界一流的经营理念和管理理念是我们努力的目标，我们要向着这个目标不懈行进。

三、全力以赴

全力以赴做事的人，会千方百计把工作做好，而不是遇事就退缩，一遇到困难就找领导，一有麻烦就找借口。有一本书叫《把信送给加西亚》，书中讲了一个很简单的故事。1898年，美国对当时统治古巴的西班牙殖民者宣战，美西战争爆发。战争开始后，能否取得与反抗西班牙的古巴首领加西亚将军的联系，成为美国能否赢得这场战争的一个关键。但要找到加西亚非常困难，因为他隐藏在古巴辽阔的崇山峻岭中，没有人知道他的确切位置。

美国总统给加西亚写了一封信，不知道派谁做使者，国防部长推荐了一个人：罗文中尉。罗文接过信后什么要求也没讲，只问总统一句话"他在哪里"就走了。三个星期后，罗文历尽千难万险将信交给加西亚。罗文中尉就是全力以赴的典范，他一个人在没有任何帮助的情况下，全力以赴，在危机四伏、杀机重重的古巴找到了加西亚。

我们在海外做项目，对营销、合同、工程、履约，要有深刻的理解，全力以赴，才能满足业主的要求，才能不断赢得市场，才能为公司和集团创造价值。同时，全力以赴不断挑战自我极限，才能快速成长，提高自我心智，磨练自己的意志。半心半意，不能尽全力的人或组织，成长的速度必然缓慢甚至停止成长。那些靠别人督促才肯出力的人，靠别人监督才能完成工作的人，那些给多少钱干多少活的人，无论他有怎样的才能，都不是杰出人才，更别说一流人才了。

就个人生活来说，全力以赴的人工作是自觉自动的，以自己内心的张力驱动自我，是最能实现自我价值的人，往往都是公司和项目的骨干。只有竭尽全力，才能过得充实，只有竭尽全力，圆满完成工作，才能感觉到自己的人生价值得到了实现，才会有职业自豪感。

依靠别人督促才工作的人，实现人生价值的几率会大大降低，也没有对自我的超越，实际上是对生命的浪费。

四、激情飞扬

激情是人生幸福的秘诀。没有激情的人，不会有充实的感觉，不会有幸福的感觉，不会有真正的快乐。激情是我们战胜困难的动力源。

中东经理部的员工要做一个富有激情的人。做到这一点并不难，难在我们如何看待生活。国外工作生活比国内感觉孤独寂寞，但反过来想一想，正是孤独寂寞的生活才更让我们体验到与家人在一起是多么幸福珍贵，正是孤独寂寞中的韧性坚持和无私奉献才给公司创造了价值。项目上个人暂时的寂寞孤独苦难是我们将来幸福的源泉，明白这个道理，我们有何理由在国外工作不永葆激情呢？尽管我们还有诸多不完善，有这样那样的缺点，有许多需要改进的方面，我们不敢说我们的集团公司是世界一流的公司，但是，我们敢说我们在国际市场上是中国一流的建筑企业。在多哈这个对大部分中国人有点神秘的高端市场做项目，到目前为止做得比较成功，业主、咨询对我们评价都是正面的、积极的。

我们在这样的公司里工作，创造财富，创造价值，贡献社会，实现人生目标和自身的价值，展现我们的才华，是一件多么自豪的事情！看到海外高端项目是用我们的心和手一点一滴、日复一日地建设起来圆满竣工完美履约并得到业主高度评价和当地人民的交口称赞，怎能不让我们激情飞扬充满民族自豪感？！更何况我们的愿景是那么令人振奋：我们要做和平时代的市场英雄。我们要把一个个项目，我们的十三局做成一个人人羡慕，我们引以自豪的项目和公司。

五、不屈不挠

不屈不挠是幸运的秘诀。世界是不公平的，每个人的起点不尽相同；世界又是公平的，每个人的付出都有回报。没有努力，没有持之以恒的坚持，没有不怕困难，不怕挫折的精神，机会之门、幸运之门是不会开启的。俗话说，精诚所至，金石为开。不屈不挠的奋斗才能体现个人的精诚，有足够的精诚，在理性限度内，人生和工作目标才可以实现。面对困难，要有坚定的信心，足够的耐心和百折不挠的勇气。困难和挫折能教育我们，使我们成长，使我们成熟，使我们更有力量，而不是丧失信心和勇气。遇到困难时，要有一种将困难磨为粉末的感觉和信心，遇到不能决定的事情时，用逻辑理性思考的火焰慢慢蒸烤这个问题，逐渐会有成熟的答案。

战胜一个困难不算什么，做好一个项目不算什么，赢得几次利润也不算什么，创造一个奇迹更不算什么。难的是人活在世上，要不断战胜困难，不停地做好项目，持续赢得利润，连续创造价值贡献给公司和社会。任何一个项目的执行，都会碰到这样那样的困难、挫折、不顺利甚至是委屈，越是这样的时候，越需要耐心、冷静，特别不能丧失必将战胜困难的信念。这种必胜的信念以及面对不完美现实的坚韧、执着与拼搏精神，不仅在中东经理部，在人生的各个阶段，都是我们战胜困难并最终取胜的武器之一。

经理部的年轻人较多，对于年轻员工，领导负有促进成长的责任。如果年轻人不能在岗位上发挥能力，是领导的责任，如果在执行任务的过程中有小差错，领导会给予宽容，因为每个人都可能出点小差错，知错就改就是好同志。但是，如果犯重复性的错误将不被原谅，因为人不能在同一个地方跌倒两次。经理部对年轻人寄予很大期望，希望年轻人能很快成长起来负责任挑大梁。经理部倡导建立的工作导向和用人导向是宽容有缺点的年轻人，谅解有失误的年轻人，理解有争议的年轻人，保护干事创业的年轻人。在工作中，年轻人既不要有畏惧心理，敢于大胆去做，又要脚踏实地，善于做精、做细、做好平凡的工作。不平凡的业绩都是在平凡的工作中做出来的，对平凡的日子兴趣盎然，也是人生幸福的感觉之一。

年轻人要有不服输、不气馁、苦干实干、负重奋起的责任感，用心想事、认真谋事、扎实做事，以宏伟的目标点燃激情、以不畏强手的气魄突破自我，为集团和公司在海外发展奋力开拓，强力推动重点工作突破。

六、加强基层党组织建设

要通过学习、实践，不断提高党员的党性修养和党组织的战斗力，充分发挥党员的先锋模范作用，把基层党组织建设成坚强的战斗堡垒，以强烈的忧患意识、进取意识、大局意识居安思危、未雨绸缪。要进一步增强加快海外事业发展的紧迫感、责任感和危机感，用共产党人坚定不移的信念、务求实效的作风、坚忍不拔的意志和艰苦奋斗的精神在海外市场上开拓进取、攻坚克难。每个党员都要成为政治上靠得住、工作上有本事、作风上过得硬、员工信得过的人；每个党员要坚持在其位、担其责、谋其政，不断提高履职能力；每个党员在海外干事创业要稳得住心神、抗得住诱惑、管得住手脚，不为奢侈所惑，不为人情所扰，不为名利所累，做到堂堂正正做人、实实在在干事，始终保持高尚的政治品格。党员要善于经常总结，冷静看待过去，客观评价是非，在总结自己和学习他人中促进自己进步。要常怀感恩之心，带着对党、对组织、对员工的感恩之心谋发展，不负党的重托，不负组织期望，不负员工信任。要认识到公司的发展和每个人的生存发展息息相关，树立公司兴我荣、公司衰我耻的观念，通过加强党的建设促进各项工作的落实，靠实干谋求跨越，靠实干赢得发展，靠实干解决危机，靠实干实现目标。

七、加强干部队伍建设和人才队伍建设

公司面临着做大做强海外业务、实现快速可持续发展的压力，在这种压力下，核心问题是干部和人才队伍的能力素质问题。海外的大部分同志都有干事创业的思路和干劲，但是，与先进的国际同行相比，我们的差距还是很明显的。总体来说，我们的干部很敬业，但有时缺乏魄力；很勤奋、但有时缺少办法；有知识，但有时缺少眼界；有想法，但有时缺少落实。要解决这些问题，首要的是要冲破陈旧思想观念的束缚，思想再解放、观念再更新。其次是学习、学习、再学习，通过不间断学习业务知识，不断提高自己的专业素养和分析解决问题的能力，适应海外市场需求，适应海外市场环境，适应业主要求。按照集团范总提出的"标准化、规范化、程序化、专业化"要求，不断提升国际经营管理能力，达到范总提出的"常态管理行为标准化、管理过程程序化、模糊问题具体化、成功方法集成化、失败教训不重复"的目的，实现最佳效益目标。

海外市场给我们每个干部提供了发展的机遇和空间，每名同志特别是干部要增强发展事业的责任感、使命感和紧迫感，提振精神、提升内涵、激情创业，在集团和公司的海外事业中找准位置、实现价值。

八、员工需要具备的一些素养

拥有振奋人心的愿景和理念，就有了前进的方向和目标，也有了前进的激情和胆识。但到达目标还要靠双脚一步一步走去。所以，在心存高远的同时一定要脚踏实地。在经理部，脚踏实地，意味着员工要具备以下素养。

1. 对项目要有深刻全面的理解

作为一个技术人员，标书要求就是最高指示，必须在着手工作之前吃透标书，这就是深刻理解。什么叫全面的理解？对管理人员、技术人员来说，就是要有四维的理解。一个点，只有它的XYZT长宽高等条件全部确定了，这个点才是完全确定的。对项目所有的合同规范图纸条件都要有这种四维理解才行。不仅要看横面图，还要看纵面图以及平面图以及进度、工期要求。要按照XYZT的框架，对所有的方面在脑子里有清晰的概念，解决一个是什么的问题（提高一点的要求，还要解决一个为什么这样的问题，就是要理解标书这样规定的意图是什么，为达到什么目的，防止出现什么不良后果或危险，这是更深一层的要求）。然后，再思考解决一个怎么做的问题。这两个问题都在脑子里有清晰的图像了，下一步就是按照这个图像去工作。如果没有这两个清晰的图像就去工作，犯错的几率会大大增加。当然，在以上的基础上，才能解决节省成本的问题。从某种意义上说，不出错、少出错就是节省成本，在保证不出意外的情况下按规定完成项目圆满履约就是节省成本。在实际工作中，管理人员、技术人员一定要有专业感觉，有良好的专业感觉才能找到前进的方向。否则，就不知从何下手做好工作。

2. 具备强烈的安全生产意识

经理部将安全工作落实到每个班组、每个员工，一级抓一级，层层抓落实，建立严密的安全生产责任体系，确保涉及安全生产的各项工作有人抓、有人管。同时，会加大考核与惩戒力度，强化责任追究机制，对因领导不重视、工作不到位、措施不落实而发生影响安全生产的问题，坚决追究有关人员的责任，做到发现一起，处理一起。

3. "一招鲜"

只有为工作注入激情，注入意义，才会激发灵感和创造性，才能圆满地完成工作，产生自豪感和成就感。经理部的同仁要在自己的工作范围和研究领域内有独特的见解，形成独特的价值，为经理部贡献独特的内容。无数个独特的内容和价值会形成一股不可阻挡的滚滚洪流，推动集团和我们局公司在向世界一流集团的道路上跑得更快。

4. 关注重要细节

有一本书叫《细节决定成败》，我觉得它的观点存在问题，并不是所有的细节都能决定成败，并不是所有的细节都同样重要，有的重要，有的不重要。我比较同意的说法是：有意义的细节决定成败。哪些细节有意义，哪些细节没有意义呢？这就和目标有关。与目标有关的细节，就是有意义的细节，是能决定成败的。具体到项目来说，凡是与项目进度、质量、成本控制、安全、环保健康目标有关系的细节，都是有意义的细节。许多细节的积累，决定了项目的成败。

5. 让外语成为工作语言

外语是沟通交流的工具，没有这个工具，在国际市场上，不是绝对不行，但起码个人才能的发挥要打折扣，影响与业主、咨询的沟通交流甚至项目的正常进行。经理部的目标是，在海外做国际工程，英语要成为工作语言，就是内部会议也要用英文召开，这个要求比较高，我们目前还达不到，但是，我们要向这个方向努力。

6. 精诚合作、诚实守信

现代企业最讲究合作精神，各部门及员工之间既要分工明确，又要互相协作。没有合作，就不可能成功。要善于帮助他人，因为帮助他人在一定意义上就是帮助自己。

所有的人都在组织中，单打独斗的时代已经过去。我们加入一个组织、一个公司，组织就是要使大家的长处得到充分的发挥。一个人，只有在组织中找到自己的位置，才能最大限度地实现自己的价值。不参加一个组织，就得创建一个组织。否则，恐怕连生存都成问题。经理部的同仁都要经常想一想，自己有什么长处，如何发挥自己的长处，利用自己的长处为项目做贡献。自己有什么缺点，如何通过与同事合作或项目安排使缺点逐渐变小并最终去除，不会为项目执行带来不利影响。在具体工作中与别人合作时，要有追踪，有回馈。上个工序部门对下个工序部门要追踪，下个工序部门对上个工序部门要回馈。要多交流，多沟通，人是交流沟通的动物，思想是唯一与别人分享不减少反而增加的资产。你有一个想法，我有一个想法，通过交流，每个人都有了两个想法。

善于合作还意味着要正确理解监理工程师对我们的监督，不管是有道理，还是没道理。首先我们自己要保持从容镇定，沉着冷静。面对质询要理性应对，仔细分析。若是我们做的不到位、不规范、不合程序，迅速改进并及时回馈；若是无端指责，要保持一定的克制、忍耐和宽容，当超过我们容忍的限度时，要有职业尊严地适当组织反驳，善意地沟通交流，以保证项目顺利进行。

具有合作意识的人，能尽全力为客户、同事、上级、下属提供服务的人，一定能得到丰厚的回馈。

诚实守信就是不违背职业承诺，完美履约。对客户的忠诚是市场繁荣发展的基石，也是现代公民的基本义务。诚实守信地经营人生、工作，才能在正确的航道上行驶人生之舟而不触礁遭遇灭顶之灾。

7. 品牌意识

海外的每个员工都是集团和十三局水电品牌的代言人、形象大使。要用自己的形象、谈吐、风度、专业精神、敬业精神、合作精神、责任意识，为在卡塔尔塑造高效优质的水电品牌贡献自己的力量。特别是经常跑外的同志，经常与业主和监理交流的同志，更要特别注意这点。

品牌意识还可理解为提供五星级服务意识。在建筑行业，服务是非常重要的，我们的业主、监理，以及个人所服务的上道工序，都是你的顾客，我们要为顾客提供五星级服务。做事情时一定要想一想，顾客需要什么，要在第一时间、第一现场、第一人提供妥贴完美、量体裁衣式的超值服务。要细心、耐心，要钻研、思考，怎样才能提供这种超值服务。因为提供超值服务可以得到客户的忠心，是商务活动中成本是最低、利润率最高的经营模式。

在服务中，态度是最重要的。服务态度起源于服务意识，卡塔尔是一个高端市场，这个观念要深入心中，要有很强的服务意识、质量意识、环保意识、安全意识（80%的事故是安全意识不到位造成的）、进度意识。这里特别提到进度，因为进度是承包商的命根子，没有进度，就没有一切。譬如，项目部组建、存在的唯一理由就是按照合同要求，在规定期限内，在保证质量、安全环保的前提下完成本项目履约。所有的资源、所有的时间配置、每个人的时间安排都要围绕进度目标展开。一切目标，都围绕项目进度。经理部将进一步强化工作落实，实施"责任到人、落实到底、严格追究"的工作方法，把确定的任务目标量化成具体项目和具体工作，细分到相关部门和人员，确定标准，规定时限，实行首问负责、责任追究。对于重点工作建立进度倒推和工作台账制度，严厉防止各种不作为、乱作为和慢作为，确保项目进度。

同时，经理部将构建目标任务倒逼、注重过程管理的持续加压机制，制定科学的考核评价体系，坚持分类考核，做到定性描述和定量度量相结合，正确处理公平与效率的问题。

8. 职业尊严

特别是面对业主和监理的时候，一定要表现出职业尊严。职业尊严就是表现得体、谦恭、内行、敬业、不卑不亢。不懂的事情，先自己研究，请教同事或领导，自己先消化掉，再与业主、监理探讨，在有职业尊严的前提下，与业主和监理探讨问题，有据有理，就会比较主动，比较容易交流和沟通，人家也信任我们，这样做事情就会比较顺利。与业主和监理开会前，一定提前做好准备，考虑到各方面可能出现的问题并有应对之策。

9. 保密意识

公司内部的很多信息，都是我们的商业机密，如果有意无意透露出去，就可能造成商业损失，或使我们在谈判中处于被动地位。所以，涉岗员工一定要有保密意识。自己不能确定是否可以透露的信息，要向上一级领导汇报。我们的合同价格，分包商价格，供货商价格及其相关资料，都是不能透露给第三方的。

10. 统计数据要准确、及时，决不能造假

统计数据是决策的依据，不能怕麻烦，为此付出辛苦是应该的，也是值得的。如果统计数据不准确，决策依据就错了，决策也正确不了。如果发现在统计数据上做假，一定严惩不贷。因为统计数据造假就是在我们决策墙角掺砂子，误导领导决策，最终导致管理大厦摇摇欲坠甚至坍塌。这是极为严重的错误，对此，大家要有清醒的认识，思想上一定要高度重视。

11. 善于学习，积极进行科学研究

现代科学技术发展日新月异，信息流量巨大，不论是个人还是部门单位，不学习、不进行科学研究就会落后停滞甚至被淘汰。公司的海外事业正处于快速发展的重要战略机遇期，新情况、新问题不断出现，新挑战、新困难层出不穷，这就要求我们要加强学习、提升境界、提高能力，着力破解难题、理清思路、推动发展。所以，我们要善于学习，积极进行科学研究。各部门要积极申报科研项目和科研经费，经理部负责上报公司立项。具体到项目来说，科研的方向在哪里？在于项目的要求。要围绕项目需要搞科研，从管理、进度、质量、成本控制等方面寻找课题。要鼠标加水泥，在我们的传统建筑产业中融入信息技术及高科技理念。我们不搞基础理论研究，基础理论研究不是我们的事，我们主要搞应用研究。

12. 保持良好的心态和健康的情绪

在工作生活中，不抱怨，不说泄气的话，批评要有建设性，对事不对人，尤其不能嘲笑人，更不能恶语伤人。今日事，今日毕。不拖沓，不拖延。不欺瞒领导，对领导敢于说实话，讲真话。在具体工作中，小事要宽容，大事讲原则。有个性是可以的，但个性不能影响工作，特别不能影响我们共同愿景的实现。

要养成记录的好习惯，把工作生活中的经验教训及时记录下来。俗话说

"好记性不如一个烂笔头"。记录，能使个人的工作轨迹、生活轨迹、生命轨迹留下痕迹而不被湮没在时间的河流中被遗忘，可以丰富个人的生活、生命，更能形成公司管理财富的累积。

在全球化、地球村的背景下，在海外市场竞争的十三局人，若没有国际市场理念和国际市场视野，不具备国际市场营销履约能力，就不能成为优秀人才，不能赢得市场。中东作为世界高端市场的一部分，非常值得经理部全体同仁在此全力拼搏，用青春、激情、理想和汗水为集团及十三局公司在海外率先发展、快速发展、可持续发展贡献自己一点微薄的力量，用自己的不懈努力为公司和社会创造价值，用自己一点一滴的奉献塑造中水电在海外高端市场良好的国际形象和市场品牌。在海外市场拼搏的水电人，要勇于承担历史和时代赋予我们的光荣使命，保持时不我待、只争朝夕的紧迫意识，发扬不甘人后、奋力争先的实干精神，创新有为，为集团和公司海外事业的发展做出更大的贡献。

浅谈智慧供水与供水企业发展的关系

郑州航空港水务发展有限公司　孙俊峰

当前一段时期，"互联网+"、云计算、大数据成为网络热词，也成为我们普通大众关注的热点，相关的智慧交通、智慧供水、智慧城市等距我们的生活越来越近。作为供水行业一分子，我也时刻在思考着智慧供水与供水企业发展的关系是什么？何为智慧供水？为何搞智慧供水？如何搞智慧供水？

经过一段时期的学习、研究，我认为智慧供水是供水企业深入发展的重要载体，应成为当前城市供水企业发展战略之一。对于老的供水企业来说，智慧供水是新的发展增长点，是实现凤凰涅槃的最佳契机；对于新兴城市的供水企业来说，智慧供水是其实现弯道超车的重要一环。对于新兴城市的供水企业而言，因配套的供水设施都是新建的，利于其将当前供水发展的前沿技术乃至管理手段导入，是其打造城市供水新标杆的重要抓手，也利于其未来业务拓展。下面就智慧供水做分享如下：

一、为什么要发展智慧供水

谈为什么要发展智慧供水，首先要了解什么是智慧供水？

智慧供水即是通过数采仪、无线网络、水质水压表等在线监测设备实时感知城市供排水系统的运行状态，并采用可视化的方式有机整合水务管理部门与供排水设施，形成"城市水务物联网"，并可将海量水务信息进行及时分析与处理，并做出相应的处理结果辅助决策建议，以更加精细和动态的方式管理水务系统的整个生产、管理和服务流程，从而达到"智慧"的状态。

早期城市供水企业的自动化控制可谓"智慧供水"的初始，再后来发展到供水管网的GIS，用于管网的调度管理、在线模拟等，而这些都只是片段式的发展，今天所提的智慧供水内涵更广，包含取水、输水、净水、供水乃至营销各个环节。

发展智慧供水不仅是供水企业一家的事，应将其放到智慧城市的一个重要节点去考虑，这样就更能凸显智慧供水的突出意义：

1. 对供水企业而言

可以促进产业结构优化和升级，借机发展自己的核心竞争力，降低经营管理成本，提高企业经营效能，甚或可以借此开辟新的业务——技术和管理的输出，这对于我们实现弯道超车意义重大。

2. 对政府而言

智慧供水建设有助于提升城市信息化水平，促进城市转型，是打造智慧航空港的重要一环，将是港区未来保持发展优势的保证，是新一轮竞争中城市保持核心竞争力的根本所在，对城市未来发展意义重大。

3. 对百姓而言

基于智慧供水平台，人们可以随时随地地查询与水务有关的各种信息，同时还可以预约相关服务，提高了办事效率。

综上而言，发展智慧供水时不我待，必须尽快提上我们企业发展的战略层面，及早谋划，将之落实到供水建设之中，相信不久的将来，城市供水会有更加美好的未来。

二、如何发展智慧供水

发展智慧供水不能只停留在嘴边，需要落到实处，落到规划上，落到建设上，落到投资上。在智慧供水方面，对于发展已久的供水企业而言，因有丰富的经验，可以在智慧水务的规划建设上借鉴以往得失，使得系统设计更加符合其管理要求，切合其生产管理实际，不足是改造性工作巨大，投资巨大，加之供水本身鲜有盈利者，就更加难以发展，往往会形成提出时雷声大，付诸实施时因资金等困难导致雨点小，推进缓慢。而对于依托于新城市的供水企业而言，因为"新"，所以不必为大量的改造性工作发愁，没有历史欠账，拖累少，完全可以在智慧供水方面大展拳脚，实现跨越式发展，因此新生供水企业应充分重视发展智慧供水的必要性，及早构建其自己的核心竞争力。

目前国家对供水的要求是供水企业管到水龙头，也即直面千家万户，事实上供水企业就是服务型企业，也属于政府对外的重要窗口。如何发展智慧供水？发展什么样的智慧供水？是摆在我们面前的课题。此处我抛砖引玉，供参考：

1. 智慧供水的建设原则

（1）先进性："智慧供水"系统的建设必须站在一个高的起点，充分考虑技术成熟性的同时必须采用标准化先进的计算机软硬件和信息网络技术开发系统，软硬件系统可以随技术的发展不断得到技术升级，确保系统的先进性。

（2）开放通用性：系统必须十分注意开放性，选用符合国际标准的硬件设备和软件操作平台，便于开发、使用、维护、管理和系统升级的支持，从而使用户的投资利益得到最大限度的保护。应用软件设计开发也更充分考虑到开放性，组合方便，相关系统中留有相应的软件接口，使各类数据得到很好的共享。

（3）实用性：要切合生产管理的实际情况，不但能完成以往的人工作业，还需要完成很多过去人们想做而无法做到的工作。使计算机系统不再成为摆设，也使人们走出计算机简单模仿人工传统作业的误区。

（4）安全性：建立"智慧供水"系统的安全机制，制定规章制度，防数据泄密、丢失，防病毒，防黑客攻击。

2. 立足于将智慧供水作为智慧城市的重要节点，发展大智慧供水，且应具备未来与智慧城市系统衔接的可能

我这里提大智慧供水，是指我们应构建一个更加系统的智慧供水模型，以制水工艺为先导、供水管网地理信息为基础，管网模型为核心，构建"智

慧供水"平台，实现供水系统生成自动化、水质水量监测的现代化、信息资源共享化、管理决策智能化，保证城市供水工作水平与快速发展的社会和经济水平相适应，从而降低供水生成成本、增加供水系统调控能力、提高城市水资源利用率和供水系统的应急响应能力，使公司达到最优化运营。架构一个统一的"智慧供水"平台，实现现有个系统和平台的整合，建立公司的数据仓库，实现企业信息共享和整体管理。

3. 智慧供水必须先行规划，做好顶层设计，与工程项目建设同步推进，避免回头补旧账

工程项目建设毕竟属于短期行为，智慧供水将来建成为什么样的基本框架，才是信息化中长期建设发展的目标所在。智慧供水顶层设计的要务之一就是长效性的基本框架，即设计的成果能满足指导或约束若干个短中期建设规划和具体的项目建设，适应于中长期信息化发展需要；智慧供水顶层设计另一个要务是要明确智慧供水顶层设计的主要内容；另外，还要提出智慧供水建设的主要目标，以保障信息化建设、发展的有序、稳步、健康和可持续。

4. 在建设"智慧供水"的初期，我们着重以下几方面的工作

（1）应设立专门的管理机构，制定相应的规章制度。

（2）在工程规划设计阶段，我们必须强调工程的智慧化，只有这样才能逐步达到智慧供水的终极目标。譬如在水厂设计阶段，必须要实现完全的自动化控制，做到无人或少人值守，各个生产环节还应设视频监控，可在中控室监控各生产环节；水厂作为生产重地，建议设防侵入系统。还譬如在供水管网的规划设计阶段，合理配置管网测压、测流及水质在线监测点，以便在管网建设时及时安装，为管网建模和智能决策提供可靠的实时和历史数据服务。

（3）通过优化SCADA系统，提高运行稳定性、数据的准确性。

（4）应用GIS系统，确保基础数据的完整性和准确性，为管网建模和智能决策提供可靠的基础数据服务和技术服务。

（5）将供水管网数据装入PDA智能终端中，达到高效、实时、主动、客

观的管理管网资产的目的，还可以利用PDA的GPS定位功能实现巡检人员的规范化、智能化管理。

（6）加强SCADA、GIS、管网测漏、营业收费、服务热线、设备管理、办公自动化、安防等系统之间的联系，最大限度的实现数据共享，并充分发挥各系统优势。

（7）建立供水管网系统准确的水力模型，逐步实现管网规划设计、管网评估、工程管理、供水调度和水质分析等功能。

（8）建设给予知识驱动和水力模型相结合的安全、合理、优化的调度决策系统。

三、智慧供水与供水企业发展相辅相成

是固守本土、抱残守缺，还是积极融入时代，引领潮流，开辟新领地，这是每个供水企业发展必须思考的问题。即便固守本土，也需要发展，如果赶不上时代的步伐，终会被时代抛弃，被用户抛弃。智慧供水与供水企业发展相辅相成的，是国内供水企业实现弯道超车的难得机遇，就像如今的电商一样。各供水企业应抢抓机遇，通过智慧供水建设，打造城市供水新标杆，起到引领和示范作用，其在城市供水行业中的位置就会前移，也可为其今后开辟其他水务市场累积核心竞争力和口碑。

对于积极开辟外部市场的供水企业来说，智慧供水更是其培养核心竞争力，大力发展的重要机会。经过多年的发展，国内水务市场已经形成几家比较知名的水务运营公司如北控水务、首创水务等，事实上，他们也都看到了智慧供水的未来，也都开展了相关的研究和布局工作。如今省内很多地县因资金饥渴，导致饥不择食，任何掌握资本的企业都可进入其水务市场，然而经过一段时期的磨合，政府发现非专业的企业在运营城市供水时问题颇多，市民对供水满意度较低。随着国家PPP模式的到来以及国十条的发布，更多的资本大鳄看到了水务市场的潜在价值，进而涉足水务市场。因而未来的水务市场竞争将更加激烈，不会再是任何只有资本而无水务管理经验的企业可

涉足的，需要的是专业的水服务公司来运营管理，不但输出投资，还要输出服务，且更看重的将是服务，那么服务的亮点是什么？还是像以前那样，我们有人，靠人管？我想不是，是先进的管理理念、技术和手段等。当地政府将供水交给一个企业，除了可以缓解资金压力外，更希望他们能够首先满足安全优质供水的要求，其次能有一些诸如先进的管理理念、技术、手段等遗存，从而带动当地更进一步。智慧供水，我想它会是打动当地政府的一个重要亮点，符合国家政策导向，适宜切入。

智慧供水来了，对于任何力争想成为优秀的水务市场运营商，加快发展步伐的供水企业而言，必须快马加鞭，把握时机，建立系统性的服务管理体系和标准，如果运作得当，智慧供水必将是其开辟新的水务市场的重要亮点。

综上所述，任何一个供水企业只要不想被时代抛下，我认为都有必要将智慧供水提高到战略层面，尽快开展相关工作的调研、立项工作，及早谋划并付诸实施。

某发电公司运行员工流失情况调研报告

鹤壁丰鹤发电有限责任公司　　李　戈

人力资源是企业的第一资源，企业之间的竞争归根结底是人才的竞争。随着电力市场化改革的不断深入，发电市场呈现出全方位的竞争态势，各大发电集团都加快了电源点的建设和电力能源结构的调整，新项目不断上马，人才竞争日趋激烈，原有发电企业中经验丰富、业务熟练的高素质员工和业务骨干就成为各发电企业"猎取"的重要目标。在这种情况下，发电企业人才流失问题就显得更为突出，从深层次上制约着企业的安全生产和持续健康发展，如何培养人才、吸引人才、留住人才，是当前某发电公司亟待解决的重要课题。

一、某发电公司人力资源现状

某发电公司目前拥有行政部、财务部、党群工作部、商务部、煤质中心、安全环保部、设备部、运行部、燃料采购部等9个部门（具体分工见组织结构图），并成立了1个全资子公司。公司设计定员215人（不含子公司），现实际在册202人。

运行部主要由集控运行、化学运行以及脱硫除灰运行组成，涵盖锅炉、汽机、电气、脱硫、除灰、化学等多个专业，共设置岗位编制97。截至2015年8月运行部实际在编岗位人员为94人，缺员3人。自2008年以来公司累计招聘运行部员工为85人，流失员工为49人。流失人数占招聘人数的57.6%，占现有职工总数的52.1%。且流失员工中，其中有高级职称的4名，中层以上管理人员2名，值长15名。

运行人员流失主要呈现出以下五大特点：一是向大集团、新项目流失比例高；二是年轻员工流失比例高；三是业务骨干流失比例高；四是男性员工流失比例高；五是外地员工流失比例高。

二、员工流失对公司造成的影响

运行员工的不断流失给公司带来了一系列的消极影响及不良后果。

1. 增加公司重置成本

公司对流失掉的人才的前期培养投入不仅得不到回报，而且还导致人才流失以后的置换成本也相当高。并且为补充运行员工流失所造成的空缺，公司每年要支出大量的招聘、培训费用。另外，运行人才流失也导致工作因交接不连贯而间接产生损失。

2. 造成无形资产流失

运行员工流失会带走公司的管理理念、企业文化、管理经验甚至核心技术。这些都是难以估量的无形资产损失。且公司因人才流失而被迫招聘新员工，对企业的安全生产、经营管理都有一定风险。

3. 职工心理冲击

优秀骨干人才流失会在职工中引起强烈的心理冲击，使得职工队伍稳定性下降，甚至会批量流失，削弱企业的凝聚力，人才的流失必然影响到公司的整体形象，带来无法估量的危害和损失。

4. 员工工作压力大

优秀员工精湛的技术和熟练的业务，有利于企业生产经营高效运转。而人才流失造成了公司运行岗位编制的不足，企业多年来的人才储备被抽空，部分岗位出现了"青黄不接"的人才断层现象，致使工作量大量集中，运行员工身兼数职、长期高负荷工作的状况经常存在。

5. 削弱公司竞争力

选择离职的运行员工，大多数选择的是到其他发电集团或发电公司，为公司的竞争对手服务，在一定程度上削弱了企业的核心竞争力。

三、运行员工流失原因分析

1. 行业层面因素分析

（1）我国属富煤、贫油、少水的发展中国家，电力发展受自然因素制约，火力发电在较长一段时期内仍将占据绝对主导地位。随着电力市场化改革的不断推进，电力行业尤其是以五大发电集团为代表的竞争性扩张，导致新建机组和项目对电力技术人才需求缺口较大。

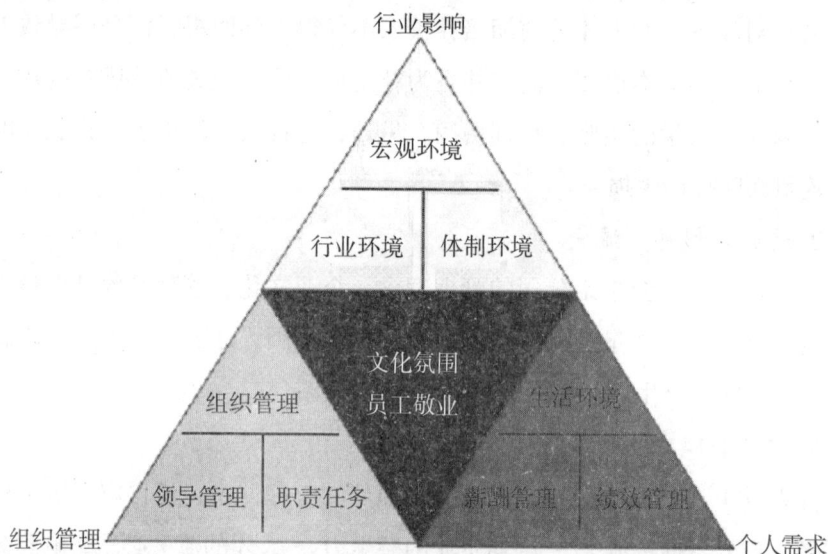

图1　影响技术人才选择的因素

（2）不同发电企业之间待遇差距较大，新机组往往依靠丰厚的待遇来吸引人才，且发展前景和空间更为宽广。某发电公司在基建期招聘了一批素质较高、相对年轻的员工，在现代企业制度管理下，打造了一批能力强、业绩优的员工队伍，在现阶段发电企业人员应聘中具有比较优势。

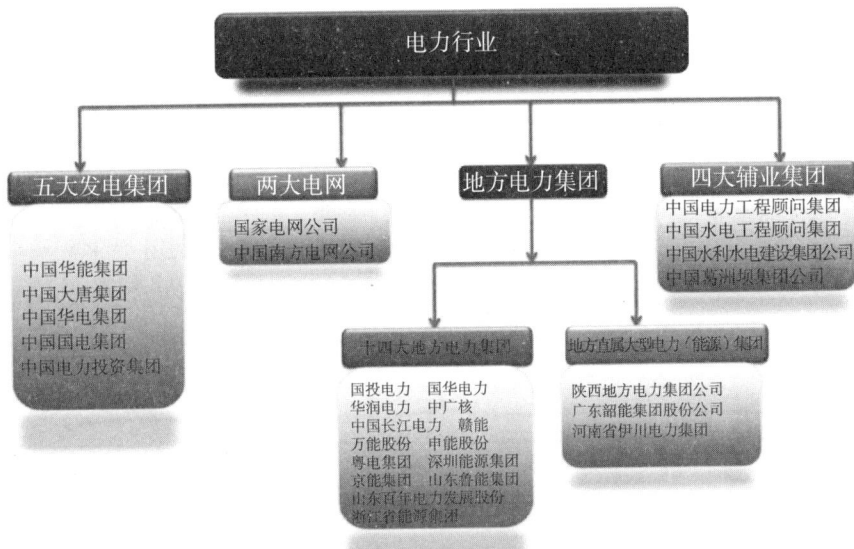

图2　电力行业

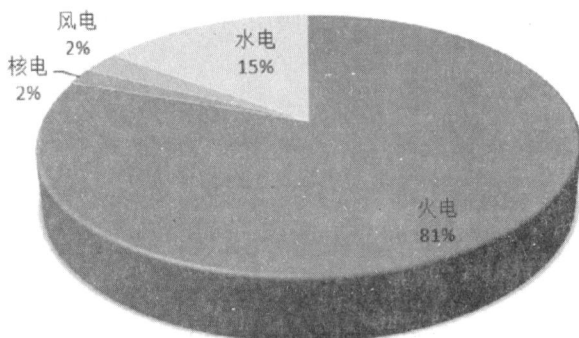

图3　中国能源结构

（3）发电企业由于其行业的特殊性，上网电价与销售电价均由国家政策核定执行，企业盈利方式主要依靠上网电价和销售电价之间的差额。发电企业尤其是火力发电企业，生产成本受煤价波动影响较大，员工薪酬支出在公司收支体系中份额较小，企业的盈亏与员工自身工作关系不大，员工收入处于旱涝保收的稳定状态。

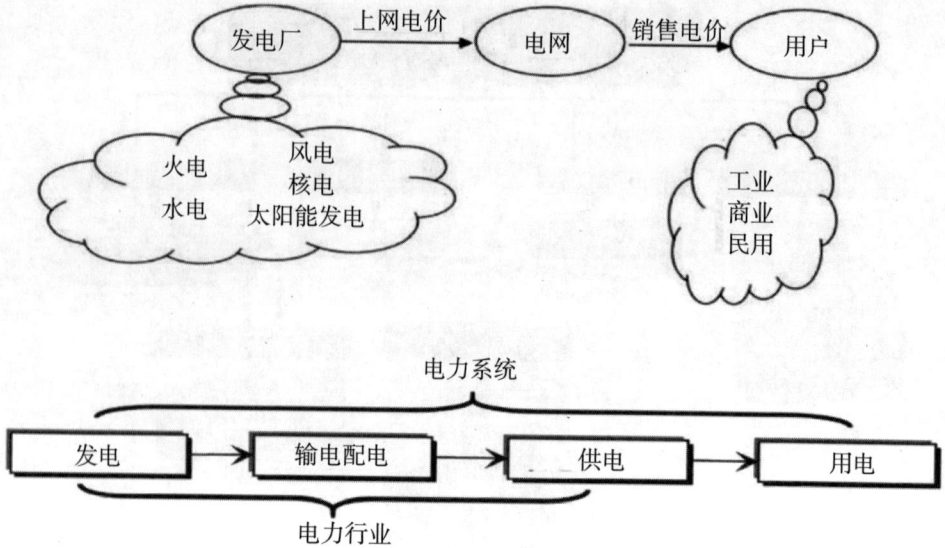

图4 电力行业的盈利时代

（4）地域特点不具有竞争优势。所在城市地处豫北，城市经济发展有限，企业员工发展机会有限，缺乏人才吸引力，这也是员工流失的主要原因之一。

2.组织管理因素分析

（1）某发电公司自2004年成立以来，2007年实现双投，2011年实现安全运行主值分离，2011年—2013年间，实现脱硫增容脱硝改造，并荣获"河南省电力行业节能减排先进单位""河南省五一劳动奖状""省级文明单位"等多项荣誉。2013年，公司创造利润3.13亿元，创公司有史以来最好水平，实现扭亏为盈的局面。2014年，面对更加复杂多变的宏观经济形势、基础电量下调等不利因素，公司成功实现利润总额3.7亿元，再次创公司有史以来最好水平，并初次具备了为股东方分红的条件，公司盈利能力同比位居全省同类机组榜首。

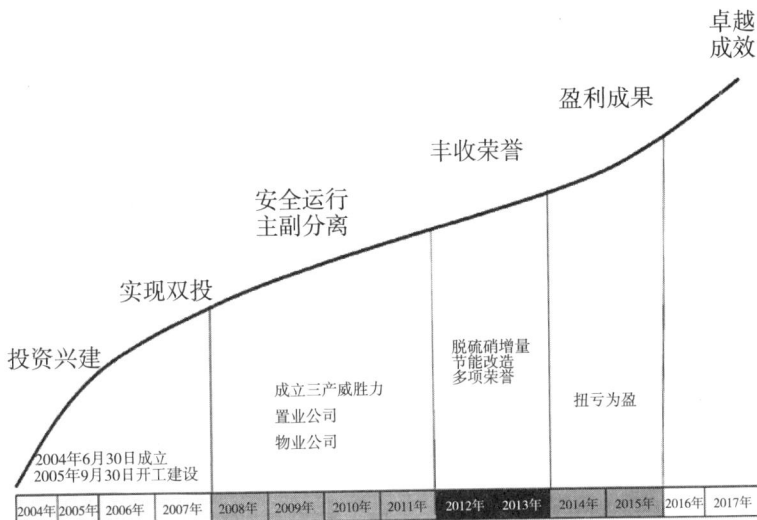

图5　某发电公司历年业绩

某发电公司一方面表现出作为新建投产的2×600MW发电机组在节能减排技改、原材料采购、运行管理等方面的竞争优势；另一方面也表现出员工管理、人才培养、国企体制与机制的竞争劣势。在全面深化改革的背景下，需要在专业技术人才培养和市场开发上重点提升。

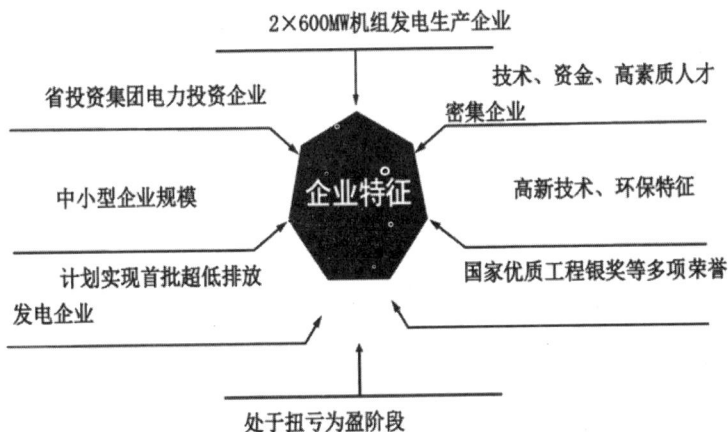

图6　某发电公司企业特征

（2）某发电公司作为某集团下属的发电企业，由于职能定位不够清晰，发展规划不够明确，导致管控模式相对粗放，员工缺乏完善的晋升通道，优秀人才无法通过合适的职位和待遇来获得充分发挥才能的空间，而公司内部人才竞争机制改革仍没有完全突破传统的框架，用人机制不合理、不健全、专业不对口、怀才不遇、大材小用，使人才感到在企业发展受到阻碍，导致员工对企业乃至个人发展前景缺乏信心。

员工普遍认为：某发电公司就是一家投资企业、是煤电联动合资企业、是规范化标杆示范企业，拥有两台600MW机组，其他没有什么特点。

图7　某发电公司的特点

（3）由于对某发电公司的发展缺乏配套的战略规划，某发电公司通过某集团下达的各项年度经营计划任务与指标进行分解来开展工作，员工在工作中只能被动接受，创造力和积极性被抑制，员工工作被动保守有余，活力创新不足，使员工在工作中产生了较强的压抑感。

（4）发电企业受国家政策影响，对自身在效益、负荷率、机组利用率、安全环保等方面提出了新的要求，管理方式逐渐由粗放式向标准化、精细化进行转变，部分员工因适应性较弱而难以承受，最终选择离开。

（5）由于公司在人力资源管理、计划与预算管理等职能的分散，部门权责交叉，办事流程繁冗，造成运行员工各类诉求难以响应和反馈。

（6）一方面公司始终坚持举行周（月）例会和员工座谈会，有力地推动着各项工作的有效落实，给各级管理者起到表率和示范作用，也为员工提供了沟通、交流和监督的平台；另一方面，由于公司在文化建设方面的相对滞后，致使部分公司员工对公司的发展规划认同度不够，在贯彻公司管理制度的过程中存在困难。

表1　某公司薪酬情况调查表

序号	行目	行次	本企业				二级子企业				备注
			2011年	2012年	2013年	2014年	2011年	2012年	2013年	2014年	
一	人员公司情况	一									
1	在岗职工平均人数（人）	1	173	172	176	181	354	357	359	441	
2	在岗职工工资总额（万元）	2	1989	1933	2097	2239	1307.87	1291.45	1476.98	2114	
	涨幅			-2.90%	2.82%	6.34%					
二	工资外收入情况	一									
10	补充养老保险（万元）	10	0	0	0	0					
11	补充医疗保险（万元）	11	247	55	68	69					
12	住房公积金（万元）	12		250	232	246	78.7	110.3	116.9	133.3	
13	商业保险（万元）	13	277.04	0	0					0.4	
14	福利性收入（万元）	14		236.27	275.7	312.29	75	69.8	79.8	90.6	
	涨幅			-17.28%	14.30%	11.71%		-7.45%	12.53%	11.92%	

3.个人需求层面分析

（1）某集团实行的固定薪酬总额的工资制度，且近两年变化浮动较小，员工收入几乎没有增加，切蛋糕式的分配，稳定有余，弹性不足，难以起到相应的激励作用，使得原本倾向生产一线的工资待遇失去了优越性和竞争性。

表2 某集团员工座谈会影响力调查表

公司的员工座谈会能给您带来哪些影响？[单选]			
选择项	频数	总数	百分数
A 提高公司的凝聚力和向心力	6	66	9.09%
B 倾听了员工的心声，化解了一些矛盾和问题，统一员工的思想，保障员工的权利；	19	66	28.79%
C 没有什么作用，也只是党群工作建设的需要；	35	66	53.03%
D 有一定的促进作用，但也产生一些新问题和麻烦。	0	66	0.00%

员工薪酬计算公式：固定工资（62%~70%）+绩效工资（20%）+福利（10%）+各类津贴（8%）。

某发电公司三级考核体系即通过公司考核部门、部门考核班组、班组考核员工的总额层层分包的考核方式开展，其中：

表3 某发电公司各部门月度绩效分配情况表

丰鹤公司各部门月度绩效分配情况表

关键指标	总权重	设备部	运行部	燃料采购部	安全环保部	煤质中心	商务部	财务部	行政部	党群部	营销部
部门月度绩效奖金	336180	88000	166560	11328	11200	18744	12888	9200	12140	6120	2304
发电量	60%	14%	31%	3%	2%	2%	3%	1%	1%	1%	2%
供电煤耗	60%	15%	32%	3%	2%	3%	1%	1%	1%	2%	
综合厂用电率	40%	13%	27%								
思想损耗	30%			10%		18%				2%	
入炉标煤单价	60%	2%	2%	40%	1%	10%	1%	1%	1%	1%	
燃油	20%	6%	12%	2%							
水费	10%	3%	6%				1%				
修理费	15%	8%	4%				3%				
材料费	15%	8%	4%				3%				
排污费	15%				15%						
外购电力费	10%	4%	6%								
财务费	15%			3%				12%			
管理费	15%	1%	1%	0.50%	0.50%	0.50%	0.50%	0.50%	10%	0.50%	
	365%	74.00%	125%	61.50%	20.50%	33.50%	12.50%	12.50%	13%	6.50%	2%
与三关键部门平均挂钩比重					20%	20%	20%	20%	20%	20%	20%
对应绩效奖金数	14058				2240	3749	2578	1840	2428	1224	461
本部门主要指标比重		90%	90%	90%	40%	40%	40%	40%	40%	40%	40%
对应绩效奖金数	267415	79200	149901	10195	1180	7498	5155	3680	1836	2118	922
月度工作计划完成比重		10%	10%	10%	40%	40%	40%	40%	40%	40%	40%
对应绩效奖金数	54706	8800	16656	1133	4480	7498	5155	3680	4856	2448	922
合计	336180	88000	166560	11328	11200	18744	12888	9200	12140	6120	2304

部门考核以经济指标+月度重点工作，既有过程行为又有经济结果，有重点局部工作又有公司整体经济指标，加强了部门的协同配合，却分散了工作重心，易引发职能错位，而核算方式的复杂性和打分方式的主观性也使其失去原有的激励性，优秀人才的劳动价值难以体现。

（2）因岗位分工和岗位属性要求，运行员工实施"五班三倒"的工作制，经常需要倒夜班，且因长期处于高温、高压和高强噪音的工作环境下，绝大多数运行员工的身心健康受到一定影响，部分运行员工寻求通过离职的方式来脱离运行岗位、改变工作环境。

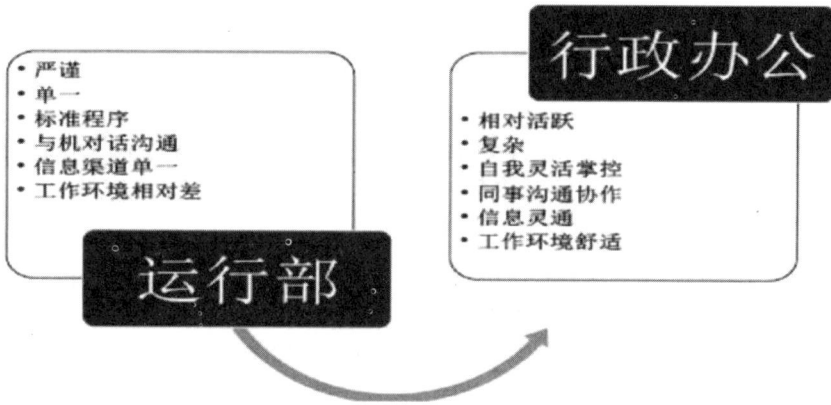

图8 公司不同部门工作环境对比

（3）基层管理和基层员工占公司总人数的75%，专科以上学历90%，年龄大多数在26~30岁。当前青年员工的就业观也发生了很大的转变，不再求稳怕变，更强调待遇的提高，良好的社会人际关系，个人能力的提升以及自我价值的实现，员工跳槽的机会成本相对较低，只要员工工作遇到不顺意，一旦外部条件成熟，便会选择离开。

表4 员工跳槽年龄调查表

您的年龄

选择项	频数	总数	百分数
A 20-25岁	3	66	4.55%
B 26-30岁	24	66	36.36%
C 31-35岁	11	66	16.67%
D 36-40岁	5	66	7.58%
E 41-45岁	15	66	22.73%
F 45岁以上	7	66	10.61%

表5 员工跳槽所属部门调查表

您所属的部门：[单选]

选择项	频数	总数	百分数
A 行政办公大楼	11	66	16.67%
B 运行部	37	66	56.06%
C 安全环保部	3	66	4.55%
D 设备管理部	10	66	15.15%
E 其他人员	4	66	6.06%

（4）由于在后勤服务的细节管理相对粗放，运行职工在加班餐、宿舍、班车、劳保等细节方面感受不到公司的温暖，致使员工对公司的满意度降低。员工工作的特殊性，一位员工生活需求方面得不到满足，就会影响一个班组、一个专业甚至整个部门。

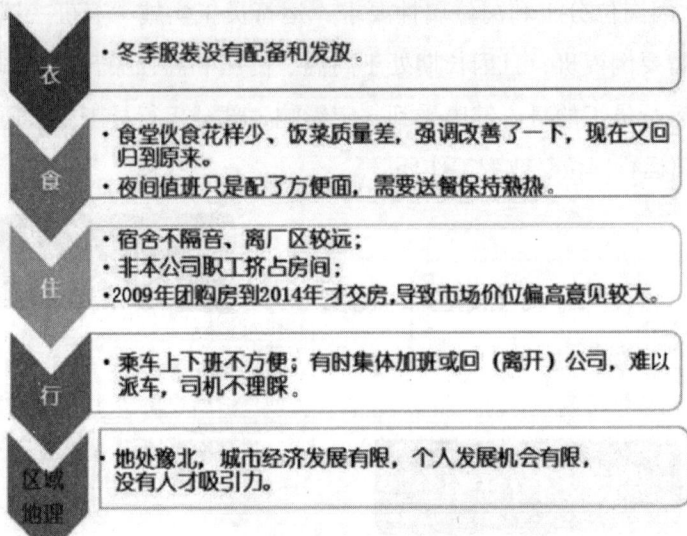

图9　后勤服务的细节管理

（5）某发电公司年轻员工、外地员工比例较高，员工交友、成家等需求较大，部分员工在技术与经验相对成熟之后选择离家较近的单位工作，有利于更好地照顾家庭，这是造成某发电公司运行员工流失的主要原因。

四、应对人才流失的措施及取得的成效

运行员工流失的原因，既有其外部环境的客观条件，也有其内部因素的主观诱因。公司从文化建设、薪酬待遇、职业规划等方面多管齐下，有针对性地改进和提高，有效地应对人才流失问题，从根本上保证某发电公司的持续快速协调发展提供了保障。

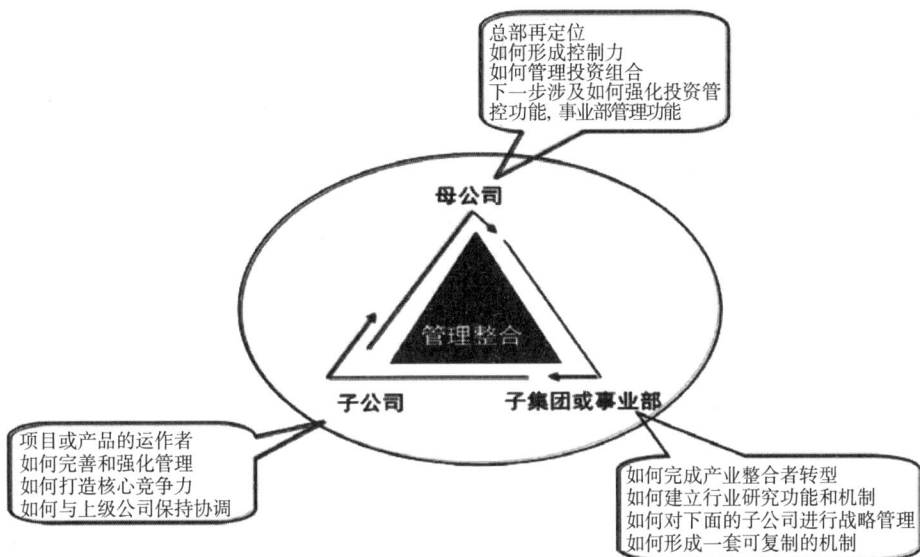

图10 应对人才流失的措施

1.明确集团管控职能与战略规划，以事业发展激励人

明确某发电公司在集团发展与管控中的定位与职能权限，通过调整相关机制与体制，为员工事业发展创造良好的工作环境与发展平台。

图11 战略的制定必须要解决的三个基本问题

明确与宣导公司战略目标是公司发展过程中的重要一环，战略思想不仅

仅来源于高层，还应广泛征求意见。

某发电公司高度重视企业发展战略规划。公司紧紧依托某集团发展战略构想，结合公司实际研究并制定了某发电公司发展设想汇报，依照工作要求，研究并制定了某发电公司的发展设想规划。某发电公司按照某集团要求，在深入广泛讨论的基础上，研究制定了某发电公司"十三五"五年发展战略规划，并积极向公司员工进行宣贯。

2.建立起人性化企业文化，以企业文化凝聚人

企业文化是凝聚人气、保证组织目标实施的关键。某发电公司要通过调研，提炼出符合企业发展规划的企业文化，强调人才在公司发展过程中的主体作用，并开展宣传教育活动，不断统一员工的思想观念和价值观，提升企业的凝聚力和向心力。

企业文化包括四个层次

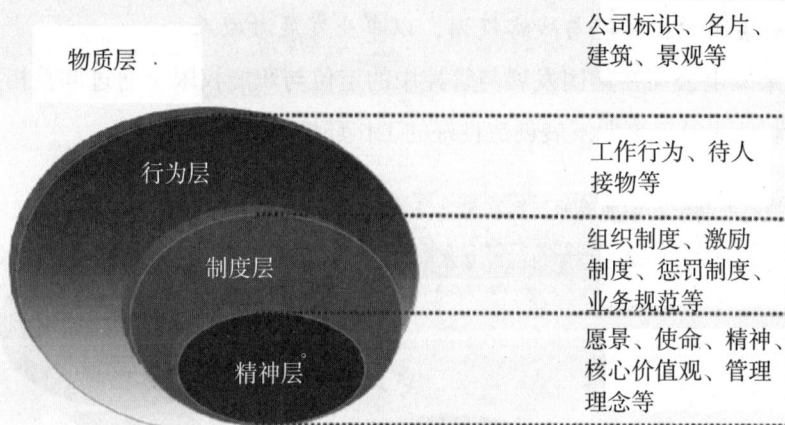

图12　企业文化的四个层次

某公司以通过修订《员工手册》，凸显关心人、尊重人、理解人和信任人的文化理念，激发员工的积极性和主动性。注重工作宣传，加强舆论引导。不断加强企业文化宣传阵的建设和投入，订阅报刊书籍，办好宣传栏、文化专栏等，对职工篮球场、气排球场地进行重新修整，完善员工娱乐活动设施。通过宣传贯彻《员工手册》、加大《内部控制制度》执行力

度，让企业文化理念深入人心。开展系列活动，推动文化落实。元宵节期间，积极筹划，多方准备，举办了"欢天喜地闹元宵"扭秧歌比赛，员工的参与积极性很高，热情很大，效果反映很好。在做好系列活动的同时，开展了一系列"敬业爱岗"和"我为企业形象增光添彩"等生动活泼、行之有效的教育活动，如合理化建议征集活动、道德讲堂活动、劳动模范宣讲活动等，进一步增强职工的奉献精神和集体荣誉感，营造了良好的文化氛围。

为了丰富职工业余文化生活，加强企业安全文化建设，举办了第三届"安环杯"篮球比赛，促进了员工之间的交流，展现公司安全、文明、和谐的文化氛围。还开展了"积极参与安全文化建设，安全之我见大家谈"讲述活动，大家通过讲述身边的、大家熟知的安全事故（事件）及教训并剖析原因，讲述日常急救知识、安全常识、安全责任，讲述个人、家庭、企业、社会中发生的活生生案例，进一步落实习近平安全生产指示精神，提升职工安全技能。通过开展安全讲述活动，营造时时、事事、人人、处处讲安全的安全文化氛围。

3. 改善生活与工作环境，以优化条件温暖人

公司从关心运行员工的工作、生活等具体方面入手，想员工所想，急员工所急，改善伙食条件，合理安排接送班车，给予优秀员工安家立业的计划，缓解员工工作压力，尊重员工的价值和需求，让员工感受到公司的重视和为员工服务的诚意，着力提高员工的幸福指数。

盛夏期间，机组持续高负荷运行，为确保生产一线运行员工人身安全，公司领导班子分批次深入基层进行慰问，为他们送去防暑降温物品，同时表达对他们尽职尽责工作的敬意。着力解决新入职员工住宿问题，目前公司公寓楼正处于加高、加固施工环节，新入职员工住宿比较困难，公司通过与同力发电沟通协调，租用招待所供职工使用，并为他们配齐生活用品。还购置职工文体活动器材设施、加快职工住房小区建设、帮助解决职工子女入托难和上学难等热点难点问题，解决职工的后顾之忧，增强职工的主人翁责任感，激发了广大员工的工作热情。

目前，运行员工最迫切的是实现"六班三倒"工作制。2014年10月，公司提前谋划，超前计划，利用高校毕业季深入各高校进行招聘优秀学生，先后到郑州电专、华北电力大学、东北电力大学、山西太原高等专科学校等高校招聘学生15人，通过社会招聘，吸收有经验优秀人才7人，均分配到运行部进行机组运行工作。新入职员工每人分配一名师傅，着力加强员工技能培训，尽快实现快速上岗，为实现"六班三倒"奠定了基础。

4. 加强员工培训，以技能提升进步人

目前，公司采取了一系列措施提升员工技能，不断激励进步：实施《运行岗位动态管理制度》《运行职工师徒培训制度》及《员工素质提升方案》等一系列管理措施，增强职工技术能力和业务水平；设立专职内部讲师和专业辅导，开展专题专项人才培养活动；购置高端仿真模拟机，建立仿真机模拟练习计划，定期举办仿真机竞赛，提高专业人才专业水平；定期开展专题研讨会、成果分享会、师徒结对会等活动，增进员工之间技术交流，同时促进感情交流；邀请专家进行专业培训，提高专业技能；开展形式多样的管理培训，提高各级管理者的团队管理与激励能力。如：现在运行部每月安排不同专业员工进行专业知识讲座，编辑印刷不同专业学习教材、坚持理论与实际相结合、坚持生产现场为第一课堂，生动形象向员工讲解专业知识。加大对管理人员业务知识培训。每月由财务部、行政部、商务部、燃料采购部、党群工作部轮流开展业务知识专业培训，促进部门间的协作交流。规定每月至少开展三次仿真机培训，且每半年进行一次仿真机竞赛。

5. 实施动态薪酬管理，以竞争性薪酬激励人

竞争性薪酬是指一个企业的薪酬水平与其他企业的薪酬水平相比较时的竞争力。薪酬的高低，在很大程度上决定着人才的流向，是安定人心、防止人才流失的必要条件之一。因此公司应着力制定有竞争性的工资标准并实施动态薪酬管理激励，依照公平、公正的原则，根据员工的职位、能力、贡献和业绩的大小来决定个人薪酬收入，实现让员工的工作贡献收入价值的对等。

2014年出台了《高管副职考核管理办法》，进一步细化修订了《绩效考

核管理办法》，完善了《小指标竞赛及经济指标考核标准》等考核制度，不断加大各部门的月度考核分配力度，依照考核结果分配绩效。

截至2015年7月底，公司一年来共有两名员工离职，其中均是因为家在外地而选择离家比较近的单位就业。一年来，共调动中层干部7名，进一步加强企业内部人才流动，激发大家工作积极性。

6.建立多路径员工职业生涯晋升渠道，激励员工自我成长

人员流失造成企业管理成本加大，很多管理工作也不能有效进行，同时，增加了公司内部员工的不稳定因素。为保护企业内部人员稳定和创造和谐环境，公司进一步加大对机制创新的改革力度，留住核心人才。一方面试图打通某发电公司与集团系统人才交流。2015年，公司先后有3名同志借调到兄弟单位工作，专业技术人员的借调，促进人才交流的频率；一方面公司通过在公司内部实施动态管理，实施双向流动，维持保持内部选拔竞聘上岗，增加末尾调整、年度免职竞聘等内部双向流动活动。2015年3月公司组织职工代表对中层干部进行述职、述学、述廉考核，对考核成绩前三名的同志进行了通报表扬，对末三位同志进行了通报批评。同时，实施轮岗交换制度，6月份，对公司总经理助理、三产公司经理、商务部负责人等中层干部进行了调整，促进了内部人才交流，激发内部活力。

2015年7月，为强力打造公司核心技术团队，造就一批具有专业实务操作能力、引领公司产业发展方向的专业技术人才队伍，同时拓宽职工生涯发展通道，开发人力资源，结合公司实际，公司在全体员工（已具有行政中层副职及以上职务的除外）中实施专业技术职务聘任制度。给予在专业技术领域做出突出贡献的人才行政职务，进一步拓宽员工晋升渠道。公司按照"申报—申报材料复核—评委会评审—公司党政联席会研究审定—公示—聘任"程序进行。8月初，共评选出11名主任级工程师，为公司生产发展打造了一批领军人物，激励员工不断进步。

在当前全面深化改革的背景下，面对经济新常态，面对环保政策要求更严、更高，公司基础电量下调和豫北地区窝电现象，公司还需要进一步提升市场营销，抢占竞争入网供电市场，通过技术改造，提升技改攻关主力，适

时对外承接业务，为企业发展员工进步打造更多的职位空间。

7. 建立沟通制度，提升主人翁精神

公司坚持以人为本，注重解决职工最关心的问题，大力推进厂务公开，建立职工积极参与企业民主管理、民主决策的制度，加强民主监督；通过职代会、民主生活会、发放征集意见表、设置征集意见箱等形式充分征集职工意见建议，了解职工需求，倾听职工心声。通过面对面谈心谈话、召开座谈会等形式，加强沟通与理解，化解矛盾，提高员工的责任心和主人翁精神。2012年，一届三次职代会收到职工提案25项；2013年，一届四次职代会收到职工提案36项；2014年，二届一次职代会收到职工提案17项；2015年二届二次收集职工提案52项。从历年来职工的提案内容来看，从关注个人待遇、食堂管理等日常生活逐步转向关心企业安全生产、设备治理、节能降耗、企业文化建设等企业生产经营与长期发展的事项，增强员工的主人翁意识和责任感。

公司还建立了早会部门会议制定和月（季）度员工大会活动，拉近各级与员工的交流与沟通，加强各级管理者的水平与能力。坚持党务公开、司务公开，推进管理透明。及时公开、公布人事晋升、各类喜讯和重点工作等相关信息，及时处理员工困难、问题和障碍，减少猜测、怀疑心态。尤其在选人、用人上，严格执行《员工公开竞聘管理办法》，规避用人风险。一年来，通过公开竞聘，从基层一线员工中选拔一名中层副职干部，竞聘过程邀请职工代表、公司纪检监察工作人员进行监督，竞聘结果在公司网站公示，接受广大职工群众监督。

8. 优化组织结构，明确职责权限，激励内部人才

2015年，公司加大进行组织结构优化调整力度，借鉴标杆发电企业的经验，建立高标准的组织结构体系，优化人力资源配置，实现公司人力资源优化调整的最优架构，为实现公司三年目标奠定坚实的根基。

通过推进管理创新、完善规章制度，从制度上、流程上促进管理工作的良性发展，确保管理工作公正公开，管理透明。建立了《后备干部管理办法》《公司技术专家管理办法》《岗位竞聘管理办法》等规章制度，加强公

司后备干部管理工作。出台了《高管副职考核管理办法》，完善了各部门、各岗位考核办法，建立了全方位的三级考核体系。

下一步，公司将加强机制创新，加大考核力度，本着向核心人员倾斜、一般人员保持稳定、辅助人员社会化的总体思路，拉开收入差距，实现岗位靠竞争，收入凭贡献，留住人才，用好人才，人尽其才。通过优化组织结构，强化人力资源、技术攻关、市场营销等职能，减少管理层级，提升工作效率，盘活并激励内部人才。

9. 加强人员招聘储备，以员工优化激发人

加强招聘管理，着力于本地区和专业人才的招聘与引进工作，及时弥补职位空缺，形成前有标兵，后有追兵的人才供给氛围，不断优化人才结构。

某发电公司积极利用高校毕业季，通过深入国内与省内的专业院校招聘优秀毕业生，并通过网络招聘有经验的优秀人才。2013年，公司招聘高校人才7人，有经验人才5人；2014年招聘高校人才8人，有经验人才9人；2015年招聘高校学生15人，有经验人才7人。2013年公司实际在岗人员180人，目前实际在岗人员202人，有效应对了人员流失。

2015年，公司将全力配合主管部门的体制改革方案，加大进行组织结构优化调整力度，借鉴标杆发电企业的经验，建立高标准的组织结构体系，优化人力资源配置，实现公司人力资源优化调整的最优架构，为实现公司三年目标奠定坚实的根基。

10. 创新用人机制，加强岗位动态管理，激发职工的积极性和创造性

某发电公司通过公司加强管理创新，从制度建设、绩效考核、用人调整等几个方面着手，激发职工潜力，调动职工积极性。

（1）推行目标管理、绩效考核的管控模式。以全面预算管理为抓手，强化发电成本、发电总量、售电价格等关键环节的管控，形成了以降低用电成本，控制期间费用，争取多发电量的基本考核思想。将利润总额、发电量指标、综合厂用电率、供电煤耗、燃单成本、四项损耗、财务费用、管理费用、燃油量等共15个费用指标和5项重点工作指标进行分解考核。

（2）大胆创新用人机制，实施岗位靠竞争，收入凭贡献的岗位动态管

理。做到以岗定薪、以岗晋升、按岗考核，打破了以往能上不能下、能高不能低、论资排辈的局面。公司以运行部为试点单位，制定并实施了《运行岗位动态管理制度》， 2013年以来，7人在考核竞争中脱颖而出，通过3个月实习，一名主控晋升为副值长，两名副控晋升为主控，四名巡检晋升为副控，激发了职工的积极性和创造性。

五、某发电公司运行员工发展规划

某发电公司将着力通过创建一个完整的用人分配体系，明确公司发展的愿景规划，从企业文化、人员培训、后勤管理、组织结构等方面下功夫，严格按照某集团的发展要求，依据"岗位靠竞争，收入凭贡献"的指导思想，力求真正实现运行员工的竞争上岗，任人唯贤；实现在考核分配上，薪酬真正与效益、实绩挂钩，体现多劳多得。

当前某集团正处于深化改革、转型升级的关键时期，电力板块企业正面临着前所未有的机遇与挑战。某发电公司将严格依照某集团的战略规划部署，紧紧抓住发展契机，以提高企业核心竞争力为手段，不断发挥人力资源的核心作用，努力提高企业效益，为建设某集团奉献自己的力量。

企业的管理创新与风险控制

上海远通实业有限公司　李　莉

管理是企业永恒的主题，是企业发展的基石。创新，是现代企业进步的原动力，是增强核心竞争能力，获得跨越式发展，实现持续成长的决定性因素。在当今科学技术和经营环境急剧变化的复杂环境之中，企业管理者必须要把握管理创新发展的新趋势、新要求，不断进行管理创新，把创新渗透于管理整个过程中。要为员工发挥创造性才能搭设舞台，使每个人都有机会成为创新者。要注重个性文化的培养，创造独具特色的经营模式，使企业在市场竞争中立于不败之地。具体来说，在信息化、市场化、一体化日益深化的背景下，企业要取得持续发展，必须要在理念、技术、组织及制度上不断创新，运用新的理论指导企业管理，在变化中求生存，在创新中求发展。

一、企业管理如何创新

企业有必要从以下几方面进行管理创新：

1. 思想层面与人才机制的创新

思想意识是行动的基础，只有在思想层面上有新突破、新想法和新观念，才能有管理水平上的创新，管理者要在日益激烈的市场中谋取发展，就必须在思想层面上突破局限，开放思想，接受新事物，转变思维，创新管理模式，把新的管理技术、管理方法运用到实际管理中来。企业的管理者应注重专业人员的培养，完善公司员工结构，在招聘人才时充分考虑个人综合实力、兴趣爱好和道德修养，对专业人才要做到人尽其能、才尽其用的用人制度，建立合理的奖赏惩罚制度，注重培养团队合作意识，实现个人与公司的共同发展，同时完善人才的流动制度，以优化公司的管理水平和服务质量，使企业始终充满生机与活力。

2. 重视管理方法与手段的创新

（1）企业战略管理的创新。在一定的市场条件下，企业必须从整个市场情况和自身实际情况出发制定企业的战略构想和经营规划，也就是制定企业的中长期战略。

企业都非常注重自身的战略规划和创新，它是企业发展和繁荣的方向标，决定着整个企业未来的发展，所以，企业战略管理的创新是企业发展的灵魂。通过对已有的信息进行分析整理，再通过科学合理的预测，做出准确的规划，以现有的资源为企业的长期发展做好准备，以求在以后的竞争中保持相对优势。面对经济发展的全球化和信息技术发展的日新月异，企业要想谋求可持续发展，必须把战略创新安排到日程上来。

（2）管理方法和管理制度的创新。实现管理方法和管理制度的创新就需要运用全新的管理手段，重组企业资源，使经济利益最大化。企业好比一个大家庭，员工之间的关系和公平性影响整个企业的发展，所以在管理上必须做到公平、公正和公开，以科学的管理方法和制度去营造企业内和谐的氛围，做到有章可依，有理有据有节。

管理制度的创新就是要对不适应目前的市场发展和制约企业进步的制度进行清理，再立足于当代需求，制定相应的管理制度，包括用人制度、信息管理制度、产品销售制度等。同时要组织企业所有员工参加培训，提高他们的工作技能和处理事务的能力，提高他们的学习能力和整体素质，最大限度地发挥员工的潜能。

3. 提升自主管理创新能力

企业结构的创新就是指开动脑筋，大刀阔斧地改革企业的组织结构，采用科学合理的管理原理优化企业资源配置，提高企业的组织能力。结合市场的需求和企业自身发展，合理组织企业员工，制定合理的组织管理制度，提高企业现有资源的利用率以增加公司利润。同时作为企业的管理者要结合企业的发展战略，预测未来的发展趋势，做到有目的、有方向、有计划地统筹企业事务，建立信息中心，及时收集分析市场数据，对市场变化做出及时准确的分析，并通过有效的组织做出相应的调控。

企业管理创新是一个动态发展的过程，面对不断出现的新问题，管理者应根据实际情况，基于合理的原则，采用新方法管理企业生产和经营，进行思想层面、企业结构、企业战略管理和管理制度等方面的创新，为公司创造出巨大优势，增加企业的竞争力。企业的管理创新关系着整个企业发展，通过思想观念的创新，制定完善的管理制度，营造和谐的文化氛围，优化配置企业的现有资源，促进企业不断进步和发展。

二、企业在做好管理创新的同时，也要做好企业经营风险的控制

我认为企业的风险主要是资金的风险，要从以下几方面做好风险控制：

1. 在经营环节上要重点抓好回款、合同的控制

（1）加强对应收账款的控制。如果一个公司截至一个会计年度年底，公司会计报表反映应收账款余额过大，占当年销售收入的比例很大，这一部分资金在不考虑坏账损失的情况下，使当年的财务费用太高。一旦发生坏账损失将对公司的经营和发展构成严重威胁。因此，要化解这一风险必须从货款回收入手，努力降低应收账款额度。

公司管理层要统一思想，树立"生产围绕合同转、合同围绕资金转、资金不回什么都不转"的领导新观念，形成回款至上的经营新理念。

建立由销售经理和销售人员共同负责的控制管理体系。营销人员货款回收，在完成市场合同的同时必须完成货款回收指标，货款回收指标以合同约定的当年到期债权和历年结转的到期债权额为基准来进行设定，把资金回收指标列入到销售人员指标考核的首要位置中去。资金是企业实现可持续发展的造血源，在一定条件下，它比合同、产量、技术显得更为重要。

对历年形成的应收账款要成立以主管销售的经理为首的清欠组织，增加清欠的人力、财力投入，加大清欠力度。按债权风险级别对清理老账、坏账

有功人员实行承包激励的办法。采取有效手段，突出效益原则，促进货款的快速回笼，缓解企业资金紧张的压力。

（2）加强合同质量的控制。在合同质量和合同管理上应引起公司各级管理者的高度重视，采取有力措施，加大控制力度。加强对销售人员的销售授权的管理，一切授权要在公司的可控范围内进行。公司内部建立起科学、完善的产品价格制定体系，使公司营销人员在市场竞争中针对自己各种产品价格空间做到心中有数，避免签回赔本合同。

2. 在投资项目上要重点抓好手艺、风险控制

如果一个公司长期投资项目相当多，也比较复杂。这给企业管理带来了较大的难度。在资金上累计投出已达很高。但截至目前，能为公司带来直接收益的项目却寥寥无几，因此，有必要审慎地认真分析梳理一下过去每一个投资项目的发展前景，对预期收益和回收期限有一个科学的预测。为了防范和规避投资风险，提高收益率，应该对过去的投资项目采取有效措施，加强监管和风险控制。

（1）对所有投资项目尽快进行清理，按优、良、差评估分类。对投资大、收益连回收资本都无望的项目要建立预警机制。采取折价出卖或转让股权的办法，择机退出，尽可能减少损失。

（2）对所有外投项目要委派政治上可靠，业务上精良的专职人员代表公司行使股东权利，参与经营决策，适时对项目的运作情况进行监控。

（3）建立责任追究制度。外派人员代表公司对投出资金的安全性负有监管和及时报告的责任，对投资收益负有按期及时收回的责任。公司各级管理者要定期对委派人员进行尽职考核。发现委派人员有越权、失职或不忠于公司的行为，要严肃处理并立即调换。

3. 在生产环节上要重点抓好产品成套、质量、技术及在生产环节上要重点抓好产品成套、质量、交货期的控制

我公司2014年的各项经济指标都取得了令人振奋的好成绩，经济运行质量明显好于往年。但是在产品质量上、产品的种类上、在生产过程中、还存在着一些问题和不足。在市场形势大好的情况下，我们切不可"萝卜快了不

洗泥"，在2015年经济运行下行大环境的影响下要保持清醒的头脑，公司各级经营管理者一定要时刻保持一种紧迫感、危机感。

（1）解决质量问题。在生产过程中要严格按照技术规范流程来组织生产。强化执行力，抓好每道工序，落实每个细节，强调每个岗位的职责。重点要对零部件加工、上下道工序配合、零部件质量和保障能力、组装成套过程等每个细节加以控制。同时要求技术部门在设计、工艺编制等技术支持方面必须贴近用户的需要，跟上生产的要求。对技术、质检、生产及管理人员要采取责任到人、激励到人的办法。不能只奖不罚，也不能以罚代管。

（2）解决产品生产过程中的问题。一是建立准确快速的市场信息反馈机制。销售合同报表要及时报公司决策层和生产部门；生产进度表要及时上报公司决策层和销售部门。保证生产、销售信息流畅通。对于每天每个环节暴露的问题，公司领导层要有专人负责协调解决，相关部门要有专人负责落实并及时向公司领导报告结果。二是生产投入问题。工欲善其事必先利其器，进行必要的物质投入，及时添置新型的设备，来提高产品加工的质量。给用户提供优秀的产品。

综上所述，根据我公司当前的现实状况，应该把"资金"作为谋划企业发展的第一要务来定位、来思考。最主要的是，公司各级经营管理者要统一思想，形成共识，对在经营、生产、项目投资三大环节上存在的固有风险有一个清醒的认识，认真地研究分析这些风险原因，积极采取措施去化解风险，真正做到在回款、合同、融资、生产、质量、技术、交货等关键控制环节风险可控。在管理上要突出重点，抓资金、降消耗、保市场、慎投资。只有这样，加强企业管理强化风险控制，公司的经济运行质量才会有一个实质性飞跃，公司在未来市场竞争中才能立于不败之地。

谈谈对企业管理与风险控制的粗浅认识

河南省焦作市昊阳置业有限责任公司　　杨伟申

风险管理力求把风险导致的各种不利后果减少到最低程度，使之符合有关方在时间和质量方面的要求。风险管理能促进决策的科学化、合理化、减少决策的风险性；风险管理的实施可以使生产活动中面临的风险损失降至最低。

目前大部分企业没有专门的人员或机构进行企业风险管理活动，每个人或部门往往只针对自己工作中的风险独立地采取一定对策，缺乏系统性、全局性。

构建企业风险管理体系，是在对相关信息采集的基础上，通过定性与定量相结合的方法发现企业各生产环节管理与运作过程中的潜在风险。充分重视企业风险管理，并对风险分析的理论方法进行全面、深入、细致的研究，将对成功实现企业目标，达到资源的优化配置起到重要的理论指导作用。

一、风险管理的内涵

1.风险的含义

风险和危险是不同的，风险包含着一种不确定性，而危险则只意味着一种不好的预兆。有时虽然有危险存在，但不一定要冒此风险，风险就是活动或事件消极的、人们不希望的后果发生的潜在可能性。风险一般应具备以下要素：①事件；②事件发生具有不确定性；③风险的影响；④风险的原因。

风险和不确定性是我们很容易混淆的概念：不确定性是客观事物永远发展变化的客观特性，是产生风险的原因。虽然风险和不确定性这两个概念经常互相使用，但它们并不是一回事。不确定性仅仅考虑事件发生的肯定程度，而风险则要考虑事件发生后果的严重程度。

这两类风险性质的判定与个人的主观判断有很大的关系，不同的人由于持有不同的立场、观点，以及所处的环境不同，会有不同甚至相反的判断。这时，主管人员一方面要依靠不同领域的专家，另一方面也要做好准备，对判定风险问题做最后的决断。

2.风险管理的含义

风险管理涉及到各个行业，每个行业都有其自身的特点，企业风险管理是指生产过程中，风险管理部门对可能遇到的各种风险因素进行识别、分析、评估，以最低成本实现最大的安全保障的过程。

风险管理是一个过程，由风险的识别、量化、评价、控制、监督等过程组成，通过计划、组织、指挥、控制等职能，综合运用各种科学方法来保证生产活动顺利完成；风险管理技术的选择要符合经济性原则，充分体现风险成本效益关系，不是技术越高越好，而是合理优化达到最佳，制定风险管理策略，科学规避风险；风险管理具有生命周期性，在实施过程的每一阶段，均应进行风险管理，应根据风险变化状况及时调整风险应对策略，实现全生命周期的动态风险管理。

二、风险管理过程及方法

风险管理过程包括风险规划、风险识别、风险分析和评价、风险处理和风险监控几个阶段：

1.风险规划

风险规划确定一套完整全面有机配合、协调一致的策略和方法并将风险其形成文件的过程，这套策略和方法用于识别和跟踪风险区；拟定风险缓解方案；进行持续的风险评估，从而确定风险变化情况并配置充足的资源。在进行风险规划时，主要考虑的因素有：风险管理策略、预定义角色和指责、各项风险容忍度、工作分解结构、风险管理指标体系。

规划开始时，我们要确定目的和目标；明确具体区域的职责；明确需要补充的技术专业，规定选择处理方案的程序；规定评级图；确定报告和文档需求，监控衡量标准。如有可能，还要明确如何评价潜在资源的能力。

风险管理计划在风险规划中起控制作用。风险管理计划还要说明项目整体评价的风险的基准是什么，应当使用什么样的方法以及如何参照这些风险评价基准对项目整体进行评价。

2.风险识别

风险的识别是风险管理的基础，应是一项持续性、反复作业的过程和工作。因为风险具有可变性、不确定性，任何条件和环境的变化都可能会改变原有风险的性质并产生新的风险。对风险的识别不仅要通过感性认识和经验进行判断，更重要的是必须依靠对各种客观统计资料和风险记录进行分析、归纳和整理，从而发现各种风险的特征及规律。

3.风险分析和评价

风险分析和评价的目的是将各种数据转化成可为决策者提供决策支持的信息，进而对各风险事件后果进行评价，并确定其严重程度排序。在确定风险评价准则和风险决策准则后，可从决策角度评定风险的影响，计算出风险对决策准则影响的度量，由此确定可否接受风险，或者选择控制风险的方法，降低或转移风险。在分析和评价风险损失的严重性时应注意风险损失的相对性，即在分析和评估风险损失时，不仅要正确估计损失的绝对量，而且要估计组织对可能发生的损失的承受力。在确定损失严重性的过程中，必须考虑每一风险事件和所有风险事件可能产生的所有类型的损失及其对主体的综合影响，既要考虑直接损失、有形损失，也要考虑间接损失、无形损失。风险影响与损失发生的时间、持续时间、频度密切相关，这些因素对安全生产的影响至关重要。

4.风险处理

风险处理就是对风险提出处置意见和办法。通过对风险识别、估计和评价，把风险发生的概率、损失严重程度以及其他因素综合起来考虑，就可得出发生各种风险的可能性及其危害程度，再与公认的安全指标相比较，就可确定的危险等级，从而决定采取什么样的措施以及控制措施应采取什么程度。有效处理风险，可以从改变风险后果的性质、风险发生的概率或风险后果大小三个方面提出多种策略。

5.风险监控

风险监控就是通过对风险识别、估计、评价、处理全过程的监视和控制，从而保证风险管理能达到预期的目标。

风险监控还没有一套公认的技术可供使用，由于风险具有复杂性、变动性、突发性、超前性等特点，风险监控应该围绕风险的基本问题，制定科学的风险监控标准，采用系统的管理方法，建立有效的风险预警系统，做好应急计划，实施高效的风险监控。

风险监控应是一个连续的过程，它的任务是根据整个（风险）管理过程规定的衡量标准，全面跟踪并评价风险处理活动的执行情况。有效的风险监控工作可以指出风险处理活动有无不正常之处，哪些风险正在成为实际问题，掌握了这些情况，管理部门就有充裕的时间采取纠正措施。同时，建立一套管理指标体系，使之能以明确易懂的形式提供准确、及时而关系密切的风险信息，是进行风险监控的关键所在。

三、总结

风险管理是一个动态过程，与管理的四个阶段，即启动、规划、实施和结束阶段密切结合，渗透在全过程之中。在企业有效开展风险管理能够促进各单位决策的科学化、合理化，减少决策的风险性，能为企业提供安全的经营环境，能够保障企业经营目标的顺利实现，能够促进企业经营效益的提高。无论从理论还是从实践的角度来说，大胆创新、探索性地恰当运用风险管理的理论与方法，已成为关注的一个热点，对于提升企业管理水平、加强安全保障、创造更好的经济效益具有十分重要深远的意义。

企业资本运营工作中融资工作的重要性论述

河南省焦作市昊阳置业有限责任公司　　杨伟申

一、资本运营的概念

资本运营作为一种战略经营手段，随着经济全球化的深入，在企业发展中的地位日益提高。企业传统的经营方式是以产品经营为主，而现代企业要想获得高速发展，必须走资本运营的道路。在现代企业管理中，资本经营与生产经营紧密联系，相辅相成，企业生产经营活动的顺利开展离不开对资本进行有效的营运，通过资本的流动经营，发挥协同效应，使资本资源配置最优化，促进企业价值的整体提升，谋求可持续发展。资本运营作为市场经济的产物，其概念从20世纪90年代中期开始发展起来，资本运营是管理理念上的创新发展，为企业的发展提供了一种新思路，一些企业利用资本杠杆，以最快的速度实现了低成本扩张。

1.资本运营的特点

从理论上说，资本运营是指企业将自身所拥有的一切有形和无形存量资本通过流动，优化配置等各种方式进行有效运营，变为可以增值的活化资本，从而最大限度地实现资本增值目标的一种过程。企业的资本运营就是利用市场法则，通过资本本身的技巧性运作，实现资本增值、效益增长的一种经营方式。它有如下特点：

（1）资本运营的主体可以是资本的所有者，也可以是资本所有者委托或聘任的经营者，由他们承担资本运营的责任。

（2）资本运营的对象，或是一种形态的资本，如金融资本，或者是两种形态以上的资本，如运营生产资本、商品资本、房地产资本等。

（3）资本的各种形态必须投入到某一经营领域之中或投入多个经营领域之中，即投入到某一产业或多个产业之中，才能发挥资本的功能，有效利用资本的使用价值。

（4）资本作为生产要素之一，必须同其他生产要素相互组合，优化配置，才能发挥资本的使用价值，才能创造价值。

（5）资本运营的目的是要获取理想的利润，并使资本增值。

2.资本的筹集和运用

企业资本运营的形式有多种，如投资、融资、出售或购入产权或资产。资本运营的内容有三点：一是资本的直接运作；二是以资本运作为先导的资产重组和优化配置；三是按照资本的效率原则进行生产经营。概括地说，资本运营包括资本的筹集和资本的运用两个方面。

（1）资本的筹集：包括权益资本的筹集和负债资本的筹集。权益资本的筹集主要有吸取直接投资、发行股票等方式，负债资本筹集主要有短期借款、长期借款、发行债券等方式。

（2）资本的运用：资本运用形式有企业重组、资产重组和产权重组。企业重组侧重于企业整体的分立与组合，有股份制改造、兼并、收购、合并、分立、破产等。资产重组侧重于改变资产形态及其数量比例；产权重组侧重于改变企业资产的产权关系，包括产权的分离组合机产权主体的变化。

二、融资与企业资本运营

在资本运营的过程中，企业可通过以货币化资产为主要对象的购买、出售、转让、兼并、托管等活动，实现其对资源的重新配置，而这种过程都要以融资为基础和前提。

1. 融资是企业进行生产经营活动的前提条件

资金是企业正常生产经营运转所必需的"血液"或"润滑剂"。在企业的生产活动中，时时刻刻都需要资金及资金流动，资金越充足，流动速度越快，企业生产经营状况越好。资金是企业从事生产经营活动的基本条件。要成立一个企业，就必须有相应的资金，否则企业的生产经营就无从谈起；由于季节性和临时性需要，或是由于扩大生产经营规模等原因，都需要资金。在企业现实生产经营活动中，对资金总是有着不断的需求，而资金的供应量由于种种条件的限制又常常处于"饥渴"状态。因此，持续融资能力对于企业的生存发展至关重要。

2. 融资是企业进行投资和战略扩张的基础

企业的投资包括对内投资和对外投资。对内投资主要是固定资产投资。对外投资是企业在生产经营的同时，拿出一部分资金投放于证券等金融性资产，以期获得股息或利息收入。企业进行投资的目的有多种，如维持现有规模效益、扩充规模、控制相关企业，应对风险等。企业只有经营状态良好，有适当的闲置资金投放于资本市场时，才能进行相应投资活动。当企业生产规模达到一定程度，想要继续扩大规模时，可以通过收购、兼并、控股、参股、战略联盟等方式发展成为大型企业集团，而这同样需要企业雄厚资金的支持。企业的发展壮大不可能单纯依靠自有资金，只有通过多渠道的融资方式，才能获得企业资本运作所必要的资金，并且实现自有资金的保值、增值。

3. 融资是企业资本结构稳定、控制风险的基本保证

企业进行资本运营的目标在于保持资本的增值，而如何获取低成本的资本则是实现该目标的关键性问题。低成本、较稳定的资本可为企业的发展注入活力，而高成本、不稳定的资本则会增加企业经营中的变数，为企业的生存发展增添不稳定性因素，而严重时还可导致财务危机。企业融资是要从自身的生产经营现状和资本需求情况出发，根据企业的经营策略和发展规划，确定投资资金的需要量和资金投放的时间结构，同时根据企业的融资市场确定筹资方式和渠道，测算筹资成本，衡量筹资风险，从而确保企业在防范筹资风险的前提下，能够多渠道、低成本且及时、适量地获取所需资本，同时保持企业自身资本结构的合理性与稳定性。由此可见，融资是企业资本运营

工作的重中之重。

融资作为企业资本运营的重要组成部分，对企业的长期经营运作会产生至关重要的影响。为此，企业应合理地选择筹资渠道与筹资方式，并根据其不同的筹资渠道与筹资方式的难易程度、资本成本等进行综合考虑，并使得企业的筹资成本降低。在筹融资过程中，企业需坚持先内后外，先负债后权益的原则，力求将企业的财务风险降至可控限度内，并在此基础上尽量降低资本成本，以充分提高企业的筹资效益，实现企业价值最大化目标。

浅议企业创新管理和风险控制

中国水利水电第十三工程局有限公司四公司　陈世鹏

管理是企业永恒的主题，是企业发展的基石。创新，是现代企业进步的原动力，是增强企业实力的核心竞争力。企业的风险控制贯穿于整个管理过程，管理创新和风险控制在企业发展中同时存在并相互依存，存在着必然的内在联系。

企业管理就是对企业的生产经营进行计划、组织、指挥、协调和控制，以适应外部环境变化，充分利用各种资源，实现企业经营目标的一系列工作。创新管理是企业管理科学的精髓，是管理者用系统理论，用创新思维、创新技术、创新方法、创新组织等以创造出一种新的、更有效的资源整合范式，以促进企业管理系统综合效率、效益的不断提高，达到以尽可能少的投入获得尽可能多的产出，并具有持续动态创新机制和动态反馈机制的全过程管理。

对现代企业而言，创新管理是培育其核心竞争力的基本保证。这是因为，处于竞争环境中的企业若要保持持续、恒久的竞争能力，其组织结构和相应的管理模式就应该与其战略相适应，而这种适应一定是与其他企业不同的，也是在不断创新与变化中的。此外，任何一个现代企业都经过自身的发展之后具备了独特的属性，需要以原来的管理模式为基础，进行必要的摒弃与创新，唯有如此，才能最大限度地保证其组织机构更加合理，促使其管理更加优化，企业的核心竞争力才能更加突出。企业的风险控制与管理创新同样受到了人们前所未有的重视。

一、企业创新管理的基本模式

1. 管理手段创新

重视人性化管理，是指要在企业管理的过程中重视员工，为员工提供各种成长与发展的机遇，注重物质奖励和精神激励的适当结合，以达到企业和员工的互利互赢。这种人性化管理和和谐的企业文化的塑造是相互促进的，换句话说，企业在进行人性化管理的时候，应该注重现代企业文化的建设，让全体员工在企业中有归属感、成熟感，这样有利于全面激发每个员工的主动性与创造能力，进而提高企业的凝聚力，有利于塑造良好的企业形象。

2. 决策管理创新

决策管理是涉及到企业兴衰成败的关键内容。以往企业的决策管理主要依靠经验与主观判断，但已经不适合当前的形势了。面对当前复杂的环境，企业一定要充分运用现代信息系统，掌握方方面面的信息。由于信息是现代企业的神经系统，也是企业科学决策与及时应变的前提。因此要建立灵活准确的信息系统是企业进行决策管理创新的核心内容。在当前知识经济形态下，知识的价值与作用超过资本的价值和功能，是企业最重要的资源之一，企业之间的竞争也体现为由资本实力的竞争发展为知识创新的竞争，而知识资产成为管理的关键。

3. 管理理念创新

人类在大工业经济发展时期，其管理目标是实现社会财富最大化，所以管理的理念是以追求产量与规模为特点的数量规模型思路。可持续发展观念的关键是个人，企业与社会均获得自我实现与发展，该观念强调人和人、人和组织、人和社会与自然的共同发展；而管理的目的是指导企业与社会之间的交易行为，推进企业和社会的相互发展；管理过程的基本要素不单纯是传统意义上的个人、信息与资本等要素。这一时期的突出特征是全球一体化与信息化，在具体企业管理中要树立开放的观念与合作的理念，只有开放才能交流和沟通，只有合作才能实现取长补短。在未来的企业竞争中，企业必须放眼全世界，在世界版图上找出最佳生产网点，在全世界市场中发现潜在用户与消费者，在全球企业中找到企业真正的合作者。

4. 战略管理创新

树立战略思维是企业管理创新的灵魂和核心，战略管理关乎企业的发展方向。面对世界经济一体化进程的加快、信息技术的迅速发展和知识经济兴起所带来的外部环境深刻而巨大的变化，企业要想在激烈的市场竞争中立于不败之地，必须在战略创新方面下功夫。企业战略创新首先是指企业战略的制定和实施要着眼于全球竞争。

5. 制度创新

制度创新是企业管理创新的保证。现代企业制度创新是将企业的生产方式、经营模式、分配形式、管理理念等顶层设计的创新活动。制度创新就是把思维创新、技术创新和组织创新活动制度化、规范化，具有引导思维创新、技术创新和组织创新的作用。它是管理创新的最高层次，是管理创新实现的基础保障。企业制度创新的目的是建立一种更优、更高效的管理制度，综合协调企业所有者、经营者、劳动者的权力和利益关系，使企业具有更高的管理效率。

二、创新管理的风险因素

1. 创新管理带来的风险

即使在企业外部环境与内部条件均已具备的情况下，企业管理创新活动能否成功在实践当中依然面临着很大的不确定性，这是由创新活动自身的本质特点所引起的。企业管理创新活动的开展一般要以业务部门为基础，以管理目标的调整与设定为导向。但是，不可否认的是，任何一项管理目标在管理实践中要想得到预定的效果，都需要在多种因素的相互作用下完成。因此，在企业的管理创新活动之中，需要将具有普遍意义的成功经验与具有特殊性的企业实践结合在一起，只有这样，企业本身才能获得更大规模的创新，降低知识经济条件下的不确定性。

2. 内部条件造成的风险

创新活动的开展通常需要大量的来自不同部门不同岗位的企业人员的

相互合作，创新活动若想要获得很好效果，则这些相关人员对于创新活动的必要性与可能性取得一定程度的共识是非常关键的，然而由于认识水平的差异与个人利益的矛盾，员工对一项管理创新活动的理解能否取得一致是不能确定的。而每个企业都有自身的企业文化，每个员工都有自己的价值观与利益观，这种文化与观念都是长期积淀而成的，通常具有较强的稳定性与持续性，这就会致使人们可能很难接受创新活动带来的崭新的管理理念，导致创新活动的设计构想不能完全彻底地贯彻与执行。

3. 外部环境造成的风险

对现代企业而言，管理创新活动是一项高风险的活动，虽然作为一种探索性的管理活动，应该允许其在实施过程中存在失败的可能。从某种意义上讲，这种活动需要法律、法规的保护，作为上层建筑的法律、法规需要根据时代的要求进行动态的调整，及时地适应作为经济基础的生产力的发展要求与变化的需要。可是，在具体的实践当中，这种滞后性是必然存在的。因此，企业的创新活动面临着外部环境造成的风险，当管理创新的特征要求不断得到突破，现有的法律、法规框架未能及时做出调整时，矛盾与冲突就会因此产生，风险也就随之而至。

三、创新管理的风险控制

1. 通过信息化建设构建企业抵御风险的坚实屏障

信息化建设已经成为现代企业参与市场竞争的一个必备的条件，企业的信息化指的是企业通过对现代信息技术的广泛利用，最大限度地开发与利用企业的内部和外部信息资源，及时有效地把握机会，积极准确地做出管理决策，以此提升其运行效率和企业的竞争能力。可见，企业信息化管理有助于企业的决策者和管理者能够准确、及时地将有价值的信息进行处理，使其为企业决策的科学化服务；进一步的，企业信息化建设还可以促使企业的组织结构和相应的业务流程、管理流程等变得更加合理和有效，这对企业内外部信息的收集、处理、分析与利用来说，是十分有帮助的。

2. 对市场需求的变化进行准确的预测

在知识经济时代，企业需要面对更多的竞争对手，此时，需要大力培植自身的技术优势，以此来提高其参与市场竞争的能力——通过规模生产的优势打败实力较差的对手，或者通过并购的形式将其他企业收入囊中。为此，现代企业需要更具市场的需求变化及时地做出战略上的调整，进一步加强企业和产品的宣传力度，通过对引致需求的开发引导消费者的偏好和需求走向，最大限度地削减因市场需求变动而产生的风险因素。

3. 通过人性化管理增强企业抵御风险的软实力

在知识经济时代，企业管理创新的实现需要人来推动和完成。所以，现代企业在管理方面需要充分地发挥组织中员工的内在潜力，进行以"人性化"管理作为其管理的基本手段和思维。这样一来，企业需要对员工进行良好的物质激励、精神激励和目标激励，通过分权和守群赋予员工更大的权利与责任，最大限度地发挥员工的自觉性、能动性、主体性和首创性。唯有如此，才能促使企业有效地开展合作，强化企业上下游环节之间的协同合作，并进一步通过现代信息技术和互联网络技术，将企业的物流、信息流、资金流有机地结合在一起，使其能够合理地流动，提升企业的运行效率。

现代企业的发展不但需要全面的风险控制，还应该根据市场的需求进行创新管理。只有这样，才能使现代企业适应时代的发展需要；只有这样，才能将企业的发展向更高的阶段推进，才能有效地处理企业发展过程中所面临的诸多管理问题，促进企业的可持续发展。

浅议企业融资与资本运营

中国水利水电第十三工程局有限公司四公司　　陈世鹏

随着中国经济的高速发展，国有企业在迅速发展的同时，由于自身缺陷和外部环境多种因素，也遇到许多问题，其中特别突出的问题是融资困难。

究其原因主要包括国有商业银行的"惜贷"、国家对企业融资的支持不够、现有的直接融资渠道狭窄等外部原因以及国有企业自身的特点和局限性等内部原因。解决好企业的融资问题可使企业经济快速健康的发展，这对我国国民经济的发展也起到了推动作用。

国有企业是公有制经济的重要组成部分和实现形式。巩固公有制经济，主要是加强国有经济对国家重要行业和关键领域的控制力；发展公有制经济，主要是发挥国有经济的主导作用。改革开放以来，国有企业实行的转换机制、抓大放小、改组改制、主辅分离、兼并重组、政策性破产以及政企分开、政资分开、建立现代企业制度等改革，都是坚持和完善基本经济制度的具体实践。

国有企业是我国国民经济的支柱。目前，国有经济对GDP的贡献率约占30%。中央企业是我国国有企业的主力军。在经济发展方面，中央企业是火车头。2014年，100家中国企业进入世界500强，其中88家是国有企业，竞争力和经济效益不断提升。

在科技创新方面，中央企业是排头兵。中央企业在国家技术创新体系中起着举足轻重的作用。国有企业的专利指标年均增长35%以上，在载人航天、绕月探测、特高压电网、支线客机、4G标准、时速350公里高速动车等领域和重大工程项目中取得了一批具有自主知识产权和国际先进水平的创新成果。在三峡工程、青藏铁路、西气东输、西电东送、南水北调、奥运场馆、神舟飞船等国家标志性重大工程建设中，中央企业做出了突出贡献。

在"走出去"方面，中央企业是先锋队。中央企业积极实施国际化经营战略，充分利用两个市场、两种资源，采取多种方式"走出去"。中央企业在海外建设了一批技术居国际领先水平的大型工程项目，输出了一批成套技术装备，带动了一大批中小企业集群式"走出去"，探索了国际化经营的新模式，在全球资源配置和国际竞争力上取得明显进步。2010年，中央企业对外直接投资达到499亿美元，境外工程承包营业额达到538亿美元。中央企业积极履行社会责任，依法诚信经营，促进了当地经济社会发展。

一、我国国有企业融资与资本运营概述

随着中国经济的高速发展，国有企业在迅速发展的同时，由于自身缺陷和外部环境多种因素也遇到许多问题，其中特别突出的问题是融资困难。究其原因主要包括国有商业银行的"惜贷"、国家对企业融资的支持不够、现有的直接融资渠道狭窄等外部原因以及国有企业自身的特点和局限性等内部原因。解决好企业的融资问题可使企业经济快速健康的发展，这对我国国民经济的发展也起到了推动作用。

企业融资是指企业从自身生产经营现状及资金运用情况出发，根据企业未来经营与发展策略的需要，通过一定的渠道和方式，利用内部积累或向企业的投资者及债权人筹集生产经营所需资金的一种经济活动。企业的创立、生存和发展，必须以一次次融资、投资、再融资为前提，资本是企业的血液，是企业经济活动的第一推动力和持续推动力。

随着民营企业的发展，其势必产生扩大规模，增加投资的内在需求。市场经济条件下，民营企业融资的方式多种多样，但基本方式有两种：内源融资，是来源于企业内部的融资，包括所有者投入、企业留存收益和职工集资；外援融资，是主要源于企业外部的融资，包括银行贷款、债券融资、股权融资、风险投资和民间借贷。

资本运营，是指以资本增值最大化为根本目的，以价值管理为特征，通过企业全部资本、生产要素的优化配置和产权结构、产业结构的动态调整，从而实现资本增值最大化的一种经营方式，是企业迅速实现低成本资本扩张的有效方式。资本运作一般划分为三个阶段：第一阶段，企业做大阶段，为了满足企业对于发展资金的需求，而进行外部资金筹措；第二阶段，企业改制阶段，即为了改善企业内部资本与治理结构，而进行的资本结构与产权结构调整；第三阶段，资本扩张阶段，为了达到低成本资本增值与扩张的目的，而组合使用多元化资本运作。这三个阶段顺序相连，不可分割，反映出企业由小变大、做强过程各阶段资本运作特征。

二、国有企业融资与资本运营的现状

国内企业资本运营概念的起步：股市圈钱。

20世纪90年代以来，由于股市的快速发展，使资本运营成为企业管理者们炙手可热的话题。股市的发展，为中国企业的资本来源带来的一条新路，但上市公司的资本运营成绩单却令人失望。曾几何时，上市公司被认为社会公信力高，盈利前景好，行业竞争力强，现在落到了冷眼相看的地步，都是圈钱惹的祸。

国内企业在股票市场外进行的资本运营也比比皆是，即有海尔吃休克鱼的成功，也有众多失败案例。

一类是资本运营在企业发展战略上的同步考虑缺乏。以健力宝频繁操作的资本运营中的一项为例，2003年11月，广东健力宝集团健力宝宣布正式入主河南名酒宝丰酒业。一贯以饮料为主业的健力宝，进入并不熟悉的白酒业，看中的是白酒业的市场空间和宝丰酒的市场潜力，希望通过资本、营销网络优势重塑宝丰酒业的品牌形象；另一方面可能会在短期内主攻广东的中高档白酒市场，产生投资效益。健力宝的考虑是，饮料业的淡季正是白酒的旺季，健力宝入主宝丰酒业，既可以利用部分固有的饮料渠道开拓白酒市场，同时又可以让经销商在饮料业的淡季、白酒业的旺季经营白酒。但实际运营中存在这样的问题：①饮料本身市场定位与白酒消费群体不同。白酒的消费群体与饮料消费群体将有很大的不同，白酒更多时候是情感消费品，而饮料更多时候是因为生理需要而饮用。不同的消费市场定位，是健力宝销售网络无法支持宝丰酒的销售。②饮料渠道与白酒渠道看似相通其实不同。饮料作为快速消费品本身对可以借助各种小店，商超快速铺货。白酒则是需要借助餐饮，酒店等消费通路。③面临激烈的市场竞争。宝丰酒作为清香型白酒的代表，面临市场欢迎的浓香型白酒激烈的竞争。2004年11月16日，广东健力宝集团股权转让签约仪式结束，北京汇中天恒和北方亨泰共持有健力宝集团股份91.1%。这个仪式标志着健力宝一系列资本运营的失败。

另一类是，以资本运营作为财务杠杆来实现效益最大化，脱离主业运作。如果资本运营脱离实业，可能危及正在健康、有序发展中的实体产业。

企业以资本运营做为发展的重要经营手段。从企业的历史来看，资本运营已经成为众多企业过去十年来高速发展的必要因素。通过资本运营能够获得快速的发展。另一方面，资本运作并非纯是扩张，也可以选择分析。

资本运营不仅仅是融资圈钱，首先目的在于实现资源的优化配置。实施适度多元化资本运营作组合，不仅能够为企业带来低成本外部融资，满足资金需求；更重要的是，能够实现企业资本的低成本扩张与增值，改善资本结构，提升资产管理效率。

三、资本运营中机遇和挑战

新常态下，面对错综复杂的国内外形势，企业既要积极应对经济下行压力带来的各种挑战，也要把握我国全面深化改革和经济转型升级带来的巨大机遇，抓住改革的红利、开放的红利、创新的红利，真正实现大有作为。

从全球经济形势来看，世界经济复苏仍较缓慢。据国务院发展研究中心的研究，2015年世界经济仍处于危机后的大调整阶段，由于内部结构差异明显，世界区域发展更趋分化，但总体有望维持低增长态势。

从国内环境来看，经济发展阶段转换的特征将更加明显。2014年底，中央经济工作会议提出，科学认识当前形势，准确研判未来走势，必须历史地、辩证地认识我国经济发展的阶段性特征，准确把握经济发展新常态。

面对错综复杂的国内外形势，企业既要积极应对经济下行压力带来的各种挑战，也要把握我国全面深化改革和经济转型升级带来的巨大机遇。把握改革的红利、开放的红利、创新的红利。

（1）要从企业发展的战略角度进行考虑，从企业资本运营的风险角度进行控制，从资本额度、所需费用、资金来源等角度进行充分考虑和安排。

（2）企业在急剧膨胀过程中，不带个人色彩，在创业初期，选用财务人员严格遵守法律法规和公司相关制度。不带个人色彩，不以个人的标准选用可靠的"自己人"，而忽视科学规范的财务准则的建立，因而造成历史档案资料混乱，无法进行正常的审计和评估。

（3）要引入相应的有经验的专业人才。在资本运营过程中，及时准备及提供符合相关要求的资料，进而加快资本运作的速度。

（4）要建立健全公司内部控制系统，以符合相关资本方的治理要求。

（5）要加强对规范化资本运营的培训，使企业上下一致对资本运作有充分的准备。

（6）要重视策略性投资者的作用。他们一方面能够为企业的资本运营提供资金和其他资源的支持；另一方面也能够使企业的治理结构处于稳定状态。

结合企业实际论企业资本与运营融资

中国电建集团成都电力金具总厂　　陈华明

随着社会主义市场经济的不断改革和发展，资本运营的方式越来越受到各集团公司的青睐。正确有效的资本运营方式，可以解决企业在经济方面的问题，帮助企业做大、做强，实现企业低成本、高速度的发展。

一、资本运营概述

资本运营主要是指通过对资本的优化组合，来最大限度地使资本增值，同时实现企业利润的最大化。资本运营的对象是资本，资本的形态包括自然资本、金融资本等，只有把各种形态的资本融入到经营领域中，才能挖掘资本的价值，发挥资本的功能。资本运营的模式主要分为两种：一种是扩张型的资本运营模式；一种是收缩型的资本运营模式。其中，扩张型资本运营模式又分为横向资本扩张、纵向资本扩张和混合型资本扩张三类；收缩型资本运营模式又分为资产剥离、分拆上市、公司分立以及股份回购四种形式。无论是扩张型还是收缩型的资本运营模式，都是通过丰富和完善资本的展现形式，来实现资本的增值。

二、某集团公司情况介绍

某集团公司成立于1995年，在2003年完成改制组建了以某集团公司为主体的企业集团。某集团公司拥有多家成员企业，涉及生态旅游开发、房地产开发、电站施工、公路铁路施工等各个领域，最终形成了以建筑施工、旅游业为核心的完整产业链，成立了资源共享优势互补的综合性企业集团。经过20余年的发展，该集团公司保持了健康稳定的发展势头。

三、该集团公司的环境分析及资本运营模式

1. 该集团公司环境分析

近年来，该集团公司已形成了以建筑施工行业为主要支撑，以旅游业为辅助的综合型企业集团。该集团公司下属的房地产行业，开发的社区楼盘性价比较高，受到消费者的一致好评。但从我国整个房地产行业来看，目前房价仍高居不下，且一直呈稳定上涨趋势。房地产行业伴随有大量的资金投入，并且建设时间较长，因此具有较大的风险性。此外，由于我国在资本运营方面的法律法规还不完善，企业在资本运营方面的能力不足，加之不断变化的房地产调控政策，造成了房地产企业在资本运营方面的困扰。

该集团公司下属的旅游业，旅游资源丰富，已形成了一个相对完整的旅游产业链。近年来，随着人们消费观念的不断变化，越来越多的人已将旅游的目光转向国外。此外，旅游业是一种季节性比较明显的行业，受气候、季节等环境的影响较大，容易形成旅游的淡旺季。这种波动性也会造成旅游业发展的不稳定性。

2. 该集团公司资本运营模式

从该集团公司的资本运营开看，其主要采用的扩张型的资本运营模式。目前，该集团公司已形成了比较完善的产业链，但是各个行业在发展过程中还存在一定的问题和不足。该集团公司应根据所处的环境以及自身的资本情况，对未来的发展道路进行合理的分析和规划。结合其所处的内外部环境，我认为在房地产行业，该集团公司应采用扩张型的资本运营模式，而旅游业则相反。房地产行业应抓住新的机遇，通过积极的融资，为集团公司的发展营造良好的运营资本。旅游业应加强对基础设施的建设，提高经营管理的水

平，通过兼并优质资源提高旅游质量。

四、该集团公司资本运营的对策研究

（一）房地产业的对策研究

1. 重视生产经营

资本运营以生产经营为基础，离开了生产经营，资本运营也就无从谈起。融资、资产重组、并购、股权重组这些与资本运营相关的运作方式，虽然在一定条件下可以单独运作，并取得收益，但其最终还是要为生产经营提供服务。由此看来，两者是相辅相成，缺一不可的。该集团公司以房地产行业为核心，在生产经营过程中应把好的资源和资金放在房地产行业，进而带动其他行业的发展。

2. 优化产业结构

要想提升该集团公司的资本运作能力，就要优化企业的产业结构。积极接纳和吸收有意愿成为企业主人的新股东，普通员工也可以对企业项目进行投资，共享项目利益分配的成果，以增强员工工作的积极性。筹资渠道的多元化将为企业的健康发展提供强有力的资金保障。

优化产业结构也可以通过并购的形式，来实现规模效益，达到资本增值的目标。但是企业在并购前，不能盲目地扩大追求，要充分考虑自身的偿债能力和资本效益。否则，不仅达不到资本增值的目标，还有可能使企业自陷囹圄。因此，该集团公司，对房地产行业不能盲目地并购，应在注重自身发展的同时，处理好与其他行业之间发展的关系。

3. 拓展多元融资

首先，银行融资是房地产企业依赖的主要融资方式，主要表现为银行贷款。该集团公司可以利用已取得的国有土地使用权或者各个房产，向银行抵押贷款。通过取得银行贷款，企业可以进一步竞拍土地、开发房地产等项目，从而实现集团公司资本的最大增值。其次，私募股权基金、金融租赁、房地产信托、房地产股票融资等也是可行的融资手段。通过多元化的融资渠道，可以为房地产项目提供充足的资金支持，然后取得一定的收益。

（二）旅游业的对策研究

1. 多元化经营

旅游业与交通运输、文化娱乐等行业有着千丝万缕的联系，因此，可以加强与其业务往来，以弥补淡旺季收入的差距。现在自驾游方式越来越多，汽车租赁公司越来越受到人们的关注，随着社会主义市场经济体制的不断完善，汽车租赁行业定会发展迅速。而在景区内建立影视基地，进行表演活动，发展文化娱乐业，同样可以提升景区的人气，促进其旅游业的发展。此外，实现旅游业与地产行业的重组组合，借助国家政策的导向作用以及通过对相关企业的并购等，都可以有效降低旅游业经营的风险，实现多元化经营。

2. 拓展多元融资

旅游行业扩大发展规模需要大量的资金支持，因此，该集团公司应积极拓宽融资渠道，创新融资形式，以解决旅游业在发展过程中的资金需求问题。银行融资可以享受国家提供的各项优惠政策，成本较小；旅游资产的证券化可以实现集团旅游业的跨越式发展；吸引金融行业的投资可以提升现代旅游业的发展和服务水平；股票上市作为旅游业资本运营的一种高级模式，对于提升其经营管理水平以及市场占有率具有十分重要的作用。总之，通过多元化的融资方式，可以有效拓宽旅游业的发展之路。

（三）该集团公司的未来资本运营发展之路

1. 资金管理方面

该集团公司下设企业较多，且分布松散，因此不利于实现对资金的统一管理。因此，为了有效提高资金的使用效率，降低融资成本，需要加强对资金的管理。对资金的集中管理主要是通过对资金收支的管理来实现，该集团公司的每个下属企业都应该设有自己的支出和收入账户，由该集团公司对收入帐号进行统一管理，通过对闲置资金的调配来实现收支的平衡。对于企业的支出情况，该集团公司也要进行严格的控制。总之，该集团公司应结合实际情况，制定合理的资金管理模式，为后期的投资活动奠定基础。

2. 组织结构方面

该集团公司原是建筑施工单位，组织结构有些混乱。为了达到统一管理的效果，该集体公司应成立控股公司，对所管辖的下属企业进行控股管理。而在构建组织结构时，也应该提升企业员工的素质。近年来该集团公司加强了对企业员工的培训，使其在专业素养、职业道德和技能等方面均有所提升，为企业的发展提供了强有力的人力资本。

3. 市场竞争方面

面对激烈的市场竞争，该集团公司的房地产行业面临更多的压力和挑战，需要企业做好充足的准备。企业信誉是影响房地产开发的重要因素，因此，房地产在生产经营过程中，无论是对客户、业主，还是对社会、政府、施工等单位，都要守诚信，讲信誉。不仅要确保房子的质量，还要做好售后服务等工作。

对旅游业而言，该集团公司应立足于激烈的市场竞争，充分研究旅游市场，策划好旅游方案，做好网络宣传，通过不断改善景区环境，塑造良好的旅游形象，形成独特的旅游优势，满足游客的需求，努力打造旅游企业的核心竞争力。

五、结论

目前，该集团公司已形成了多样性和综合性的经营模式，通过改进对资金的管理，合理调配额度，实现对收支的系统优化管理，提高了其资金利用率，增加其流动性。希望该集团公司立足于全新的发展理念，不断进步，创造新的辉煌。

对企业管理与风险控制的认识

中国电建集团成都电力金具总厂　陈华明

全面风险管理是指企业为了实现运营目标，通过控制可能产生风险的节点，细化生产经营过程中的所有环节和流程，进而优化风险管理体系，建立比较完善的风险管理环境，本文所阐述的风险不仅指生产安全带来的风险，还包括国家宏观经济政策、电力体制改革以及市场环境变化等所带来的风险。近年来，随着自身生产规模的不断扩大，电力企业的风险管理水平也在不断提高，但在实际管理过程中，还存在一些问题。对于如何优化电力企业的风险管理体系，本文主要从三个方面进行了阐述。

一、全面风险管理组织体系优化

组织体系是电力企业运营和管理的载体，科学合理的组织体系可以有效降低企业运营的风险，提升企业运营的安全性，帮助企业顺利实现管理目标。因此，组织体系的设置应充分协调好各方面之间的关系，有效平衡各方面之间的权力，进而实现组织体系的高效运行。完善的全面风险管理组织体系应具备以下功能，如图1所示：

图1　风险管理组织体系功能图

为了提升风险管理的效率，电力企业应按照上级要求组建比较完善的风险管理组织机构（见图2），以保证对企业内部各类风险的集中管理。从图2可以看出，电力企业对风险主要实行三重管理。第一层是决策层，由全面风险管委会和全面风险管理部组成。其中前者的职能主要是控制好重大风险，制定该企业全面风险管理的宏观框架以及风险的应对策略等，其负责人由董事会推选人员或公司总经理担任。后者的职能主要是进行一些日常的风险管理工作，配合完成管委会下达的风险管理任务。第二层是执行层，其主要职能是汇总操作层提交的风险汇报，全方位评估企业在运营过程中的风险，并研究有效应对风险的策略，同时监督应对风险的执行情况；主要由企业各部门以及直属企业的风险管理小组组成。第三层是操作层，其主要职能是全面执行企业的风险管理要求，对各类风险进行评估和识别，能够提出合理化的风险控制对策与建议，并将风险报告汇总给上级主管机构；主要由对应岗位员工及下设企业的相关责任主体组成。

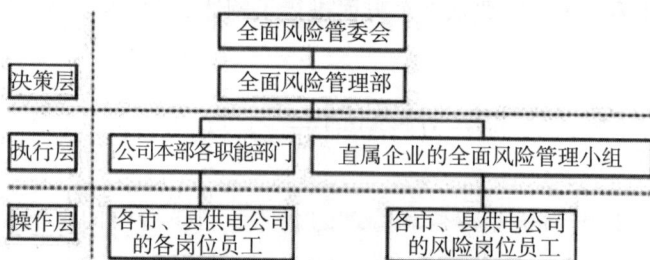

图2 公司全面风险管理组织体系结构图

这种分层式的全面风险管理组织结构，明确了各主体的责任，提升了全面风险管理的效率，保证了风险管理的质量。

二、优化全面风险管理流程

科学合理的流程可以全面提高风险管理的效率，结合电力企业风险管理的实际情况，可以将其风险管理的基本流程制定为如图3所示。一是收集风险信息。风险管理是一个持续的动态变化的过程，因此，要保证对所收集信息的连续性和时效性，做好对信息的统一管理，为后续的风险评估奠定基础。二是对风险信息进行识别和评估。对风险库中的信息进行集中的分析、评估，能有效识别哪些信息可能会影响企业的生产经营和安全运营，并判断其影响程度，从而确定需要对哪些信息进行关键控制。三是制定控制风险的方案。根据对潜在风险信息的评估，结合企业自身的运营目标和发展战略，制定针对该风险的控制方案。四是制定应对风险的策略。风险控制方案只是提供了应对风险的大体方向，而风险控制策略则指出了应对风险的具体做法。针对出现的风险积极采取应对策略，可以将风险控制在可控范围之内，保证企业运营业务的正常开展。五是监控与改进。针对风险控制的情况，企业要做好对风险管理的监控与改进工作，及时调节不合理行为，将风险管理的效率保持在理想水平。

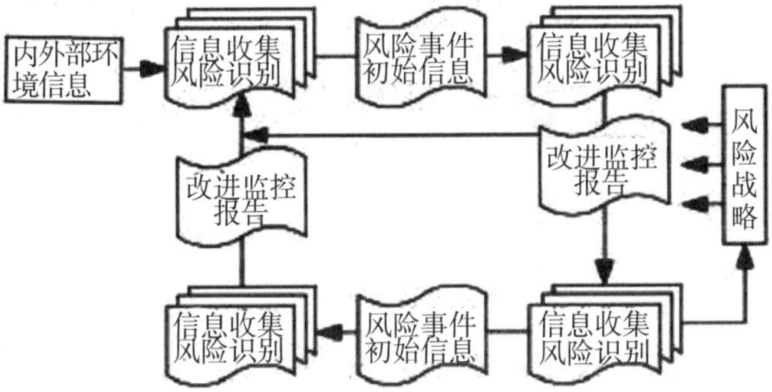

图3　风险管理基本流程架构图

总之，电力企业的风险管理流程可以概括为：做好相关信息的收集和管理工作，明确各管理层的职能，按照相应的规范进行风险管理操作；规范风险管理程序，统一风险管理规范，做好三重风险管理的衔接工作；加强风险管理与其他管理的联系，将风险管理有机融合在其他管理工作中，将风险管理的属性渗透在公司运营的各个环节；重视风险管理在企业运营中的作用，提升风险管理在企业运营中的地位，建立风险管理的监控和改进体系，以全面提升风险管理的效率。

三、建设全面风险管理文化

企业文化是企业经营的核心理念，良好的企业文化可以有效推动企业的发展。风险管理文化作为企业文化的一种特殊形式，也应该积极融入到企业管理的理念中。长期以来，受企业管理理念及经济体制的影响，我国大部分企业都缺少风险管理的意识，因此，需要建设好企业的风险管理文化。

第一，强化管理层及企业员工对全面风险管理的认识，从自身做起，从小事做起，善于捕捉风险信息，做好风险管理，提升风险管理文化的建设力度。

第二，做好在风险管理方面的教育工作。通过讲座、培训等形式，让管理层和企业员工了解风险管理的重要意义，树立风险管理的意识，提升风险管理的水平，在公司内部能够形成风险管理的良好氛围。

第三，培养风险管理人才。通过高校招聘等形式引入风险管理方面的专业人才，通过专业化的学习，提升他们的专业素养，进而为公司风险管理人才的后续发展奠定基础。

四、结论

电力企业作为国民经济的基础工业，在经济、技术、法律等方面会遇到各种风险。加强对电力企业的风险管理，可以增强企业的抗风险能力，提高企业的核心竞争力。因此，在电力企业的生产过程中，要建立完善的全面风险管理体系，加强对风险的评估、消除和控制，以改善工作环境，促进企业的生产经营和安全生产。具体而言，电力企业在实施全面风险管理的过程中，应围绕企业的经营目标，完善风险管理的组织体系，优化风险管理的基本流程，培育风险管理文化，从而实现风险管理的总体目标，促进电力企业的可持续发展。

浅谈新形势下建筑施工企业风险管理与控制

中国水利水电第十三工程局有限公司　　陈法宝

随着我国企业逐步走向世界以及跨国公司纷纷实施本土化战略，我国建筑施工企业必将面临从未经历过的全球性竞争风险。即使在国内，经济进入新常态、传统产业进入平台期的背景下也使得建筑施工企业竞争愈加残酷和激烈。建筑施工企业面临的风险日益增大，正确识别风险因素，加强风险管理与控制，减少和避免风险事故及损失，是当前建筑施工企业面临的重要课题。

一、建筑施工企业风险的特点

当前随着建筑市场竞争的加剧，施工企业的利润空间在不断减小，风险因素正在不断凸显，加强风险管理，增强盈利能力成为了施工企业在市场竞争中的主要核心竞争力之一。建筑工程项目工期长、投资大、参与主体多、组织关系复杂，在实施过程中存在很多不确定因素，使得建筑施工企业在生产经营过程中始终处在复杂多变的自然环境和社会环境中，给实现企业目标（成本、质量和工期）带来极大的困难，甚至造成重大损失。因此建筑施工企业在项目实施过程中面临各种各样的风险，其风险具有以下特点：

1. 风险的大量性和多发性

建筑工程项目规模大，建设周期长，投资额大，可产生风险的因素数量众多且种类繁杂。一方面，建筑工程受自然灾害影响的风险因素较大，另一方面，新材料、新技术、新工艺不断推陈出新，工程技术日趋复杂，加大了建筑工程的风险，工程设计、工艺等方面的技术风险和政策法律风险、资金筹集等方面的非技术风险随时都有可能发生，使得风险控制的难度加大。

2. 风险损失的严重性

建筑工程投资巨大、涉及面广，项目参建人员多，一旦发生工程事故，势必造成巨大的财产损失和人员伤亡，社会影响广泛，也给建筑企业的声誉带来损害。

3. 风险控制的政策依赖性

建筑业作为我国的支柱产业，与国家政策息息相关，国家的政策稳定性、连续性以及行业结构调整都会给建筑业带来相应的影响，使建筑工程出现改变工期、改变工程设计、建造权利、改变经营成本等结构。

4. 风险防范的多元性

建筑工程实施过程中，需要业主、监理、设计、勘察、地方政府、保险公司、协作单位等的共同协作，要使风险降到最低程度，建筑企业必须寻求这些单位的共同协助。

二、当前我国建筑施工企业风险管理的背景及现状

1. 风险管理的背景

（1）国家产业政策的风险：①基础设施投资趋势放缓，建筑市场竞争日趋激烈：国家经济增速进入新常态，高速增长转向中高速、高效增长，经济结构正在转型升级，基础设施投资逐年减少。近几年国家批复的大中型建筑工程明显大幅减少，建筑业发展空间显著变小。②建筑项目招投标模式转变为PPP（公私合作）模式，且市场待规范情况下，虽然减轻了政府地方债务，但同时加大施工企业的负债率，并使经营成本上升，影响了企业主营业务的开拓。

（2）项目业主的资信风险加大。①随着国家经济进入新常态，建筑工程项目业主融资更加困难，项目投入资金更加短缺，因此其支付能力下降、迟付、拖欠工程款甚至无力支付的现象逐年严重，造成应收账款及未完施工

大幅增长。②一些项目业主为转移或拖欠工程款通过合同条款降低支付比例甚至要求企业垫资施工，致使企业建筑施工企业资金周转紧张，施工成本增加，直接影响了企业的效益。③有些项目业主利用建筑市场"买方市场"的有利地位，不遵循施工的客观规律，对施工企业提出过分要求，例如要求低标价、压缩工期或工期短、搞"三边"工程，"政绩献礼"工程等，由于建筑市场的残酷竞争，施工企业不得不接受业主的不合理要求，致使工程质量和工期难以保证，施工企业还可能导致严重亏损。④业主外部协调能力差，造成工期延误，项目停窝工，严重影响合同目标的实现，给企业经营和项目履约带来极大的困难。

（3）监理单位带来的风险。有些监理工程师，拖延签署支付或有意为之，或对变更索赔问题迟迟不提出建议或做出决定，或擅自提高施工标准，监理人员素质低，使施工企业疲于奔命，干扰项目正常工作，增加了项目管理的风险。

（4）社会经济风险。包括市场规划和区域发展风险、通货膨胀、税收政策地方性变化、资源要素物价上涨、价格调整和项目融资难等，使工程成本上升、企业资金压力加大。

（5）其他风险。如勘察设计带来的风险，来自分包商的风险，异常气候和不可抗拒力的风险，施工企业自身内部管理的风险等。

2. 风险管理的现状

（1）全面风险管理机制不健全。很多建筑施工企业对风险管理没有明确的定位，全面风险管理程序不完善，考核评价办法不合理，在企业组织机构设置上未考虑风险管理部门和职能，缺乏专职全面风险管理部门和人员履行风险管理职责，使得企业化解、抵御风险的能力差，增加了企业组织结构的运行风险。

（2）全面风险管理意识不强，未能得到足够重视。施工企业经营管理者和施工项目管理者的风险意识不强，对风险的重要性认识不足，没有把风险管理作为企业管理的重要内容；缺乏系统性和明确的风险管理目标；企业员工的风险知识培训缺失。

（3）缺乏规范风险管理信息系统，风险预警机制不健全。部分施工企业没有建立起全面、完善的风险管理信息系统，对国家产业、经济政策把握不够深入，对市场未做足够调研，对项目实施过程中的各种变化估计不足，企业总部和项目管理层缺乏足够的对接和沟通，没有全面、可靠的信息数据支持，风险来临时不能及时做出有效的反应和合理的调整，风险管理成效低下。

三、建筑施工企业风险管理内涵

1. 推动企业经营结构转型和经营战略调整，切实防范企业风险

建筑施工企业要深入并正确分析和把握当前全球经济弱势复苏，逐步进入新的增长周期，国内经济发展面临"三叠加"，经济步入新常态，潜在风险逐步显化的市场环境形势，紧密结合国有企业"做优做强、世界一流"的核心目标，紧紧围绕稳增长、提质增效和转型升级要求，制定科学合理的风险管理目标和政策，切实加强对面临风险的研判。以市场为导向，创新市场营销模式，加快业务结构调整优化，加快转型升级和管理水平提升，并适时调整营销策略和应对措施，认真做好风险应对方案，有效控制各种风险，提高企业风险的防控能力，提升企业管理的质量和效率。

2. 建立健全全面风险管理体系

企业要建立健全以风险为导向的内部控制体系，发挥内部控制对防范风险的重要基础作用。施工企业应把风险管理的各项要求融入企业管理和业务流程中，建立风险管理三道防线前、中、后台分离和制约的协同运行机制，三道防线即有关职能部门和业务单位为第一道防线，风险管理部门和风险管理委员会为第二道防线，内部审计部门和董事会下设的审计委员会为第三道防线。

3. 全面完善风险管理与内部控制制度和方案

建立并完善风险管理和内部控制考核评价制度，建筑施工企业应把业务单位风险管理执行情况与其绩效薪酬挂钩。建立风险管理内控责任制度，按

照权利、义务和责任相统一的原则，明确规定企业各有关部门和业务单位、岗位、人员应负的责任和奖惩制度。建立重大风险预警制度，对重大风险进行持续不断的检测，及时发布预警信息，制定应急预案，并根据情况变化调整控制措施。建立内控审计检查制度，结合内控的有关要求、方法、标准和流程，明确规定审计检查的对象、内容、方式和负责审计检查的部门等。建立健全企业法律顾问制度，大力加强企业法律风险防范机制建设，完善法律风险责任体系，完善企业重大法律纠纷案件的备案管理制度。建立重要岗位权力制衡制度，明确规定不相容职责的分离。

4. 建立健全企业风险评估机制，服务重大事项决策

建筑施工企业要进一步建立健全风险评估机制，强化"企业体检"制度，明确风险评估的对象和范围，制定风险评估方法、标准和流程，运用风险量化分析工具，逐步提升重大风险关键成因，量化分析水平，不断提高风险评估的准确性和时效性。

5. 构筑风险信息平台，完善风险监控预警机制

施工企业要重视风险管理信息系统建设，构建风险管理的信息化平台，实现风险管理语言和活动的规范化、标准化。要切实提升风险管理信息系统与其他业务管理信息系统的集成度，提高风险管理信息在企业各层级、部门之间的信息集成与共享。要建立风险管理报告制度，强化信息沟通机制，确保风险信息传递准确、顺畅、及时、有效。

6. 强化企业日常经营等基础管理工作，提高风险防控能力

施工企业要将全面风险管理与日常经营管理有机结合，结合内部控制建设、惩防体系建设、经营管理和制度流程建设等日常管理工作，进一步完善风险管理策略和解决方案，健全事前、事中、事后的风险管控措施，确保经营管理的有效性，提高经营活动的效率和效果。要深入推进专项风险管理，高度关注高风险业务，建立合理的风险管控制度。加强风险管理人才队伍建设，建立风险管理工作宣传和培训常态化机制，培育良好的风险管理文化，树立全方位的风险管理理念，增强全员风险管理意识。

项目管理是建筑施工企业管理系统的重心，国内在建项目的履约管理与

项目的经营管理尤为重要，加强项目的各项基础管理工作，确保项目正常履约，强化激励与约束机制，提效降耗，规范经营，努力提高项目经营质量和效益，防控项目由业主、监理、国家政策、社会经济及其他方面带来的各种经营风险。对国际项目要调整国际经营策略、市场布局及管控模式，切实防控系统性国际经营风险。加强对国际市场的调研，密切关注项目所在国家政治经济动态，对处于高风险国家的项目风险进行系统性分析，制定相应风险防控预案和应急机制，坚决避免进入风险大和管控能力达不到的国别市场。对业主停工、拖欠迟付工程款、恶化合作关系的采取切实可行的应对措施。严格控制资金和防范汇率风险。

四、建筑施工企业风险应对策略

风险应对策略是指企业根据自身条件和外部环境，围绕企业发展战略，确定风险偏好、风险承受度、风险管理有效性标准，选择风险规避、风险降低、风险分担和风险承受等适合的风险管理工具的总体策略，并确定风险管理所需人力和财力资源的配置原则。风险应对的主要目的是将剩余风险控制在风险承受度以内。风险管理的最终目的是利用现有的资源对企业所面临的风险，分不同情况采取措施进行应对。

风险应对策略主要有以下几种基本类型：

1. 风险避免

风险避免是指当主动放弃和拒绝实施某些可能引起风险损失的方案。风险避免是处置风险最彻底的一种方法，能够在风险事件发生之前完全消除某一特定的风险所造成的损失。但这一方法也有局限性，风险回避往往伴随着放弃某些经营计划的发生，回避了某一风险之后，又可能产生另一种风险。因此，这一方法是有一定的使用条件的，主要适用于：①某一特定风险导致的损失频率和损失幅度都相当高；②采用其他风险管理方法的成本大于收益。

2. 风险控制

风险控制指有意识地采取行动，设法降低损失的概率和损失幅度的方法。主要用于不想放弃也不想转嫁的风险。风险控制包括两个内容：一是损失预防控制，也称风险因素控制，即控制导致风险发生的因素，尽可能减少风险的发生；二是减少损失控制，也称损失控制，即尽可能减少已发生损失的严重程度和不利后果。

3. 风险转嫁

风险转嫁是将自己面临的损失风险转给其他人或单位的行为。非保险方式转移风险多是借用合同或协议，将损失的法律责任或财务后果转由他人承担。①转移风险源。有三种途径：第一，出售风险资产，同时将与资产有关的风险转移给购买该项资产的人或经济单位；第二，财产租赁，即把自己的房屋、场地、运输工具等财产租给别人使用，并收取租赁费；第三，建筑工程中的承包商利用分包合同转移风险。②签订免除责任协议。企业在开展某项活动前与有关单位签订免除责任的协议。③利用合同中的转移责任条款。在企业的某些经济活动中，变更某些合同条款将损失转移给他人。

4. 风险保留与承担

风险保留与承担，也叫自担风险，是指企业依靠自己的财力弥补已出现的风险损失的一种方法。它是处置残余风险的一种方式，一般用于以下情况：第一种，处理风险的成本高于承担风险所付出的代价；第二种，企业可以安全地承担某项损失；第三种，风险无法避免；第四种，因缺乏必要的风险管理技术而自愿承担。

总之，建筑施工企业在考虑做出风险应对的过程中，需要评估各种风险控制措施的成本，及风险发生可能性和影响程度降低所带来的收益，可以选择一种风险应对策略或组合多种风险应对策略。

五、结束语

在国家经济进入新常态形势下，建筑施工企业全面风险管理与控制对于企业经营规模的扩大、经济效益的提高、综合管理能力的提升都有着重要的推动作用，风险管理是建筑施工企业避免失败、赢得成功的重要手段，建筑施工企业的风险管理与控制也已经成为一个永恒的话题。建筑施工企业应协调好与市场、社会、环境等各方面的关系，完善内部各项管理制度，提高企业管理水平，增强企业核心竞争力，在各个层面上构筑起风险防控体系。只有这样，才能保证企业在竞争激烈与复杂多变的市场中，实现稳步、健康、安全的经营和可持续发展。

浅谈企业的战略管理

安徽古井贡酒股份有限公司郑州营销中心　吴金平

企业战略管理是企业在宏观层次通过分析、预测、规划、控制等手段，实现充分利用本企业的人、财、物等资源，以达到优化管理，提高经济效益的目的。

今天，全球化的市场竞争，已经不仅仅是技术与质量的竞争，而是智慧与经营管理的较量，这种较量的结果是，胜出者将比别人占取更多的市场份额，获得更大的发展机会，而对广大的企业而言，这是一次真正的生与死的挑战。面对着生与死的竞争与挑战，我国的企业需要采取的根本性对策是什么？就是企业的战略管理。

一、　企业战略管理的迫切性

随着我国社会主义市场经济中市场机制的完善，企业面临的竞争日趋激烈。在这种形势之下，为了避免在竞争中失败和破产，企业不得不强化战略管理，以求在激烈的市场竞争中获得优势，求得生存和发展。

企业间的竞争在相当程度上表现为战略思维、战略定位的竞争，就是说，企业已进入战略竞争时代。战略决定胜负，在世界经济一体化的大背景下，企业要在国际国内众多企业的夹缝中实现生存与发展，必须从自身实际出发，发挥比较优势，找准市场定位，领先制度创新，才能抓住机遇，加快发展。

企业自身无论是资金、技术方面，还是在人力资源和管理经验等方面都存在某种程度的不足。企业的资源相对缺乏，使企业的开发研究能力、市场销售网络均有限。作为企业，如果要想不断成长、壮大的话，不认清自己企业所处的位置，研究本企业的具体情况和企业所处行业的竞争状况，并根据研究情况来制定企业的发展目标、发展方向等，也就是企业战略，是不可能。由此可见，战略管理是企业经营管理中的重要组成部分，战略管理水平的高低，是衡量企业的重要标志。通过战略管理，可以调整企业组织结构，加强企业开发新产品和新市场的能力，为企业增强竞争地位创造条件。

二、企业战略管理的层次

1.企业总体战略

企业总体战略需要根据企业的目标，选择企业可以竞争的经营领域，合理配置企业经营所必需的资源，使各项经营业务相互支持、相互协调，是企业战略中最高层次的战略，其着重考虑改进效能的问题。

2.经营单位战略

经营单位战略是在战略经营单位、事业部或子公司层次上的战略。其主要针对不断变化的外部环境，在各自的经营领域里有效地进行竞争。为了保证企业的整体竞争优势，各经营单位要有效地控制资源的分配和使用。同时，经营单位战略还要协调各职能层的战略，使之成为一个统一的整体。此战略着重考虑改进效能的问题。

3.职能部门战略

职能部门战略，是企业内主要职能部门的短期战略计划，使职能部门的管理人员可以更加清楚地认识到本职能部门在实施企业总体战略中的责任和要求，有效地运用研究开发、营销、生产、财务、人力资源等方面的经营职能，以保证实现企业目标。着重考虑改进效率的问题。

三、企业战略管理的对策

1.专业化发展为导向，突出核心专长，多元化发展并存的战略

专一化战略是主攻某个特殊的顾客群、某产品线的一个细分区段或某一地区市场。专一化战略是围绕着某一特殊目标服务建立的，它所开发推行的每一项职能化方针都要考虑同一中心思想。这一战略依靠的前提思想是：公司业务的专一化能够以较高的效率、更好的效果为某一狭窄的战略对象服务，从而超过在较广阔范围内竞争的对手们。所以，这就要求企业做到"有所不为而后有为"，专注于专业化发展，集中企业内部的优势资源，突出核心专长，借此来培育企业长期的竞争优势，当企业发展到一定地步的时候，多元化是一种必然趋势，但决不能盲目的多元化，即使那些超大型企业也应该在多元化上追求专业化。

2. 走创新之路，发展创新战略

在知识经济条件下，企业竞争力大小取决于其创新力的强弱。企业势单力薄，靠自己单枪匹马的奋战和与强大对手的硬拼是难以成功的，而应该凭借自身的优势，取长补短。

技术创新战略是企业创新的核心，没有技术创新，就没有产品更新，企业就难以发展。企业技术创新应当在两个方面下功夫。首先，企业经营管理者，必须高度重视技术创新。加大技术创新力度，在人力、精力、财力、物力诸方面舍得投资，敢冒风险，重用人才。其次，坚持全面创新。任何技术都有一个试验、转化、成长、成熟、衰退、淘汰的过程，创新不可能一劳永逸，而是要持续不断。技术创新必须永远面向用户，面向市场，把用户的需求与满意作为不断技术创新的出发点和落脚点，把市场需求变化作为技术开发的定盘星，经营管理的指南针。

3. 走差异化战略

差异化战略是将公司提供的产品或服务差异化，树立起一些全行业范围中具有独特性的东西。在目前各行业中，怎样与众不同地建立差异化竞争战略是非常重要的。企业可以从很多的角度寻求差异化，例如，一种独特的口

味（比萨饼）、一系列的特色（斯沃琪表）高质量的制造（本田汽车）等。如果差异化战略成功地实施了，它就能在一个产业中赢得高水平收益，因为它在这行业中有很大的竞争力，起码在短时间内不会被其他企业赶超或打垮。

4. 走低成本战略

企业通过有效的途径降低成本，使企业的全部成本低于竞争对手的成本，甚至是同行业中最低成本，从而获得竞争优势的一种战略。低成本战略要求企业坚决地提高工作效率，进行规模化经营，全力以赴降低成本，控制管理成本与管理费用，最大限度地减小研究开发、服务、推销、广告等方面的成本费用。

实施低成本战略成功的关键在于，在满足顾客认为至关重要的产品特征和服务的前提下，实现相对于竞争对手的可持续性成本优势。实行低成本战略的企业必须开发成本优势的持续性来源，能够形成防止竞争对手模仿成本优势的障碍，这种低成本优势方能持久。低成本战略的理论基石是规模效益和经验效益，它要求企业的产品必须具有较高的市场占有率。

四、企业如何开展战略管理

1. 有针对性地进行战略分析

战略分析的主要目的是了解企业所处的环境和相对竞争地位，评价影响企业目前和今后发展的关键因素，进而确定企业的使命和目标，为制定企业战略提供可靠的依据，并使企业战略管理按照经济规律来指挥和组织生产经营活动。因此，不能把战略分析当作一项临时任务，组织若干人马应付了事，必须具有很强的针对性。只要针对性地掌握外部环境和自身条件，以这为基础才能更好地进行企业的战略管理。

2. 要有准确的战略定位

无论在改革开放初期，还是在经济发展较成熟的今天，对于中国企业来讲，战略定位都是非常重要的，企业对自身比较优势的认识过程，也是对自身市场定位的一个再认识过程。通过这个过程，来认识和发挥比较优势，关键是看问题要站得高，"一览众山小"。比如，施乐公司的复印机市场处于垄断地位时期，全球许多著名公司也曾采取过与它相同或相似的战略旨在争夺市场，但都未能获得成功。一个重要的原因，是他们未能发现或创造独特的战略定位。而佳能公司则选择施乐公司战略定位之外的中小型企业和个人用户作为切入点。通过不断渗透，最终发展成为全球销量最大的市场领先者。由此，使我们认识到，企业要在国内外大企业夹缝中获得生存和发展，必须充分研究自身能力和比较优势，善于发现行业战略的空缺点，在不同的大企业的战略定位之外另辟路径，穿插迂回，方能由小变大，立于不败。

案例：古井酒厂的PPSP战略

PPSP战略是古井酒厂根据我国白酒市场发展态势和本企业的实际情况提出的一种长期战略，其主要由产品（product）、生产（production）、销售（sale）和宣传（promotion）四大战略组合而成。它们既各自独立，又相辅相成，为企业的发展奠定了良好的基础。

①产品战略是PPSP战略的核心。关键是抓好工业设计，调整产品结构，加强勾兑工作，改进包装装潢，积极开发新产品，使产品更有魅力，更能适应市场需求。

对高档酒，在确保其浓香型风格和进一步提高质量的同时，酒厂调整了多种度数古井贡酒的勾兑方式，扩大其产量，更好地带动中低档酒销售，制定好出口战略，增强创汇能力；对中档酒，继续抓好以古井贡酒和古井特曲为代表的中档酒的质量，形成新的风格，更好地适应市场；对低档酒，加强对液态白酒风味物质作用的研究，加强勾兑工作，重视对有关原料的分析研究和选购，严格执行勾兑工艺。

随着市场的不断变化，适时开发好新产品，目前古井研发推出了从幸福版到26年不同价位的一系列年份原浆，适应不同层次消费者的需求。不断地改进古井酒系列产品的包装装潢。工业设计是产品开发的根本，市场经验表明，老面孔不行了，需要新面孔；老观念不行了，需要新观念。向工业设计要精品，力求新颖、独特、美观、大方，依靠工业设计开拓局面。

②生产战略是PPSP战略的基础。其核心是提高全部产品的质量和名酒收得率；其主要途径是依靠科技进步、改进生产工艺。

主要战略思想有：继续更新观念，产量质量一齐上。处理好质量与数量的关系。数量是效益的基础，质量是效益的根本，数量和质量互为前提，相辅相成，没有质量就没有数量，没有数量也就没有效益。

以质量为中心，改进生产工艺。抓好制曲环节的技改工作，实现制曲工艺的标准化、规范化、程序化，改进大曲质量，提高名酒收得率；全面实施窖泥发酵新工艺，提高贡酒的产量和质量，使酒味更加绵软、醇厚，为勾兑奠定基础；进一步完善夏季压池子工艺，通过适当降低出酒率提高名酒收得率。

科研与生产紧密结合，加强科研工作。加强与科研单位、大专院校的联合与协作，在酿酒及其他有利于古井发展的产业，特别是在一些高新技术产业上，及时掌握科技信息与动态，积极参与科研项目的"中间试验"，使科学技术尽快转化为企业的生产力。搞好酿酒设备特别是锅甑的更新和改造，为提高产品质量服务。

③销售战略是PPSP战略的关键。其主导思想是市场建设与市场开发并重，处理好限制与发展的关系，实行一省一策、一地一策的"两策策略"，力求达到市场的动静态平衡。

主要的策略有：有效地推行代理商制，变乱中取胜为稳中取胜。主要措施是选择一些有相当经营实力的商业单位作为代理商，以便进一步提高产品的市场占有率。

实行"三定"销售法，巩固现有市场。所谓"三定"，就是定经销单位、定年销售量、定产品品种。这样，就可以有计划、有目的地推动高、中、低各档产品的销售，牢牢地掌握市场主动权，同时将对密切工商关系、巩固传统市场起到重要作用。

继续采取多渠道、多层次的销售方式，进一步培养和发展不太成熟的市场，积极开发新市场，广泛发展新客户和小客户，以最大限度地提高产品覆盖率。

依据不同市场，搞好网点选择。不论国有、集体或个体，谁的销售能力强、信誉好，就以谁为主，全方位发展业务关系。

推行销售承包责任制。合理地确定承包基数，进一步完善考核办法，增强销售人员的责任心，调动其积极性，确保销售目标的完成和货款的回笼。

进一步改善经营作风，搞好优质服务。坚持"产品越畅销，服务越优质"的思想，对顾客切实做到"六个一样"，即淡季旺季一个样，新老客户一个样，远近距离一个样，现在将来一个样，生意成否一个样，畅销滞销一个样。使优质服务经常化、系统化，让客户高兴而来，满意而归。

④宣传战略是PPSP战略的推动力。实施一种"立体宣传"战略，主要工作有制订年度宣传计划和长远规划，增强计划性，减少盲目性，进一步提高广告推销意识。品牌高举高打，高端会议推广、赞助，河南高炮、公交车、社区等持续费用投入，2016年春晚节目赞助提高品牌形象，增进品牌宣传。多角度地进行宣传，突出产品宣传，烘托企业形象的宣传，力求产生轰动效应。

在抓好产品广告宣传的同时，注重搞好企业形象的宣传，间接地提高产品知名度。

3. 实施战略管理要依靠科学理论和方法

战略管理是一种以思想性创新为特征的管理，所以要依靠科学理论知识和方法作为指导。目前流行的战略管理理论方法还不完善，还在发展之中。主要是基于战略管理是针对环境不断变化产生了大量不确定因素，使企业仅仅使用以可控性为主要特征的系统工程方法难以发挥作用。因此，战略管理要把统筹学理论和系统方法相结合才会更有效。

企业群体作为国民经济的重要组成部分，科学地运用企业管理战略，才能在激烈的市场竞争中抢得先机，立于不败之地。

企业管理创新中的风险控制浅析

河南投资集团控股发展有限公司　何航校

管理是企业永恒的主题，是企业发展的基石。创新，是现代企业进步的源泉，是增强核心竞争能力，实现持续成长的决定性因素。管理创新是企业的内在属性，对于一个不断在市场竞争中磨砺、不断谋求发展的企业而言，适时、适当地开展管理创新，既显得十分必要，也显得十分自然。很难想象，在残酷、激烈的市场中，哪一个企业在管理上故步自封而能够存活下来。但我们必须同时认识到，管理创新本身也可能会给企业带来一定风险，不恰当的管理创新，或是为了创新而创新，不仅不会提升企业的竞争力，反而可能对企业的长远发展有害，甚至可能将企业推入经营失败的境地。通过对相关企业的调研，结合自身企业管理的实践，我们有必要对管理创新进行理性的思考和认识，指导我们的企业科学地开展管理创新。

一、管理创新与风险控制关系

在当今科学技术和经营环境急剧变化的复杂环境之中，企业管理者必须要把握管理创新发展的新趋势、新要求，把创新渗透于管理整个过程中。要为员工发挥创造性才能搭设舞台，使每个人都有机会成为创新者。要注重个性文化的培养，创造独具特色的经营模式，使企业在市场竞争中立于不败之地。具体来说，在信息化、市场化、一体化日益深化的背景下，企业要取得持续发展，必须要在理念、技术、组织及制度上不断创新，运用新的理论指导企业管理，在变化中求生存，在创新中求发展。

"不是要预言未来，而是要为未来做好准备"公元前500年古希腊政治家伯利克利的这句话应该是最早提出的有关风险的概念。随着全球经济的迅猛发展，竞争的愈加激烈，风险管理已开始扮演越来越重要的角色，原先的粗放式的企业管理模式已经逐步被淘汰，越来越多的企业因为不重视风险管理而处在崩溃边缘。对企业而言，无论是进行具有全局性还是局部性的管理创新，其目的都在于变革和改良企业各类资源的配置方式，提高企业利用各类资源的效率，提升企业的效益水平，更好地适应当前及未来各种外部环境的变化，更好地实现企业未来的发展愿景。因此，如何利用好管理创新并有效地控制风险，将是未来企业需要考虑的重中之重。

二、实践中管理创新的风险控制分析

（一）组织创新是企业管理创新的关键，"去中心化"的平等思维——矩阵式管理架构

1. 组建矩阵式管理架构

矩阵式管理架构是一种和垂直传统的管理架构相对的管理形式，是一种个人有多条汇报线的管理实践。在组织结构中既按职能进行划分，服从上下级的垂直领导，又有按项目/产品划分的横向领导关系结构，是职能型与项目型的综合体。在实践中，矩阵式管理架构具体体现在，将拥有不同技能的员工或在不同部门的员工通过合并为一个新的业务组进行项目开发的管理模式，一个员工既有职能性日常工作，又有具体项目性工作，接受双重领导，以满足业务组之间的信息交叉共用，资源共享。是一种以节约企业资源成本为目的的新型管理架构。

矩阵式管理架构最大的优势在于资源的整合利用，达到人尽其才，物尽其用的目的，最大限度地整合公司内部各类资源，避免资源浪费。与传统垂直型管理架构不同，矩阵式管理架构中，各部门人员联系更加紧密，更强调相互合作协调，避免了垂直管理中人员各自为政的情况，形成技能交叉，人

兼多能，共同完成既定任务。另外，由于职能人员直接参与项目，强化了参与者的使命感和责任感，真正让每一位员工参与到企业的运作中来，企业的整套运作体系不再单单以管理者为中心，而是以员工为中心，让员工做"发动机"而不做齿轮，真正的"去中心化"，最终达到一人多岗，一人多能。这便是在矩阵式管理模式的意义。此模式一是利用人员直接的相互协调，增强了风险控制的力度，提升了风险管理效率。二是依靠各业务单元的独立性，将风险独立在发生的业务单元中，避免风险扩大，形成规模效应。

2. 风险控制要点

风险点：一是主管如何控制他们的下属。由于下属接受两个主管同时领导，不自觉的员工会利用这个机会钻空子，造成主管对他的管理真空化。因此，职能和产品主管必须一起工作，解决问题。职能主管主要解决下属的技术水平问题，而项目主管则具体管理下属在这个项目上的行为、工作结果和绩效。这些活动需要大量的时间、沟通、耐心以及和别人共同工作的技巧，这些都是矩阵管理的一部分。

二是员工接受双重领导，经常能体会到焦虑与压力。他的两个直接经理的命令经常会发生冲突。这时双重主管的员工必须能够面对产品经理和职能经理的指令。

三是形成一个综合决策来确定如何分配他的时间。员工们必须和他的两个主管保持良好关系，他们应该显示出对这两个主管的双重忠诚。

（二）理念创新是企业管理创新的灵魂，一种技术理念的改革——扁平化的数据共享机制

1. 打造扁平化的数据共享机制

互联网从诞生之日起就具备开放、透明、共享的特质，只有信息的透明共享才能最大限度消除组织内部消耗，提高工作效率。马云说："不要让你的同事为你干活，而要让他们为我们的目标干活，共同努力，团结在一个共同的目标下面，就要比团结在你一个企业家底下容易得多。所以，首先要说服大家认同共同的理想，而不是让大家来为你干活。"

让大家团结在一个共同的目标下，数据共享机制就显得尤为重要。笔者所在的集团在信息共享方面走在同类企业的前列，而直接负责管理的公司作为集团控股企业也继承了这个优良传统，首先让每位员工清楚地知道公司的发展战略，当年的目标任务。其次清楚知道公司不能触碰的底线，廉政底线，道德底线，保密底线等，并由领导班子带头做出表率。此外，利用OA系统的云服务平台，无缝连接电脑、手机等各终端，及时发布每周工作动态，每月公布重点工作的进度，让员工时刻了解目标及进展。创建了微信工作群，重点工作直接由在微信群里发布和汇报工作进度，让每一名员工都清楚地知道公司的发展情况，信息流动更扁平化，不存在一个信息炒得沸沸扬扬，高层却一无所知的现象。建立了每周的固定的"分享会"，会上将公司运行中存在的羁绊在分享时间摆上桌面，畅所欲言，群策群力，解决问题。利用每周的网络学院集中培训，对员工的各项素质进行针对性的提高。正是信息的透明共享，让这个团队变得强而有力，坚忍不拔。此模式的优势：一是利用信息的透明，防范了各个节点的风险的可能，对可能出现的风险及时的预防。二是利用信息共享机制的快速反应机制，提高了风险管控的效率，降低了风险管控各流程的难度，不论是从事前预防，事中反应，事后处理都能做出有效应对。三是通过信息化办公进行精准的数据收集，进行分析后，建立有效风控模型，有效规避风险。

2. 风险控制要点

风险点：一是技术本身的不成熟，信息化系统可能存在的隐藏性的漏洞被破解导致决策泄露，因而产生的损失的风险，因此应建立相应的风险坐标图，对高风险事宜采用非线上通知，并加大系统安全检查力度。

二是在企业进行技术创新过程中，有时会出现由于创新项目的主持者或主要参加者调离企业而使创新项目难以为继的情况。

三、小结

管理创新是企业发展不竭的动力，在风险控制的视角下进行创新实践能更好地服务企业的整体战略。风险点的事前、事中、事后的全流程管理，乃至风控体系的建立是一项长期而艰巨的任务，其本身也要通过不断地管理创新予以突破。在企业管理的过程中做好两者的协调发展，是我们职业经理人永恒的课题。

以交叉持股方式搭建基础设施投融资平台的实施方案

河南投资集团控股发展有限公司　何航校

一、背景和意义

按照甲公司加快发展转型部署，全资子公司A公司承担投资我省及航空港重大城镇化类的基础设施项目建设。目前，A为新设公司，资产规模小，没有收益来源和现金流，容易受到金融机构融资政策限制，并且甲公司部分二级企业也涉及基础设施项目，企业间协同效应较弱，没有在资金、业务等方面形成相互支持。另一方面，甲公司长期股权投资超过净资产，对于新开发项目，母公司出资压力较大，新成立的子公司没有资本金实力，开发的项目较多，负债率一般较高，资本补充渠道较少。已经运营成熟的二级公司如B公司等，负债率相对较低，资本实力较强，但新项目开发较少。在风险可控的条件下，在不依靠甲公司连续注资的情况下，通过交叉持股等股权运作方式增强各级公司资本实力，促进各子公司融资能力增加，也可使得新成立的子公司借助股权关系，利用优质成熟子公司的优势，提升自身融资能力和融资渠道。

对于甲公司基础设施板块，若通过股权运作，将A公司、B公司、C公司、D公司共同运作，通过结构化运作，实现交叉持股。一是有利于各公司资产规模变大，融资能力增强，资产负债率降低，筹集项目所需资金，降低融资成本；二是有利于公司间形成联盟，分工合作，稳定市场业绩，发展规模经济，大大提高公司的集团化水平；三是有利于成为基础设施投融资平台，打造省级城市的基础设施性融资机构，提升整个基础设施板块的投融资能力。

二、外部经验与案例

（一）以交叉持股增加企业净资本的运作模式

交叉持股有多种方式，可加强甲公司内部的合作与信任，便利资金融通，能稳定甲公司成员企业股权结构，并在相关企业间形成一种风险分担的机制，也可放大交叉持股企业的资本规模，一般可通过循环交叉和网状交叉两种方式（见图1和图2）。循环交叉持股，资本放大比较小，比如：图1中假设A、B、C、D四个公司都为母公司全资子公司，注册资本都为10亿元，负债率都为60%。A公司筹集一笔资金5亿元，以增资形式注入B公司，B公司注册资本增加到15亿元，净资产增加5亿元，A公司持有B公司33.3%的股份。下一步，这5亿元资金B向C、C向D、D向A进行增资，最后A、B、C、D公司注册资本和净资产都增加5亿元，相互持有股份33.3%。如果各公司保持负债率不变，每个可增加负债额度12.5亿元，共增加负债额度50亿元。若是网状交叉持股，对于单个公司A，经过5亿元资金的反复运作，B、C、D都向A公司增资5亿元，A公司注册资本增加到25亿元，净资产增加了15亿元，B、C、D都持有A公司20%的股份。同时，B、C、D三个公司，注册资本和净资产都增加了15亿元，都被其他三个公司持有20%的股份。如果各公司保持负债率不变，每个公司可增加负债额度37.5亿元，共增加负债额度150亿元。由此可以看到实际上各公司的资本无实质增加，随着交叉持股公司数量的增加，账面反映的资本金额却在扩大，最终实现整个参与交叉持股运作公司的净资产和资产规模集聚式增加，充分发挥财务杠杆的撬动作用，通过股权运作方式提升各子公司的融资空间。

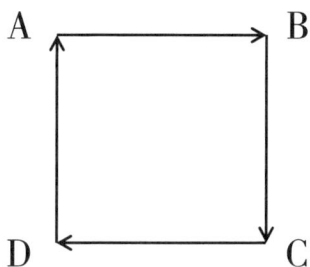

图1 环形交叉持股　　　　图2 网状交叉持股

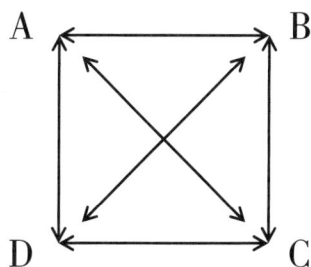

（二）交叉持股运作涉及的相关规定

1.《企业会计准则》对交叉持股的相关规定

对外投资的会计核算是通过《企业会计准则第2号——长期股权投资》等来规范的；根据准则相关规定，子公司持有母公司的长期股权投资，应当视为企业集团的库存股，作为所有者权益的减项，在合并资产负债表中所有者权益项目下以"减：库存股"项目列示，子公司相互之间持有的长期股权投资，应当比照母公司对子公司的股权投资的抵销方法，采用交互分配法将长期股权投资与其对应的子公司所有者权益中所享有的份额相互抵销。综合来看，《企业会计准则》对企业间交叉持股涉及的对外投资业务和合并报表给出了准则依据。

2.《公司法》、国资委等对交叉持股的相关规定

根据集团相关部门反馈的意见，在各法规政策方面，《公司法》中关于交叉持股无明确的相关规定，而新《公司法》废除了公司对外投资不得超过净资产的50%的限制，明确规定："公司向其他企业投资，除法律另有规定外，不得成为对所投资企业的债务承担连带责任的出资人。"对外投资限制的放开，有利于公司投资业务的拓展。国家法律层面对于交叉持股没有禁止性规定，而省国资委对此也没有明确态度。

（三）交叉持股案例

台塑集团为如今台湾地区最大的工业集团、第二大民营企业，并且是世界最大的石化生产商之一，在台湾地区控股10家上市公司，包括4家核心企

业，俗称"台塑四宝"。家族可以通过金字塔控股、交叉持股与双重股权等方式兼顾控股与融资，如图3所示。集团企业可以通过股权设计集中对企业进行控制，传承企业的特殊资产，发挥其优势，兼顾融资的需求，带给投资人及其他企业相关者较好的回报。

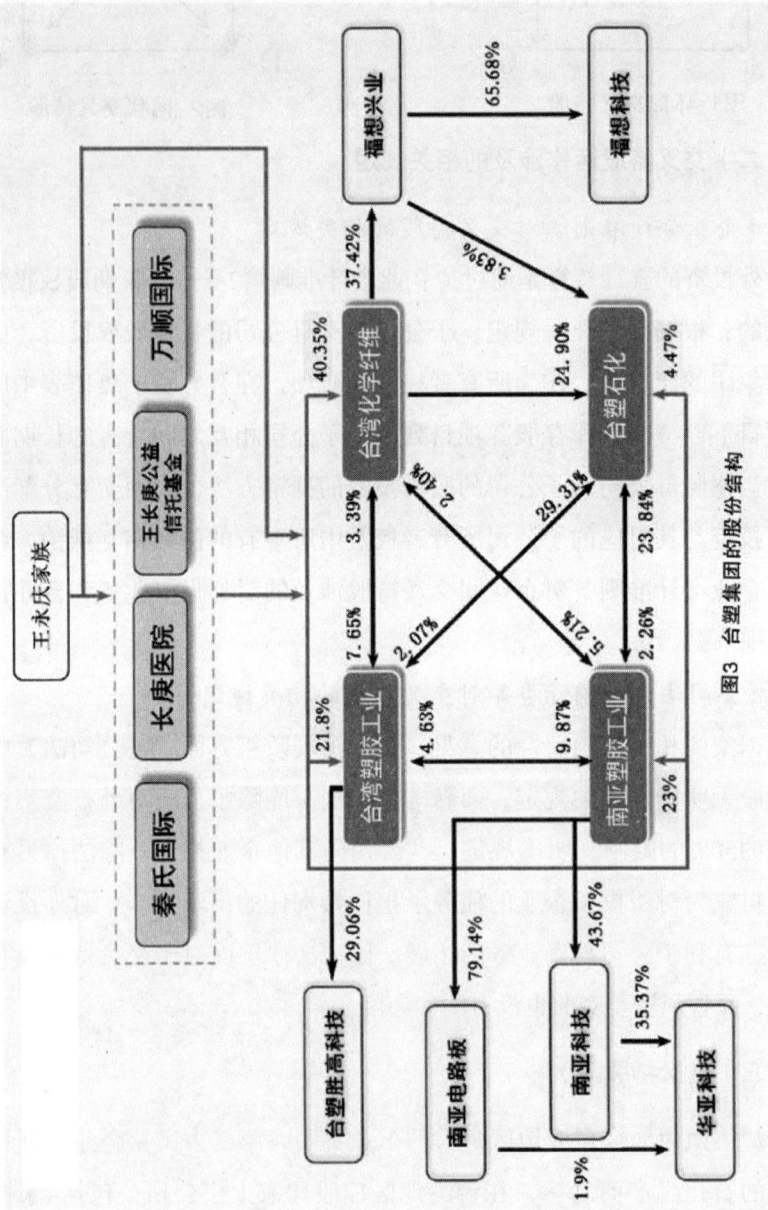

图3 台塑集团的股份结构

三、甲公司基础设施板块实施交叉持股的操作思路、主要步骤及注意问题

（一）运作总体思路

根据理想化模型，结合甲公司管理体系，按照甲公司三级管理架构的设计，以A公司（或其他公司）为主体，通过股权比例设计及章程或协议约定，将其他三家公司股权合并入A公司，形成甲公司基础设施项目开发二级平台公司，实现二级公司专业化管理。通过四个企业交叉持股后，可维持和促进企业间相互合作，实现平台项目专业化建设运营。

（二）具体操作步骤

第一步：确立基础设施平台母公司。

首先，为在股权运作过程中免缴企业所得税，依据税法相关规定，企业获得的权益性分红属于法定免税收益，B公司、C公司和D公司需要制定利润分配方案，并将未分配利润予以分配。

其次，甲公司将持有的B公司、C公司和D公司各40%的股权，以股权增资方式注入A公司（经过模拟测算，按照该持股比例运作后，A公司对B、C、D三家公司具有重大影响）。

根据国家税务总局公告[2014]第29号《企业接收股东划入资产的企业所得税处理》的规定，企业接收股东划入资产作为资本金（包括资本公积）不缴纳企业所得税，甲公司划转股权不产生税收负担。

第二步：以交叉持股搭建基础设施平台。

A公司通过商业银行申请期限较长的并购贷款，按照网状交叉持股方式，对B公司、C公司和D公司三家公司中的一家或一家以上公司进行增资，再由取得增资款项的公司对除自身以外的另外三家公司中的一家或一家以上进行增资，这样一直循环增资，直至A公司由甲公司的全资子公司变成B、C、D三家公司和甲公司共同持股。经过股权结构化处理，实现企业间交叉持股，形

成网状的持股结构，各企业资产规模均有较大增加，可充分发挥财务杠杆的撬动作用，减轻甲公司出资压力，降低各企业综合融资成本。如图4所示

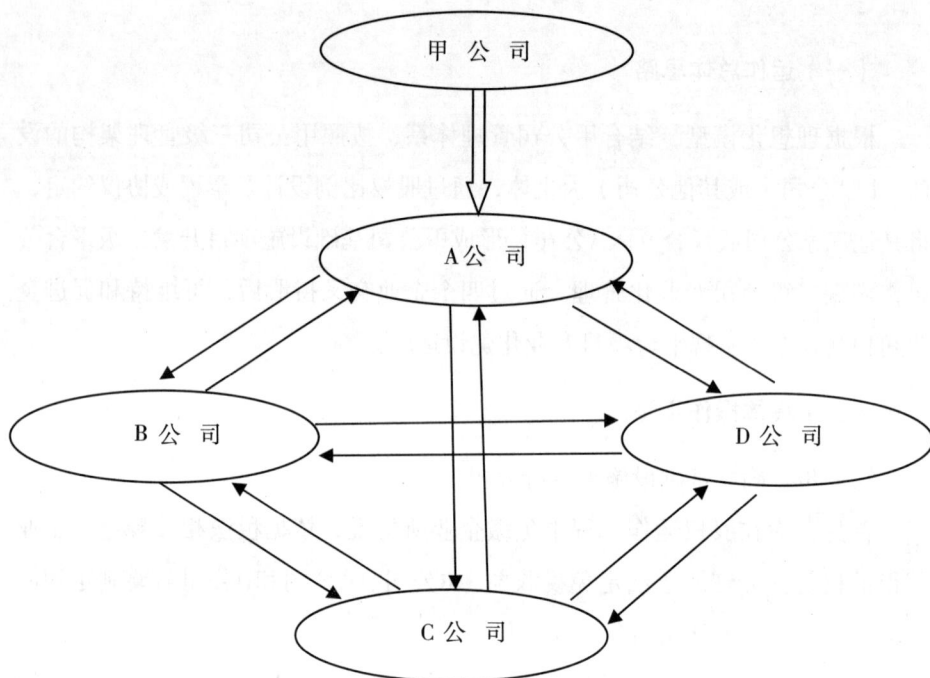

图4 网状持股结构

如果并购资金为0.5亿元，在不考虑甲公司合并报表负债率的情况下，单个报表A公司净资产规模2.8亿元，持有B公司股份37%，D公司股份36%，C公司股份34%；B公司净资产规模3.6亿元，持有A公司股份18%、D公司股份21%和C公司股份28%，负债率为58%，下降8%；D公司净资产规模2.4亿元，持有A公司股份18%、B公司股份14%和C公司股份28%，负债率为64%，下降19%；C公司净资产规模1.8亿元，持有A公司股份18%、B公司股份14%和D公司股份21%，负债率为34%，下降39%。预计A公司合并后，净资产为32亿元，总资产123亿元。按照2013年年底B公司、C公司、D公司负债率情况，A公司按负债率70%考虑，可增加二级公司融资额度23.8亿元。

（三）对A公司运营的影响

对于A公司而言，一是在除了自身资本规模扩大外，其他股东可将自身融资额度用于A公司新项目建设上，可增加A公司资金筹措渠道和额度。二是四个企业交叉持股后，可维持和促进相互合作，由于直接股权关系，A公司可将在实验区开发的道路项目交由B公司具体建设、商业产业地产开发项目交由D公司具体运作，等等，可实现平台项目专业化建设运营。三是按照甲公司三级管理架构的设计，以A公司为主体，通过章程或协议约定，由A公司对其他三家公司进行控制，将股权合并入A公司，形成甲公司基础设施项目开发二级平台公司，实现二级公司专业化管理。

四、实施交叉持股方案的建议

1. 成立小组，明确分工

领导小组定期召开协调会，研究方案的落实细节，了解方案的进展情况及效果，给予督导和推动。各成员按照小组统一部署，负责推动方案的有效开展，做好整体方案的组织实施和重大影响问题的研究等工作，切实履行职责，积极稳妥地推进方案的实施。

2. 合理筹划，规避风险

按照分工，制定交叉持股前B、C、D三家公司的利润分配方案和二级平台公司及各子公司运营模式，针对方案梳理出存在的问题，对甲公司资产负债率和信用评级等关键问题和风险点进行深入研究和分析，提出解决问题和规避风险的具体措施、办法，促进方案的顺利实施。

3. 谋划融资模式，控制平台负债率

根据上述方案，在保持各企业现有资产负债率的前提下，基础设施平台可增加融资空间23.8亿元。如果引入债权资金规模过大，将造成基础设施平台及甲公司整体负债率上升，为控制负债率，应积极谋划通过夹层投资、基金等形式引入各类股权资金，提高权益资金比例。

4.选择优质项目，降低平台系统风险

平台公司及各子公司加强项目选择和论证，A公司作为母公司，应尽量选择有较好现金流及发展前景的优质项目，项目可由专业化公司进行运作，通过交叉持股维持和促进相互之间的经营合作，形成战略联盟，实现整个平台运转良好有序，提升平台整体的融资水平。避免平台中某个公司出现财务风险或经营风险，并形成循环效应，波及平台中其他公司。

烟草品牌在零售终端的策略研究

北京万市融丰咨询有限公司　辛素丽

自2015年5月10日起，国家上调卷烟消费税，财政部、国家税务总局2015年5月8日联合下发《关于调整卷烟消费税的通知》，将卷烟批发环节从价税税率由5%提高至11%，同时对每支烟加征0.005元从量税。通过增税提高烟草售价是最有效的控烟策略，在大幅减少吸烟人数的同时还有助于增加财政收入。

2015年6月1日起，《北京市控制吸烟条例》正式实施，北京市所有"带顶的、带盖的"公共场所、工作场所和公共交通工具将100%禁烟；北京的烟草促销活动全面叫停；在公共场所和公共交通工具禁止设置烟草广告；600多座公交场站也将划定露天吸烟指定区域。

2015年9月1日，新《广告法》正式实施，对烟草广告做了更加严格的规定，明确规定禁止在大众传播媒介或者公共场所发布烟草广告，并规定，禁止向未成年人发送任何形式的烟草广告，禁止利用其他商品或者服务的广告、公益广告宣传烟草制品名称、商标包装、装潢以及类似内容；烟草制品生产者或者销售者发布的更名、招聘等启事中也不得含有上述被禁内容等。

2015年，政府实施的一系列控烟措施和严苛的烟草广告法将会直接影响到烟草行业的销售情况。现阶段，烟草行业处于紧张的状态中。在新形势下烟草行业营销路在何方？零售终端又该采取怎样的策略来应对？此背景下，基于团队多年来对云产卷烟在机场高端零售终端的探究和运作管理，特作以下分析。

一、行业环境分析

行业环境分析主要为PEST分析（政治、经济、文化、技术）。

1. 政策变化

（1）全球性禁烟运动将进一步导致卷烟需求萎缩，烟草企业生产经营将受到更多限制。

（2）自2015年5月10日起，国家上调烟草消费税来实现控烟。财政部等部门下发《关于调整卷烟消费税的通知》，从5月10日开始，将卷烟批发环节从价税税率由5%提高至11%，并按0.005元/支加征从量税；而根据相关税率调整方案，在生产环节，甲类卷烟（即每条香烟调拨价为70元及以上）的税率达到56%，再加0.003元/支的从量税，乙类香烟（即每条香烟调拨价在70元以下）的税率达到36%，再加0.003元/支的从量税。

（3）2015年9月1日实施的新《广告法》将极大程度上限制烟草广告的线上线下宣传渠道。新《广告法》规定，禁止在大众传播媒介或者公共场所、公共交通工具、户外发布烟草广告，禁止向未成年人发送任何形式的烟草广告，禁止利用其他商品或服务的广告、公益广告宣传烟草制品名称、商标、包装、装潢以及类似内容。烟草制品生产者或者销售者发布的迁址、更名、招聘等启事中，不得含有烟草制品名称、商标、包装、装潢以及类似内容。

（4）2015年6月1日起，《北京市控制吸烟条例》正式实施，北京市所有"带顶的、带盖的"公共场所、工作场所和公共交通工具将100%禁烟；北京的烟草促销活动将全面叫停；在公共场所和公共交通工具禁止设置烟草广告；600多座公交场站也将划定露天吸烟指定区域。控烟的实施由限制吸烟者演变为从价格、政策等多方面的控烟，将禁止吸烟上升到规章的高度，可见，北京市在2015年是下了狠心去控烟，不仅仅迎合国家政策，更是出台了自己的控烟令，在全国起到了模范带头作用。

（5）中共中央全面反腐的继续深化。

2. 经济变化

（1）烟草产业税率较高，能够带动当地经济乃至国家经济的发展。

（2）近年来，中国GDP持续增速，折射出人民收入正快速提高，而对卷烟消费的层次也呈现出递增的势头，卷烟消费的结构也随之提升。

（3）目前中国超高端卷烟市场正保持着稳步发展势头，而此时云产烟也正在实施策略转变，占领高端卷烟品牌市场。

3. 文化因素

（1）卷烟作为一种嗜好消费品，已经深入于我们日常生活的各种场合，不论从烟民自己消费，还是作为馈赠亲朋的常备礼品，都能经常看到香烟的身影。

（2）香烟是"中国文化特色"社交环境中的一种润滑剂，历来不可或缺，而云产卷烟的品牌知名度及美誉度在大众消费中是其他烟草品牌所无可比拟的。

4. 技术因素

（1）云南中烟自主研发"烟叶资源优选系统"，生产出的有机烟达到高香气、低危害特性，有害成分比国内同类产品降低30%以上。

（2）云南中烟从原材料上入手，在享誉国内外的红花大金元烟叶产地—石林打造出同样位于北纬24°75'的顶尖烟草庄园，开创了独有的田间调香技术，保障了烟品的香气度，回归自然。

二、市场分析

（一） 烟民分析

1. 市场调研

（1）调研对象及数量。

2015年11月15—30日，团队根据调研计划，采取随机抽样的方法，选取北京海淀区、西城区以及上海、成都、济南、广州、大连5个重点机场的50户零售终端商户为抽样样本，以问卷调查的方式进行调查，共计发放问卷315份，回收300份，有效问卷233份。

调研分为两部分：北京市烟民调研分析和机场零售网点商户调研分析。通过回收的有效问卷进行数据整理、统计、分析，并根据调研结果及二手数据，通过团队成员多次讨论、分析、总结，撰写论文报告。抽样调查情况如表1所示。

表1　抽样调查表

调查时间	调查地点	问卷数量
2015.11.15—21	北京海淀区	45
2015.11.15—21	北京西城区	45
2015.11.15—21	成都机场	45
2015.11.15—21	广州机场	45
2015.11.15—21	大连机场	45
2015.11.15—21	上海机场	45
2015.11.15—21	济南机场	45

（2）调查问卷时间控制表如表2所示。

表2　调查问卷时间控制表

区域总数	星期一	星期二	星期三	星期四	星期五	星期六	星期日
海淀区	5	5	5	5	5	10	10
西城区	5	5	5	5	5	10	10
成都机场	5	5	5	5	5	10	10
广州机场	5	5	5	5	5	10	10
大连机场	5	5	5	5	5	10	10
上海机场	5	5	5	5	5	10	10
济南机场	5	5	5	5	5	10	10

（3）调查问卷结果。

根据问卷中的甄别问题，我们筛选出目标有效问卷233份，得出样本数据年龄分布如图1所示、职业分布如图2所示、收入分布如图3所示，以及性别分布如图4所示，通过抽样样本的基本信息调查，把握目标消费者。

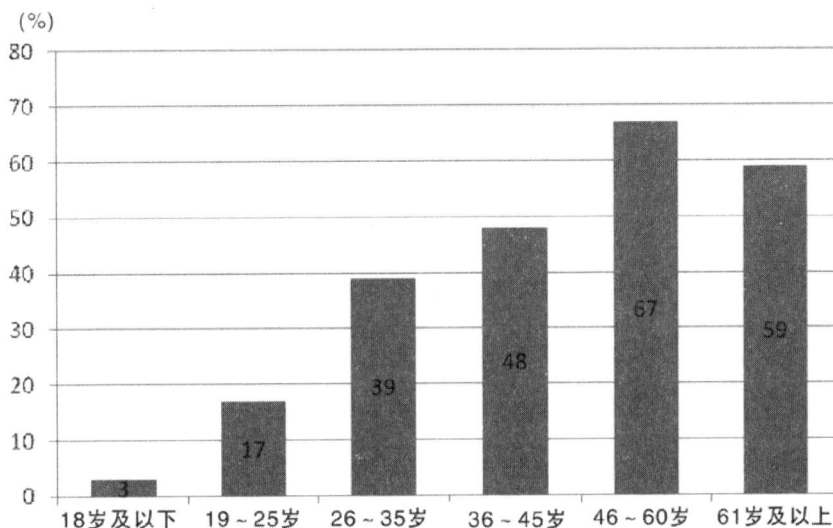

图1 年龄分布图

从图1中我们可以看出，36岁以上的烟民较多，且占烟民数量的74%之多。从这个数据可以看出目标消费群体的年龄偏大，也间接反映出国家出台的一系列控烟政策对年轻群体的影响较大。

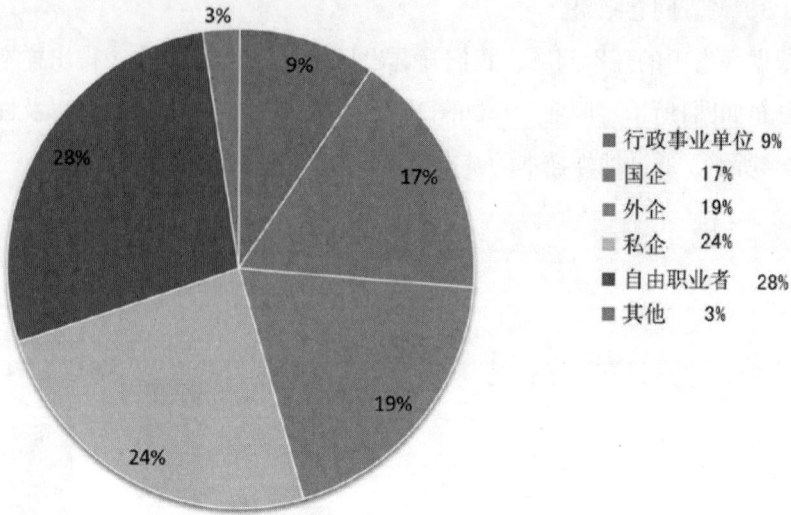

图2 职业分布图

从图2中可以看出，自由职业者和私企的烟民所占比例较大，分别占到了28%和24%，自由职业者的收入不确定，缺乏安全感，工作压力比较大，如果跟不上领域的发展，还有可能被社会淘汰，因此这类人群的压力感、紧张感和焦虑感都比较强。私企的工作压力比较大，经常加班。国企很大程度上是在福利和工作压力上有优势，工资不是太高，稳定，准时上下班，因此，国企的吸烟者比例比较小，只占到17%。

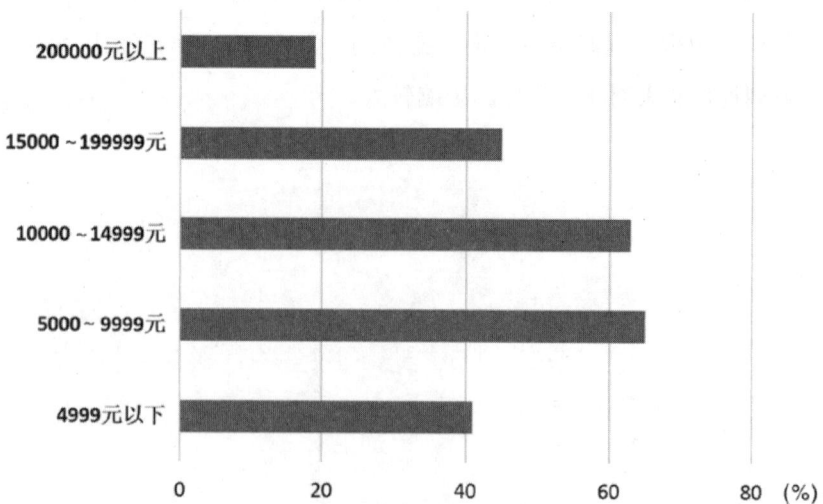

图3 月收入分布图

从月收入分布来看，5000～14999元区间段的人比较爱抽烟，比例占到55%，这也与北京、上海等一线城市收入比较高有关，这个区间段的收入人群属于企业普通员工和中层领导者，竞争压力比较大。

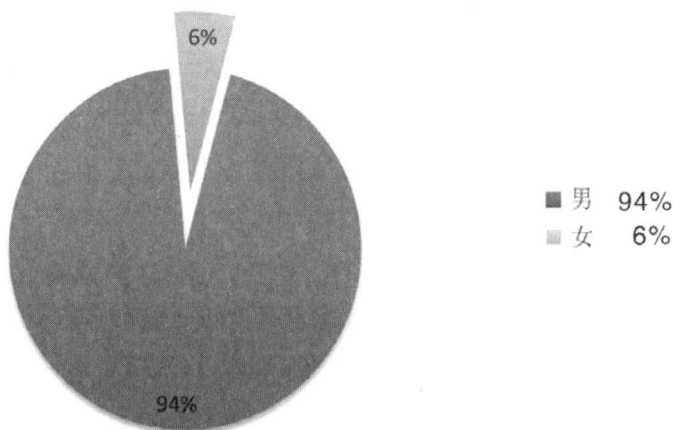

图4 性别分布图

从图4男女比例来看，女性吸烟者占的比例非常少，占到6%，但是根据近几年的数据显示，女性吸烟的比例越来越高，尤其是北京。

2. 消费者分析（见图5）

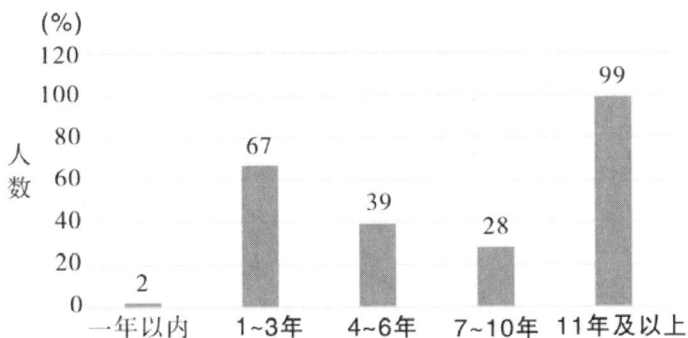

图5 烟龄分布图

从图5中可以看出11年以上烟民占绝大多数，比例达到99%，其次是1～3年的，比例达到67%。同时我们也注意到烟龄为4～10年的烟民人数比例下降。

是否抽烟

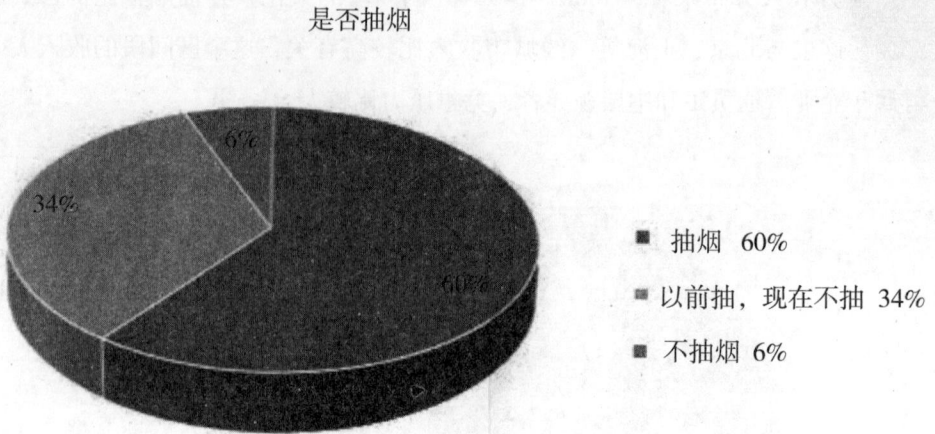

图6 是否抽烟的人数分布图

　　在图6中显示34%的人以前抽烟，现在不抽烟，因此可以看出由于国家的禁烟政策以及对吸烟有害的宣传也使得戒烟的人群增多。关于抽烟频率，如图7所示。

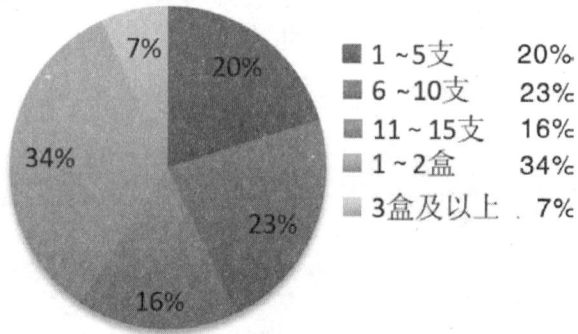

图7 抽烟频率分布图

　　从抽烟频率来看，每天1～2盒的人数占到34%，其次是6～10支的人数，占到23%，再次是1～5支的人数，占到20%，这说明烟民成两种类型，要么多抽，要么少抽，多抽者11年以上的老烟民居多，这部分群体的年龄也比较大。烟民每月香烟的花费，如图8所示。

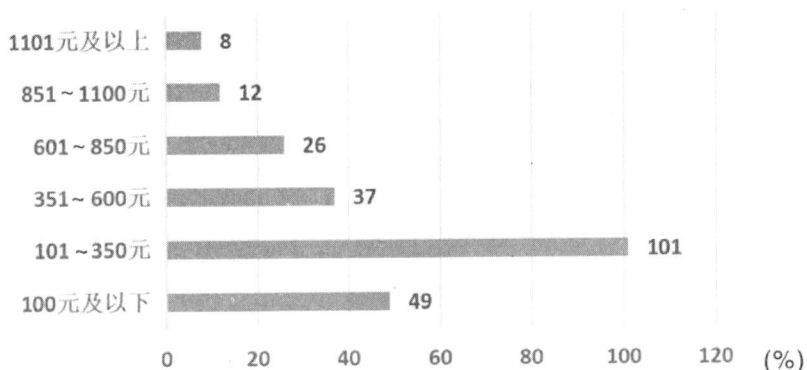

图8 每月香烟花费

在价格方面,从图8中可以看出,大多数烟民每月的香烟花费是101~350元,且价格越高,消费者比例越少。

3. 品牌分析(见图9)

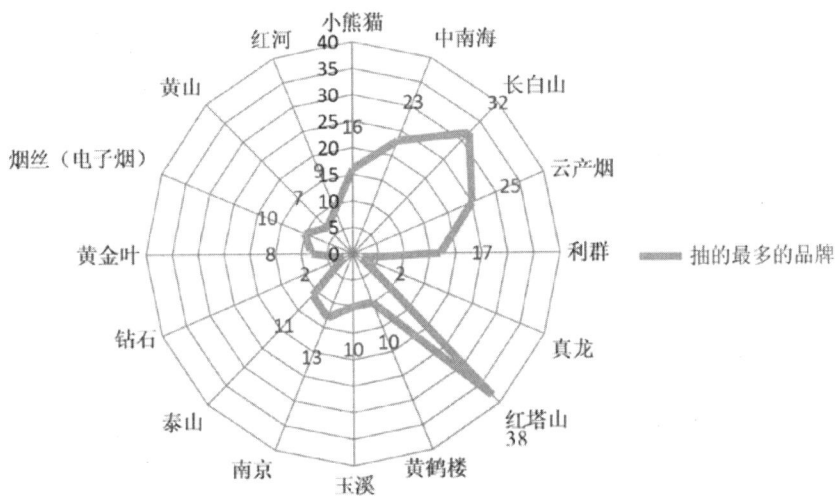

图9 抽的最多的香烟品牌分布图

从图9可以看出,"红塔山""长白山""中南海""云烟"是烟民抽的最多的品牌,从这个数据也可以看出,云产烟的市场占有率比较大,在消费者心中形成品牌认同。同时也看出"中南海"和"长白山"是北京地区的市场竞争者。除此，烟民也会选择的其他品牌香烟的分布，如图10所示。

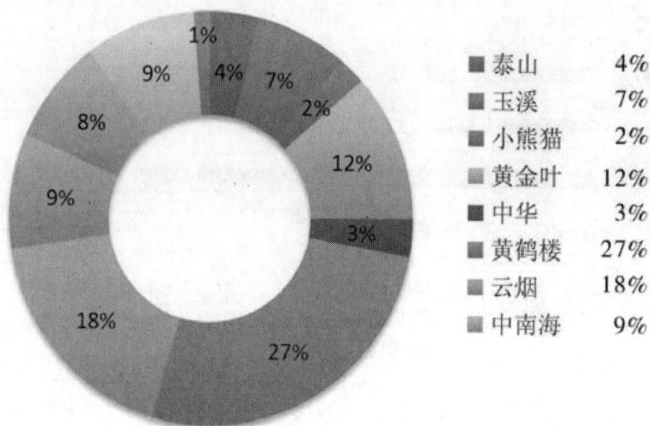

■ 泰山	4%
■ 玉溪	7%
■ 小熊猫	2%
▦ 黄金叶	12%
■ 中华	3%
■ 黄鹤楼	27%
■ 云烟	18%
■ 中南海	9%

图10 香烟品牌分布图

从图10可以看出，烟民大多数也会抽的品牌是"黄鹤楼"，说明云产烟不仅仅有忠实消费群体，还有一部分一般消费群体。另有一部分替代香烟品牌，如图11所示。

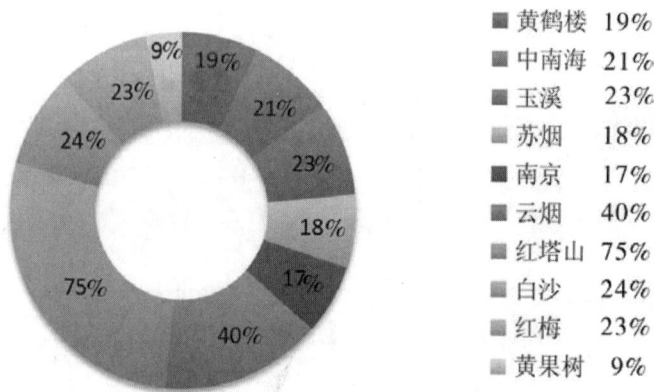

■ 黄鹤楼	19%
■ 中南海	21%
■ 玉溪	23%
▦ 苏烟	18%
■ 南京	17%
■ 云烟	40%
▦ 红塔山	75%
▦ 白沙	24%
▦ 红梅	23%
▦ 黄果树	9%

图11 替代香烟品牌分布图

再从图11可以看出，替代品牌所占比例最高的是"红塔山"，其次是"云烟"，说明云产烟还存在很大一部分潜在消费者群体。

4. 消费者行为分析（见图12）

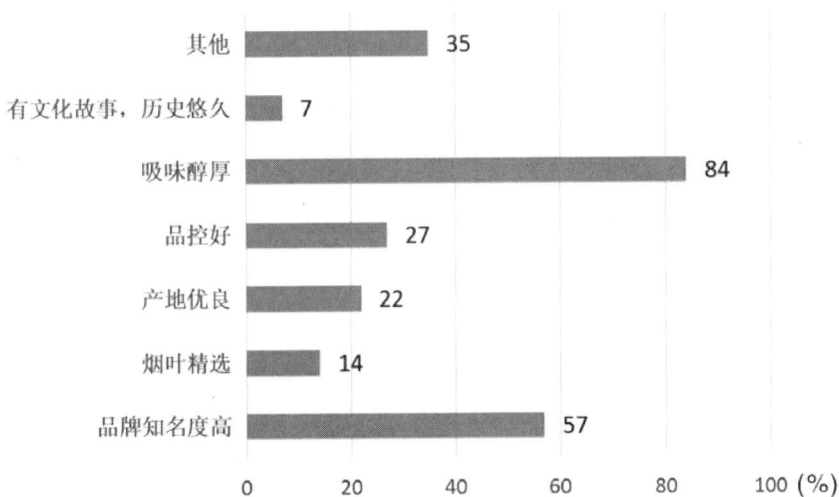

图12 选择香烟的条件

从图12中可以看出烟民选择香烟的条件主要是烟的醇厚度和品牌知名度，而香烟获取的主要途径，如图13所示。

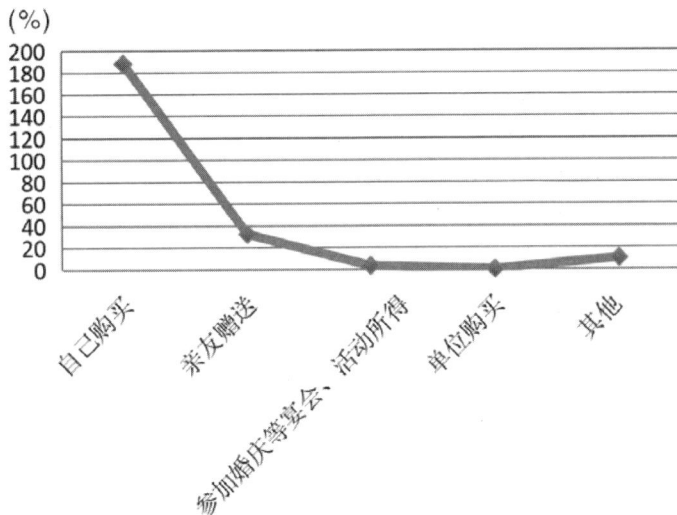

图13 香烟获取主要途径

香烟的获取途径，自己购买还是占大多数，其次是亲友赠送，并且这些年走亲访友以烟赠友的趋势呈现上升状态。根据二手数据显示，礼品烟中有60%是送给亲朋好友或者同事，送给领导与客户的分别占14.0%与13.2%比例。四大城市给亲朋或同事送礼的比例都最高，相比之下，成都与广州的比例更高于其他两个城市；买烟送给领导或上司的，北京的比例略高于其他三个城市，而送给客户的在四大城市中上海的比例最高，达到25%。消费者的购买习惯，如图14所示。

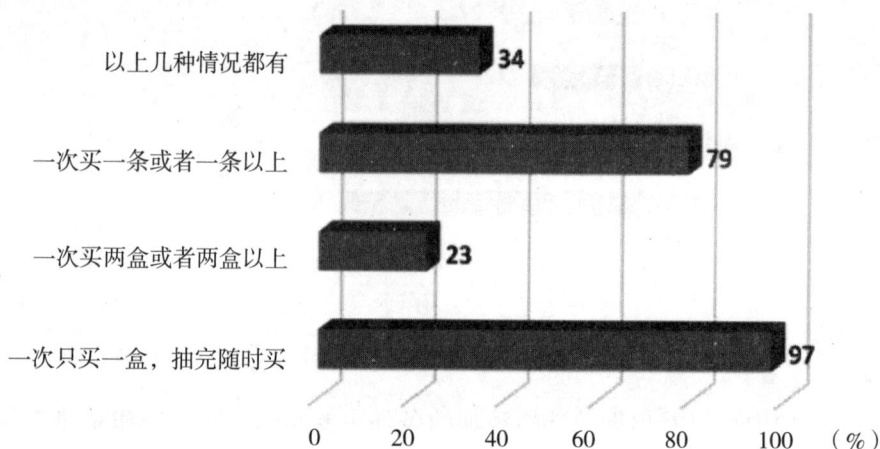

图14 消费者的购买习惯

从整体上看购买一盒烟和购买条装烟的比例接近，并通过我们的抽样询问发现，购买散装烟和条装烟的消费者的购买结构一致。调查结果显示，购买散装烟的烟民每周至少购买两次的占90.7%，卷烟的购买周期较短，而购买条装烟的烟民其购买周期在一周及以上的占80.7%。

（二）零售网点商户分析

1.调查对象及数量

本次调研走访了北京海淀区、西城区及上海等机场的烟草专卖店，调查对象是以居民区底商为主的店铺，共计50家，调查方式为填写问卷或问答形式，保证调查数据更加真实有效。抽样调查情况如表3所示。

表3　抽样调查表

调查时间	调查地点	问卷数量
2015.8.15	海淀区	8
2015.8.16	西城区	7
2015.8.22	东城区	6
2015.8.22	上海机场	10
2015.8.23	首都机场	5
2015.8.23	大连机场	6
2015.8.29	济南机场	2
2015.8.29	上海机场	3
2015.8.30	广州机场	3

在商户选择上，为保证数据的准确性、可比性、代表性，我们选择了参与烟草销售不同年限的商家，同时，更偏向3年以上的商家。在此次的调查中，3年以上的商家占比82%，5年以上的商家占比58%。如图15所示。

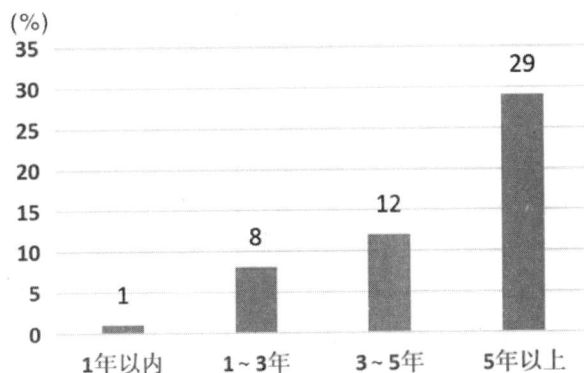

图15　售卖烟草年限

在本次调查中，有64%的店家是店主自己亲自销售，32%是有时自己销售，有时店员销售，只有4%是雇用他人销售如图16所示。在调查中发现，绝大多数的店主对自己店内的经营状况、销售状况非常清楚，对禁烟令以来烟草市场的变化也感受深刻。

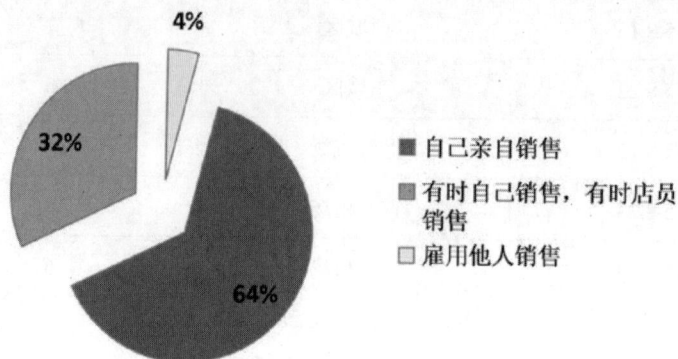

图16 销售方式

2. 商户销售变化

在本节中，主要总结调查中烟草商户在禁烟令后的销售情况变化。首先，在销售变化程度的判断上，各商户都统一勾选了"下降"的一项，很显然，在如今全面禁烟的背景下，已经直接影响到了烟草的销售，甚至没有一家商户勾选了"持平"一项，可见本次禁烟的方式方法是非常成功的。如图17所示。

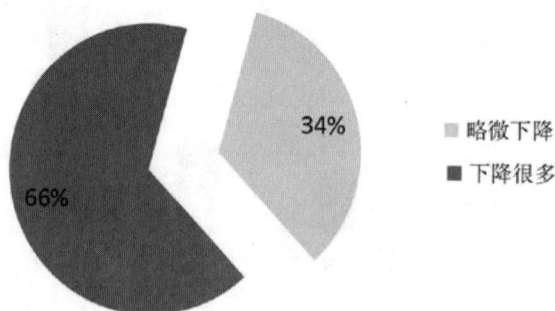

图17 销量变动程度

在合作的中烟集团中，云南中烟成为赢家，在50家烟草商户中，有31家认为云南中烟的烟草销量最多，占62%，过半的比例可以说云南中烟主宰了北京及部分机场的烟草销售市场。如图18所示。

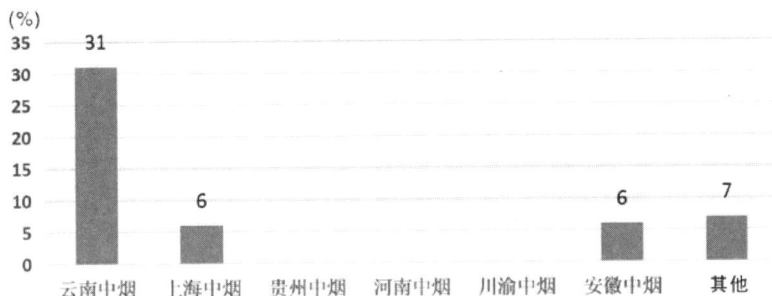

图18 销量最多的中烟集团

进一步调查，针对销量最大的烟草集团，我们统计了其占总进货量的比例。可以看出，大致呈预期的纺锤形，销量最多的烟草集团占比30%~45%，成为中坚力量。不仅如此，有一部分主力品牌的进货量竟然达到了75%以上，原因是在禁烟令后烟草销售受阻，部分商户选择转型，由以前的"大、全"型销售，转型到只进部分销售情况良好的烟草集团的香烟，变成类似于某烟草集团的专卖店形式，如图19所示。

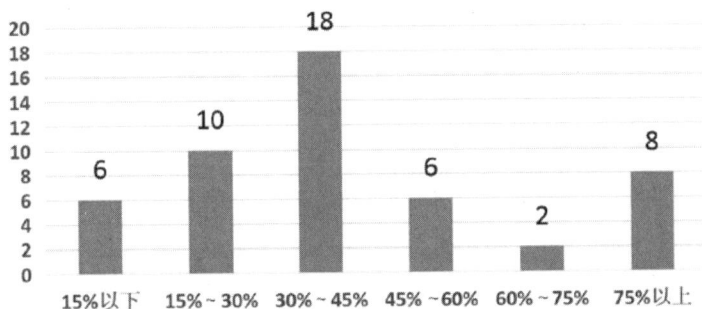

图19 进货最好的烟草集团占总进货量的比例

由此可见，新禁烟令的推出，不仅明显降低了烟草的销量，也大大影响了商户的销售信心。在调查中，听到的是一片看衰的声音，商户们预期，未来的禁烟只会越来越严厉，烟草销售的行情也将越来越严峻。

3. 烟草批量购买情况

烟草和白酒虽然都是酒桌文化不可缺少的元素，但是因为香烟口味的原因，更多企业青睐于批量购买酒水，在中央严查"三公"消费的背景下，五粮液、茅台等酒水都遭遇了前所未有的销量滑坡。针对香烟批量采购市场，同样也受禁烟令和反腐的影响，商户纷纷表示批量采购的数量、频次大幅下滑。根据批量购买的频次我们做了相应的调查如图20所示，80%的商户表示至今未接到批量购买的订单，大多数接待过批量购买的商户也仅仅成交1~2单，高频次的批量采购几乎绝迹。在对商户的调查中，商户纷纷表示"他们不敢买了"，可见此次虽然上有政策，但是下已无对策，可以说，烟草销售已慢慢进入"纯零售"时代，不再有企业成批购买香烟。

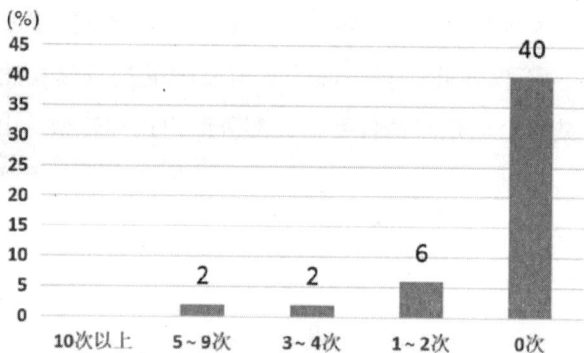

图20 批量买烟量

4. 消费者的购买行为

在香烟加价后，每盒上涨了1元左右的价格，此次加价的禁烟收效如何呢？我们对烟草商户做了购买香烟影响因素的调查，商户接触到更多的香烟消费者，有更多的经历和经验，更加有说服力。

我们列出了个人收入水平、人际交往需求、个人性格影响、生活品味追求、口味偏好和品牌忠诚度这6个影响因素如图21所示，由商户店主进行重要性排序，第一位6分，第二位5分，第三位4分，以此类推，最后计算总分，分数越高，则重要性越强。由统计结果可见，个人收入水平是影响烟草品牌选择的主要因素，其次是品牌忠诚度，在价格区间基本固定的情况下，基本不会更换品牌。随后是人际交往需求，在职场中香烟有时和手表、手机一样，是身份和地位的彰显，而个人性格和生活品味对香烟的选择几乎无影响。

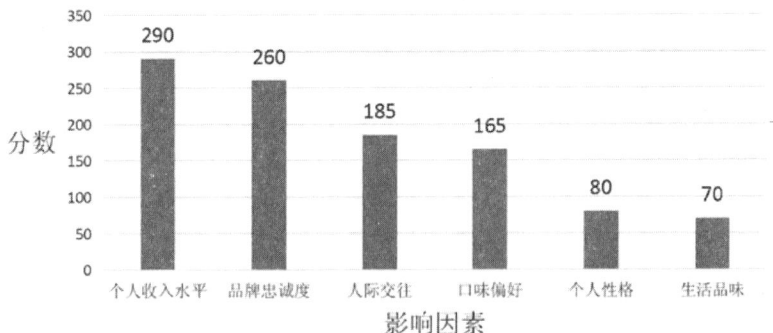

图21 影响消费者购买的因素

由此可见，国家为禁烟推出的加价政策是根据消费者痛点而设立的，但是根据随后的跟进报道、本调查小组进店调查和社交媒体的大众评论，可以看出加价政策并没有对香烟销量有很大影响，加价的一元钱对于烟民来说成本过低，没有必要因此戒烟，甚至有烟民表示，"最闹心的不是21块钱的烟，而是找回来的四个钢镚"。综上所述，加价的方法是收效甚微的，虽然烟民首先考虑的是价格因素，但是少量加价影响小，大幅加价更是不可取的做法。

5. 云南中烟的发展思路

（1）协助主管部门监控主销品牌。

根据此次调查报告，销量最多的香烟是红塔山牌香烟，其次是中南海牌香烟，第三位是玉溪，中华、利群等品牌也在热销之列如图22所示。若想进一步扩大市场影响，可以在这些畅销品牌香烟中标注更加清晰的"吸烟有害健康"等提示语，或印制更加有说服力的科学知识文字、图片，当然，吸烟者很多表示嘴闲，口香糖和香烟捆绑销售也是可以考虑的做法。

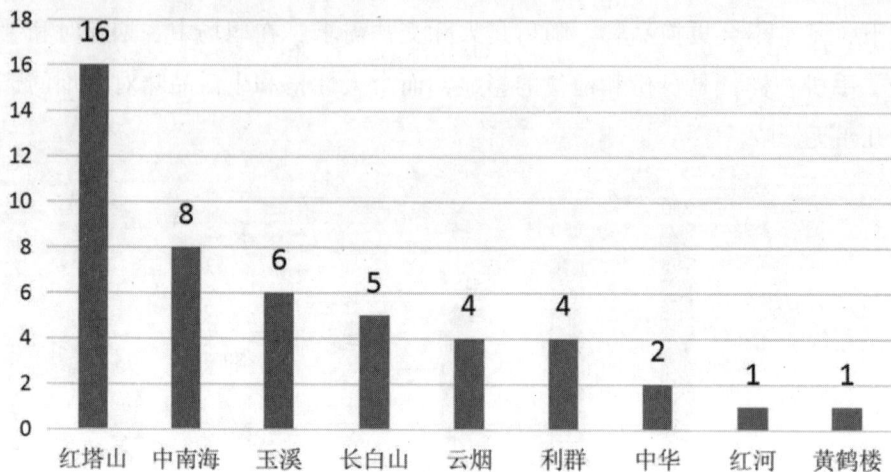

图22 香烟品牌畅销榜

（2）优化店铺设置。

随着禁烟政策措施越来越严厉，烟草店转型势在必行，在优化店铺设置中，云南中烟能否争取到昔日的好位置，是影响销量的重要因素。

（3）加强店家教育。

调查发现，大多数的烟民是老顾客，而常常购买香烟的地点是自家楼下的小卖铺和公司楼下的便利店，消费者与商户是较熟悉的关系，听取建议的比例也相对较高，所以推荐云南中烟是可行的。顾客类别占比，如图23所示。

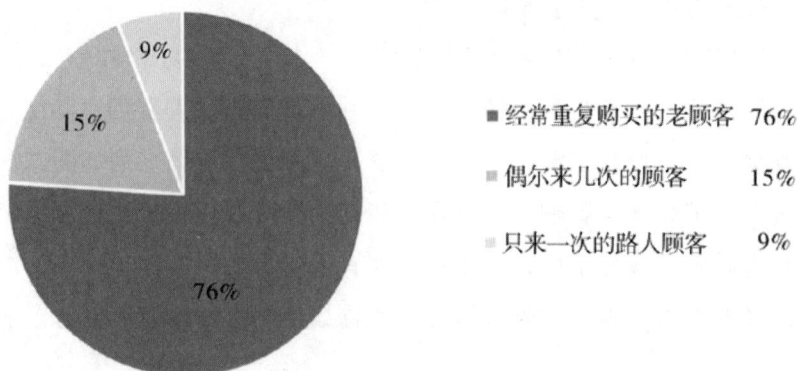

经常重复购买的老顾客 76%
偶尔来几次的顾客 15%
只来一次的路人顾客 9%

图23 顾客类别

2014年香烟销售数据及单一品牌分析：

2014年全年，云南中烟在北京市销售29.92万箱，较2013年增长2100箱，小幅增长，增幅0.7%。

同时，2014年北京市热销香烟品牌的销量如下：

表4　2014年北京市热销香烟品牌的销量

品牌	年累计商业销量（万箱）	同期商业销量（万箱）	销量增减（%）	销量增幅（%）	分省比重（%）	同期比重（%）	市场占有增幅（%）
玉溪	3.80	3.11	0.69	22.1	2.3	2.1	0.13
红塔山	14.31	13.41	0.89	6.7	4.8	4.5	0.25
红河	4.33	4.66	−0.33	−7.1	3.5	3.1	0.43

可以看出，玉溪作为高档香烟，在2014年的销量取得了长足的进步，22.1%的销量增幅和0.13%的市场占有增幅显示出其强大的品牌竞争力和较好的口碑，在香烟广告受限的现状下，怎样提升品牌价值，怎样让更多消费者认可，是需要深入考虑的。

红塔山作为销量最高的香烟品牌，是云南中烟的中流砥柱，虽然香烟市场的品牌忠诚度较高，不同品牌、不同口味难以互相抢夺市场资源，但是红塔山还是以6.7%的销量增幅和0.25%的市场占有增幅将更多消费者拉入红塔山的阵营，将其影响力扩大，可以说，红塔山虽然不能满足所有人的需求，但至少是符合大众定价、符合大众口味的，怎样让它与更多消费者接触，可能是日后需要改善的问题。

红河作为较廉价亲民的一款香烟，在2014年销量下滑7.1%，但是市场占有增加0.43%，可见在大环境下，香烟销量集体大幅减少，红河虽然销量降低，但降低幅度低于市场平均水平，所以造成了销量减少但是市场占有率提高，可以说，红河香烟是有一部分忠实消费者的，在市场大环境的影响下依然可以保住大部分销量，不会造成悬崖式的销量骤减。日后需要关注的，就是调查销量减少的原因，是消费者减少了吸烟，还是改换了其他品牌。

（三）行业市场潜量

我国是烟草生产大国，同时也是烟草消费大国。我国烟民数量达3.2亿，占全世界吸烟总人口的1/3，这一数字甚至超过了美国的人口总数。全世界有450家生产香烟的工厂，其中我国有100家。我国生产的香烟占全世界香烟总产量的40%，生产的香烟90%以上都在国内消费，我国烟民每年消耗的香烟达2万亿支。

虽然《北京市控制吸烟条例》已由北京市第十四届人民代表大会常务委员会第十五次会议于2014年11月28日通过，自2015年6月1日起施行，但是行业的市场潜量还是非常大的。

根据经济学理论，市场需求随着价格的提高而减少，而市场供给随着价格的提高而增加，需求曲线与供给曲线相交的一点即是市场均衡点。由于烟草行业是垄断行业，而且实行严格的计划管理，每年市场供给与市场需求比较接近，似乎与市场供给与需求曲线的理论相脱离。但实际的情形是，由于受市场供给与需求曲线的影响，高档卷烟供给充分或有盈余，低档卷烟的有效供给则长期不足，市场竞争的焦点主要集中在高档卷烟品牌中。

（四）增长

市场增长空间有限。烟草行业的高增长已经持续长达数年之久，历史的经验告诉我们，经济运行有着其有序的自然规律，持续的高增长必须要引起我们高度的警醒和重视，而这也是国家烟草专卖局高层领导所关注和强调重视可持续发展的必然要求。

首先，品牌增长速度高于行业增长整体速度。目前，烟草行业卷烟产销规模的年增长率基本保持在3%~5%的水平，和整体的基本面相比，很多烟草品牌的年度增长率远远高于这个指标，并且保持连年的高位增长。可以做这样的大胆设想，中国烟草市场容量的增长相对有限，连续的高增长将使得优势品牌逐渐淘汰掉弱势品牌，并获得其生产计划和市场资源，那么在逐渐加快的淘汰过程中，品牌用于整合的资源将越来越少，增长的空间也将逐渐缩小，虽不是近虑，却是远忧。

其次，大规模的重组整合暂告段落。前面分析到，近几年烟草品牌的高速增长相当一部分是因为重组后品牌间的整合而形成的，目前以省为单位的重组整合基本结束，中烟公司也开始步入实体化运行阶段。按照国家烟草专卖局的设想，在今后一段时期内，在跨省重组时间和条件尚不成熟的情况下，卷烟工业企业的工作重心将放在理顺体制、健全机制、强化管理等上面，全面进入到调整阶段，这就意味着依靠大规模重组整合的品牌增长将暂缓脚步。

最后，低档烟供求矛盾依然存在。国家烟草专卖局虽然三令五申，强调重视低档烟的生产和供应问题，但是低档烟供求矛盾仍然是年年讲、年年有。究其根源，很大程度上是因为在现行的生产指标高度计划管理下，在生产计划相对稳定的前提下，卷烟工业企业为了保证税利指标的持续增长，不得不采取减少低档烟产量、增加高档烟产量的做法。从这个角度分析，低档烟的供求矛盾实质上折射出高增长背后有违经济增长自然规律、缺乏低档烟市场有效供给、卷烟生产供应结构性失衡的隐忧。

（五）结构

从以上图表不难看出，烟草行业的结构特点是比较鲜明的。

首先，从消费者的角度看，吸烟的消费者大多数为具有稳定收入的中年男性，他们经常重复性地购买卷烟，因此对某一品牌的忠诚度较高。在禁烟令实施后，年轻群体的吸烟受到限制，会对青年群体的态度产生一定影响。而固有印象的改变需要很长一段时间，烟民的需求在短期内也是很难消除的，因此市场的消费者总量在今后的一段时间内不会发生太大的变化，既不会迅速增加，也不会骤然减少。在较为固定的总量前提下，内部结构的变化是企业制胜的重中之重。

大量消费者的多次重复少量购买，意味着烟草产业的购买行为是日用消耗品的购买行为，不存在大宗购买，也就是说消费者很可能从一个品牌转向另一个品牌。禁烟令的出台让烟草专卖店的香烟品牌有集中的趋势，商家不再看重品牌数量，而是开始精挑细选柜台上的烟草品牌，以降低风险。

限制"三公"消费的政策出台后，天价香烟送礼的现象大幅减少，高档烟酒产业都受到打击，可以判断，今后的一段时间里，烟草产业的消费重心应当在中低档位烟草品牌上。

综合以上几点，今后几年的烟草行业结构应当是：总量小幅变动的前提下，消费者可选择品牌逐渐集中，且大部分为中低档烟草品牌。在留存下的烟草品牌中，彼此份额互相吞并，形成此消彼长的局面。

（六）客户分析

烟草行业的客户不同于其他行业的一点在于，烟草的需求弹性较小，消费者一般不会受价格变动影响而增加或减少消费，1元~2元的涨价并不能促使消费者戒除烟瘾。同时，从购买决策过程上看，大部分烟民的购买行为是习惯性的购买行为，很少花费时间思考比较不同品牌，往往认定一到两个常抽的牌子，忠诚度比较高。

烟民对于烟草的消费，与对于饮料的消费接近，提升消费者对产品购买的办法是尽可能广地抢占每一个销售点的柜台，提升品牌与消费者的接触，使消费者易于购买。否则，消费者很容易找到其他品牌的替代品，这样会造成消费者的流失。

此外，根据小组调查，收入也会在一定程度上影响烟民对于烟草品牌的选择。拥有较高收入的烟民往往倾向于选择价格较高、定位在高收入人群的香烟品牌，以彰显身份和地位；而收入较低的烟民虽然人均每月在烟草上的投入较少，但基数很大，并且他们大多是重体力劳动者，如农民、工人等，繁重的工作催生他们对烟草的需求，因此这类人对于香烟的需求也是非常大的。不同类型的消费者对烟草的价格、包装等的个性化需求也不同，对于烟草企业来讲，应当学会满足客户的个性化需求，同时保持客户忠诚度。

（七）竞争分析

运用波特五力模型进行竞争分析，烟草行业是特殊的垄断行业，在这个行业中的各大烟草企业都有较为稳定的产量和地位。对于受到国家管控的行业，新进入者的进入成本极高，因此几乎不存在新进入市场的威胁和风险。同时，供应及零售的价格均由国家限制管控，因此两方讨价还价的能力极低。

在波特五力模型中，各烟草企业最大的威胁来自替代品，当今我国卷烟品牌众多，覆盖了各种价位、包装、口感，即使是来自不同烟草公司的不同品牌，烟民也往往可以轻易地找到口味和价格相近的替代品。因而替代品的威胁是极大的，如果零售点不再售卖一个品牌的香烟，转而将份额全部改为另一个品牌，消费者有很大的可能不再选择原有品牌，转而选择这个替代品牌。如何做到树立起自身品牌形象，打通渠道，使自身产品独特，从而给消费者留下深刻的印象，是烟草企业应当思考的问题。

三、分享机场渠道创新管理营销——云烟（大重九）双翼营销

2011年8月30日，云烟（大重九）正式上市。云烟（大重九）是品牌雪藏多年之后重新推出的，关于手工卷制、大师调配、品牌文化诉求等，在上市之前做了大量工作，以确保它成功跻身中国烟草行业高端品牌行列。

云烟（大重九）的推广重点"让多数人知道，少数人拥有"，而作为高端卷烟品牌，选择什么样的传播方式，传递什么样的品牌价值，用什么样的品牌诉求与消费者近距离沟通，是云烟（大重九）必须面对的问题。经过市场论证，我们制定了营销策略——一翼是新闻传播，一翼是高端终端建设，"两翼并行"，推动 云烟（大重九）快速启动市场。

首先，组织媒体采访报道，进行舆论造势。

大重九历史悠久，文化积淀深厚，被赋予了浓郁的爱国主义色彩。因此，有着特殊含义的大重九品牌重新上市，引起了新闻媒体的关注。《云烟（大重九）：塔尖上的复兴》《大重九的法、势、术》等深度报道在《中国周刊》《新

营销》等全国新闻类和财经类媒体上发表，引起中国烟草行业和读着关注。

其次，进行高端终端建设，展示品牌形象。

云烟（大重九）要"让多数人知道，少数人拥有"，就一定要选择有附加价值的品牌展示点，尽快在高端人群中打开知名度。那么，什么样的终端符合云烟（大重九）的要求呢？为了统一传播云烟（大重九）品牌形象，红云红河集团重点做好机场终端标准化运营工作。

第一，是机场、店面选择。从2011年11月起，红云红河集团选取20家重点机场作为云烟（大重九）的形象展示点。在选定的机场内选择位置好、形象佳、受众多的零售终端作为品牌形象展示终端。

第二，规范化陈列。在选定的零售店中，进行云烟（大重九）包和条的方阵型陈列，或展柜陈列，并展示品牌手册，正规标价。

第三，一线品牌宣传使者。要调控云烟（大重九）的投放节奏，必然会在高知名度宣传和低投放量之间产生矛盾。为此，我们将工作重点放在店长和营业员身上，对他们进行系统培训，内容包括历史故事、庄园种植、田间大调香、手工制作、产品知识等。营业员对每个询问的消费者进行解说，突出云烟（大重九）的独特卖点。一时间，在机场终端流动的高端人群中引起了反响：大重九又回来了。云烟（大重九）上市后不久恰逢元旦和春节，正是商务人群出行的高峰期，机场终端展示的优势显示了出来。

第四，后台服务。设立机场项目组，建立后台服务系统——云烟VIP消费者数据库，分类管理，定期维护，培育云烟（大重九）的忠实消费者。

第五，规范化操作流程。首先，组建专业团队开展工作。其次，制定《大重九攻防手册》《机场终端细节化管理手册》《机场终端走访规定动作手册》，指导机场终端开展工作。最后，定期总结并做出市场监测报告。

机场终端营销创新给云烟（大重九）带来了以下价值：

2012年，17个机场、19个展点，全年累计大重九询问人数582120人，培训机场营业员217人次，其中店面一对一（多）培训612次，分机场统一组织培训13次。2013年，展点扩为30个，单店展示排面较2012年提升2~3倍，询问人数745250人。2014年，17个机场、40个展点，全年累计询问人数894300人，培训营业员超过300人次，并评选产生了16名优秀云产烟维护及销售的"云端美人"。

2015年，随着云产卷烟的联合展示及销售，预计影响人数将过百万，展示排面扩大50%，销售量增长45%以上。

① 充分整合机场零售店资源，建设云烟（大重九）品牌展示阵地。形成高端平台→高端人群→高端品牌三角传播关系链。针对高端人群提升云烟（大重九）品牌价值，带动其他系列产品销售。

② 培养云烟一线宣传使者，让他们主动关心云烟、热爱云烟、介绍云烟。

③ 在机场终端搜集信息，了解各地市场高端品牌动态，便于决策参考。分析消费者数据并进行后期维护，提升品牌与目标消费者的互动性和黏性。

④ 机场展示起到了以点带面的作用。

⑤ 设立全国性专业项目运营团队，确保品牌展示统一性、持续性和稳定性，为云烟系列品牌建立了一个高端根据地。

图24　机场渠道烟横陈列、营业员培训掠影

浅谈新常态下的酒店管理

安徽省招标集团股份有限公司　邵旭雯

谈及酒店业的发展趋势，必须关注国家的整体经济走势，中国经济的"新常态"，实质上就是经济发展告别过去传统的高速增长阶段，进入高效率、低成本、可持续的中高速增长阶段。作为服务业的重要行业——住宿业其新常态已经开始展现，随着国家改革的不断深化，也将是酒店业所面临的调整发展机遇，学习并利用更多先进的理念和方法，做好传统行业最根本的——为消费者提供满意产品和优质服务。

安徽国招商务酒店是安徽省招标集团股份有限公司的全资子公司，成立于2011年，现有客房46间，主要为投标客户提供便利的住宿配套服务。随着移动互联网时代的到来，"互联网+"早已动了酒店的奶酪，更多的客户会利用便利的互联网工具参与酒店的消费，以线上旅行代理商（OTA）为代表的第三方销售渠道与酒店会员体系为代表的自主销售渠道之间的博弈已经开始，在分析和掌握客户的需求后，主动适应不断增长的市场需求。

一、改变营销模式，多途径、多方式，优先直销

（1）国招酒店规模小，人员配置少，没有专门的销售部及销售人员，依托相对成本较低的线上旅行代理商（OTA），将其视作外包的销售部门，对规模小的经济型酒店来说也是一种不错的合作方式。酒店官网直销为首选和目标，以平台型媒介为最佳盟友，多渠道分销；移动网络化；收集分析顾客信息，扩大忠诚的客户群体，反馈管理漏洞，提高酒店竞争力，在各类平台

提升品牌声誉。2012年依靠集团网络中心的力量制作了酒店网站，填补了酒店网上预订的空白。通过与携程、艺龙等多家网络平台有针对性地拓展网上预订系统活动，从客源分析情况来看，网络预订比例逐年提高，2012年8—12月提高6%、2013年提高5%、2014年提高8%、2015年1—10月提高12%。

（2）关注行业市场微信营销的发展动态，建立和推广微信平台，于2014年7月推出酒店微信，当年建立微信用户434位，截至2015年11月微信会员共计11485位。建立与来店消费客户的微信群，使每位到店的客人都能及时地了解酒店的最新动态。在微信平台上实现与客户的一对一沟通。微信不是工具，这种思维方式给我们带来的最大变化就是沟通。充分利用微信管理系统，建立了老会员的信息，对新会员进行开发，建全了客史档案。通过客史档案，对客人的特征和历史消费情况进行量化分析，提供个性化服务，挖掘客人消费潜力，提高销售额。

（3）认真做好上门散客的销售工作，以会员卡的方式开展直销。不断总结经验，积极指导总台员工在销售时如何引导客人。由于改变了观念，重视推销艺术，一线服务人员的服务意识和营销意识得以提升。自2013年1月开始推出酒店会员卡，2013年销售898张，占比18%，2014年销售837张，占比20%，截至2015年10月共销售1746张，占比18%。

（4）借合肥高铁南站开通之际，利用各家网络预订平台重点标注，离高铁南站不足5分钟车程作为酒店营销宣传亮点，通过扩大传统媒体的推广、更改百度地图图标、申办车载导航等系列举措来提升酒店知名度。

通过OTA销售已成为酒店客房销售的一个重要途径，但这也是一把双刃剑。一方面，它对于酒店客房销售、出租率的提高是有力的；另一方面由于第三方面的佣金的收取，将本来有限的利润空间进一步压缩。所以，酒店应该将来自OTA渠道的客户保持在一个适当的比例，将其作为协议客户、会员客户、上门散客的补充，积极做好他们向自己会员的转化工作也是十分必要的。

二、调整客源的合理组合，改变单一的经营方式

酒店客源主要是投标客人，在做好内部配套服务工作的基础上，根据周末招标项目少、酒店位于高速公路出口的特点，制定针对性强的特价策略，推出周末、午夜特价房、钟点房等活动提高客房入住率，增加影响力，提高知名度。会议、长住客也是酒店客房一个比较稳定的收入源，在对客户进行调查分析的基础上，锁定客户群，与重点客户经常保持联系，及时沟通掌握有效信息，有的放矢地进行促销。积极拓展与周边协议单位的联系合作，有针对性地签订长住房和培训班的销售协议，通过各类小型会议、培训、技能考试班来弥补投标客源及散客的不足。重点做好会议销售跟踪服务，专人全程跟踪，配合会务人员，争取在现有的条件下满足会务要求。通过回访拉近与客户之间的情感距离，能够做到长期地"黏"住他们，有效地带动销售业绩的提升。在经营销售中寻找新的经济增长点和持续发展的平衡点，把每个客户当作潜在客户来开发，保持客户群体的稳定和扩大。

长住房、特价房、网络订房等都有一个共同点就是以低价换取高出租率，但房价降低品质不能降低，服务质量不能降低，相反，应更加注意客户群对这类产品的消费体验，更多用心维护和回访跟踪，从而提升酒店的美誉度，与价格的上升形成良性循环。

三、服务是酒店的本质

酒店业作为第三产业的重要组成部分，其核心不是住宿和餐饮，而是服务。在日益强调生活品质的今天，更多的顾客来酒店买的是服务质量，是为了得到更加舒适的体验。酒店服务的执行者是员工，他们是服务质量的关键。不规矩的员工就会有不成规矩的服务，对酒店来说就是"风险"，酒店要长期发展，就要控制风险，规避风险，必须要有一批愿做事、会做事、能成事的"保险"员工。从员工管理入手，改进对员工的管理模式。在管理中围绕两个中心——"以员工为中心"和"以顾客为中心"，两者都要强调，

但有侧重，"以员工为中心"为主，坚持由内而外的管理原则，把员工从"风险"培养成"保险"。

（1）思想认同要贯穿始终。思想认同不仅是在新员工培训阶段，而要贯穿工作的始终，因为当下信息时代，诱惑多，员工的思想一直处于在变的状态，一定要时刻关注员工的思想动态，及时引导朝正能量的方向发展。

（2）加强业务技能的训练，采取对员工入职前培训、岗位服务流程培训、个别指导培训等方式，采取熟记、强记的办法，让员工熟知岗位工作流程，并对各部门进行技能测试。只有业务技能熟练了，自信心才会增强，才不会出现服务错位和变形，才能服务好客人。

（3）对员工进行"挫折教育"。"客人永远都是对的"，是酒店奉行的服务理念。但在现实生活中总是有无理、刁难甚至动粗的客人，酒店需做好员工的安抚工作，把对这类客人的处理方法告诉员工，一可以避免员工带情绪工作，二可以避免场面升级，三可以避免冲动无故辞职。

（4）对身边发生的质量案例进行解剖。从不同的角度、不同的侧面，收集具有代表性的案例（投诉或表扬）进行剖析和点评。通过典型案例分析，从客人的角度审视我们的服务，从中了解为顾客提供服务还存在哪些不到位的地方，以便找出服务质量中存在的问题的根源。

（5）将"首问责任制"落到实处。根据企业的实际情况，自行整理了一些"应知应会"知识的资料，对员工进行适时培训。尽可能地解决客人提出的所有问题，做到有问必答，杜绝扯皮推诿现象。同时通过例会，告知当天将举行的会议名称、重要客户等信息，以便客人进店询问任何一位员工都能得到回答。

（6）在抓好业务培训的同时，注重强化员工职业意识，提高职业道德和职业素质。使广大员工明白为客人提供热情、文明、细致、周到的服务既是职业道德要求，也是应尽的义务；明白"一切以宾客为中心"的服务理念；明白要以热情和诚信感动每一个入住客人，才能赢得客人充分的理解和尊重。

四、增收从减法做起

酒店的成本控制范围，包括直接成本和间接成本的控制，作为劳动密集型企业，人力成本是酒店的最大支出，国招商务酒店的人员工资占比已经高达33%，能源支出占8%左右，且此两项费用相对固定，并不随着营业额的增长和减少形成绝对比例变动，同时难于有合理评估和衡量的标准，所以也是酒店成本控制中的难点。员工如果没有节约能源的习惯，则会造成大量的能源浪费现象。在增收乏力的大背景下，酒店采取一系列措施，从采购、原料、能源等方面入手进行管控，把开源节流、增收节支作为一项重要工作来抓。保证服务质量的同时，倡导全体员工树立"节能降耗，人人有责"的意识，并根据部门特点，做好成本控制。在采供中，对采购物品采取同等价格比质量，同等质量比售后服务，调整易耗品的包装，来降低采购价格。坚持先申购、审批再采购的原则，报批手续必须健全完善，对采购相对容易的大宗耗材，保持尽可能低的库存量，供应商送货随叫随到。在控制易耗品消耗上，加强仓库领用管理，建立了OA系统出入库登记台账，对一次性用品从先申购、领用、登记到消耗、回收、二次利用整个程序都进行了细化，全程的监督，核单工作及时进行、实时监督、及时预警，有效地堵住了浪费和呆滞物料现象。在控制能源消耗上，员工都基本做到了人走水关，人离气关，门锁电关的好习惯，对卡式气罐、客房房卡套、小肥皂头回收再使用。设立专项奖励，对在节能降耗有突出成绩的部门及个人给予奖励，调动员工的节约意识和节约积极性。

酒店的任何活动都会涉及成本，都应该控制在相对合理的成本范围之内，通过合理评估、有效干预和管理控制，在管理中发现问题、在实践中解决问题，堵住更多的管理漏洞。

五、轮岗培训发掘员工潜能

轮岗制度在一些知名企业和外企中的应用较为广泛，是不是同样适合酒店企业？其实这项工作早在2014年4月被迫开展，由于客房经理的突然离职，行政主管临时担起客房的各项管理工作，酒店总经理承担起对其全过程管理的培训工作，手把手地言传身教，把一个对客房管理一无所知的人，渐渐培养成能承担起管理客房的负责人，着力培养多面手的想法在当时无奈的情况得以尝试，并取得效果。当下浮躁的社会，很多"80后""90后"年轻人找不到工作，酒店却非常需要"80后""90后"年轻人，为酒店增添生机和活力。因为酒店进入不了"80后""90后"的视野，看不到"钱途"。独生子女的家长不愿意让孩子从事酒店服务行业，学生本身不愿意从事服务工作和上夜班，国招商务酒店前台的招聘同样也遇到这个难题，年轻人不愿意干，年纪大的干不了。如何盘活现有的人员，发现和培养有潜力的员工，2015年9月在客观条件已经成熟的前提下，开始了内部轮岗工作，为培养酒店的"万能工"终于迈开了第一步。"万能工"并不是要求员工各岗位技能都精炼、熟稔，只是对一些基本技能多培训一些，多掌握一些，在酒店需要的时候以有效应对和解决可能出现的特定岗位人员临时短缺而产生的应急情况。通过内部轮岗培训挖潜，已有一位客服服务人员调整了岗位，经过培训、考核已经基本胜任前台的工作。轮岗有以下优点：首先，培养多面手。轮岗可使员工亲身体验其他岗位的工作，有机会让员工学到更多的技能。其次，促进沟通团结。大家在沟通时能更多地换位思考和理解，减少本位主义，加强内部配合与团结协作。最后，促进工作创新。长期固定从事一项工作的人，都将不同程度地丧失对工作内容的敏感度和新鲜度，而对轮岗者来说，一切重新开始，能够从旁观者的角度来开始新的工作，发现管理和流程中的问题，可以创新思维，创新管理手段。第四，有利于发现、激励潜在的优秀员工，形成人尽其才、才尽其用、人岗匹配的用人机制。

六、危机管理，警钟长鸣

酒店是一个人员相对密集、复杂的营业场所，经常要面对各种突发情况及危机，酒店应有量身定制的"应急预案"。酒店突发危机的类型：

（1）自然灾害如突如其来的地震、"非典""禽流感"的应对等。

（2）火灾，是酒店频发的风险事故，且破坏性极大。酒店存在的物质风险因素为：第一，可燃物多（内部装饰材料、地毯、窗帘、家具等），空调设备、管道、竖井多，一旦火灾容易形成座座烟囱。第二，酒店与办公楼为一体，出入口少，3～6层为酒店营业场所，2层、7～12层为办公场所，办公楼为了防止盗窃，下班后把往上的通道锁死。第三，客源流动大且住客情况复杂，住客防火安全意识不强，随手随处遗下火种（烟头、火柴、使用电器不当），均增大了火灾的危险性。第四，厨房用火不慎、燃气管道泄漏容易引起火灾。

（3）社会治安突发事件，如赌博、偷窃、斗殴、逃犯等在酒店都有可能发生。

（4）设备设施引发的伤人事件，如吊顶脱落、浴室玻璃爆裂、墙砖脱落伤人事件，因地滑摔倒、家具的钉子刮伤人和衣物等意外事件。

（5）住店客人自身身体不适或突发疾病甚至死亡。

（6）突发性的停水、停电、停气及电梯故障引起的伤人事件。

（7）服务人员技能不过硬而伤及住客，或管理人员处理投诉不当引发的公关危机。

如何做好危机管理？

（1）始终坚持诚信经营的理念，履行"四实登记"制度，做到实名、实时、实数、实情登记，与责任部门签订《酒店旅馆业治安管理承诺书》，"四实"作为常抓不懈的常规工作来做。为了不因证件不全而使客源流失，实行前后台服务人员的协作联动，为客人提供延伸服务，义务承担夜间陪同客人前往辖区派出所办理临时证件手续，既遵守了"四实登记"的制度要求，又不造成客源的流失。通过严格遵守实名登记制度，协助公安机关抓获网上通缉犯2名，辖区派出所在酒店行业会上给予了表扬与肯定。

（2）安全是企业的命脉，真正落实安全"以防为主，防消结合"的原则。

①制定《酒店突发事件应急预案》，按照危机的类别，分类制定危机处

理预案，并明确规定危机发生时，各级人员的具体分工，做到职责明确、程序合理、内容公开、处理及时。

②加强对员工危机意识的教育和处理危机相关能力的培训，参加每年统一组织的消防演习，培训每个员工真正掌握消防技能、普及安全消防知识及应急预案的处置方法。

③安全管理从原材料的源头抓起，从菜品的制作流程的细节入手，安排专人负责每天对员工餐留样备查，并留有记录归档。

④加强日常工作的安全检查，对燃气管道、电路、水路进行全面检测，发现漏点及时报修，消除安全隐患。

⑤坚持空房每天抹尘检查，按辖区派出所要求，调整夜间巡视时间为盗窃多发时间，加强夜间值班人员的巡视并有时间记录。

制度措施在先，培训演练跟上，记录、巡查及时，即可将事故苗头控制在萌芽状态。

呼啸而来的数字化世界已经彻底改变了人们的生存方式，任何行业和个人都不能脱离社会而单独存在，正是彼此间的相互渗透和交融才能推动彼此的进步。酒店行业同样如此，酒店人也需要应因而变，更应学会整合多方资源，进行优势互补，在实践中针对自身企业情况找出适合本企业的管理方法，并冲出思维定势的桎梏，适应新常态。不管发展到任何时候，为宾客提供更为安全、温馨的体验，将酒店打造成宾客的家外之家是酒店人永远不变的初衷和追求，也是酒店持续发展赢得未来的关键所在。

淮北矿业集团公司竞争战略研究

淮北矿业集团公司　张亚军

一、加强竞争战略研究的必要性

竞争战略关注的主要问题是：开发哪些产品并将其提供给哪些市场，如何开展生产经营、市场营销，如何争取更多的市场机会，等等。研究竞争战略的主要目的是使企业在市场中形成相对竞争优势，帮助企业实现总体战略目标。

加强竞争战略研究是适应市场变化的需要。近年来，随着国民经济发展形势的变化，煤炭市场跌宕起伏，呈现出周期性波动的特征。企业面临的竞争环境越来越复杂，市场竞争日趋激烈。在开放的市场环境中，企业要受到多种因素的影响和制约，既面临发展的机遇，也要认真应对各种挑战。只有制定可行的企业竞争战略，才能在激烈的市场竞争中立于不败之地。

加强竞争战略研究是培育长期竞争优势、获得长远发展的需要。在激烈的市场竞争中，企业必须加强竞争战略研究，系统地分析自身优劣势和外部环境影响，找准位置，发挥优势、减少劣势，利用机遇、规避威胁，科学合理地制定适合企业内外环境的竞争战略，明确市场定位、产品定位、竞争手段定位，以此指导企业的生产经营活动，才能不断培育和增强企业长期竞争优势，促进企业经营战略目标的实现。

二、煤炭企业竞争能力影响因素

作为资源型的企业，与其他行业相比，煤炭企业的市场竞争力具有自己的行业特点。归纳起来，影响煤炭企业竞争能力的因素主要有：

1. 资源赋存状况

煤矿地下资源的先天赋存状况无法改变，而且资源状况对产品品种、生产难易、成本高低、产品质量优劣等起着决定性作用。拥有资源储量大、赋存条件好、煤质优良的企业，其在市场竞争中的优势就会更大，竞争能力更强。

2. 成本高低

在煤炭市场供需基本平衡或供大于求的形势下，煤炭用户就会要求煤炭质量和价格要合理匹配，市场中就会出现优质优价、降质降价的局面。在这种市场情况下，煤炭企业的竞争力就在很大程度上决定于企业的生产成本。具有低成本的煤炭企业就可以有更多的降低价格的空间，来获得更大的市场份额；或者是在相同的价格下，获得更多的利润，拥有较强的市场竞争力。

3. 质量优劣

任何企业的产品质量都影响着参与市场竞争的能力。煤炭市场一般实行的是按质计价，发热量高或灰分低的煤炭销售价格就高。随着社会的进步，环境保护政策、法规越来越严格，在这种情况下，硫、磷等有害物质含量越低的煤炭产品，就越受市场欢迎，具有更强的市场竞争力。

4. 规模大小

煤炭行业具有较强的规模经济性。一方面，当煤炭企业的产量增加、规模越来越大时，由于单位固定成本下降，企业的单位成本将随之降低，从而使企业在市场竞争中处于更为有利的地位；另一方面，随着企业规模的不断扩大，市场份额越来越大，当规模达到一定程度时，对市场的控制力就会随之上升，从而也会增强煤炭企业的竞争优势。

5. 地理位置

煤炭属于大宗商品，煤炭市场具有较强的区域性。煤炭企业的地理位置不同，运输距离和运输便利性的差异，对企业的竞争能力有较大程度的影响。靠近煤炭消费地的煤炭生产企业，凭借区位优势，在相同的生产成本、市场销售价格情况下可以获得更高的利润；凭借区位优势，可以在一定程度上抵消生产成本高带来的劣势。

三、煤炭企业竞争战略选择

（一）煤炭企业竞争战略类型

综观煤炭行业，各企业为了提高战略优势，增强竞争能力，根据自身特点采取了不同的竞争战略。这些竞争战略大致可以分为以下两种基本类型：

第一，成本领先战略。部分煤炭企业依靠优越的地质条件，通过建设高产高效矿井，实现规模效益，不断降低生产成本，凭借低成本参与市场竞争。

第二，产品差异化战略。基于煤炭品种和产品质量的差异，部分煤炭企业实施品牌战略，通过塑造和扩大产品的差异来占领市场。

（二）战略优势构建的基本要求

为什么有些企业长盛不衰，而有些企业却举步维艰？从众多的成功与失败企业的分析表明，战略优势是企业竞争制胜的关键。企业只有不断地培育、增强这种优于对手的、具有独特性和持久性的优势，才能获得长久的竞争能力。

分析行业内外企业的做法和经验，在构建企业战略优势中，应注意做好以下工作：

第一，要以优势资源为基础构建企业竞争优势。企业在市场竞争中要把资源作为获得优势的关键因素，特别是积极形成明显优于对手的资源。对于不同的企业，这种优势资源可以多种多样。在资源具有异质性和不能流动的情况下，如果能够控制好这种独特的资源，就可以使企业建立强大的竞争力。

第二，坚持实行差异化。以有别于对手的产品、质量、服务方式等参与市场竞争，可以提高企业在顾客中的主观价值，从而争取顾客的忠诚，并获得竞争优势。

第三，正确选择经营领域。要明确企业从事的事业、服务的顾客、市场的区域、主要竞争对手和制约因素等，通过分析，选择有利的竞争领域，使企业的资源与选择的经营领域相匹配。

第四，树立向顾客提供价值的经营理念。企业最大的财富是忠诚的顾客，企业之本就是为顾客提供价值和优质服务。企业在市场竞争中要把自身的优势和目标，与顾客的需求结合起来，通过企业拥有的资源和技术、服务，向消费者提供更高的价值，才能够争取更多的忠诚的顾客。

（三）淮北矿区竞争能力分析

参与市场竞争，首先要客观、系统地分析自身的能力和不足，才能在市场中准确定位，有的放矢，取得长远发展。

1. 竞争优势

第一，煤炭资源储量较大，煤炭产品品种齐全，稀缺资源多。巨大的资源量可以保证矿区进一步扩大生产规模的需要。淮北矿区拥有焦煤、肥煤、贫煤、瘦煤等八大煤种，这是其他煤炭企业所不具备的。拥有较多的稀缺煤种，可以保持企业产品的差异性；齐全的煤种，使淮北矿区能够更好地进行配煤，以适应煤炭市场不同的需求。

第二，煤炭资源有害成分含量低。硫分是煤炭中含有的最有害的物质，含硫量多少是评价煤炭质量的重要标准之一。淮北矿区煤炭全硫分在0.3～0.5之间，属于特低硫，而大同煤矿集团的煤炭全硫分为1左右，平顶山煤业集团的煤炭全硫分在0.5～1之间，兖州煤业公司煤炭全硫分在0.5～0.8之间。特低硫、低磷的资源特性符合国家和各地对环境保护的要求。

第三，地理位置优越。淮北矿区所处的华东地区是我国经济最发达地区之一，是煤炭的主要消费区，年消费煤炭6亿吨左右，每年煤炭净调入量3亿吨左右，消费量和调入量均居全国首位。淮北矿区煤矿与主要的煤炭用户距离近。运输距离短、费用低是淮北矿区参与市场竞争的一大优势。

2. 竞争劣势

第一，地质条件差，机械化程度和生产效率低。淮北矿区虽然煤炭储量较大，但无论是与西部煤炭生产企业相比，还是与周边的淮南、山东、河南等地煤炭生产企业相比，煤炭资源赋存条件都要差，井下地质构造复杂，限制了机械化和集约化水平的提高，造成采掘工作面单产单进低，用人多、效率低。

第二，生产成本高。受地质条件的影响，淮北矿区井下系统复杂，安全投入多，生产成本高。虽然有一定的规模优势，但是与其他国有大型煤炭企业相比，成本劣势较为明显，影响企业竞争能力的进一步提高。

第三，煤炭质量不稳定。受断层和夹矸多等资源赋存状况的影响，淮北矿区的原煤质量较差。同时，各可采煤层的煤炭质量差别较大，对各煤层之间的配采要求高，配采比例失调，会造成原煤的质量波动性较大。

3. 矿区发展的机会

主要有：煤炭是我国能源生产和消费的主体，华东市场煤炭需求量大，国家产业政策有利于国有大型煤矿发展，国家鼓励煤炭上下游企业联合、重组，淮北矿区是国家重点扶持的13个煤炭基地之一。

4. 面临的威胁

主要有：大型煤炭企业迅速发展，规模扩张；国家对高耗能行业的宏观调控政策影响煤炭需求；西部煤炭运输瓶颈逐步消除，冲击华东市场；电力等行业企业集中度提高，讨价还价能力增强；原料价格上涨，影响相关行业效益，对煤炭价格敏感性提高；用户对质量的要求提高；国外优质煤炭进入沿海地区。

（四）矿区竞争战略选择

对企业内部优势和劣势、外部机会与威胁因素，按照优势与机会、劣势与机会、优势与威胁、劣势与威胁的组合进行分析，可以得到相应的战略选择方向。

1. 依据资源优势，实行差异化竞争

淮北矿区煤炭品种齐全，具有焦煤、肥煤、贫煤、瘦煤等八个煤种，可以较为方便地进行配煤，适应消费者的不同需求，这是其他煤炭企业所不具备的；淮北矿区焦煤、肥煤等国内稀缺煤种的储量大、产量高，市场对这些煤种的需求量大、价格高；煤炭产品含硫、磷等有害成分低，符合环境保护的要求，是绿色环保能源，受冶金、电力等行业企业青睐，在国家大力提倡加强环境保护的情况下，打好绿色环保的品牌，可以取得较好的效果。

这些资源的独特性优势是其他企业所不具备的。把这些特性转化为竞争优势，就能够在市场中获得长期的发展。

因此，在确立淮北矿区的竞争战略中，可以通过产品的这些特点在煤炭市场中确立淮北煤的差异性，提高企业在消费者中的价值，将自己与竞争对手区别开来，增强企业的长期竞争能力。

2. 利用地理位置优势，选择目标市场

由于煤炭赋存状况的原因，淮北矿区机械化程度和生产效率低，井下生产系统复杂，在生产成本上不具有优势。但是，由于地处华东地区，淮北矿区在华东市场中具有明显的区位优势，煤炭销售运输费用低。同时，华东地区是国内经济最发达地区之一，对煤炭等能源的需求量大，市场潜力极大。这就为淮北矿区采取成本集中的竞争战略创造了条件。把华东地区作为目标市场，就能够凭借较低的到货成本，建立市场销售的比较优势。

因此，淮北矿区的基本竞争战略应该是实施产品差异化和成本集中战略。

（1）产品差异化。

扩大焦煤、肥煤等稀缺煤种的产量，发挥多煤种的优势，加强各煤种的合理配采、配选，充分利用洗选能力，加大煤炭加工力度，更好地发挥淮北矿区的资源优势，树立淮北煤炭品牌形象。

（2）价格差异化。

依靠运费低、到货价格低的优势，实施市场集中战略，重点巩固华东市

场。

实施价格差异化。通过建立完善的市场价格反应机制，及时了解市场需求和价格变化，对不同用户以及不同品种和质量的产品，实行不同的价格。对战略用户实行稳定的销售价格，以利于建立长期的战略伙伴关系；对基本用户和一般用户，根据市场变化及时调整价格；对稀缺煤种实行区别定价，拉开与一般煤种的价格，靠资源稀缺性获得较高的利润；对主要细分市场实行稳定价格，对次要的、仅起到补充作用的市场，适当提高价格，以对主要市场价格起到抬升作用。

由于煤炭市场的整体差异化较小，煤炭的价值在用户心目中相差不大，市场价格主要受供求关系影响，不同产品的价格高低往往体现在以质计价上，消费者一般用市场中同等质量的煤炭价格作为判断依据，决定是否购买或购买量的大小。同时，淮北矿区生产成本较高，如果采取以成本为基础的定价，在与其他低成本企业采用相同的加成率情况下，价格就会高出竞争对手，从而失去用户。因此，对淮北矿区应采取以竞争为基础的定价策略。

（3）用户管理差异化。

对细分的用户市场要进一步优化结构，实行差异化策略。根据用户的经济实力、需求潜力、市场信誉等因素，把各类用户划分为战略用户、基本用户和一般用户。其中消费需求量大、实力强、信誉好的大型电力、冶金和化工企业为战略用户，要采取措施巩固和扩大这些用户的市场，确保市场份额；对基本用户要实行稳定销售策略，争取扩大在这些用户市场中的销量；对销量小且不稳定的一般用户，要进行选择，减少市场营销风险。

（4）明确市场区域定位。

由于市场中的消费者形形色色、需求各不相同，而且一个企业在满足不同市场的能力上也有很大差异，因此，一个企业不可能获得整个市场，或者是不可能以同一种方式吸引住市场中的所有购买者。企业都必须对市场进行细分，在细分的市场中合理确定自己最容易满足的市场部分，把它作为自己的目标市场，而不是试图在整个市场中参与竞争。

淮北矿区靠近华东地区，华东地区是我国最大的煤炭消费市场。淮北矿区在华东地区建立了一定规模的市场营销网络，目前85%的煤炭产品销往华东市场，有稳定的客户。宝钢、马钢、省电公司以及省外的冶金、电力、焦化等企业与淮北矿区关系密切，通过长期合作，建立了深厚的友谊。因此，淮北矿区的区域细分市场定位为华东地区。

（5）市场用户定位。

淮北矿区的煤炭产品的品种决定了其主要用作动力煤和炼焦煤。华东地区大型电力、冶金、焦化等企业数量众多，对动力煤、炼焦煤的需求量大；公司目前近80%的产品销往电力、冶金和化工企业，与这些企业建立了长期的合作关系。这些都是煤业公司今后参与市场竞争的基础。因此，淮北矿区的市场用户定位于大型冶金、电力、化工行业企业。

（6）建立战略联盟。

①建立战略联盟的重要性。

战略联盟是一种合作竞争组织，联盟双方可以实现资源共享、优势互补。实施战略联盟是为了更有效地参与竞争和自身发展，在合作中寻求竞争优势，它有利于提高企业竞争能力，有利于分担风险，尽快获得规模优势。

对煤炭企业来说，与相关企业结成战略联盟，一是可以作为减少市场无序竞争的有效手段。具有一定规模优势的煤炭企业结成战略联盟，可以在煤炭产量、市场竞争行为等方面统一步调，有效地影响市场供求以及市场价格，减少无序竞争，促进煤炭行业的健康、有序、和谐发展。二是可以保持稳定的市场份额，促进煤炭企业长期发展。如果煤炭企业与重点用户通过各种方式结成战略联盟，不但可以获得稳定的市场用户、保证稳定的市场份额，还可以保持价格的相对稳定。三是有利于煤炭企业实施相关多元化发展战略。煤炭企业通过与电力、冶金、焦化等相关行业的优势企业结成战略联盟，就可以充分利用各自的优势，共享技术、人才、管理和市场营销渠道等资源，促进煤炭多元化的发展。

②实施战略联盟的形式。

淮北矿区拥有巨大的煤炭资源优势和一定的规模优势，拥有稳定的客户资源和市场份额。既可以与同类煤炭企业结成横向战略联盟，也可以与上下游企业结成纵向战略联盟，通过优势互补，缔造双赢。

横向战略联盟。淮北矿区的主要产品是炼焦煤和动力煤，主要市场在华东地区。建立横向战略联盟时，可以选择具有产品关联、市场关联或技术关联的煤炭企业作为联盟伙伴，加强联合，互相交流学习生产技术，合理划分市场区域和用户，缓解同行业之间的竞争，互通市场信息，建立销售联合体，与电力等大用户形成公平的购销关系，增强各自的竞争能力。

纵向战略联盟。纵向联合可以实现降低交易费用或稳定经营环境的目标。按照企业发展规划，淮北矿区将实施相关多元化的发展战略，建设煤焦化和电力生产基地。这些项目的建设发展与淮北矿区的主要客户关系密切。选择冶金、焦化、电力等相关企业结成煤—钢、煤—焦、煤—电战略联盟，一方面可以充分利用对方的生产技术、管理经验和营销网络，促进焦化、电力等项目的发展，另一方面可以与对方建立长期稳定的供销关系，确保公司的煤炭市场份额。

房地产泡沫的成因与控制指标及调控对策

安徽省经工建设集团公司　张有亮

随着我国房地产市场的进一步发展，房地产作为国家支柱性产业之一，对国民经济的持续高速增长起到了重要作用。近年来，我国房地产业市场，虽然在一些城市出现降价、打折房源，但一些城市的房地产仍然没有停止上涨的步伐，基于行业本身和外部环境的相互作用，致使房地产泡沫不可避免。在此背景下，对眼下房地产泡沫分析、研究就显得尤为必要，于是产生了《房地产泡沫的成因与控制指标及调控对策》这个毕业论文的设计。

就论文选题而言，主要是想通过《房地产泡沫的成因与控制指标及调控对策》从土地供应、消费预期、银行信贷以及房地产"过热"方面分析房地产泡沫的成因；重点选取6个方面的控制指标加以有效控制。提出了防范房地产泡沫的宏观调控对策和基本调控对策，通过对房地产泡沫的成因、控制指标、调控对策的深入研究、分析，合理控制房地产泡沫，实现我国房地产市场发展的软着陆和可持续发展。

随着我国房地产市场的进一步发展，房地产作为国家支柱性产业之一，对国民经济的持续高速增长起到了重要作用。据统计局对70个大中城市的房价监测数据显示统计看，截至2014年8月达72.86%的城市房价仍在上涨，我国房地产市场是否存在泡沫有较多争论，那么，在这样的背景下，对房地产泡沫的成因及其控制指标进行必要的分析，对新形势下判断我国房地产市场的形势，防范泡沫的产生，从而引导房地产行业保持健康、有序、可持续的发展有着积极的现实意义，下面就对这些问题进行分析和探讨。

一、房地产泡沫的成因

泡沫经济，指资产价值超越实体经济，极易丧失持续发展能力的宏观经济状态。泡沫经济经常由大量投机活动支撑，本质就是贪婪。由于缺乏实体经济的支撑，其资产犹如泡沫一般容易破裂，因此经济学上称之为"泡沫经济"。泡沫经济发展到一定的程度，经常会由于支撑投机活动的市场预期或者神话的破灭，而导致资产价值迅速下跌，这在经济学上被称为泡沫破裂。房地产作为泡沫经济的载体，本身并不是虚拟资产，而是实物资产。但是，与虚拟经济膨胀的原因相同，房地产泡沫的产生同样是由于出于投资的虚拟需求的膨胀，是一种经济状态的失衡现象。所不同的是由于房地产价值量大，这种投资需求的实现必须有金融机构的支持。通常来说，房地产泡沫的成因有以下方面：

1. 土地供应的有限性导致投资者过度热捧

土地是房地产行业的基础，土地资源的稀缺性使得土地市场具有需求弹性大而供给弹性小的特点。土地的有限性使得房地产投资者对房地产价格的上涨历来存在乐观预期。当大量投机活动使土地需求增加时，土地价格急剧上涨，由于土地的稀缺性，市场无法在短时间内增大供给量，从而使需求与供给之间的差距进一步拉大，在这种情况下，有限的土地价格飞涨，严重脱离了其实有价值而产生地价泡沫，进而可能导致整个房地产业泡沫的形成。其次，土地定价机制、交易制度的缺陷性，导致土地价格随着过度投机被不断地拉高，在一定程度上助长了投机活动，产生大量投机性泡沫。可以看出，房地产投资的过度增长使得房地产投资的增长速度远远超过了城市化进程的速度，就容易造成市场供给与市场需求的严重不平衡，房屋空置率高，也会导致房地产价格急剧下跌，泡沫破灭。

2. 消费者及投资者对未来价格的预期

随着人口数量增多、城市化进程的进一步加快，人们对土地稀缺性有了更深的认识，土地价格存在着潜在升值的趋势，这使得非房地产企业和个人大量投资房地产。因此，房地产价格在人们未来的预期中也会不断上升。对房地产未来价格的非理性预期造成投资者对未来房地产投资高回报的设想，过多的货币资本投入到有限的土地买卖中，推动地价不断上涨，从而使房地产价格不断攀升；在泡沫破灭时，房地产价格下跌，消费者预期价格还要下跌，房地产商纷纷抛售其持有的房产，于是供应量增加，同时由于无人肯接手买入而使需求量减少，这样就加剧了价格的下跌。

3. 银行信贷非理性扩张

房地产业是资金密集型行业，房地产开发必须拥有雄厚的资金，随着房地产开发规模的不断扩大，开发商仅靠自有资金是远远不够的，其开发资金主要来源就是银行贷款。由于房地产价值量大的特点，房地产泡沫能否出现，最根本的条件是市场上有没有大量的资金存在。因此，资金支持便成为房地产泡沫产生的必要条件。房地产的资金主要来源于银行贷款，而房地产的高回报，使许多银行在贷款的实际操作过程中违反有关规定，向开发商发放大量贷款，从而使行业进入门槛降低，造成过度开发，金融风险不断堆积，使泡沫产生的可能性增加。

4. 开发商的盲目投资和恶性炒作

开发商的盲目投资会造成商品房供应量的快速增加，而市场需求却相对平稳，新增供应的增长速度超出了需求增长速度，再加上开发商的炒作，使得房地产价格不断飙升，致使房地产产品按照高于价值或高于生产价格的垄断价格出售，其市场价格脱离了实际使用者的购买能力，从而产生房地产泡沫。

5. 对房地产的"过热"认识不足，控制不利

房地产"过热"也称房地产过度开发，当市场需求增长赶不上新增供给增长的速度时，出现新增物业的空置率大幅上升、物业价格和租金下降的现象。房地产"过热"反映了市场供求关系，"过热"不一定产生"泡沫"，但"过热"是房地产产生"泡沫"的前提。当前人们在对房地产"泡沫"的讨论中，常采用"空置率"来反映房地产市场中供需失衡的程度。但因计算方法的各不相同，致使计算结果存在一定程度的失真。为此，常采用"吸纳周期"代替"空置率"对供需情况加以判断。由于采用的计算口径不统一，

所以使人们对房地产"过热"现象认识上存在分歧，认识不及时，不全面、不充分，再加上市场规则和政府政策调控不当，在这种情况下房地产泡沫比较容易产生。

二、房地产泡沫的控制指标

房地产泡沫形成因素纷繁复杂，国内外学者提出了很多衡量房地产泡沫的评价指标，考虑到数据的可得性和可靠性，为了有效控制房地产泡沫产生，应从土地价格上涨率与GDP增长率控制指标、房价与居民收入比控制指标、空置率控制指标、房地产投资/全社会固定资产投资的比率控制指标、房价增长率/ GDP增长率的比率控制指标、商品房销售收入/房地产投资比率控制指标六个方面的控制指标加以控制，使泡沫风险转移，从而达到控制房地产泡沫产生的目的。

（一）土地价格上涨率与GDP增长率控制指标

房地产是由土地及其附着建筑物所构成，而建筑物是劳动产品，其价格由建造成本、利润、税金来确定，其价格和税金都相对比较稳定，容易判别。所以房地产泡沫实际上是由于土地泡沫，也就是地价泡沫和房地产商品销售的超高利润两大主要因素构成。因此，控制地价的增长速度与当地经济的实际发展水平和GDP的增长速度相适应是至关重要。地价上涨过快，一方面是房地产投资"过热"，开发商圈地造成土地供应失调，另一方面也可能是政府过度依赖土地财政造成的，土地价格泡沫程度是反映整个房地产市场泡沫的一个重要要素。一般来说，土地价格上涨指数超出当地实际发展水平和GDP增长速度的2倍，是控制的警戒线，是防止房地产泡沫的预警线。

（二）房价与居民收入比控制指标

所谓房价收入比（房价收入比=每户住房总价÷每户家庭年总收入），是指住房价格与城市居民家庭年收入之比。房价收入比受政府住房政策、住宅产业政策和土地使用政策的影响和调控。中国在城镇住房制度改革过程中，住宅价格市场化程度比较高，控制房价与居民收入比因素，直接关系到房地产是否存在泡沫的风险。

房价收入比基本反映了居民家庭对住房的支付能力，比值越高支付能力越低，反之则强。国内目前流行的4～6倍的说法，据考证是20世纪90年代初世界银行专家黑马先生（Andrew Hamer）在进行中国住房制度改革研究时，提出的一个世界银行认为"比较理想"的比例，哪知道这个比例对中国产生了这么大的影响。根据联合国公布的有关资料，不同国家房价收入比的离散程度相当大。1998年对96个国家的统计结果表明，这些国家的房价收入比区间为0.8～30，平均值为8.4，中位数为6.4。1998年与北京当前年平均家庭收入水平相当的12个国家的房价收入比为2.1～20，平均值和中位数分别为9和8.1。我国各个城市的房价收入比是不平衡的，中小城市的房价收入比多在6倍以下，相当多的城市在4倍以内，属于房价不高的范畴，超过6倍的主要是一些大城市，据调查，全国大部分大中城市房价收入比超过6倍，其中北京、沈阳、贵阳、南京、广州、大连和西安的比率都超过了10。

（三）空置率控制指标

空置率也是用作衡量房地产市场相对过剩的重要指标。国际学术界认为，当一个国家的商品房空置率为3%以下时，购房人难以找到自己需要的房源，市场呈现卖方市场。当商品房空置率为3%～10%时，市场较为平稳。当商品房的空置率大于10%时，房地产市场开始出现过剩现象，15%以上则为严重的商品房过剩。一般认为，发展中国家商品房空置率的合理区域为4%～5%。由于我国房地产市场仍处于起步阶段，数据统计不健全，并且历史不长，关于旧房空置率的统计比较欠缺，较难采用国际通用的房屋空置率计算公式。本文采用的房屋空置率计算公式为：房屋空置率=（当年竣工房屋面积–当年房屋销售面积）/当年竣工房屋面积。计算2000—2009年全国及各地区的商品房空置率。

（四）房地产投资/全社会固定资产投资的比率控制指标

该指标是衡量房地产泡沫最为直接的指标。在房地产泡沫高涨的时候，房地产投资增长率肯定持续高涨，并且应该高于固定资产的整体投资增长率，进而带动固定资产投资的高涨。一般国际公认的房地产投资占全社会固定资产投资比重的警戒水平为10%。中国2000—2009年十年间房地产开发投资比率一直处于较高的水平，一方面与中国现阶段的发展特点有关，另一方面也反映中国房地产市场过度旺盛。但各个地区的情况有所不同，其中北京、上海和广东的房地产投资比例位居前三位，这三大地区的房地产投资可能存在投资过剩的问题，存在房地产泡沫。

（五）房价增长率/ GDP增长率的比率控制指标

该比率越大，意味着房地产的泡沫越大。理论认为，房价与各地区GDP增长密切相关，随着GDP的增长，房价会随之上涨。影响路径在于：GDP的增长促使国民收入上涨，即居民个人可支配收入会增加。一方面居民有更多资金投资房地产，用于需求性和投机性房产购买行为，房地产需求的增加，同时房地产短期供给缺乏弹性，致使房价上升；另一方面，居民将剩余资金存入银行，促使银行增加房地产业的信贷供给，进而加速房价上涨。我国房地产增长率远超GDP增长率，并且连年超过2的警戒点。尽管各地区存在一定差异，但大部分地区的房价增长速度都快于当地GDP的增长。海南的房价增长率远高于GDP增长，超过4倍以上。

（六）商品房销售收入/房地产投资比率指标

该比率越高，表明商品房销售对房地产投资的贡献度越高，随着我国房地产开发投资不断增长，商品房销售额也快速增加，表明我国房地产需求在快速增长。从2005年开始，商品房销售收入就已经超过房地产开发投资额度，仅2008年受到国际金融危机的影响，商品房销售收入占房地产开发投资比例有所减少，2009年，该比例又恢复到1.22的水平，一定程度上反映了我国房地产市场在逐渐加热，房地产开发商获取的垄断利润在逐渐增加。可见中国房地产市场的快速发展势头，以及房地产市场泡沫的存在。

以北京为例，据国家统计局数据显示，2012年北京市投资额达3153.44亿元，实现房地产销售收入3308.56亿元，显然这个数据达到1.06，对于一些二、三线城市如合肥2012年房地总投资达913.08亿元，销售收入达766.92亿元，比例为0.84，可见相对于一线城市，二三线城市存在的房地产泡沫相对较小一些。

三、房地产市场泡沫的对策

（一）房地产市场泡沫的宏观调控对策

房地产行业就如同汽车行业，曾经是西方国家的支柱产业。我国房地产业的发展，越来越显示出其在经济中重要的一面。房地产经济和房地产市场的发展，虽然能够带动国民经济的发展，但同时它也可能成为泡沫经济的主要载体，导致金融危机。所以，在社会主义市场经济条件下，房地产经济和房地产市场的发展，必须需要政府的合理干预与宏观调控。房地产作为国民经济的晴雨表，将会直接关系到我国经济和社会全局的稳定发展。总的说来，房地产市场宏观调控的主要目标是以稳定为主基调，保持适当的速度，允许适度泡沫的存在，控制房价过快增长，加快市场格局的转变，防止恶性房地产泡沫的形成。针对这个目标，可以从以下角度采取措施：

1. 利用房地产虚拟资产调控手段

在房地产市场上，风险是一个客观存在的事实。由于房地产的虚拟资产特性，在其拉动经济发展的时候，会产生金融放大效应和不确定性造成的风险放大效应。在房地产业持续繁荣时，这种放大效应以经济学上所说的乘数效应递增，再配合地产公司上市融资，更是把这种放大效应放大到了极致，以至蕴含了泡沫的因素。因此，一旦房地产业出现危机，在负的乘数效应下，也会造成经济的急剧萎缩。

房地产暴涨暴跌都存在着极大的安全隐患。这种安全隐患既存在于房地产行业内部，又存在于外部，体现为房地产某种长期运行特征对国民经济其他部门可能的冲击，并且有时二者互动。从房价来看，可能显现在两个方面：

首先是房价上涨的隐患。房地产价格过于高涨时，若不遏制，长此下去有可能出现累积性泡沫。同时，如果房价连续快速上涨，工资收入增长较慢，房价收入比扩大，会直接影响居民购房，尤其是中低收入者购房更难。这应引起政府的高度重视，并采取一系列防范措施。

其次是出现大幅降价主张和预期的隐患。当房价上涨到与经济发展不协调时，人们必然主张大幅降价，这又会出现新的隐患。因为这种主张若重复千百遍，真的变成广大需购房者的普遍预期，那他们势必等待大幅度降价，持币待购现象出现。此时，房地产市场疲软萧条，不仅危及房地产自身持续安全运行，同时也将影响整个国民经济持续安全运行和发展。另外，这种大幅降价的主张和预期若成为现实，房价大幅下降，不但绝大多数居民买得起房，买新房，买大房，而且买两套房的也会大增。其可能的后果是，人们成倍地盖房，使紧张的土地、能源及其他资源更紧张；居民住房消费过度，势必影响和抑制其他消费，制约其他行业的发展；由于过度开发经营，整个房地产业将提前成熟衰退，那么这个拥有上亿就业机会的行业，将有大量职工提前"下岗"，增加当前社会就业压力。此外，对金融所带来的损失，也不可低估。

所以，房价太高了不行，太低了也不行。正所谓"水能载舟，亦能覆舟"，充分发挥房地产虚拟经济的特性，也可很好地避免和防范风险。

房地产这种虚拟经济成分是实体经济的货币蓄水池，从货币资金流的角度来看，它既可以吸收大量的实体经济的过剩资金，也可以补充实体经济流动性不足，从而化解实体经济的物价不稳定的压力。随着金融深化，虚拟经济的资源配置功能越来越强，极大地促进了经济的发展。同时，对于外部冲击而言，虚拟经济起到防火墙的作用。当经济系统受到外部冲击时，首先会反映在虚拟经济领域，随着经济虚拟化的程度加深，这种抵抗外部冲击的功能是逐渐增强的。所以说虚拟经济适当的波动对实体经济是有益的，一个发达而完善的房地产市场有可能在经济发展和经济增长中起到稳定作用。所以，应该大力发展房地产市场。只有在房地产不断发展的基础上，我们才能充分发挥房地产防范风险、稳定经济的职能。

2. 利用经济杠杆，抑制土地过度投机

合理的经济杠杆策略可以引导土地持有者合理提高土地利用效益，避免投机。这些杠杆机制可以是利率、付款机制、税制等。

商用房、别墅等高档房与一般居民的生活需要不相符合，最容易成为投机者关注的目标，对一般居民用房、房改房和高档房的贷款利率实行差别化，有利于防止用于投机的高档房屋的过分增加，同时向房地产市场传递一个信号，使人们对高档房的预期收益水平下降，从而使房地产市场整体的预期回复，使过热的房地产经济趋于平稳。利率的差别应该体现出一般居民用房的价格优势，这样在人们的生活住房需求可以得到满足时，也能够控制对房地产市场的有效需求，使人们对房产投机的期望发生改变，所以稳定一般居民用房的价格对房地产市场有十分重大的意义。另外，为了弱化房地产抵押贷款给泡沫投机带来的影响，可以从以下角度采取一些策略：在微观层次上，金融机构要适应经济周期变动，合理调节房地产抵押贷款规模、比重、条件等，并且始终注意对借款人的审查。在宏观层次上，重点调控房地产抵押贷款规模和房地产价格，这种调控的方式、力度、时机等必须根据经济周期发展阶段的不同适时加以调整，并且同整个宏观经济的调控结合起来，建立并完善个人信用制度和房地产抵押贷款相关制度，以增强整个金融体系的抵御周期波动的能力。

限制房屋的多次买卖可以有效地减少房屋的投机比率，可以采取对贷款、首付等的限制，同时注意这种限制是通过经济机制而非行政手段，防止政府寻租行为的发生，比如增加非第一次购房的首付比率，使多次买卖房屋的成本增加，减少市场的投机程度。还有就是缩短房屋贷款的还款期限，还款期限的缩短可以使投机贷款的周转和期限得到限制，同样可以起到防止高风险投机行为的作用。再有就是严格控制期房买卖的贷款，期房买卖由于没有实物作为抵押，更具有虚拟资产的性质，因而期房的多次转手更加容易引起房地产泡沫，所以政府可以采取限制期房贷款的手段，增加期房投机的成本，稳定房地产市场。

3. 增加经济适用房规模，加强房地产价格的监测与调控

进一步完善经济适用住房政策，加强经济适用住房建设计划的管理，加快落实住房补贴，提高职工购房的支付能力，合理确定经济适用房的建设规模，着力解决中低收入家庭的住房问题。首先，遵循"以销定产"的原则，合理确定分年度建设规模；其次，经济适用房建设要与危旧房改造相结合。根据"经济"和"适用"的原则，制定经济适用房建设标准。加强经济适用房价格的监管，控制建设成本，保证工程质量；第三，经济适用房建设不能采取指令性方式确定建设单位，应公开招标。严格控制和防止目前经济适用房户型面积大、价格高，普通老百姓仍然买不起的情况。政府还要加强对房地产的监测与控制，譬如建立城市基准地价与公示地价制度，编制并定期发布各类房地产价格指数，建立房地产交易价格评估制度与成交价格申报制度，对土地投机严重的地区实行交易监视与交易许可制度；加快土地出让的市场化，减少层层加价转手的收益；政府根据土地市场行情适时收购土地或增加土地出让，以调控土地市场。

（二）房地产市场泡沫的防控对策

1. 加快建立土地要素市场

建立土地要素市场，通过市场发现土地的价值，避免政府垄断造成的不利影响。在土地的利用中，政府垄断造成了土地价值的低估与高估的双重影响。一方面，村民的集体土地在政府征用过程中被价值低估，在我国各地竞相建设的开发区里，地价惊人地低廉，其基础就是土地价值的严重低估；另一方面，在城市开发中，土地价值则存在垄断操作下的价值高估。房地产开发商通过在政府机构中寻求其行政人、行业性垄断、区域性垄断、集体合谋压价、垄断性信息优势、强制拆迁等手段，以远低于市场价值的批租拿到优良位置土地开发权。利润越大投资越大，产业往往在暴利刺激下过度膨胀。

尽快改变土地所有者权属和入市方式，培育土地要素市场，是从根本上改变我国房地产市场人为控制，保证房地产市场健康稳定发展的关键。

2. 弱化地方政府对房地产的依存度

统计表明，在整个房地产的建设、交易的过程中，政府税、费收入占到了房地产价的30%～40%。如果再加上占房地产价格20%～40%的土地费用，地方政府在房产上的收入将占到整个房地产价格的50%～80%。在欧美国家，地价、税费相加大约占到住房价格的20%左右。这些滚滚而来的财富大都流进地方政府以及房地产相关部门的口袋。如此诱人的暴利，难怪地方政府要对房地产业趋之若鹜。不改变以经济发展速度为主要指标考核政绩的传统，不斩断地方与房地产业之间的利益纽带，就很难从根本上扭转房地产过热的现象。

3. 综合运用税收、金融政策，控制入市资金量

经济泡沫形成的前提是非理性预期，而基础则是资金聚集。治理泡沫的最有效手段就是抽紧银根，控制入市资金量。在当前货币资金供应总量一时难以控制的情况下，不如改变思路，以更有针对性的税收、金融政策对房地产泡沫进行精确打击。在当前情况下，建议：①尽快征收物业税（不动产税），抑制住房的盲目需求。②对房地产商征收暴利税或空置税，促进住房供给的释放。③提高居民住房转让所得的税率。④可考虑征收遗产税，改变居民的心理预期。⑤取消期房销售制度，改为现房销售制度。⑥对居民购买第二套以上的住房采取抑制性的金融政策。

4. 大力发展廉租房建设

对出租住房的业主实行税收豁免政策，对低收入者购房和租房实行税收优惠政策，对为低收入者开发租用住房的私人公司实行税收抵扣。

5. 分级城市功能，延伸住房供应空间

过多的基础设施集中于主城区，强化了人地矛盾，抬高了地价、房价，成为房地产沫的催化剂。分散基础设施，分化城市功能，延伸大城市的地理空间，既是我国城市进一步发展的明智之举，也不失为平抑房价、解决住房困局的良方。

四、小结与建议

我国房地产市场从1998年改革以来，取得了长足发展，房地产在完善市场和繁荣经济的同时，脱离经济水平和收入水平的房价上涨也给人们生活带来了巨大的压力，房地产泡沫不断积聚膨胀，房地产市场的过度发展已经为我国经济埋下隐患。

本文研究发现，我国房地产市场泡沫的产生，从根本来说是金融投资渠道狭窄，使得房地产成为典型的金融投资产品，进而使充足的流动性涌向房地产市场，导致房地产金融化程度过高造成的后果。货币供给过多、市场资金流动性过剩等问题都是造成房价快速上涨的根本原因。因此，针对我国治理房地产泡沫的问题提出以下若干建议。

首先，积极拓展多元化的金融投资渠道，分散房地产市场面临的投机压力，同时，保持货币供应量的相对平稳，防止大起大落。从需求方而言，应分清投资购房者和刚性需求者，在调控市场过程中要兼顾公平。实际上，市场屡次调高利率更多地"错杀"了大量的刚性需求者，抑制了他们的正常购房需求，对投资客而言则影响很小。同时不可忽视的是，我国作为一个发展中国家，人均收入水平处于世界中下等水平，收入较低对房价的制约真实存在。因此，控制房产的需求需要差异化调控方式来实现。同时，要加大土地的供应，促进房地产的有效供应稳定增长，避免紧缩，过度抑制供给，反而可能导致需求恢复时房价上涨的压力加大。

总之，伴随我国经济发展和城市化的加速，我国房地产市场需求的旺盛局面将有所收敛，如何进一步改善我国居民的住房条件，让"居者有其屋"，是我国和谐社会建立的重要目标。房地产业持续健康发展，需要房地产市场调节和宏观政策调控两者相结合，而房地产泡沫的治理则是房地产宏调控的主要目标，对此我们必须有清醒的认识。只有这样才能实现我国房地产市场健康可持续发展。

浅谈企业风险控制对策

平煤国际矿业投资有限公司　张宏伟

企业经营风险客观存在于企业经营发展的每一个环节，企业在生产经营活动中面临着多方面的风险，如财务风险、销售风险、投资风险、政策风险、政治风险、自然风险和法律风险等。企业经营过程中如果不加以重视和及时规避，一旦风险出现，势必会影响企业的日常管理和整体运作，甚至会给企业带来极大的灾难。就我国公司、企业的目前情况来看，许多企业高层管理人员往往只注重企业的经营与利润增长，而忽视在日常决策中预防风险的能力，这明显是存在严重隐患的。因此正确认识和了解企业风险的形成原因和发展特点，并有针对性地建立健全企业的相关管理制度，是加强企业风险管理、增强企业抗风险能力的基本要求。

一、企业风险的特征

企业风险存在以下特征：

（1）风险的客观存在性。人们无法回避风险，只能通过各种技术手段来应对风险，从而避免费用、损失及损害的产生。

（2）风险的相对性。随着社会经济环境的变化，风险的内容、程度也随之变化，如汇款风险是汇率变化带来的风险，因外汇储备、通货膨胀等因素的变化而变化。

（3）风险的可识别性。风险是可以识别和控制的，风险可以根据过去的统计资料，通过一定的方法来判断某种风险发生的概率以及所造成的不利影响的程度。因此，风险是可以预测，也是可以控制的。

（4）风险与收益的共生性。风险具有不确定性，会带来费用的增加、各种损失和损害的产生，如果能够有效地管理风险，风险将会转换为收益。

二、企业经营风险的成因分析

1. 外部因素

在市场经济条件下，企业作为市场经济最为重要的独立主体，其生产经营活动处于一定的环境之下，必然受到其赖以生存的外部环境的影响，具体包括政策因素、市场因素、社会因素、科学技术因素、自然因素等。大方面如国家的政治是否稳定、国家宏观调控，其他方面如国家信贷、银行利率等都会影响企业的经营状况，对企业的运营造成直接的影响。

2. 内部因素

企业经营风险产生的原因绝大部分出自企业内部。具体来讲，导致企业经营风险的内部因素包括以下三个方面：

（1）缺乏风险意识。当前我国大部分企业对于风险的认识还明显不到位，企业的生产经营管理中主观随意性大，对于企业经营过程中遇到的风险缺乏全面清晰的把握，难以保障企业对市场的变化做及时积极的应对。另外，风险管理意识的不足，也是导致企业经营风险较大的原因。

（2）根据企业风险发生的具体情况来看，决策失误是导致我国企业经营风险的关键性因素。其原因是这些企业决策机制不完善，决策目标的短视化，决策程序规范化有待强化，决策行为个人色彩浓重，等等。

（3）部分企业管理水平较低，日常经营工作如人力资源管理、财务管理、营销管理等各方面都存在问题，并难以在较短的时间内得到有效解决，这些问题长期积累，也是造成企业经营风险的重要原因。

三、企业经营风险控制的对策分析

1. 提高风险防范意识

首先，风险与机会并存，企业经营过程中必然会碰到各类的风险，经营风险存在于企业管理的各个环节。企业经营管理者，尤其是核心决策层的风险意识则是企业有效进行经营风险控制的前提。只有经营管理者从思想上重视企业的风险管理，认识到风险对于企业生存发展的影响，提高企业的风险防范意识，对可能面临的风险做到心中有数，才能在企业的日常管理过程中加强企业的风险管理工作，将风险防范贯穿于企业生产经营和日常管理的整个过程，实现对各类风险的有效预测、识别、判断、控制和处理，提高风险管理能力，以保障和促进企业的持续健康发展。

2. 关注外部环境的变化

对于企业来讲，外部环境的变化是难以准确预测的，企业一定程度上对来自外部的风险是难以实现对其全面控制的。但另一方面，并不等同于企业对于外部环境的变化难以有所作为。为有效应的对各类外部风险，可以通过对外部环境的密切关注、深入分析，把握其变化发展的趋势和规律，对于外部环境及时做出适时的灵活调整以更好地适应市场的发展需求，强化企业对于外部环境变化的应变能力和适应能力，将可能产生的损失降至最低水平。企业要时刻关注政策法律法规的变化，尤其是国家宏观调控政策方面产业政策、财政政策、税收政策等，对政策的变化对企业可能产生的负面效应及时做好预算；通过对市场进行深入全面的调查，强化企业对于外部环境变化的应变能力，及时调整策略。

3. 建立健全风险管理机制

首先，要建立健全风险预警系统，对于可能出现的风险有明确的认识和详细的克服预案，积极做好准备并有应对措施，以控制风险的进一步扩大。通过相应的诊断工具对于经营风险的各种征兆进行分析、判断，一旦发现可能导致企业经营风险的因素就及时发出警告。企业的经营者、管理者应时刻关注风险预警系统的运作，根据相应的指标，尤其是可量化的财务指标，准确评估风险对企业可能造成的危害，适时地调整企业的发展策略，以更好地适应市场变化的需求。

其次，企业经营风险的有效防范必须有一套与之相配合的企业风险防范制度作为支持，实现企业经营风险管理的制度化、程序化及科学化。具体来讲，建立健全企业的各项管理规章制度，如资金管理制度、业务流程制度、财务管理制度、人力资源管理制度等，形成凡事有章可循、有人负责的良好生产经营秩序，尤其要注意制度规定的可操作性，加强制度落实的监督与管理工作。

4. 加强企业内部控制的建设

企业内控的加强是保障企业经营合法性、提高企业经营效益和防范企业经营风险、实现企业可持续发展的最为有效的途径。从企业发展具体实践来看，建立健全企业内部控制体系是企业经营管理的重要内容之一，也是管理者的重要责任之一。要根据企业生产经营实际情况，完善内控业务流程、制度体系的建设工作，落实企业内控执行情况的检查工作，将内控理念融入企业的日常经营管理过程中。另外，企业财务内控作为企业内控体系的重要组成部分，要充分发挥其在企业经营风险防范过程中的积极作用。

5. 提高企业管理水平

首先，人才是企业生存和发展最为核心的资料，不论是企业经营风险的防范还是企业核心竞争力的培育和强化最终都离不开企业员工的支持，尤其是核心员工的流失、人员的频繁流动等将直接对企业经营产生严重的负面影响，需加强企业人力资源管理工作，提高人力资源管理水平。应不断地强化员工与企业两者间的合作互利共赢关系。培养起员工对于企业的归属感、责任感和使命感，把企业的发展与自身紧密结合起来，增强企业的凝聚力，充分发挥主人翁精神，有效地防止企业的人才危机。

其次，以财务管理为核心，通过完善企业的财务管理工作，财务管理工作水平的提升整体带动企业管理水平的提高，达到有效防范企业经营风险的目的。具体来讲，重视财务管理工作，将财务管理工作置于事关企业稳定发展的位置，提高财务管理人员的综合素质和能力，尤其是要充分发挥财务管理的分析、预测功能，为企业经营决策提供充实的数据支持。同时在负债比例的控制上，要格外注意，实现企业资本结构的合理安排和优化调整，避免因财务负担过重影响企业的偿付能力造成财务风险的产生。

最后，在做出相应的决策前，需加强市场调查等前期工作，对于可能出现的问题进行全面分析，对于可能遇到的风险做全盘考虑，提高企业决策的科学性和前瞻性，最大限度地避免非理性的决策而产生的企业风险。

企业风险具有客观性，成因很复杂，预防与控制也需要因事而异。但无论哪种风险，科学的企业管理方法及严格内控制度，都是企业避免或者减低风险带来危害的最有效的方式和手段。因此，建立和健全企业风险管理制度是每个现代企业必须要面对的重要课题。

浅谈新常态下水泥企业的发展战略

淮北矿业相山水泥有限责任公司　张武举

进入2014年以来，中国经济步入调整期，政府坚持稳中求进的工作总基调，国民经济增长放缓，但仍保持在合理的运行区间。在整体经济运行存在较大下行压力的背景下，与水泥需求密切相关的投资增速也呈现下滑走势。据国家统计局统计，2014年全国固定资产投资增速从2013年的19.9%下滑至15.7%；房地产开发投资增速仅为10.5%，下降9.3%。房地产开发投资拖累整个投资，增速下滑幅度超预期，创10年来新低。受固定资产投资势头放缓的影响，水泥需求大幅下滑，水泥行业已属于产能过剩行业，产能过剩问题一直困扰行业发展，尤其是2012年以来随着需求增速不断下降，产能持续增长，导致我国水泥行业熟料运转水平在72%左右。由于我国水泥区域性很强，2014年北方部分地区（山西、新疆、内蒙古）窑运转水平甚至低于50%。在这种形势下，水泥企业要想生存，就需要对经济环境和市场有清醒的认识，并且为企业下一步发展明确战略方向，通过对企业整体资源进行全面的、长远的统筹优化调整，提高企业实力，坚定发展。

一、水泥行业当前形势分析

（1）目前，我国东部水泥产业密集地区各水泥厂家随着停窑时间的延长处境各有不同，水泥企业之间的协同已不复存在，企业之间存在激烈的价格竞争，在这种情况下，大型企业集团为自保加快兼并重组和产业链延伸，互抱团取暖，水泥行业进入了微利发展时期。

（2）国家对节能减排管理日益严格，政府正逐步通过"污染物排放标准""水泥行业准入条件""能耗补贴"等一系列的措施手段迫使部分落后产能升级改造或淘汰，这样也形成了限制其他行业资金进入的高门槛。东部地区已有相当数量的2500t/d以下产能的生产线退出竞争，西部水泥开始萎缩，大型水泥企业开始将精力放在往海外发展的方向上。

（3）水泥需求总量仍在逐步下降，产能过剩后果日益明显，部分产能小、位置差的企业被迫退出竞争，出现转产或倒闭，整个行业进入严冬。

（4）水泥行业产业升级基本完成，水泥市场规模趋于稳定，同时由于环保、能耗等高门槛条件的限制和行业保护的存在，水泥逐渐转入卖方市场，真正实现"价值回归"，盈利能力逐渐提高；又由于大量处置生活垃圾、工业废渣以及"四零一负"目标的部分实现，水泥行业逐步转变成环境友好型和资源友好型的行业，一个新的产业循环又即将开始。

当前时期正是处在水泥需求拐点出现之前，也是处在大淘汰赛的前夕，成功突围的企业将会实现涅槃，成为行业中坚乃至引领世界水泥行业，失败的企业将会被淘汰，倒闭。

二、大型企业的应对战略

1. 采取纵横一体化战略是必要的应急避险措施

纵向发展就是以水泥、熟料为核心向产业链的上下游发展，向上游发展矿山、砂石、添加剂，向下游发展混凝土、运输；通过产业链延伸获得对原料的更大的控制权，较低的交易费用以及消除库存积压和生产下降的局面，从而获得更好的经济利润。横向发展则是加快兼并重组，使得企业规模、纵深加大，获得更大范围的定价权，形成各自的所谓核心竞争区域。对于大型水泥企业来说，采取纵横一体化发展见效最快也更稳妥，是应对目前形式的最有效方式，所以是一个必要的避险措施。

据报道，在这方面国内的大型企业已经开始行动：冀东集团已经确定了"多业并举，工商贸一体"的发展战略，中国建材已经大举进入混凝土行业，同时加大了兼并重组速度，山水、海螺等大型企业也是大幅度整合市场，形成了各自的"价值核心区域"。

水泥巨头们的同时行动无疑也是看到了形势的严峻，但是大型水泥行业采取纵横一体化发展战略也存在巨大风险，需要重点规避。这些风险主要包括：

（1）资金风险。大型企业规模较大，要想使企业效益有明显改善就必须有一定规模出现，而无论是购买还是新建矿山、搅拌站，还是并购水泥生产线，都需要巨量的资金支持。大规模的资金调动，稍有不慎将会给原有主业造成影响。在对上下游进行购并时，最重要的是注意进入该行业所设置的门槛问题，如果门槛过低被收购的企业就可能很快重新开张，不仅整合市场的目标泡汤，也会让企业背上沉重的包袱。

（2）管理压力。新入业务需要掌握更多的技术和人才，需要更多的管理环节，从而带来巨大的管理难度。所以，即便是实力雄厚的大型水泥企业也最好不要进入采掘、建筑、桥梁等一些更加专业的领域。

（3）管理层对暴利型经营的反制。在充分竞争行业中，往往过大的市场定价权抑或造成远高于行业水平的利润率，进而由于缺少竞争更趋于暴利，最终引起管理层的反制，这种代价往往是十分高昂的。不过，由于目前国内水泥行业属于过度竞争，造成水泥价格远低于实际价值，按照国外发达国家水泥价格约在钢材价格1/6~1/5比例计算，我们国内水泥价格应该在600元/吨~800元/吨才能与之消耗的能源、资源相匹配，所以水泥业内人士应当积极发声宣传，引起管理层和广大民众的理解和支持，减少在水泥"价值回归"过程中的阻力与风险。

2. 采取降低成本战略，提高企业利润率是竞争根本

通过降低成本，使企业获得低于行业、竞争对手的成本从而获得优势的利润是任何一个水泥企业处于不败之地的竞争根本，对大型水泥企业而言，获得成本优势则是获得行业领导地位的最主要的支撑。

针对目前水泥企业的价值组成方式，降低成本主要分为以下几个步骤：

首先，要进行成本价值链的全面分析，找出重要成本因素。这其中要涵

盖供应、生产、维修、销售、财务、技改等所有环节，这需要专业的团队和真实、全面的数据记录。一般来说，大型水泥企业实力雄厚，人才团队方面不成问题，但是往往在真实的数据记录汇总方面由于受各种情况影响而难以做到，所以对问题的分析有时候不会十分准确到位，制定的措施有时也有失偏颇，这其实是非常可惜的。

其次，要控制重要成本因素，并逐步影响成本形成机制，降低成本。包括：通过集中招标比价方式大幅度降低大宗原材料、配件的价格；通过控制生产能力，实现均衡生产降低企业运行费用；通过优化粉磨站与熟料基地的位置分配降低运输费用；通过改变人员绩效考核政策来激发重要岗位的工作积极性，提高效率。目前这些措施各大企业都已经使用多年，目前需要做的就是进一步规范使用，减少环节，加强监督。

最后，也可以通过变革重构价值链，降低总成本。比如通过设立配件中转库，改变采购模式，降低大宗配件的投入；通过采用第二代新型干法技术，改进工艺，大幅度降低能耗；通过改间接销售为直接销售减少销售环节，创新销售模式，降低销售费用，通过产业链延伸，改变利润增长模式，减少交易费用，等等。目前来看，这类措施都是喊得多但是实际做得较少，而笔者认为水泥行业最大的一个突破口就在这方面。

采取低成本的发展战略需要特别注意两个方面：一方面是不能只重视制造活动的成本，而忽视其他方面，在水泥行业制造成本固然较多但却是潜力最小的一方面，目前来看在采购、运输、并购、财务和销售环节的成本分析也是相当重要的。另一方面是要根据价值活动内在联系的优化和协调，切勿在降低成本管理时一刀切，而必须认识到在瓶颈性的部门中加大投入反而会降低总成本。

3. 与竞争对手的竞争合作战略必不可少

目前国内几大水泥巨头的市场产能布局是你中有我、我中有你，虽因市场份额关系竞争激烈却是谁也不会轻松吃掉谁，但是恶性竞争肯定会导致两败俱伤。从本质上说，商场竞争既存在利益分割矛盾，又存在共创市场的互惠可能，所以企业的战略既要有竞争的艺术同时又要有合作的艺术。比如中国建材与海螺水泥的战略联盟，中国建材通过联盟来推进预拌混凝土市场的整合，海螺水泥则是顺势扩大自己在余热发电、垃圾焚烧设备以及技改方面的优势，在当前形势下找到双方的利益共同点相互合作把饼做大，实现了双赢。通过与竞争对手的联盟防止过度竞争，从而可以使企业腾出资金、精力在其他方面进行突破，是今后企业竞争中一个必不可少的战略。

4. 向海外扩张是一个较好的突破点

目前我国水泥行业已经走在了世界水泥发展的前列，与其他国家相比拥有人才、技术、成本方面的明显优势，具有较强的竞争能力；而南美、非洲、东南亚等一些发展中国家的大规模建设远没有完成，存在巨大的需求，将国内生产能力和技术向海外输送是一个不错的选择。但是也应当清醒地认识到，海外扩张会受到诸多的影响，尤其是政治环境的稳定性、政策壁垒、政府官僚制度、贸易条约和制度等方面，每一个方面都会直接造成投资的失败。

三、中小型水泥企业的战略选择

对于处在竞争前沿的中小型水泥企业来说，无论是大型集团下属生产线还是独立企业，受市场的冲击最为直接，所以在目前市场形势下，最好也只能采取"顺势而为"的发展战略，通过改变自己来适应市场发展，避免在将来的大淘汰中出局。

我认为，"顺势而为"的措施主要有如下几点：

（1）大胆通过EMC模式进行技术改革，提高生产效率、降低成本是根本。

目前国内新型干法水泥制造成本和产品质量已经达到了一个相当的水平，如果不进行技术改造而单靠严格管理来降低成本的空间有限。如果要在这种混乱局面中脱颖而出，提早动手技术改造、率先实现产业升级则是一个捷径；而动作慢甚至没有动作的企业则容易率先碰壁甚或被淘汰。

水泥生产目前出现的比较有代表性的新技术包括：以辊压机终粉磨技

术、第二代余热发电技术、富氧燃烧技术等为主的第二代新型干法技术，每一项技术几乎都得到了成功的验证，几乎都是一个变革式的进步，能大幅度降低能耗或提高产品质量，将来定会得到广泛的应用。采用新技术需要大量的资金投入，为保证企业资金的充裕与技术改造项目的可靠性，采用与节能服务公司合作（EMC）是非常理想的一个模式。由有实力的节能服务公司帮助投入资金和选择成熟的项目，然后通过将节能量分层的方式支付改造资金，这样可以使企业生产线得到升级，同时又降低了资金风险，有眼光同时想有作为的企业在精心选择改造项目的同时应当大胆采用。

（2）积极响应国家政策，争取政府政策支持。

近年来，我国政府也相继发布了许多推动低碳经济的举措，比如《循环经济促进法》《节约能源法》《可再生能源法修正案》及《节能技术改造财政奖励资金管理暂行办法》等，这些政策大多侧重对低碳企业给予扶持，可以让企业在节约10%~30%的成本的条件下实现技术升级。笔者认为，今后取得财政补贴是水泥企业提高生存能力的一个重要组成部分。目前形势下，基层水泥企业则需要更加重视与政府主管部门的联系与沟通，及时争取有利政策支持，加快技术升级是企业突围的一个重要条件。

（3）做好售后服务，搭城镇化进程的顺风车。

根据国家"十二五"规划，在今后的一段时间内，城镇化建设将是我国经济建设的一个主要内容，这就注定了在今后的一段时间内城镇化市场是一个重要市场，尤其是对东部发达地区来说这几乎是最后一块蛋糕。广大水泥企业，尤其是东部发达省份的水泥企业要及早准备，调整各自生产和销售策略，有效稳定乃至扩大这部分水泥市场，从而搭上城镇化建设的顺风车。

城镇化建设过程中一些水泥使用的条件会发生变化，比如在施工方面，施工人员专业化程度下降，使用地点分散主要以农村市场为主，等等，在这种条件下如何保证客户正确地使用、选择、养护、鉴别真伪以及如何进行退税等方面就显得比较重要。在用途方面，城镇化建设过程中会有大量的低等级路面、场地硬化，大量矮层楼房建筑以及装饰会造成PO、PC等中低端水泥的大量使用，产品同质化竞争激烈，只有降低价格或者优秀灵活的售后服务才能紧紧抓住客户，扩大市场。

（4）差异化竞争战略是一个比较好的突破点。

目前水泥市场上除了极少的特种水泥以外，其他基本就是PC，PO水泥，产品极度均质化，这也就造成了使用方对水泥的专业意识相当淡薄，在很多工地甚至是混凝土搅拌站，无论是浇筑地面、框架，还是浇筑大体积几乎都是PO水泥在包打天下，有些建筑物出现的问题看似无解，但在制造方来看可能就是一件非常容易解决的问题。水泥的不专业使用会造成建筑物的使用周期变短、造价增加等危害。在目前普遍存在的水泥的专业使用意识淡薄的条件下，水泥厂能通过积极调整配方，先人一步推出一些专业水泥，解决一些实际问题，则可以在细化水泥市场方面占得先机。比如通过推出道路水泥延长路面的使用寿命，通过低温低水化热水泥解决大体积浇筑的裂缝问题，通过推出海工水泥解决混凝土钢筋的侵蚀问题，等等。另外，目前水泥生产线也具有转产生产白水泥、硫铝酸盐水泥等一些产品的能力，长期来看水泥的专业化应用应该是一个趋势。

四 、 结束语

在产能过剩的形势下，水泥企业只能选择勇敢地面对严峻形势，同时根据各自特点优势积极准备，通过技术改造、产业升级提高行业效率，通过强化服务、细化市场树立品牌，通过行业并购、海外扩张扩大市场等手段实现行业的涅槃。

浅谈基于RCA的施工企业成本管理

中国水利水电第十三工程局有限公司　　张　泽

在日趋激烈的市场竞争下，施工企业面临的一个重大课题就是"如何加强成本管理，提高经济效益，提升竞争力"。在管理提升活动开展得如火如荼之际有必要重新思考"以成本管理为中心，以经济效益为目的"的现代化企业管理模式，培育自身的核心竞争力，以求在竞争中立于不败之地。

我们的施工企业的成本管理目前存在诸多问题，具体表现在：第一，成本管理缺乏系统性，一方面没有实现从投标到项目竣工验收全阶段的成本管理，另一方面成本管理主体单一，没有实现施工各相关部门的有机协调和全员参与。第二，成本管理缺乏针对性，客体单一且措施单调，没有针对项目的特点制定符合实际的成本控制措施。第三，成本管理方法落后，主要是"算账报账型"的成本管理模式。近年来虽已局部改革，但收效不明显。

当前我国研究和应用的最热门的成本管理方法是作业成本法（Activity-Based Costing，简称ABC），然而实践方面，却鲜有成功的案例介绍，在少数实际应用案例中，也没有达到作业成本管理的预期目的。本文希望通过对引入结合了作业成本法的优点，又克服了其缺点的新的成本会计方法——资源消耗会计（Resource Consumption Accounting，简称RCA）的思考，为解决目前我们施工企业成本管理的问题开辟新的思路。

一、RCA的基本概述

RCA是2002年由美国管理会计师协会在融合了德国成本会计与作业成本法基础上提出的一种新的成本会计方法——资源消耗会计。与ABC主要运用在间接成本的分配上不同，RCA的核心概念是资源：密切关注资源、资源之间的相互关联性以及资源的产出是如何消耗的，并依据成本消耗的因果关系将成本从资源分配到产品的成本管理系统。作为ABC的延伸与补充，RCA在理论与分配方法上弥补了前者的不少缺陷，并在德国等欧洲国家以及美国本土公司的实践中得到了检验。

在RCA管理体系中，"资源"这一核心概念的含义更广。ABC下的资源仅指作业所消耗的资源，而RCA下的资源既包括为作业提供服务的资源，也包括资源自身所消耗的资源，以及为其他资源提供服务所消耗的资源。而资源消耗指的是部门之间的成本（价值）转移。在RCA下，员工的薪酬福利及接受报酬提供相应的劳动，库存材料、固定资产及折旧和转入成本的材料费用，以及企业的维修车间所发生的一切工、料、机费用等都是资源。

RCA下，也有成本中心的概念，但区别于ABC，其是按区域管理原则建立起来的，当一个成本中心有多种不同的"产出"时，就要将这一成本中心按不同的产出分为多个资源结集点，一个资源结集点只有一个"产出"，即一个成本动因。资源结集点类似于管理会计中成本中心的一个单位，这个单位所发生的全部成本，即资源消耗，在此结集。结集后的产出数量称为资源产出量。在RCA下，一个成本中心的耗费必须是为该中心的产出而引起的，且该中心业务活动具有重复性，而非一次性。从管理层面而言，一个成本中心只能由一位责任人负责，但是一个责任人可以同时负责几个成本中心，而一般情况下，一个行政单位要对若干个资源结集点负责。同时为了方便控制，成本中心的规模不宜过大，应按照各个中心的成本类型、技术、资源种类、所执行的工种相类似这一要求对成本中心进行细化，以利于成本核算与控制。

与传统的"基本生产"和"辅助生产"相对应，资源结集点可以进一步分为初级成本结集点和二级成本结集点。初级成本结集点是直接从事生产产品或提供可销售劳务的单位，此外还包括直接为可销售的产品或劳务提供服务的部门，产生的成本是直接成本，如材料、工资、福利费和折旧费。二级成本结集点是指为基本生产单位或为其他二级成本结集点服务的单位，二级资源结集点中的成本要通过分摊，将其进一步核算到初级资源结集点或其他二级资源结集点中去。由于消耗了二级成本结集点所产出的资源而发生的成本，是与直接成本相对应的转入成本。此外，还有"初级费用要素"与"二级费用要素"的概念。前者反映一项成本费用固有的成本性质，与"成本费用要素"相似，与"总账科目"相同，如工资、福利、折旧和维修等；后者反映由于资源的消耗而改变了的性质，例如人力资源消耗初级费用要素的产出性质便发生了变化。

二、基于RCA的成本计算模型的构建

要构建RCA下的成本计算模型，首先需要明确资源及其相关要素的划分标准，并确定资源结集点。在划分资源及相关资源要素时，应遵循以下三个标准：一是同资源结集点的资源要素具有相似的技术；二是能够确定或者预计资源结集点的产出与消耗者之间的定量关系；三是能够收集或者估算各个资源结集点的成本和数量数据。通过进一步分析"资源—资源""资源—作业"的相互关系，将多项资源要素按照资源库的标准进行重分类，将相关资源要素分到各个资源结集点，收集各种资源要素的数量、金额，并据此制定成本计划、收集价值和数量等数据以及计算差异。

同时需注意，RCA将同类生产能力合并到一个资源结集点是以数量为基础计量资源结集点的产出量，对成本的核算采用数量计量而非金额计量。例如将某项目的所有人工费归集到人工资源结集点，其资源产出量的计量单位为人工小时，这一资源结集点，既反映了人工的资源产出量是多少人工小时，又核算了人工费用的总额，资源使用单价的固定金额及变动金额，可以

清晰反映成本投入与产出量的关系，实现了资源消耗和成本分配的统一核算。

资源结集点中的成本习性仍是划分为固定成本和变动成本，区别于传统的是从资源供应和资源消耗两个维度进行划分：一是成本在资源消耗中的固定或变动的自然属性；二是变动成本属性在资源消耗时点的可变性，即考虑成本资源实际消耗时的模式变化与否，进而确定按照何种成本分配方法计入成本对象。

RCA通过将企业拥有的散乱资源根据产出的同质性分成不同的资源结集点，同时确定其产出能力和单位资源标准成本。在资源结集点产出能力的计量方法上，主要以产出实体数量为计量单位，所有资源结集点成本均划分为固定成本和变动成本两部分。其成本核算的流程是资源——成本中心——产品，通过成本中心将成本分配到产品，具体有以下三步：

第一步：区分不同的成本类型，将每个成本类型按照资源供应模式和资源消耗模式划分为固定成本和变动成本，并始终保持这种划分。

第二步：将资源分配到各资源结集点或作业。资源按照所属部门归集到二级资源结集点和初级资源结集点，根据因果关系在二级资源结集点（作业）之间进行分配。然后将经过价值转移后的二级资源结集点或二级作业的成本分配到一级资源结集点和一级作业。在分配成本的过程中，成本需要始终保持固定和变动部分，而所有的固定成本不参与任何的成本分配，继续保留在所在的成本中心。

第三步：将一级资源结集点和一级作业中的成本分配到产品。一级资源结集点和一级作业中的固定成本仍然不参与分配，通过这一步的计算得出的是产品的变动成本，再加上留在一级资源结集点（作业）和二级资源结集点（作业）中的固定成本得出产品的完全成本。

三、施工企业成本管理中RCA的应用

RCA在施工企业的成本管理的应用可以从以下三个方面着手：

（一）RCA下消耗资源向各项作业的成本流程

RCA下成本管理的特点概括起来是：以成本中心作为间接费用的分配途径，根据分配对象的需要进行"拉动式"分配；以产出量而非作业量作为成本动因；以变动成本而非完全成本作为成本会计的系统特性。RCA适用于短期的计划和控制，成本中心的管理者是成本的责任人。特别值得注意的是，RCA与传统成本会计制度是吻合的，企业实施RCA不需要新建一套成本制度，而只需要在原有的成本制度之下在成本核算时采用RCA的流程即可。

对于施工企业而言，RCA主要可以应用在工程项目的成本管理上，包括对人工费、材料费、机械使用费、其他直接费用与间接费用等项目实施成本的管理。接下来本文将在成本核算模型基础上进一步举例说明RCA下消耗的资源向各项作业的基本流程，这一流程将帮助企业实现从传统的作业成本法向RCA成本法的转变。

假定施工企业某工程项目现场有一个临时仓库，负责调配项目所需物料。具体进行四种作业：第一步需人工盘点运来的物料；第二步用铲车将物料卸下运至仓库；第三步需人工分类物料并堆垛；第四步当施工现场需要物料时用人工和车辆将相应物料运至所需地点。在RCA下，这里只有一个成本中心，即临时仓库这一生产区域。虽然是四种作业，但根据"一个资源结集点只有一个成本动因"，应划分为两个资源结集点：人力资源结集点和机械资源结集点；而成本动因前者是人工工时，后者是机械小时。在各资源结集点下进一步分解固定成本与变动成本，确定资源产出数量，计算出资源产出单价，进而分配至各项作业，具体内容如表1所示。

表1　RCA下消耗的资源向各项作业的成本流程

成本中心：××部门#001					
资源结集点#001A	人工资源结集点	作业内容	资源结集点#001B		机械资源结集点
资源产出数量	×××工时	作业一	资源产出数量		×××机械时
科目号	科目名称 固定成本 变动成本	作业二	科目号	科目名称	固定成本 变动成本
		作业三			
		作业四			
合计		……	合计		
资源产出单价	×××元/工时		资源产出单价		×××元/机械时

　　在RCA下，每一个资源结集点都有自己的成本核算对象，且划分为固定成本和变动成本，将资源结集点作为编制成本计划、考核业绩和分析差异的单位，能够合理地贯彻企业一系列的成本管理措施。

（二）RCA对剩余/闲置生产能力的分析

　　剩余/闲置产能是指企业内未被利用的资源。资源从闲置到满负荷使用有一个范围，当企业的资源不能处于满负荷运转状态时，资源未被充分利用就会产生剩余/闲置生产能力。从数量角度看，剩余/闲置产能是从供给的资源中扣除被利用的资源后的差额。这种剩余/闲置产能的分析实际是通过计划成本和实际成本的差异实现的，计划成本就是"供给的资源"，实际成本就是"被利用的资源"。

　　例如，施工企业某项目需进行四栋房屋的地基处理，包括人工作业准备和机械操作两类作业。在这一成本中心下，人力资源结集点计划产出3000人工工时，其中人工作业准备1000人工工时。机械资源结集点计划产出4500机械小时，其中人工作业准备耗费2600机械小时。地基处理共计人工作业准备100次，则每次准备计划消耗人工为10（1000÷100）小时，机械26（2600÷100）小时。在实际的计划执行中，由于四栋房屋中有1号楼的地基处理采用了更先进的机械，相应的地基处理人工作业准备所需次数由40次降为30次。由此，形成了剩余人力100小时，剩余机械260小时，产生剩余/闲置产能。

具体剩余/闲置生产能力的计算应遵循下面的公式：

$$剩余/闲置生产能力 = 剩余机械小时 \times 单位机械成本$$
$$+ 剩余人工小时 \times 单位人工成本$$
$$- 实际节约的资源$$

应用RCA时，应注意其作用不是将这种差额分配到每一个产品单位之中，而应该按是否管理相应产能或进一步对涉及其影响的责任人员或者层面，予以追溯并加以归属。负责人可以通过对剩余/闲置生产能力的分析揭示有可能利用的资源，并据此进行产能的管理及做出资源获得方面的决策。

（三）RCA下的预算编制

RCA采用的预算编制方法是，作业资源计划制定（Activity-Based Resource Planning，ABRP）。具体编制步骤包括以下四步：

第一步：对资源结集点，确定其各种资源要素的单位标准，据以编制最初的预算。这一步需要先将一项资源结集点下的各项直接成本和转入成本分割为固定成本和变动成本，确定工时和计划支付的金额。

第二步：确定资源产出的消耗情况。根据第一步确定的公式和计划支付的金额，分别计算固定成本和变动成本每小时的费率。然后根据不同施工项目的施工时间分配成本。

第三步：确定资源产出的需求情况。根据可能需要调整的项目施工时间及参与施工的人员或者机械的数量，计算出资源需求量，即总工时。

第四步：重新编制预算。根据资源产出的消耗及需求情况，在新的安排下，是否需要调整原来的人员或机械安排。

在RCA下，预算的编制以资源消耗的有效利用为基础，计算资源结集点的单位费用率，确定剩余/闲置产能，当作业量发生变动时，可利用原剩余能量；同时，对转入成本又做了固定成本和变动成本的划分，作业量的增减不会影响固定成本的增减。实际上，RCA在进行成本预算的过程中揭示了企业过剩/闲置生产能力，并将其纳入了预算范围内。

概括而言，在施工企业的成本管理应用RCA，包括了核算和控制两方面。根据RCA原理制定作业资源计划，确定预算作业资源成本，并计算实际作业资源成本，两者对比，分析成本差异，进而判断区分增值与不增值的作业，发现低效作业及改进的可能。在此基础上，可以优化作业链及资源配置，以最终实现施工企业的整体成本最优。

煤炭机电安装企业转型升级的研究

中煤第三建设集团机电安装工程有限责任公司　张鲁鲁

一、煤炭机电安装企业转型升级可行性调研

1. 从煤炭行业进入低位下行运行态势，分析转型研究的紧迫性

2014年以来，煤炭行业继续受经济增速放缓、环保生态、多元能源等对煤炭消费的硬约束以及进口煤炭、产能过剩的影响。预计2015年煤炭消费比重下降至63.3%、产量同比下降5%左右。目前处在前期工作阶段的部分项目放慢、暂停或取消，施工准备阶段的一些项目亦放慢或暂停，部分产煤大省正常建设矿井减少75%。

2. 从煤炭行业步入低速发展的新常态，研究转型的必要性

当前，要深刻把握能源发展"四个革命、一个合作"的大势，认识适应发展速度从高速转向低速、发展方式从规模速度型粗放增长转向质量效率型集约增长、经济结构从增量扩能为主转向调整存量与做优增量并存、发展动力从传统增长点转向新增长点的新常态。

3. 从集团公司统一部署，调整经济结构和产业结构，探讨转型研究的可行性

经济结构调整，对企业进行改制。国有企业改制是一项系统工程，要正确处理国有企业改革、发展与稳定的关系，从加快科学发展、构建和谐社会、维护稳定的大局出发，加强组织领导，落实工作责任，形成合力，努力做到在稳定中推进国有企业改革，在改革中促进稳定和发展。要建立竞争机

制，积极鼓励、引导社会资本、民营资本等多种所有制经济参与国有企业改制，形成股权多元化，推动企业制度创新、机制转换。要积极引入外部战略投资人，引进先进管理、技术和人才，提升企业核心竞争力。

企业改革经过多年的探索和进步，如今已进入到制度创新的攻坚阶段。如何盘活国有资产存量，合理配置资源，提高企业效益，是长期困扰国有企业的难题。

由于历史原因及国家产业政策的重大调整，一些深层次矛盾和问题集中暴露出来，企业举步维艰，市场竞争能力难以得到进一步提高。机制不活，体制落后，产权不明，权责不清，管理方针乏力，结构调整和资产重组困难，有限资本动作涩滞，缺乏有效的激励监督机制。

因此，进行制度创新、机制创新、管理创新、技术创新和资产的重组，是市场经济体制的客观需求，是扭亏解困的必要条件，是抢抓机遇、再造新优势的迫切任务。

二、煤炭机电安装企业如何实现转型的思路与做法

1. 建立现代企业管理制度

作为煤炭机电安装企业，随着煤炭行业增强转化能力，实施产业链投资和跨界转型，原有的体制已不能实现现代化的管理，企业要改变只注重数量多、速度快、价格低、质量差的粗放型发展方式，建立现代企业管理制度，向精细化管理方向发展。

（1）确定改制的指导思想、目标和基本原则。企业按集团公司要求建立现代企业管理制度，由原来的"全民制"企业，改制为"有限责任公司"，并对各种制度进行有效管控。

指导思想。以《公司法》为依据，以改组、改造和加强企业管理为内容，以产权清晰、责权明确、政企分开、管理科学为方向，从理顺产要关系入手，不断完善企业法人制度，建立适应市场经济发展，高效灵活的资产经营机制，使公司真正成为自主经营、自负盈亏、自我约束、自我发展的法人

实体和参与竞争的主体。

改制的目标。通过改制使我公司转变为产权结构多元化的有限责任公司。促进企业发展,在制度创新中把改制、改组、改造和建立健全适应新体制的管理制度相结合。在企业内部建立起符合建筑施工企业自身规律,适应建筑市场竞争的运行机制;资产及负债结构逐步优化的途径得以畅通:科技和管理水平上一个新台阶;企业的经营能力、经济实力得到增强。

基本原则。盘活国有资产,确保国有资产的保值增值;全面贯彻产权清晰、权责明确、政企分开、管理科学的内涵,坚持改制、改组和加强企业内部管理的有机结合,整体推进;着眼管理创新、技术创新、制度创新并举,立足解决实际问题,大胆探索,重点突破;正确处理改革、发展、稳定的关系,发动群众参与改制工作,用观念的转变促进机制的转换,发挥企业党组织的政治核心作用,全心全意依靠职工办企业。

(2)重组内部机构。根据公司经营的需要,对职能交叉的相关部门,本着精干、高效、合理的思路进行调整。

(3)建立适合公司发展的经营管理机制。为了盘活国有资产,促进结构调整,实现资本的有效重组,积极推进多元投资主体和多种经营承包方式。在保证国有资产保值与增值的基础上,以"三个有利于"为原则,根据公司主业、辅业、三产的施工经营不同特点,充分发挥单位施工实力、厂房、设备的优势。建立起以资金为主要纽带,以工程促辅业、三产发展,承包与专项分包为主体,放权搞活、促进主业壮大,辅业、三产有质地发展。

合并后的机电安装公司施工领域呈现出煤与非煤并举,工程、产品同步发展的良好态势,企业发展优势愈加显现,总产值稳步增长,安全、质量等经济技术指标创历史最好水平,单项工程合格率达到100%,实现了企业增效与职工增收的良好发展态势。

(4)完善工会工作和职工民主管理。公司尊重和支持工会依照法律和章程独立自主地开展活动,代表和维护职工合法权益。

公司支持工会依照《工会法》健全组织机构,建立工会与公司平等协商签订集团合同制度。由工会代表职工与公司就劳动用工、劳动报酬、工作时间、休息休假、劳动安全保护与卫生保险、福利等方面问题进行平等协商，签订集体合同，协调和稳定劳动关系，增进双方合作，共谋企业发展。

2. 成立建筑劳务公司

（1）成立建筑劳务分包公司，拓宽竞争市场。近年来，国家对煤炭产业政策在不断调整，发展速度放缓，从而给煤矿建设行业带来很大的压力。全国各大矿局采取许多应对措施，特别是在工程招投标方面，将总承包工程，分为几个劳务分包工程进行，以达到投资方能够分期投资、见效快的目的，拓宽我公司承担工程需求。

（2）劳务公司风险控制措施。

经济风险：公司设立独立账户，单独管理，工程项目款实行单独结算，财务报表均提交会计事务所进行监察。

工程管理措施：该公司隶属于机电安装公司，所施工工程，执行机电安装公司项目管理制度，参加月度安全检查和质量检查。现场管理人员由机电安装公司派入，以加强对施工现场的管理，确保安全生产，施工质量优良。

该公司成立后，由于适应市场需求，通过运营，将会创造出很大的经济价值。

3. 成立海外公司

企业成立海外公司，以拓宽海外市场的占领比重。首先制定海外战略：借鉴集团内部单位和其他同行业海外施工经验；分析海外市场，重点关注印度、非洲、蒙古、越南等发展中国家市场；发挥机电安装优势，以承接海外分包工程为突破口，进军海外市场。

其次，企业成立海外公司，通过将传统产业模式与现代化管理模式的融合实现不断转型升级创新，推进实施品质品牌战略。利用时机紧跟"一带一路"战略，推进对外工程承包、技术服务的"走出去"，逐步融入海外建设市场。

三、转型模式管控实施效果

制定管控措施，确保转型后机制有效运行。一是坚持分类管理。二是坚持激励和约束相结合。加强经营业绩考核。完善并严格退出机制。三是坚持统筹兼顾。合理确定其薪酬水平，同时调节经营管理杠杆，降低成本，提高效益。

公司合并重组、转型升级后，获得"国家级守合同重信用企业""全国五一劳动奖状""中国工程建设诚信典型企业"等荣誉，同时，蝉联全国煤炭行业综合实力（机电安装）第一名。

企业技术创新与风险控制研究之我见

河南省发展燃气有限公司　尚　谨

一、绪论

（一）研究背景与国内研究现状

1.研究背景

当今，随着知识经济时代的来临，技术创新正在日益成为企业发展中最重要的因素。首先，技术创新是企业发展的主要动力。无数事实证明，在国家不断倡导经济新常态的今天，仅凭严格的管理和良好的生产效率已不足以促使企业快速发展，而能够推动企业快速发展的是技术创新，某项技术创新的成功，往往可以使一个企业迅速成为企业界的翘楚。其次，技术创新是企业竞争的主要手段。在当今时代，企业间的竞争主要地已经不再表现为资本实力之间的竞争，而是技术创新实力的竞争，就是说，一个企业只有在技术创新方面有所作为，才能立于市场竞争的不败之地。再者，技术创新是企业财富的主要来源。实践表明，企业只有通过不断地技术创新，才能推动经济的快速增长，获得丰厚的经济效益。总而言之，在当今企业的发展中，技术创新的地位和作用日趋增强，正如有的研究者所指出的：随着知识经济时代的来临，越来越多的企业发现，创新正日益成为企业生存与发展的不竭源泉和动力；技术创新是现代企业的生命线，只有在技术创新方面有所作为，企业才有生存发展的空间；当今，全球竞争越来越体现为经济和科技实力的竞争，而技术创新则日益成为促进经济增长和提高科技竞争力的关键。

然而，技术创新又是一项高风险的活动。这是因为：其一，从内部看，技术创新自身包含着诸如目标制定、研发生产、产品销售等诸多环节，这些环节之间的非线性相互作用构成一个复杂的系统，其中充满了不确定性。其二，从外部看，技术创新是在复杂的自然和社会环境中进行的，受到来自于企业、市场、政策等多方面因素的影响，这其中也充满了不确定性。这样一来，技术创新活动中产生各种各样的风险也就自然成为不可避免的了。各种统计数据也说明了这一点。

日本学者板治光对200多个技术创新项目进行了调查，其真正成功的项目不到10%[1]。我国的情况也一样，最近的一项统计数据表明，在10000多个技术创新项目中，取得成果的有7000多个，完成中试的有6000多个，而最终取得经济效益的仅1100个，不足10%。这种情况表明，各种风险的存在，是企业技术创新的一大障碍，因此，关于各种风险的防范与控制，也就成为当今企业技术创新中一项重要而又紧迫的任务。

2．国内研究状况

（1）关于技术创新的研究。

我国关于技术创新的研究起步较晚，但也取得了一些重要的成果。清华大学傅家骥教授主编了《技术创新——中国企业发展之路》一书，该著作是国家自然科学基金资助的"八五"重大科研项目的研究成果，是我国系统论述企业技术创新机制的第一部专著，初步探讨了技术创新的理论体系和政府管理问题。许庆瑞在《中国企业技术创新——基于核心能力的组合创新》一文中详细阐述了我国企业技术创新的发展历程，同时也分析了由技术创新带来的企业核心竞争力。浙江大学的吴晓波等人在学术界原"二次创新"模式（以研究与发展为基础的一次创新模式和以引进消化吸收先进技术为基础的二次创新模式）的基础上，又进一步提出了基于全球竞争的一次创新过程模式，该模型将二次创新过程分为模仿创新——创造性模仿——改进型模仿——后二次创新或一次创新四个阶段，并据此提出了我国制造业的全球化竞争战略等。

在关于技术创新成败因素的研究方面，陈少兵等人运用统计分析、专家评分、矩阵分析等方法进行实证研究，指出影响技术创新项目成败的重要因素有技术的难度及复杂性、科技人员实力、企业管理能力、项目资金需求量、市场信息了解程度、竞争对手的实力和多少等。周秀丽等人认为，导致企业新产品开发失败的因素有技术、资金、企业内部组织、营销管理、竞争对手能力较强、市场预测失误、企业员工素质不高等。吴运建提出技术创新项目成功概率预测模型，运用可靠性分析原理构造了估计技术创新成功率的方法，为技术创新失败率的估计提供了方法参照。

（2）关于技术创新风险的研究。

在这方面，李垣认为，风险性是技术创新的基本特征之一，并在技术创新的利益诱导模型中引入了风险系数。王海山认为，技术创新风险包括：技术风险、市场风险、社会风险与自然风险。谢科范认为，技术创新风险来自4大因素：环境因素、项目因素、企业能力因素、项目管理因素，共58种子因素，并找出了其中的重点风险因素。吴涛认为，技术创新风险的类型分为：系统风险与环境风险、过程性风险与非过程性风险、战略风险、战术风险与作业风险，同时，建立起了技术创新风险的二维分析模型，从风险层与决策维对技术创新风险进行了定性分析。洪进等人从技术、产品、市场三个维度提出了技术创新风险的控制对策；①基于三维度的技术战略决策；②组织创新与企业流程再造；③创新风险分散；④注重风险评估，确定替代性的选择方案；⑤建立预警系统。李柏洲在《企业技术创新风险要素分析》一文中，从企业技术创新过程的各个阶段入手，提出了每一阶段存在的风险因素，主要包括：技术创新目标确定中的风险、准备过程中的风险、活动过程中的风险、进入市场时的风险，并对各种风险进行了比较系统的分析等。

（3）关于企业技术创新风险的研究。

在这个问题上，我国近年来也出现了一批研究成果。刘琪等人认为，国有企业技术创新融资是一种高风险的经济行为，具有极大的外部性和不确定性。国有企业技术创新融资风险是指企业在实施创新项目并为创新项目进行融资的过程中，由一些不确定性因素而引起的对企业实现企业目标产生有利或不利影响的机会事件发生的不确定性。陈军认为，我国的国有企业在引进风险投资项目的选择上，可以采用模仿创新战略。模仿创新并不完全照搬照抄别人的技术，它需要投入一定的研究开发力量，以对率先者的技术进行进一步的开发。由于模仿创新可以使吸收开发的针对性大大增强，这就可以回避研究开发竞争所带来的风险。从这个意义上与自主创新战略相比，模仿创新战略是一种风险较低的战略。周仁仪等人认为，科技型企业技术创新风险的成因为：技术创新的宏观环境复杂多变；技术创新的内含素质偏低；技术人员变更频繁；财务关系应变滞后。王晓红等人认为，企业技术创新的风险性使得以传统的方式来寻求融资十分困难，风险投资能较好地解决这一问题，特别适用于高新技术企业融资。二板市场也能为企业技术创新融资提供更多的机会，同时也为风险投资的退出提供一个出口等。

（二）研究方法、思路与主要内容

1．研究方法

本文的研究方法主要为：

（1）理论研究与案例研究相结合。

所谓理论研究，是指对研究对象进行由具体到抽象、由个别到一般的理性概括。这种研究方法可以揭示研究对象的内在规律。所谓案例研究，是指对研究对象进行客观情境的描述与分析。这种研究方法可以揭示研究对象的具体状态。对于企业技术创新风险及其控制的研究而言，这两种研究方法显然都是需要的，因为只有既对技术创新风险的内在规律予以揭示，又对技术创新风险的具体状态予以把握，才能对其进行有效的防范与控制。这样，理论研究与案例研究相结合也就自然成为本文的一个研究方法。

（2）定性分析与定量分析相结合。

定性分析与定量分析是彼此对应的一组分析方法。定性分析是对事物的本质属性进行分析的方法，定量分析是对事物的量进行考察的方法。对于企业技术创新风险及其控制措施的研究而言，定性分析与定量分析都是不可缺少的，因为定性分析可以描述研究对象发展的总体趋势，定量分析又可以在定性分析的基础上使分析得以深化。因此，二者的结合也就成为本文又一个重要的研究方法。

2．研究思路

本文的研究思路，概括来说，就是在国内外学术界已有研究成果的基础上，运用理论研究、定性分析与定量分析相结合等方法，对企业技术创新风险进行比较系统的探讨，从而比较深入地揭示其内在的本质和规律性，以便为更好地进行风险规避、防范与控制提供理论依据。据此，本文在对企业技术创新风险及其控制研究所要涉及的几个基本概念（技术创新、风险、技术创新风险等）进行界定的基础上，分别对企业技术创新的风险状况、风险因素、风险类型、风险危害等和风险控制的必要性、可能性和控制措施等进行理论研究。

二、企业技术创新风险状况分析

本章对企业技术创新的风险状况进行分析。由于对这个问题的分析必然会涉及到一些相关的基本概念：企业、风险、技术创新风险、企业技术创新风险等，因而，在对该问题进行具体分析之前，须先对这些基本概念予以界定和说明。

（一）基本概念界定及风险说明

1．企业

企业一般是指以营利为目的，运用各种生产要素（土地、劳动力、资本和技术等），向市场提供商品或服务，实行自主经营、自负盈亏、独立核算的具有法人资格的社会经济组织。现代经济学理论认为，企业本质上是"一种资源配置的机制"，其能够实现整个社会经济资源的优化配置，降低整个社会的"交易成本"。其主要特点为：在商品经济范畴，作为组织单元的多种模式之一，按照一定的组织规律，有机构成的经济实体，一般以营利为目的，以实现投资人、客户、员工、社会大众的利益最大化为使命，通过提供产品或服务换取收入。

它是社会发展的产物，因社会分工的发展而成长壮大。企业是市场经济活动的主要参与者；在社会主义经济体制下，各种企业并存共同构成社会主义市场经济的微观基础。企业存在三类基本组织形式：独资企业、合伙企业和公司，公司制企业是现代企业中最主要、最典型的组织形式。

２．风险

风险是人们很熟悉的概念，它与人们的生产和生活相伴而生，并普遍存在于人们的各项活动中。然而风险又是一个十分复杂的概念，对其予以准确的界定非常困难，因而在学术界有着各种各样不同的定义。在国外，美国学者认为"风险是关于不愿发生的事件发生的不确定性之客观体现""风险是遭受损失的一种可能性，在一个项目中，损失可能有各种不同的后果形式，如质量的降低、费用的增加或项目完成的推迟等"；英国项目管理联合会认为"风险是一个不确定性事件或者一系列的不确定性环境，一旦成为现实，将影响项目目标的实现"；日本学者饭沼光夫认为"风险是在特定环境中和特定期间内自然存在的导致经济损失的变化，等等。

本文认为，所谓风险，是指由于不确定性的存在而导致的与预期目标不一致的可能性与结果。它包含有"风险因素"与"风险表现"两方面的内容：所谓风险因素，是指潜存于事物内部的可能引发风险发生的各种不确定性成分，这是导致风险发生的原因；而所谓风险表现，是指已经外化为现实的与预期目标不一致的事实，这是由风险因素所导致的结果。在风险概念的表述中，如果不加特定的限定，则一般指的是风险表现。

据上述风险的定义可知，风险是与人们的预期目标不一致的可能性与结果，也即与人们预期目标的偏离。通常，人们一般总是把这种偏离理解为一种负偏离，即向比人们的预期目标要坏的方向的偏离。如果从广义的角度来看，这种与人们预期目标的偏离除了负偏离之外，还有正偏离，也就是向比人们的预期目标要好的方向的偏离。从经济学的角度讲，正偏离就是收益，负偏离就是损失。关于这种对风险的广义理解，最先是从马伯莱（Mowbrag. AH）那里开始的。他在威利特有关静态风险和动态风险分析的启示下，形成并提出了这种观点，后来，该观点得到了众多学者的赞同与采用。如果从这种广义的理解出发，可以把风险分为以下三种类型：

（1）收益风险。所谓收益风险，是指只会产生收益而不会导致损失的可能性与结果，也即只会向比人们的预期目标要好的方向偏离的风险。比如教育就可以看作这种风险的例证，因为教育不可能对人们造成伤害，而只会为人们带来收益。这里，之所以把它理解为风险，是因为人们在接受教育中获得收益的程度无法确定，表现为一种不确定性或可能性。

（2）纯粹风险。所谓纯粹风险，是指只会产生损失而不会获得收益的可能性与结果，也即只会向比人们预期目标要坏的方向偏离，而不会向比人们预期目标要好的方向偏离的风险。诸如地震、洪水、火灾等都是这种纯粹风险的表现，它们都会造成巨大的损失，但它们何时发生，损害有多大等又具有不确定性。

（3）投机风险。所谓投机风险，是指既可能产生收益也可能造成损失的可能性与结果，也即既可能向比人们预期目标要好的方向偏离，也可能向比人们预期目标要坏的方向偏离的风险。这类风险最典型的例子就是股票投资，一旦购买某种股票，购买者就既可能随该种股票的升值而获益，也可能随该种股票的贬值而亏损。

3．技术创新风险

技术创新风险的定义是将一般风险概念运用于技术创新领域的特例。这样，由于不同学者对一般风险的定义不同，因而对技术创新风险的定义也就存在着差异。归纳现有文献中的研究情况，对于技术创新风险大致是从风险来源、风险因素、技术创新过程三个角度进行定义的。具体为美国明尼苏达大学的学者认为，技术创新风险就是技术创新项目失败的概率。意大利风险专家认为技术创新风险的定义为技术灾难，则认为技术创新风险是由于信息不足而导致的技术创新行动的种种失误。加拿大的学者将技术创新风险定义为在技术创新过程中的任意一点，风险是不确定性和潜在损失的函数。其中，潜在损失是创新过程中负的现金流和新产品引入市场的回报组合的结果，不确定性包括产出的不确定性和产品开发形势的不确定性等。

技术创新风险有自身的一系列特征，主要有：一是必然性，即技术创新风险的存在是不可避免的；二是双向性，即技术创新风险属于投机风险，既可能产生收益，也可能产生损失，具有朝两个方向变化的可能性；三是可控性，即技术创新风险是可以防范和控制的。

以上对几个相关的基本概念进行了界定和说明，在此基础上，下面即对企业技术创新的风险状况进行分析，内容包括三个方面：一是企业技术创新风险的形成因素；二是企业技术创新风险的类型划分；三是企业技术创新风险的危害。

（二）企业技术创新风险的形成因素

本文结合我国企业技术创新风险的具体状况，提出自己关于这个问题的理解。这里，还如前边对技术创新风险下定义时的思路进行分析。这就是，由于企业技术创新过程由四个子系统构成，即技术创新主体——从事技术创新的企业，技术创新客体——技术创新项目，技术创新手段——有关技术创新的方法、途径等，技术创新环境——有关技术创新的各种条件。既然如此，那么可能导致企业技术创新风险的所有因素也就必然全部都包含于这四个子系统中。这样，只要我们从这四个子系统着手逐一进行分析，自然也就可以比较系统地把该过程中的风险因素揭示出来。为了叙述的方便，我们把这四个子系统中的风险因素分别简称为主体因素、客体因素、手段因素和环境因素。下面即按这个思路进行分析。

1．主体因素

企业技术创新主体中的风险因素主要是"企业管理因素"，具体为：

（1）部门界面管理不当。

企业进行技术创新，需要各职能部门、各创新单元之间密切配合和彼此协同，只有这样，技术创新活动才能有效地进行。因此，协调各部门、各创新单元之间关系的界面管理也就显得十分重要。如果在这方面疏于管理，使各部门、各创新单元之间处于彼此隔绝、各自为政的状态，那么就会成为技术创新的一种风险隐患。

（2）合作伙伴管理不善。

与其他任何类型的企业一样，企业的技术创新也不可能单独完成，而是与合作伙伴共同完成的，这就存在一个合作伙伴管理的问题。如果各合作伙伴均表现出良好的合作姿态，那么技术创新活动就会顺利地进行，而如果由于合作伙伴关系处理不善，致使合作各方彼此关系松散、互不协调，甚至出现彼此缺乏诚信、互相猜疑等状况，那么就会对技术创新埋下风险的隐患。

（3）客户关系处理欠妥。

在技术创新活动的链条中，客户是其中一个重要的环节。实践表明，在企业技术创新的整个过程：从最初的创新构想形成，到产品设计、模块开发、联合调试，直到产品交付用户后的跟踪完善，作为开发商的企业与客户之间都始终存在着互动关系，正是这种互动关系才保证了技术创新活动卓有成效地进行。而如果客户关系处理不好，使二者之间产生了隔阂，则会给技术创新风险埋下伏笔。

（4）组织学习管理不善。

技术创新过程，也就是一个组织学习的过程。对于企业而言，这一点尤为突出，因为企业与大企业相比基础设施较差，技术力量较弱，更需要向其他企业进行学习。如果在这方面管理不善，不能通过学习获取有关的新知识，则技术创新项目就很难完成。这就表明，组织学习管理不善是企业技术创新中的一个风险因素。

2．客体因素

企业技术创新客体中也包含有多个风险因素，它们分属于"项目团队因素"与"项目自身因素"两大类之中。具体为：

（1）项目团队因素。

①项目团队的整体实力不足。在企业技术创新过程中，一个实力雄厚、结构合理的项目团队，对于成功地进行技术创新活动是必不可少的，因为技术创新是一种"攻坚性"的活动，实力不足的团队是无法胜任的。那么这也就是说，项目团队整体实力不足，对于企业技术创新来说，是一种隐含的风险。

②技术开发人员待遇低。项目团队中技术开发人员待遇的高低，与他们技术创新积极性的发挥有着极大的关系。近些年来，我国企业技术人员的待遇尽管有所提高，但仍有一些企业技术人员的待遇偏低，这在一定程度上影响了技术人员的积极性和创造性。企业由于财力、物力相对匮乏，因而在这方面存在的问题更为突出。这种情况无疑是潜藏于技术创新中的一种风险隐患。

（2）项目自身因素。

①项目可行性论证与计划不科学。项目可行性论证是技术创新活动的首要环节，它关系到整个技术创新活动的成败。如果在技术创新项目可行性论证过程中盲目乐观，缺乏风险分析，对不利因素考虑过少，甚至进行虚假的可行性论证等，就必将使企业招致巨大的风险。与此同时，技术创新计划的制订也是十分重要的环节，如果计划过于粗糙，存在各种漏洞等，也会给企业造成风险。总之，项目可行性论证与计划不科学是技术创新中的重大风险因素。

②项目难度过大。毋庸置疑，企业技术创新发生风险的概率与技术创新项目的难度成正比，即创新项目难度越大，发生风险的概率也越大，反之，创新项目难度越小，发生风险的概率相应也小。企业由于其技术力量相对薄弱，因而在进行难度过大的创新项目时，发生风险的概率也就更大。因此，项目难度过大也就成为其技术创新中的一个风险因素。

③项目进度控制不力。技术创新项目计划制订之后，对项目进度的控制就成为极为重要的环节。如果对项目进度控制不力，不能保证严格按计划进行，那么就会对技术创新项目造成不利的影响，其直接不利影响是加大创新成本，其间接不利影响更是致命的，它会延误创新的最佳时机，使企业丧失潜在技术优势。也就是说，项目进度控制不力会引发重大的技术创新风险。

④创新产品成本过高。企业技术创新的最终结果，是创造出新产品。这其中，新产品的成本高低是一个十分重要的问题，它与技术创新风险关系密切。因为产品的成本决定产品的价格，如果成本过高，就会使产品的价格居高不下，这样，产品就难以销售，影响到用户对新产品的需求，从而形成风

险。

⑤跟踪服务不完善。企业完整的技术创新过程还应该包括跟踪服务。就是说，新产品在交付用户使用之前，技术创新项目中存在的所有问题不可能全部被预料到并予以解决，需要在交付用户使用之后，通过跟踪服务，以发现并解决用户使用过程中出现的某些问题。很显然，如果跟踪服务不完善，用户使用过程中的问题发现不了，从战略角度看，这必将成为一种潜在的风险隐患。

（三）企业技术创新风险的危害

1. 对技术创新自身的危害

（1）创新项目失败。

企业技术创新风险对自身的危害是多方面的，而其中最严重的危害就是创新项目的失败。前述已知，在企业技术创新过程这个总系统中，其四个子系统——技术创新主体、客体、手段、环境，都包含有风险因素，这就表明，在企业技术创新过程的任何一个环节随时都有可能发生风险，从而导致创新项目的失败。据美国有关资料表明，在企业技术创新中，只有60%左右的研究开发计划在技术上获得成功，而在此之中又只有30%能够推向市场，而推向市场的产品中仅有12%是最终获得成功的。在企业技术创新实践中，这方面的具体事例也比比皆是。某厂为生产一种新产品，从英国COPPS公司进口全套气缸垫生产设备，但在该设备安装完毕调试成功后却发现，生产该产品所需的原材料和零部件如钢带、石棉板、密封胶、涂料等，国产产品均不符合设备使用要求。这样，该创新项目也就不得不在生产阶段即宣告失败。

（2）项目团队解体。

企业技术创新过程中的风险也威胁到项目团队能否继续存在。在大型企业，如果某一创新项目遭受重挫，尽管这对企业也是一个大的打击，但是由于大企业抗风险能力较强，所以在遭受重挫之后，项目团队一般都会继续保留，以便寻找原因，总结教训，以利再干。中小企业的情况则不然，由于其抗风险能力相对较弱，经不起严重风险的打击，因而技术创新带有一次性的特点。也就是说，当某个创新项目遭受重挫之后，一般都无力"东山再起"，因而项目团队大多也就会随之解体；即使个别团队勉强存留下来，也往往是名存实亡。更为严重的是，项目团队中的某些科研人员，由于看不到继续发挥作用的希望，也就往往离开原企业而去另谋生路。据有关资料显示，像这种因创新受挫而使项目团队解体的情况，在我国企业中占有相当大的比例。

2．对企业整体的危害

对于一个企业而言，由于技术创新项目是其整体活动不可分割的组成部分，因而某种技术创新风险的发生，除了会给技术创新自身造成危害之外，还必然会给企业整体造成危害，而且从某种意义上说来，这种危害还可能更为严重。具体为：

（1）企业经济损失惨重。技术创新风险对企业整体的危害首先表现为企业经济遭受巨大的损失。企业进行技术创新活动，其最终目的是获取经济效益。为此，企业往往会投入大量的人力、财力和物力。但是，当创新项目失败或遭受重挫时，不但这些美好的期望会成为泡影，而且其在技术创新中的巨大投入也都成了沉没成本，由此也就必然会给企业造成巨大的经济损失。

（2）职工信心遭受挫折。企业技术创新风险除了对决策者的思想产生影响外，对企业职工的信心也有很大的影响。由于技术创新的屡屡失败，必然会使企业职工对技术创新活动望而生畏，进而使其信心遭受严重挫折，以至对技术创新活动的前景感到渺茫。众所周知，对于任何单位而言，广大职工群众是其一切活动开展的基础，没有基本职工群众的积极参与，任何工作都寸步难行。企业技术创新也是一样，只有当企业全体职工具有了充足的信心和饱满的热情，才可能顺利地开展并取得良好的效果；而如果广大职工陷入上述那种低迷的心理境域，那么整个企业的技术创新活动就失去了基础，从而也就根本无法开展。

三、企业技术创新风险控制研究

（一）企业技术创新风险控制的必要性

企业技术创新风险控制是创新实践的需要，风险控制运动在全球范围内迅速扩展的事实，表明了在企业技术创新中风险控制的必要性，换言之，风险控制是日益广泛的企业技术创新实践的需要。自然，企业作为企业领域重要的组成部分，风险控制也是其技术创新实践的需要。具体为：

（1）风险控制是人们安全的需要。对于安全方面的需求是人类的本性，是与生俱来的。这种需求是人类永恒追求的理想，是保障社会安全稳定、推动社会进步的重要原动力。从这个意义上来讲，一部人类社会的发展史，就是人类与风险抗争以求安全保障的历史。在现代社会中，谋求社会安全和公民人身财产安全，已成为政府的重要任务之一，其中许多内容，已作为国家意志通过立法加以保障，比如美国有职业安全和健康法案，我国也有这方面相关的法律和政策。与其他任何社会实践活动一样，企业在进行技术创新实践中，也同样有安全的需求。而企业作为企业群体的一部分，自然也不能例外，就是说，风险控制是企业技术创新实践中安全的需要。

（2）风险控制是降低风险代价的需要。前述已知，技术创新风险是一种投机性风险，具有双向性的特点，即它既可能产生收益，也可能产生损失，具有朝两个方向变化的可能性。在这两个方面中，产生收益是机会，这是企业求之不得的好事，希望越多越好，故在此无须多谈，而产生损失，却要付出代价，而且有时这种代价是十分沉重的，如日本索尼公司、德国杜邦公司和美国巴德尔公司为风险付出巨大代价的情况就是这方面的例证。因此，关于技术创新过程中的风险代价问题也就成为企业所关注的重点问题之一。众所周知，在技术创新过程中，风险的产生不可避免，因风险而产生损失的情况也大量存在，因此，如何采用各种有效方法和手段进行风险控制，以便降低风险代价的问题也就自然而然地摆上了重要的议事日程，而这也就同时表明，风险控制是企业技术创新实践中降低风险代价的需要。

（3）风险控制是企业生存与发展的需要。因风险而付出一些代价，即使是比较沉重的代价，虽然会给企业造成经济上的某些损失，但这也不过只是一时的损失而已。比这更为严重的是，某些风险还可能危及到企业的生存和发展，这是更为严峻的事实。我国现在已步入市场经济，而市场经济具有完全不同于以前计划经济的特点，这就是它遵从优胜劣汰的规律，处处充满了竞争、不确定性和风险，可以说，市场经济就是竞争与风险经济。在这种情况下，能否有效地进行风险控制也就成为关系到一个企业生死存亡的关键问题。也就是说，哪些企业能够有效地进行风险控制，它们就能在竞争中获胜，从而获得生存和继续发展的机会；而哪些企业忽视或不善于进行风险控制，则它们就会在竞争中失败，从而也就可能被淘汰。企业由于抗风险能力相对较弱，因而这方面的问题也就显得更为突出。由此也就反映出，风险控制是企业获取生存与发展机会的需要。

（二）企业技术创新风险控制的措施

通过以上的分析可知，企业技术创新的风险控制不但具有必要性，而且具有可能性。既然如此，我们在企业技术创新过程中，就应该采用各种行之有效的措施，对其风险加以控制，以保证技术创新活动的顺利进行。概括起来，企业技术创新风险控制的措施主要有四个方面：风险预警措施、风险规避措施、风险宏观控制措施、风险微观控制措施。下面分别进行分析。

1. 风险预警措施

在有关技术创新风险控制的各项措施中，风险预警措施是很重要的一个方面。这方面的措施具有"超前"的性质，它可以使企业在风险发生之前预先得到有关风险的相关信息，从而做好准备，并采取相应的措施进行防范和处理，这样，就可以提高风险控制成功的几率。对于企业来说，这一点尤其重要，因为一个风险的发生对于它来说往往就是致命的。实践表明，要有效地实施风险预警措施，就需要建立起风险预警的管理系统，因为只有这样，才能使风险预警措施的实施具有机制上的保障。归纳现有文献的相关资料，技术创新风险预警系统一般由6个子系统构成：

（1）信息存储与处理子系统。该子系统的功能有两个方面：一是信息收集与存储功能，即对各种有关技术创新的信息进行尽可能详尽地收集并存储于系统中。信息的收集与存储分为两个部分：①企业外部的相关信息，主要包括国内外相关市场状况、竞争对手状况、相关技术状况、相关专利文献、供应商的产品性能及供货条件、政府相关政策等。②企业自身的相关信息，包括本企业的财务状况、技术状况、人员状况以及技术创新进展状况等。二是信息处理功能，即对收集存储的信息进行辨伪、分类与统计，以便下一步进行风险的分析与判别。

（2）风险分析与判断子系统。该子系统的功能是对收集存储并处理过的信息进行分析和判断，以便找出可能引发创新风险的因素，并遴选出那些引发创新风险可能性较大的因素，以作为重点的观测对象。

（3）风险测度子系统。该子系统的功能是对风险进行预测。即在分析判断和重点观测的基础上，经过反复的考察、比对和验证，对最可能发生的风险的性质、特点及其等级或程度做出预测，以便为下一步工作的开展打下基础。

（4）跟踪监控子系统，该子系统的功能就是对可能发生的风险进行跟踪监控。当对可能发生的创新风险做出预测之后，该子系统即对其进行密切的跟踪，掌握其各方面变化的动向，并及时对其某些明显的风险特征予以判定，以便为寻求相应的防范与处理对策提供依据。

（5）预控对策子系统。该子系统的功能是为风险的防范与控制提供相应的对策。该子系统中储备有预先制定的可以应付多种风险的备选对策及风险防范与控制的方案构思或框架，当某种明显的风险特征一旦判定时，即可以及时提供相应的风险防范与控制对策、思路和框架，以供决策者迅速调用。

（6）风险预报子系统。该子系统的功能是发出风险预报。当对某种风险的可能发生做出最终的判定之后，该子系统即发出有关该风险的状态、特征和程度等方面的预报，从而使决策者、管理者以及相关人员进入风险防范与控制状态。

2. 风险规避措施

风险规避是企业技术创新风险控制措施中又一个重要的方面。这方面的措施可以使企业在技术创新过程中回避风险或减轻风险的危害程度，从而也就可以避免或减少损失。概括起来，风险规避措施大致有如下种类型：

（1）风险回避。风险回避是指当创新项目风险潜在威胁太大，不利后果也很严重，而又无其他策略可循时，主动放弃项目或改变项目目标与方案的一种风险规避措施。显然，这是企业在不得已的情况下采取的一种策略。风险回避分为：中止式回避；绕道式回避；模仿式回避。

（2）风险分散。风险分散是将风险分解开来，使其散处于技术创新的不同领域或阶段，以便利用彼此间的抵冲作用和弥补作用，使风险总体得以降低的一种风险规避措施。这种策略主要有空间分散和时间分散两种形式，具体为：

①空间分散。所谓空间分散，是指将风险分散于技术创新的不同领域，以利用彼此间的抵冲作用和弥补作用，使风险总体得以降低的一种风险分散策略。其具体方式有产品组合，即同时进行多种产品的开发，利用产品之间的风险抵冲作用使得总体风险减少项目组合，即同时进行多个项目的开发，使创新的风险得到分散方案组合，即对于同一项目同时实施多种方案，以利用相互间的抵冲和弥补作用减小误差，使风险得以分散等。

②时间分散。所谓时间分散，是指使风险分散于技术创新的不同阶段，以利用彼此间的抵冲作用和弥补作用，使风险总体得以降低的一种风险分散策略。其具体方式是把技术创新的各项目按时间排序，依次进行开发，这样，排序较后的项目开发即可以以排序较前的项目开发状况为借鉴，从而降低风险发生率对创新项目进行分批投资，即先投入少量资金进行预研，然后根据其成败状况再决定是否进行大量投入，从而使风险得以减少。

（3）风险分摊。风险分摊是指通过增加技术创新风险承担者的数量，以使每个承担者的风险减少的一种风险规避措施，其具体形式主要有两种：

①横向联合。所谓横向联合，就企业技术创新而言，指的是企业与企业之间、企业与高等院校、研究院所等单位之间的合作创新。从风险规避角度

来说，这显然是风险分摊的一种形式。因为采用该方式进行技术创新，风险由参与合作创新的各个单位分摊开来，其中每个单位所承担的风险自然也就得以减少。如三明制药厂和福建医学院联合开发蛇酶注射液，金陵制药厂与江苏省中医学院合作开发治疗脑血栓的中药脉络宁等合作创新活动，就属于这方面的例证。

②风险投资。所谓风险投资，是指风险投资公司向创业企业提供股权资本，并为其提供经营管理和咨询服务，以期在被投资企业发展成熟后，通过股权转让获取中长期资本增值收益的投资行为。从风险投资的定义即可看出，它也是技术创新中风险分摊的一种形式。因为风险投资既然是风险投资公司向创业企业提供的"股权资本"，这就表明风险投资公司从其提供风险投资之日起，也就成为被投资企业的一个股东，那么，当被投资企业技术创新中发生风险时，它也就自然是一个风险分担者。

（4）风险转移。风险转移是指通过将风险向另一个主体转移的方式来免除或减少风险的一种风险规避措施，这种措施的具体形式也有两种：

①财务转移。所谓财务转移，就企业技术创新风险而言，是指技术创新主体不变，而风险却转移到了另一个主体的风险转移方式。具体为参与科技保险或项目保险，这样，当技术创新风险发生时，技术创新主体虽然还是原来的企业，但风险却转移到了保险公司，即风险损失由保险公司来承担。

②客体转移。所谓客体转移，就企业技术创新风险而言，是指技术创新主体不变，而风险却随着技术创新客体——技术创新项目的转移而转移到了另一个主体的风险转移方式。具体为进行技术转让或委托开发，这样，当技术创新风险发生时，技术创新主体虽然还是原来的企业，但技术被转让方或被委托方由于成了技术创新客体——技术创新项目的承担者，因而也就自然成了风险的承担者。

3. 风险宏观控制措施

如果对现有相关文献进行梳理和归纳，可以看到，风险宏观控制措施的内容主要包括政策与法制环境建设、社会服务体系建设、合作创新机制建设、企业融资渠道建设等，下面主要对前三点进行分析。

（1）政策与法制环境建设。建立一个良好的政策环境和法制环境，对于激发企业技术创新的积极性，维护企业的权益，以及减少其技术创新过程中的风险具有根本的保障作用。因此，应大力加强这方面的建设。具体为：一是实施积极的政府采购政策。政府采购是影响企业技术创新方向和速度的重要政策工具，它可以有效地降低技术创新企业进入市场的风险。因此，应采取有力的措施，积极对企业的创新产品进行政府采购，并在采购中坚持公平、公开的原则。二是实施积极的人才政策。优秀的人才对于企业技术创新的巨大作用不言而喻，因此，为推动企业技术创新，当前应采取稳定、引进、培养三管齐下的政策，注意培养一大批懂科技、会管理、善经营的企业经营者，并鼓励企业间的人才流动，以促进企业技术创新更有成效地开展。

（2）社会服务体系建设。为确保企业技术创新的有效进行，国家应主动适应形势，从管理转为服务，广泛组织社会资源，积极建立有关企业技术创新活动的社会服务体系，以提高企业技术创新中抵抗风险的能力。具体为：

①建立中介服务体系。企业由于经验的匮乏，因而在技术创新过程中极需各个方面的中介服务。因此，政府要积极支持建立各类官办或民办的中介机构，并赋予这些中介机构以必要的工作职能，使其为企业提供技术、人才、财务、管理、法律等方面的中介服务，以推动企业技术创新工作的顺利进行。

②建立信息服务体系。相关信息的获取是企业技术创新取得成功的重要条件。因此，一定要发挥政府信息资源优势，加快企业信息服务网建设，建立企业技术创新急需的各种数据库，诸如项目库、人才库、物资供求库、政策法规库等，以便为企业技术创新提供丰富的信息资源。

③建立咨询服务体系。对于创新经验不足的企业来说，有关技术创新的咨询服务十分必要。因此，政府应加强技术创新咨询服务体系的建设，采取各种措施，如聘请各方面的专家，利用各级行政机关及有关单位的研究室，成立专门的管理咨询公司等，为企业提供技术创新方面的咨询服务。

（3）合作创新机制建设。关于合作创新，前面已经提到，它是指企业与企业之间，企业与高校、研究院所等单位之间以横向联合方式进行的技术创新活动。合作创新可以弥补企业在技术创新中力量的不足，减少风险的发生，因而应大力加强这一方面的机制建设。

这方面，可以有三种基本形式：以科研单位为主，由企业投资兴办中试车间或工厂。以企业为主，使科研单位进入企业，成为企业的技术研发机构。由科研单位、各大院校和企业联合，组建科技企业集团。在进行创新主体间的合作创新时，要注意做到如下几点：第一，组建规章化，即合作创新组织应按一定的规章进行组建，其中关于合作组织的性质、各合作单位的主体地位等，都应采用协议的方式予以规定。第二，产权明晰化，即合作创新组织中各合作单位的产权归属应该明确，不能含混不清。第三，分配合理化，即坚持按劳分配和按股分红相结合的原则进行收益分配，做到公平合理。第四，管理制度化，即合作创新组织内部应有一套完整的管理制度，一切活动的运行都要有章可循。第五，经营民主化，即合作组织坚持民主管理，一切重大的活动，诸如经营决策和分配方案等，都要做到民主透明。

4. 风险微观控制措施

如前所述，企业技术创新风险的微观控制措施指的是有关企业内部的风险控制措施。通过对现有相关文献的梳理，可以看到，风险微观控制措施的内容主要包括：树立正确的风险态度、营造良好的文化氛围、建立完善的管理机制、提高决策者的素质等。下面主要对前三点进行分析。

（1）树立正确的风险态度。进行风险控制，首先需要正确的风险态度，这是不言而喻的。关于这一点，诺贝尔经济学奖获得者Myrdal在其有关企业风险问题的四点假设中早已指出。他说："企业对风险的乐观态度、低估风险或高估风险、以及风险分散与评估状况，对企业承担风险将产生重大影响。"因此，在关于企业技术创新风险的微观控制措施中，树立正确的风险态度，当属首要的一条。

正确的风险态度具有多方面的特征，但其中最主要的一点就是：既敢于冒险，又不盲目冒险；既有冒险的勇气，又有善于处理风险的技巧。关于这一点，美国著名管理学家彼德·德鲁克有一席话说得极为精辟。他说："我所认识的创新者之所以成功，恰恰是因为他们能确定有什么风险并把风险限制在一定范围内。他们之所以获得成功，恰恰是因为他们系统地分析创新机会的来源，然后准确地找出机会在哪里并可以利用"；"成功的创新者是稳健的，他们不是'专注于风险'，而是'专注于机会'"。我们应树立起正确的风险态度，以便有效地进行风险控制。

（2）营造良好的文化氛围。在对企业技术创新风险进行控制过程中，良好的文化氛围有着重要的作用，它可以抑制技术创新过程中风险因素的数量与程度，从而减少相应风险发生的几率。因此，应该努力营造一个有利于企业技术创新风险控制的文化氛围。

①培养浓厚的学习风气。要营造有利于企业技术创新风险控制的文化氛围，培育浓厚的学习风气是不可缺少的一环。因为大量事实表明，企业技术创新过程中许多风险因素的存在都与缺乏相应的知识有关，由此也就反映出，掌握技术创新中的相关知识，是消除或减弱技术创新风险因素，有效进行风险控制的必要条件。所以，应大力宣传学习对于风险控制的重要意义，组织员工经常学习与技术创新活动有关的知识。诸如：关于企业特征方面的知识；关于风险概念、类型方面的知识；关于技术创新风险的有关知识；关于企业技术创新风险类型的知识等。

②加强价值观教育。众所周知，价值观是人们行动的准则，有什么样的价值观，就有什么样与之相应的行动。因此，要营造良好的文化氛围，就应培养人们树立起这样的价值观：把自己的才能拿出来贡献于企业的技术创新，是个人价值的体现，是一种光荣和快乐的事。有了这样的价值观，人们也就不会为个人待遇等问题所困扰，积极主动地去参与企业的技术创新活动。这样一来，与此相关的一些风险因素也就会得以消除。

③加强风险教育。前述已知，由于各种客观条件的复杂性，企业技术创新过程中充满了风险。只有建立起比较强的风险意识，充分认识到各种风险发生的可能性和危害性，才能在企业技术创新过程中随时保持高度的警觉，防止各种风险的发生。如果风险意识淡薄，行动上麻痹大意，那么在企业技术创新过程中，风险的发生就是不可避免的。因而，在企业技术创新的风险控制过程中，加强风险教育也就成为一个重要的方面。

（3）建立完善的管理机制。完善的管理机制是企业技术创新风险微观控制的基础，因此，为保证企业技术创新风险微观控制工作的顺利进行，应努力建立起完善的管理机制。具体为：

①建立合理的组织体系。企业技术创新组织体系的合理与否，将影响到企业的风险辨识能力和处理能力。因此，应花大气力抓好这方面的建设工作，组织结构应做到稳定性与柔性相结合。一般而言，稳定性具有抗风险能力，稳定性越高，抗风险能力越强。但是，当稳定性最终抵抗不住外部超强风险的压力时，则会对企业造成大的破坏。柔性则相反，它具有一定的弹性，从而也就具有适应风险的能力，柔性越强，适应风险能力也越强。显而易见，这两方面的结合，可以取长补短，提高企业抵御风险的整体能力。因此，在建立企业技术创新的组织体系时，应努力做好这两方面的结合。组织结构应具有协调性。风险辨识与处理是一个复杂的工作，需要发挥群体的智慧才能做好。如果各部门之间彼此配合，协调一致，风险辨识与处理就能够有效地进行而如果彼此之间互相掣肘与冲突，则会导致决策滞后，延误风险辨识与处理的良机。因此，在建立技术创新组织体系时，应注意这种协调性的建设。

②建立科学的信息系统。当今社会是信息的社会，因此，建立科学的信息系统对于企业技术创新风险的防范与控制来说极为重要。科学的信息系统的建立包括两方面的内容：一是对企业外部信息的收集与处理，其目的是减少技术创新中的不确定性；二是对企业内部信息的收集与处理，其目的是增强风险的防范能力。这两个方面相辅相成，同等重要，因此应同时兼顾，不能有所偏废。

③强化激励机制。毋庸置疑，人力资源管理是企业整体管理机制中重要的组成部分，这方面工作的好坏，对于技术创新的成败影响极大。实践表明，要能够使人力资源发挥其最大效能，就必须有一套有效的激励机制。因此，为使企业技术创新顺利地进行，减少人才流失等风险的发生，就应该下大气力强化这方面的激励机制。这方面的工作具体包括营造尊重知识和人才的氛围，激发科技人员的创新积极性，收入与技术创新的贡献挂钩，加大对

技术创新有突出贡献的人员的奖励力度，鼓励科技人员用专利等科技成果入股，提高技术创新人员的智力回报等。

四、结语

（一）本文主要研究结论

本文在国内外研究文献的基础上，对企业技术创新的风险及其控制状况进行了探讨。探讨分为两个部分：首先，在对几个基本概念进行界定的基础上，分别对企业技术创新的风险状况和风险控制进行了理论研究；通过这些研究，本文得到了一系列的研究结论，基本实现了预期的研究目标，现将主要的研究结论归纳如下：

（1）关于企业技术创新风险及控制研究涉及的几个基本概念。

①对于企业的界定，本文采用我国国家经贸委、国家发改委、财政部、国家统计局联合下发的《企业标准暂行规定》中对于企业的界定，但同时认为，对于企业的界定，不可过分地拘泥于某种具体的划分标准，而把它一般地理解为处于创业和成长阶段，规模较小，人力、财力、物力相对薄弱的企业即可。

②通过对现有文献的梳理，本文认为，所谓技术创新，是指在经济活动中为了实现社会经济效益而进行的技术升级或更新换代的过程，这个过程依次包括新技术构思、设计、创造、应用、扩散五个要素或阶段。

③针对有些文献往往将企业技术创新风险与风险因素相混淆的不足，本文对风险概念提出了自己的理解：所谓风险，是指由于不确定性的存在而导致的与预期目标不一致的可能性与结果。它包含有"风险因素"与"风险表现"两方面的内容：所谓风险因素，是指潜存于事物内部的可能引发风险发生的各种不确定性成分，这是导致风险发生的原因；所谓风险表现，是指已经外化为现实的与预期目标不一致的事实，这是由风险因素所导致的结果。在风险概念的表述中，如果不加特定的限定，则一般指的是风险表现。

④关于技术创新风险，本文在现有研究文献的基础上，提出了自己的思路与定义。首先，本文提出定义的思路为：同其他任何事物都是系统一样，技术创新过程也是一个系统。如果对这个系统加以考察，可以发现，它由四个子系统组成：技术创新主体——从事技术创新的企业；技术创新客体——技术创新项目；技术创新手段——有关技术创新的方法、途径等；技术创新环境——有关技术创新的自然、政治、经济等各方面的条件。既然如此，那么所有可能导致与人们预期目标不一致的可能性与结果的不确定性都表现于这四个子系统中。由此即可得出技术创新风险的定义为：所谓技术创新风险，是指由于构成技术创新过程的四个子系统——技术创新主体、客体、手段、环境中具有的不确定性所导致的与人们预期目标不一致的可能性与结果。相应地，将"企业"四字加入此定义中，即成为企业技术创新风险的定义，因为企业技术创新风险只是技术创新风险的特例。

（2）关于企业技术创新的风险状况。

①关于技术创新风险因素的研究，现有文献提出了很多有启发性的观点，为该领域的深化研究积累了丰富的资料，这些应该予以充分肯定。但是其中也存在一些不足，这就是有些研究对技术创新风险因素的概括归纳存在着交叉、重叠、甚或彼此抵触等现象。针对这种情况，本文对该问题提出了自己的理解：由于技术创新过程由四个子系统构成，即技术创新主体、技术创新客体、技术创新手段、技术创新环境，那么可能导致企业技术创新风险的所有因素也就必然全部都包含于这四个子系统中。这样，只要我们从这四个子系统着手逐一进行分析，也就可以比较系统地把该过程中的风险因素揭示出来。本文按此思路对企业技术创新风险因素进行了概括，从而克服了在这个问题上存在的上述不足。

②关于技术创新风险类型的划分，现有文献已积累了不少的研究成果。但是，这些研究存在一个共同的不足，这就是它们往往把技术创新风险的分类与风险因素的分类相混淆，而实际上这二者是有区别的。针对这种不足，本文对企业技术创新风险的分类提出这样的思路：由于所谓"类型"，是指事物按其共同的性质、特点而形成的类别，这样，只要我们分别概括出企业

技术创新风险中不同部分的"共性"来，也就完成了对它们的分类。按照这样的思路，本文认为企业技术创新风险主要可以划分为人因风险、物因风险、关系风险三种类型。所谓人因风险，是指因人而发生的风险，也就是说，这类风险的共性是它们都与人的活动相联系。这里的所谓"人"，是指的广义的人，即既指具体的个人，又指由人所组成的团体，诸如企业、部门、团队、班组等。所谓物因风险，是因物而发生的风险，也就是说，这类风险的共性是它们都与物的存在相联系。这里所谓的"物"，也是指广义的物，即既指以实体形式存在的物，也指实体的物所有的一些属性，诸如结构、规模、信息等。所谓关系风险，是指因关系而发生的风险，也就是说，这类风险的共性是它们都与各种关系相联系。而所谓关系，与上述的人与物有所区别，人与物都是实体，而关系则是这种实体之间的联系。

③本文认为，企业技术创新风险的危害分为对技术创新自身的危害和对企业整体的危害两个方面。其中对技术创新自身的危害主要为：创新项目的失败、创新项目团队的解体；对企业整体的危害主要为：企业经济损失惨重、决策者思想趋于保守、职工信心遭受挫折。

（3）关于企业技术创新风险的控制。

①在对风险控制理论的形成与发展进行简述的基础上，分析了企业技术创新风险控制的必要性，即：企业技术创新风险控制是人们追求安全的需要、降低技术创新风险代价的需要和企业生存与发展的需要。

②本文从两个方面揭示了企业技术创新风险控制的可能性：一是通过对企业技术创新一般过程的分析，揭示出该过程是一个在创新主体意志主导下有计划、有组织、有目的的理性过程；二是通过对企业技术创新风险运行过程的分析，揭示出该过程是一个"有律可循"的过程。由此得出结论：对于企业技术创新风险，技术创新主体不是被动的、无能为力的，而是主动的、可控的；换言之，企业技术创新风险具有控制的可能性。

③在确认了企业技术创新风险控制的必要性和可能性的基础上，进而对企业技术创新风险控制的措施进行了分析，认为企业技术创新风险控制的措施主要有四个方面：风险预警措施、风险规避措施、风险宏观控制措施、

风险微观控制措施。它们包括的具体内容分别为：风险预警措施主要包括：信息存储与处理、风险分析与判断、风险测度、跟踪监控、预控对策制定和风险预报；风险规避措施主要包括：风险回避、风险分散、风险分摊和风险转移；风险宏观控制措施主要包括：政策与法制环境建设、社会服务体系建设、合作创新机制建设；风险微观控制措施主要包括：树立正确的风险态度、营造良好的文化氛围、建立完善的管理机制。

花园宾馆改扩建项目营销策划

安徽盐业酒店管理有限责任公司　郑向阳

安徽省花园宾馆曾经是合肥市长江路上的标志性建筑，花园宾馆原属于省政府，20世纪60年代叫省政府第四招待所，20世纪90年代更名为花园宾馆，2005年整体划转给了安徽省盐业总公司。花园宾馆除了主楼及沿街门面属20世纪90年代建筑外，其他大部分楼房均属于20世纪50年代建筑，房屋陈旧，年久失修，部分丧失接待能力。鉴于此，省盐业总公司决定投入资金对花园宾馆进行综合性改造。花园宾馆既是安徽省盐业总公司重点打造的高端项目又是合肥市重点建设项目。改造后的花园宾馆高180米，共45层，总建筑面积15万平方米。项目集高标写字楼、豪华四星级酒店、大型商场为一体，总投资超过11亿，建成后将是长江路上的地标建筑。

一、项目市场分析

1. 项目发展环境

合肥市是安徽省省会，是全省政治、经济、文化中心，是正在崛起的区域性大城市，目前房地产价格相对较低，具有巨大潜力。

合肥市承东启西、贯通南北，是长三角经济圈主要成员，是皖江城市带和合肥经济圈的中心城市，对外具有较强的辐射和吸纳能力。

合肥市主城区是合肥市"1331"战略中的重要组成部分，也是合肥人口密集居住地，承载了合肥崛起的使命。

全省的商业中心，市场需求及购买力相对较强，但相对省会城市，合肥商业市场有待挖掘。第三产业发展迅速，比重不断加大。

人口净流入城市，年增长超过10万人。从规模看，市区人口正处于快速增长期。人口增长和较高的城市化率有助于商业的发展空间。

项目处于主城区中心板块，比邻市府广场，临近地铁2号线，是合肥市商业核心区。

2. 项目商业市场分析

2015年合肥商业市场依然供过于求，去化率有所减少，随着市场跌势逐步减缓及市场供需结构调整，未来市场会回暖。

受个别大体量专业市场的影响，合肥市商业市场整体量价方面波动较大，2015年6月份京商商贸城大量商铺备案导致成交大幅上涨，但同时成交均价跌幅明显。

2015年合肥市商业面积40~80平方米和200平方米以上的产品出现供需两旺态势，其中200平方米以上的产品供需占比最高，大面积商铺具备较高的市场认可度。

主城区在售商业项目主要集中在瑶海区和庐阳区，商业均价高，基本2万~3万平方米，去化速度一般。

合肥商业后续供应量大，超过1000万平方米，市场长期处于供过于求的状态，去化压力大。

老城区商业为合肥两个都市级商业功能区之一，服务人口100万人以上，未来商业形态、能级、档次以及消费水平将不断拔高。合肥市目前的商业消费主要集中在老城区，是合肥市最旺区域，同时也是高端商业布点首选之地。

老城区近些年来呈现出大型商业集中入市的态势，但受土地供应条件限制，数量不多，且商业档次越中心越高端。老城区商业市场日趋成熟，大型集中商业正在逐渐朝品质化、特色化发展。

3. 项目写字楼市场分析

合肥产业具有天然向心力，在产业融合和发展上优于省内其他城市，写字楼的发展具有广阔基础。

合肥市写字楼市场集群化、细分化程度逐渐加深，整体品质迅速提升。

老城区与政务区将是未来3～5年写字楼市场的价值标杆，随着老城区土地的日渐稀缺，未来中心写字楼将不断提升高端办公的产品层级。

写字楼市场整体表现供大于求，供应受到个盘影响存在一定波动，成交方面基本维持平稳，短期内市场供需结构难改失衡状态。

合肥未来写字楼供应将达到1200万平方米，40～80平方米的小面积办公市场为当前市场供需主流，同时80～120平方米在供应层面占据较大比例，控制总价、高性价比为主要特征。

二、项目分析及项目定位

1. 项目分析

项目位于花园街与安庆路交口西南角，是合肥市环城路内中心地段，并处中央核心商圈——四牌楼商圈之中。

项目拥有全市最核心、人气聚集度、认知度最高的配套资源。四牌楼是合肥乃至安徽商业的典范，见证了合肥商业的兴起和腾飞，很多经典的商业传奇在这里上演。

2. 项目定位

片区商业格局呈现参差不齐、中高低端全覆盖的格局，整体经营情况良好，消费客群及需求多元。

片区办公多以老旧楼为主，配置、形象均无法满足现有的办公需求，入住企业以中小企业为主，涵盖部分总部企业；中心商圈缺乏真正的顶级写字楼。

项目商业整体体量较小，展示面较小，停车位较少。

因此要采用差异化策略定位。商业要区别于大众传统零售百货的定位，打造以都市体验为特色的差异化消费场所。以引领城市潮流、引领城心复兴为己任，打造城心之心。写字楼要缔造老城中心顶级商务旗舰，融合互联网思维+智慧办公的全新商务产品。

三、招商策略

业态定位：放弃大而全，以特色化主力店缔造差异化消费体验中心，强调格调、科技、文化、体验、潮流；在考量业态定位过程中，核心考虑独有性，同时实现传统与潮流的有机结合。

业态规划：非纯粹业态组合，多元业态混合经营，强调消费过程中延展搭配，打造全新的消费体验，强化吸引力及聚合力。

一楼：潮流旗舰馆

名品展厅+科技数码概念馆：可以有联想数码展厅、名牌手机、高级化妆品等，提升项目整体档次。

二楼：创意零售

生活方式店+户外运动+创意零售：主要有面包房、奶茶店、服装买手店、原创玩具店、生活方式店

三楼：儿童娱乐中心

儿童体验中心+少儿餐厅+少儿零售：babyboss体验中心+diy空间、儿童反斗乐、少儿培训中心等。

四楼、五楼：主题时尚餐饮

科技时尚餐厅+情调餐厅+阅读空间

Inamo餐厅：全球首家高科技餐厅，各种业态餐厅；"字里行间"：一个书籍、影音、咖啡与创意产品共存的多元空间。

六楼：3D照相馆+室内滑冰场+特色游戏

合肥还没有3D照相馆，可以引进；空中漂浮平衡游戏合肥也没有，多引进合肥没有的项目。

七楼：商务休闲

会所+SPA+商务酒吧

由于写字楼是高端产品，需要配套的较私密的商务会所及酒吧。

写字楼打造成甲级商务办公，融合办公发展的前沿科技，主要针对金融类、国内知名的企业。可在写字楼内部设置空中花园，提升商务休闲氛围及

品质。采用国际5A智能办公系统：办公智能化、楼宇自动化、通讯智能化、消防智能化、安保智能化。

四、项目营销方案

1. 总体营销策略

产品策略：分割小铺，总价控制，降低门槛

推货策略：先商业后写字楼，分批加推，小步快跑

价格策略：平价入市，缓步提价

销售模式：返租模式销售、减少客户的顾虑

招商策略：提前招商，通过商家加盟提升投资者信心

2. 开盘推广路径

以城市记忆的话题事件引发市民关注老城核心：千里长江路，百年四牌楼。然后揭示项目作为老城区复兴的排头兵的高调立势：复兴老城心，重回长江路。最后达到高潮，让项目价值全面升华：城心之心，万铺之王。

3. 活动策略

（1）媒体造势：国企徽盐，邀你见证，老城市记忆。

（2）百年老城区，商业再起航：徽盐产品巡礼。

（3）召开徽盐全球招商发布会。

（4）营销中心开放仪式。

（5）名企进驻签约仪式。

（6）业主答谢宴。

整个项目将于2016年5月首开，好产品中价位，建立调性，其后紧凑加推，营造持续热销，当年去化率达到70%。剩余自持。

房地产企业多元化发展风险防控探析

安徽省高速地产集团有限公司　　赵先琼

一、企业多元化定义

"企业用新的产品开发新的市场"，是多元化的基本概念。企业的多元化战略有两种类型：一种是非相关多元化，即拓展的新业务与主营业务不相关或关联度低，比如房地产业与煤炭开采业；另一种是相关多元化，即涉足与主营业务相关的领域，比如房地产开发与物业管理。本文所述的"多元化"即"相关多元化"。

二、国内房地产企业多元化现状

企业发展壮大最为重要的一种战略就是多元化战略。多元化发展，一方面可以规避单一业务带来的风险，另一方面可以提高资源利用率。

近年，随着经济下行压力增大、房地产市场竞争加剧，为实现企业可持续发展，相当一部分房地产企业通过实行多元化战略谋求新发展，比如万达通过进军文化旅游、电子商务实行"四轮驱动"，万科拓展物业管理、进军社区养老地产版块。

表1　2015年10强房企主要业务领域

排名	公司名称	主要业务领域
1	万科地产	住宅、商业、城市综合体、养老地产
2	绿地集团	房地产、能源、金融、酒店及商业运营、建筑
3	万达集团	商业、住宅、酒店、百货、影院、文化旅游
4	恒大地产	住宅、文旅、快消、酒店、商业、体育、文化
5	保利地产	住宅、商业、城市综合体、文化艺术
6	碧桂园	住宅、酒店、城市综合体、养老度假、文化传媒
7	中海地产	住宅、商业，城市综合体
8	世茂房地产	住宅、商业、旅游、产业集群
9	华润置地	住宅、商业、城市综合体
10	融创中国	住宅、别墅、商业、写字楼

从表1可以看出，各大房地产企业务均呈多元化发展模式，很少存在专业化的房地产企业。但是，多元化与专业化在国内房地产企业中，一直存在较大争论。专业化可以实现资源配置最大化、形成核心竞争力，比如碧桂园的规划、施工、装修、销售、物业一条龙式开发经营模式，形成了"高速度、精品质、低成本"的核心竞争力；万达的订单、设计、招商、运营一体式开发经营模式，形成了商业地产"只能被模仿、无法被超越"的核心竞争力。然而，同样是碧桂园与万达，都在不同程度上涉足养老度假、文化旅游等业务，实行了多元化发展。

三、房地产企业多元化发展存在的风险

多元化发展对房地产企业经营效益的提高并不是必然的，但是多元化发展的房地产企业一般业绩较为稳定，在经济发展"减速提质"的新常态下，多元化发展是一种较为稳妥的选择，但是也存在一些风险。

（1）新业务"拖后腿"。这是首要的风险。企业实行多元化发展，是力图通过新业务的拓展带来新的利润增长，并有效地规避单一业务带来的风险；或者是通过快速融入新兴市场，在新兴市场上先占一筹。比如目前很多开发住宅的房地产企业，力图通过进军旅游、养老等新兴地产领域，寻求新的发展空间。但是盲目的多元化经营可能带来投资失误，给企业发展带来新的负担，拖垮整个企业。

（2）财务风险。房地产行业是现金流占主导的行业，为实现多元化发展，就必须保障原业务发展成熟，并拥有较为稳定的现金流。多元化发展，企业赢利性和流动性的有机统一、资本结构和资产结构的有机协调是要充分考虑的问题。一般而言，专业化经营的企业资金需求量较为稳定，财务风险可控；多元化经营的企业，尤其是原本负债率就较高的企业，在实行多元化发展时易形成高负债、高利率的局面，使得企业面临更大的财务风险。

（3）管理风险。房地产行业涉及面广、专业性强，企业经营层对新业务的驾驭能力对多元化发展影响重大。一是经营层要具备新业务相关知识、经验；二是经营层要在管理好主导业务之余仍有剩余精力管理新业务。此外，要拓展新业务，就要聘用新的管理人员及专业技术人员，这样就又产生了新的管理风险。

（4）定位风险。定位不仅是指战略层面的定位，在战略具体实施中开发模式定位、区域定位、产品定位、销售或经营模式定位等，对于房地产企业都至关重要，任何一个方面或环节定位不当都会影响最终经营结果。准确定位是一个探索实践的过程，在涉足房地产开发方面的新业务时，因为经验不足，定位不当往往是难免的。

四、房地产企业多元化发展风险防控措施

（1）培育核心竞争力。拥有核心竞争力是房地产企业多元化发展的前提与关键要素。房地产企业的核心竞争力，就在于能够快速创造和实现产品价值，有效地整合房地产价值链上关键点。比如万达、恒大等一线房地产企业均拥有自己的设计院，甚至建筑公司、监理公司等，碧桂园甚至还有自己的水泥厂。主营业务尚未具备核心竞争力的房地产企业一般是不适宜多元化发展的，进行分散性投资可能造成资源分散而制约核心业务，影响整体发展。

（2）做好战略规划。房地产行业作为类金融行业，企业受到宏观政策、土地价格、金融政策等多种因素的制约，在战略规划方面要未雨绸缪，一手做好产品经营，建立科学专业的土地决策、开发、销售、运营机制，以优质、持续的土地供应和储备，支持企业开发的滚动发展；一手做好资本经营，打通融资通道，培育多元化融资能力，不光通过银行贷款、信托融资，还可以通过债券、房地产基金、合作开发等多种方式融资，以保证持续经营。为支持多元化发展，在战略上，房地产企业要由产品经营过渡到产品经营和资本经营并举是必然的选择。

（3）选择合适的进入模式。多元化战略的进入主要有两种模式，一种是通过并购或合作开发，可以迅速由一个行业涉入另一个行业，但操作较为复杂，源头性风险较大；一种是投资新建，有利于培养原有团队，尤其是企业经营层，但需要摸索过渡，周期长、投入高，过程性风险较大。选择何种模式进入多元化发展，关键是如何让核心竞争战略统筹企业发展。

（4）强化团队建设。根据多元化发展的需要，房地产企业要建立一支职业化、专业化的队伍，可通过市场选聘等方式聘用相应的管理者与业务骨干，优化团队结构、完善人才梯队，避免人员流动给项目带来管理上的风险。但同时，多元化战略的实施主要属于顶层设计工作，对企业经营层或主要负责人要求较高，所以要相应健全经营层的激励约束机制，避免经营层在多元化经营决策时出现"短期选择"与"道德风险"。

（5）建立风险预警机制。要建立短期长期风险预警机制，制定详细的风

险防控策略，统筹分析财务指标、优化资源配置，确保资产高效利用，并规避企业整体风险。

多元化不是一蹴而就的事务，是一个长期实现的过程，房地产企业必须要结合现有资源状况，合理、合适、合时实施多元化发展战略。同时，房地产企业因行业特点，要处理好专业化与多元化的关系，拥有核心竞争力，才能支撑多元化，真正保证企业可持续发展。

关于企业管理与风险控制的一些见解

河南省焦作市领驭建设有限责任公司　赵福成

本文运用相关的风险管理理论和研究方法，从风险的定义入手，对企业风险的来源进行分析和梳理，最后从企业组织结构和企业战略的角度构造了企业全面风险管理的框架，以帮助和指导我国企业展开风险管理工作，提升风险管理水平，最终实现企业目标。

始于美国的次贷危机迅速波及全球，这场由金融危机引发的经济危机，再一次表明了风险，尤其是重大风险的不可预测性以及危害性。这场危机的爆发，导致了更多的实体经济遭受重创，作为微观经济实体的企业，如何能够预防风险，并且在风险发生后，如何能够把损失降到最低，是每个企业家需要考虑的问题。本文将会从公司治理的角度讨论企业经营的风险控制问题。

首先，让我们来看一下风险的定义。不同的学者对风险有不同的定义：一种是把风险定义为风险的不确定性，另一种是把风险定义为我们预期的目标和实际的差距。我认为风险既强调不确定性，又要强调这种不确定性给我们的事业和项目带来的损害。而国际标准化组织（ISO）对风险的定义为，不确定性对目标的影响。在该组织的定义中，突出了风险所具有的三个特性：客观性、损失性和不确定性。风险的这三个特性主要是从决策的角度考虑的。

企业风险指的是企业经营过程中存在的不确定性以及企业经营所造成的影响。

由于企业内部要素的流动性以及企业外部环境的不确定性和关联性，企业的经营风险极容易被放大，形成危机。风险来自于方方面面，既有来自企业内部的，也有来自企业外部的。

先从企业内部来看。按照企业的构成要素，企业所面临的风险可以分成以下几方面。由于构成企业的最基本要素是人、财、物和信息。风险也相应的分为：①来自于人的风险，比如人力资源流失的风险，主要包括关键岗位或关键技术人员的流失。②来自于财务的风险，即和企业筹资、融资以及经营现金流等相关的各类风险。③来自于物的风险。即企业的产品生产或销售的风险、物流体系的风险，设备运行和工艺风险等。④信息的风险。企业的经营决策，离不开对各种信息的有效处理。而企业的成功经营，离不开这四种要素有效地流动。四种基本要素，也构成了企业的全部资源，而四种要素中任何一种风险，都可能会导致企业经营陷入危机。

再看企业的外部环境。在经济进入全球化的今天，企业所处的环境并非是静态的，封闭的，而是动态的和开放的。企业的外部环境分为政治经济环境、社会文化环境、技术环境以及人口。企业作为宏观经济的微观基础，首先必然会受到宏观经济的影响。其次，社会文化环境改变，对企业也会产生很大的影响。文化环境的改变，通常会影响企业的市场环境，且有着极强的渗透性。结合我国经营企业的自身特征，将我国经营企业面临的文化风险归类为精神文化风险、行为文化风险、制度文化风险和物质文化风险四个方面，并在分析各种风险的影响因素的基础上，初步建立评价指标体系。作为企业经营者，应该时刻关注企业外部与自身相关的各种新技术的变化，我们称之为技术风险。最后就是人口要素变化构成的风险。人口的变化，通常会影响消费者的构成。

再来看看什么是风险管理。风险管理是以最小的代价降低纯粹风险的一系列程序。这个定义除了也指明"纯粹风险"外，还有两个重要特征：一是降低风险，也就是消除或降低风险中的不确定性；二是必须考虑代价。事实上，损失控制的一切手段都是符合这两个特征的。因为通过控制损失发生的频率和大小，损失的分布更为集中了，从而降低了不确定。我们将会看到，风险中的预期是风险管理成本的重要组成部分。

对于风险的分类，可以很好地揭示风险的来源。不同的来源构成了不同的风险。企业需要对风险进行有效管理。企业风险管理所针对的是任何来源地企业价值的降低。从公司治理的角度来看，企业风险管理是一个由企业的董事会、管理层和其他员工共同参与的，应用于企业战略制定和企业内部各个层次和部门的，用于识别可能对企业造成潜在影响的事项并在其风险偏好范围内管理风险的，为企业目标的实现提供合理保证的过程。

为了使企业能够有效应对来自企业内部和外部的不确定性，在变幻莫测的市场中能够生存发展。企业可以从以下角度进行风险管理。

在董事会一级设立风险管理委员会。通常，公司在经营过程中，一般都是按照职能部门进行运作。这样，企业的风险管理就被分散在各职能部门中，而不是统一的。比如市场部，需要密切关注市场、消费者以及竞争对手，而这三者则构成了企业的市场风险。而人力资源部门所关注的是企业经营过程中人的风险。研发部门或者生产部门的核心人员流失，对公司经营，也会带来巨大的风险。董事会要关注企业战略风险以及管理层经营管理的风险。

在经济全球化的今天，企业所处的生存环境比以往任何时期都要复杂。我们周围充斥着大量的经济预测，而经济学家的工作之一也是对经济形势进行大致判断。但是预测并不能使我们有效应对风险和危机，尤其当某些风险引发的危机破坏性足够大的时候。专注于专业化发展的企业，可能会有很多优势。比如，把有限的资源投入到最能产生效益的生产环节中，在市场竞争中获得优势。然而生物进化的历史表明，单一性是一种危险的形态，非常脆弱。因此，企业在有能力发展多元化的时候，应该有意识地去涉足不同的行业，适当增加企业战略业务单元的数量。

集团管控模式优化研究

淮北矿业集团　战彦领

一、研究背景

（一）问题提出

集团型企业作为一种典型的经济组织形式起源于19世纪末的欧美工业化国家，它的最初形态为垄断财团。在我国，集团化企业始建于20世纪80年代，是随着单体企业不断发展壮大，在业务、流通、生产等方面联系紧密，为了一定的目的而组织起来共同行动的企业联盟团体。过去的三十多年，在经济全球化和市场一体化的时代背景下，伴随着中国经济的迅猛发展，中国企业也有了蓬勃的发展，一些大的企业经过资产重组、资源整合也进入了集团化发展的阶段。与此同时，也就带来单一企业经营向集团化管理的转变，集团企业内部面临越来越多、越来越复杂的管理问题，包括母子公司关系、集团总部定位、组织架构调整、公司治理体系等问题。现实中，管控模式选择不当，管理失控的现象频频发生，"一放就乱，一抓就死"的两难境地制约着中国集团型公司的发展，归根结底在于没有建立起一个科学的集团管控系统。近年来，百年企业瞬间破产，庞大帝国灰飞烟灭，触目惊心的事件屡见不鲜。其根本原因都是因治理机制和管控体系有缺陷。由此可见，集团管控体系对集团企业的重要性。如何构建合适的集团管控模式，对下属企业进行有效的管控，并推进其顺利演进，已经成为我国集团企业管理实务界和学术界共同关注的一个重要课题。

（二）集团管控类型

按照集团公司与下属单位集分权程度的不同，集团公司介入下属单位经营管理活动的深度不同，目前比较主流的划分方法是分为三类：财务管控型、战略管控型和运营管控型。这三种基本的管控模式各具优长、各具不足。

1. 运营管控型

运营管控型的管控模式是集权度最高的管控模式，强调过程控制是这种管控模式的鲜明特点，下属企业业务相关性很高。在这种管控模式下，集团总部作为经营决策中心和生产指标管理中心，以对企业资源的集中控制和管理、追求企业经营活动的统一和优化为目标，直接管理各种生产经营活动和具体业务，从战略规划的制定到实施几乎无所不管。在运营型管控模式下，各种相应的职能管理在总部层设置得非常广泛和非常深入，总部所需要的职能人员的人数会很多，总部规模相当庞大。

2. 战略管控型

战略管控型的管控模式是集权与分权相结合、相平衡的管控模式，强调程序控制是这种管控模式的突出特点，下属企业业务相关性一般。在这种管控模式下，集团总部作为战略决策和投资决策中心，以追求集团公司总体战略控制和协同效应的培育为目标，负责整体的战略规划、财务和资产运营，制定涵盖大多数活动的职能政策，在集团核心业务发展上具有决策批准权。管理手段主要通过考核企业经营的重要举措以及重要的财务指标，来追求公司战略目标的实现和财务指标的快速增长。在战略型管控模式下，总部的规模并不大，也不会设置太多的运营管理职能。根据集分权程度不同，又被划分为战略指导型和战略实施型，前者偏重于分权，而后者偏重于集权。

3. 财务管控型

财务管控型的管控模式是最为分权的管控模式，强调结果控制是这种管控模式的明显特点，下属企业业务相关性一般很小。在这种管控模式下，集团总部作为投资决策中心，以追求资本价值最大化为目标，只负责集团的财务和资产运营，重点放在集团的财务规划、投资决策和实施监控，以及对外部企业的收购、兼并上，并不强调业务的战略管理和营运管理，管理方式以财务指标考核为主。在财务型管控模式下，由于总部主要负责财务和资产运作，因此总部规模很小，所需的职能人员也不多。

现实中，企业集团的管控往往是以一种模式为主导的多种模式的综合。例如，上海宝钢集团，除了对钢铁生产业务采取运营管控型模式外，集团总部对金融、贸易、房地产等业务采取了战略管控型模式，这与宝钢集团"一业为主，多元化经营"的战略导向是一致的。

二、集团管控模式的影响因素

影响集团管控模式选择的因素虽然非常多，包括多元化经营程度、经营业务重要性、业务主导程度、控股比重、子公司管理的成熟度、业务区域分布、企业规模、以及信息化水平等，这些因素之间还相互渗透、相互影响。总的来说，最重要的影响因素可以归结为经营业务重要性、业务主导程度和管理成熟度。

1. 业务发展阶段

在集团层面，如果集团总部成立时间不长而处于过渡阶段，集团总部有可能面临总部经营班子磨合、能力培育等问题，使得集团总部没有精力加强分子公司管控，有可能暂时采取相对分权的管控模式。而随着集团总部的不断发展，其功能得到不断强化，管控的力度就可能越来越大。在分子公司层面，如果分子公司处于组建初期各方面的运作都没有实现程序化、标准化，则需要集团总部给予更大的管理控制力度与支持；而如果分子公司处于成熟期，集团总部则可以为其设计相对分权的管控模式。

2. 企业文化

集团与分子公司企业文化方面的融合程度（尤其是集团分子公司经营班子在经营理念、价值观、企业道德标准等的融合程度）会影响到集团总部对委托—代理风险成本的判断，也会影响控股集团总部对分子公司授权与资源配置的信心，进而决定管控运作模式。如果集团与分子公司文化的融合程度越高，企业文化管理能力较强，其经营班子在价值理念方面具有共性，则有利于分权管控；如果企业还没有形成统一的企业文化，集团与分子公司的文化融合程度越低，集团总部对分子公司的授权信心就会越小，倾向于集权管控。

3. 管理能力

管理能力分为企业总部的管理能力和下属单位的管理能力。管理能力可以分为强、中、弱。如果集团总部的管理、驾驭产业的能力较强，就越有可能采取集中管控模式；如果集团总部管理、驾驭产业的能力不足，则选择分散的管控模式。在其他因素不变的情况下，如果分子公司自身管理能力较强，有丰富的独立运营经验与能力，则越有可能设计相对分权的管控模式；如果分子公司管理能力与经验不足，倾向于选择集权管控模式。

4. 产业结构

企业产业结构按照企业业务多元化程度划分为：单一、适中、多元化。如果企业业务单一，这利于企业实现集权管控；如果企业业务呈现多元化，企业则应选择分权管控模式。

5. 企业规模

集团与分子公司的规模也会影响总部在管控模式上的决策。首先如果集团整体实现规模化发展，面临跨地域、多层次、大规模的组织架构，则必须要对管控资源、权力实现分层次的配置。如果集团整体规模化不大，分子公司规模较小，没有出现那种跨地域、多层次、大规模的组织架构，则有可能对管控资源、权力实施集约化管控。

6. 控股比重

一般情况下母公司所持有子公司的股份比例，将会直接影响母公司所能够选择的控制权利。往往将大部分管控权限与操作功能集成在集团总部的管控模式，需要母公司一般至少要达到绝对控股，只有这样的股份比例才能通过合法的程序去直接插手分子公司的运营决策。因此，如果集团对下属公司的控股比高，宜采用集权管控模式；如果集团对下属公司的控股比低，则宜采用分权管控模式。

7. 业务地域分布

业务地域分布可分为本地化经营、区域化经营和跨区域经营。如果下属单位分布区域比较单一，这有利于集权管控；如果是跨区域（国）经营，则应倾向于分权管控。

8. 资源关联度

资源关联度是指企业总部所掌握的资源与下属单位经营业务之间的关联程度，包括资金、人才、设备、品牌、客户资源等。关联程度通常可分为低、中、高。如果资源关联度高，宜采用集权管控模式；如果资源关联度低，则宜采用分权管控模式。

9. 信息化水平

企业总部掌握企业内外部信息的能力，是衡量企业竞争能力的重要因素。一般来讲，企业信息化不仅有利于企业集权管控，也有利于企业分权管理。但是，对于发展中的企业，信息化水平越高，越有利于企业集权管控；反之，是不利于企业集权管控的。

10. 经营业务重要性

重要性可以分为小、中、大。企业下属单位经营的业务在整个集团中的战略重要程度较大，则是核心业务，集团总部管控强度应该大；如果业务重要性较小，集团的管控强度应该小，宜采用分权管控模式。

11. 企业发展战略

企业发展战略对管控基本准则设计有着十分深远的影响，它是最核心的影响要素之一。集团与业务单元的战略形态往往决定了集团管控模式。如果企业实施的是扩张战略，为了鼓励下属单位开拓市场，形成新的经济和利润增长点，企业应选择分权管理模式；在紧缩战略下，企业必须高度集权；而稳定战略，企业总部须对下属单位的投融资把关，对有关资金运营效率方面的权力可以适当分离。

三、集团管控模式匹配模型

分析集团管控的影响因素是便于集团总部更好地把握集团管控的力度，制定合适的管控模式。通过对影响集团管控模式因素的趋势分析，甄别出影响集团管控模式选择的11个要素，在此基础上，按照从分权到集权的阶梯顺序，根据企业实际，分别进行十级评分，并以此作为进一步管控模式匹配的依据。所列要素具体评分依据可参照表1：

表1 企业管控模式影响要素分值表

序列	影响要素	从分权到集权企业要素定位	评估分值
A	业务发展阶段	成熟阶段 分权 —— 发展阶段 集权 （0 3 7 10）	?
B	企业文化	无统一的企业文化 分权 —— 有统一的企业文化 集权 （0 3 7 10）	?
C	管理能力	集团管理能力弱 分权 —— 集团管理能力强 集权 （0 3 7 10）	?
D	产业结构	产业多元 分权 —— 产业单一 集权 （0 3 7 10）	?
E	企业规模	企业规模较大 分权 —— 企业规模较小 集权 （0 3 7 10）	?
F	企业发展战略	扩张型战略 分权 —— 紧缩型战略 集权 （0 3 7 10）	?
G	业务地域分布	跨区域经营 分权 —— 区域单一 集权 （0 3 7 10）	?
H	资源关联程度	资源关联度低 分权 —— 资源关联度高 集权 （0 3 7 10）	?
I	信息化水平	信息化水平低 分权 —— 信息化水平高 集权 （0 3 7 10）	?
J	控股比例	股权比例较小 分权 —— 绝对控股或全资 集权 （0 3 7 10）	?
K	业务重要性	战略从属 分权 —— 战略核心 集权 （0 3 7 10）	?

在上述分值评估基础上，计算出各影响要素的平均分值。公式如下：

$$V=(A+B+C+D+E+F+G+H+I+J+K)/N$$

公式中N=11。根据上述公式，可计算得出全部影响要素的平均分值。下一步的工作，就是把分值标注在如下数轴上，便可确定集团管控集分权的综合评级。

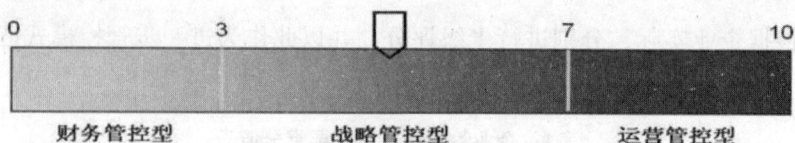

图1 集团管控模式匹配模型

一般说来，各项影响因素平均估值为0～3分者，集团管控模式多选择财务管控型；各项影响因素平均估值为3～7分者，多选择战略管控型；各项影响因素平均估值为7～10分者，多选择运营管控型。假如某集团企业各影响要素平均估值为4.6，则该企业相应的管控模式应为战略管控型。若根据集分权程度进一步细分，则应定义为战略指导型。

当然，影响企业管控模式选择的因素很多，每个企业都有自己的特殊情况。对企业来说，并不存在一个通用的、标准的或最佳的集团管控模式。集团管控模式匹配模型更多地是为企业科学选择集团管控模式提供一种分析方法，分析者可藉此拟定自己的评估因素列表，确定适合企业特点的集分权综合评级，从而为企业正确地选择管控模式提供指导和借鉴。

四、H集团公司管控存在的问题

H集团公司是以煤电、化工、物流为主的国有大型骨干企业，公司现拥有资产800亿元，员工9万多人。经过多年的开发建设，H集团从小变大、由弱转强，经营规模迅速扩大，产业门类逐渐增多，产权结构日趋多元。伴随着企业规模扩张和业务领域的拓展，集团公司大量新产业孕育而生，参股、控股子公司快速增多，产业多样化、产权多元化、布局多区域化的特点愈加突出。目前，集团公司涉足煤炭采选、煤化工、电力、物流、工程建设、新型能源、房地产、教育、医疗、精细化工、金融、铁路、航运、建材、农业等20个产业，控股子公司21家，参股公司18家。

（一）管控模式选择不当，与产业发展定位协同不够

企业发展战略是集团管控模式形成的依据，管控模式要服从和服务于企业战略发展的需要。从集团管控现状看，产业管控模式选择，与集团对其的战略定位形成了冲突，产业管理主次不分，眉毛胡子一把抓，用管理煤炭的一套手法管理其他多元产业，缺乏合理的产业管控模式和平台。比如，一些应该采用战略管控（物流、房地产等）的产业却采用了运营管控模式，一些适宜战略管控（生物能源、民爆、航运等）的产业采用了财务管控模式。多元化战略需要多样化的管控模式与之匹配，想把某些用并购手段硬堆起来的产业进行整合，必须使用战略管控的手法，但集团管控采取的却是类似财务管控的模式，与经营的需要形成了冲突。问题破解之道，就是要采取系统的解决办法，建立产业管控模式选择的动态评估机制，从根本上调整管控思路和模式，而不是头痛医头、脚痛医脚，实现产业管理与发展定位的战略协同。

（二）总部功能定位偏颇，管理体制呈现行政化特征

理论上，一个优秀的集团，其总部功能定位不仅是集团投融资中心、产业监控中心、增值服务中心，更应当是宏观调控中心、价值创造中心和制度输出中心。从集团公司的情况看，由于对集团总部在集团当中的角色和定位不清，在客观上阻碍了集团优势的发挥。一是集团总部存在着行政化、机关化、官僚化倾向，"四个中心"的功能定位，偏重于"管""控"的较弱，仅仅满足于把子公司看管住了为止，并不能做到更高的效率，已经不能适应形势发展的需要，难以有效发挥集团总部的功能。二是受传统观念和管理方式的影响，对参控股公司的管理基本上沿用传统的行政管理方式，从出资人角度考虑的少，缺少对下属业务单位必要的技术支持和服务指导。三是企业虽然由"工厂制"变成了"公司制"，但实质性的运作没有到位，在决策方

式、管控模式、运行监控、经营考核上，仍然延续过去"工厂制"的管理模式，体制机制没有发生根本性转变。

（三）组织结构有失偏颇，难以适应企业发展的需要

在总部机构设置上，总部机构设置过多地保留了原来"煤"的痕迹，偏重于煤炭采选业的生产运营和管理。随着集团公司向能源化工集团的战略转型，集团公司管理工作的内容和范围、管理关系和管理对象已经或正在发生重大变化，集团管理幅度不断扩大，管理对象呈现多元化、差异化。由于各个产业的行业特点、发展阶段、产权模式、协同效应等不尽相同，用过去传统的单一煤炭产业的管理方式，来管理现有多个产业板块，已不能适应一体化协同发展的要求。

在组织形式上，目前采用的是以直线——职能制为主的组织形式，这种组织形式钱得勒称为"单一单位的企业"，属于典型的"集权式"结构，职能部门之间的横向协作和配合性较差，组织间信息传递和反馈缓慢，致使企业难以适应环境的迅速变化。目前，集团公司已涉足近20个产业，不仅有煤炭采选，还有煤化工、盐化工、电力、房地产、生物能源、物流等产业板块，企业现行的这种组织形式，已不能适应管理范围跨度大、管理业务板块多、经营环境变化快的要求，实施组织变革，实现决策体系扁平化已是当务之急。

（四）母子管控平台缺失，企业管控体系尚不健全

管控平台包括公司治理体系、集团战略、组织结构，以及由此形成的管控模式。由于缺乏完善的公司治理体系，同时受单体管理思维的禁锢，难以实现母子公司之间的战略协同。在管理方法上，虽然初步建立了现代企业制度，但实质性的运作没有到位，运动式的管理仍然存在于日常管理中，在决策方式、控制方式、运行方式、考核方式等方面，依然停留在单体公司的管理层次，过多地用单体公司的管控手法去管控集团，难以适应产业的发展需要。在事权划分上，母子公司权利界限划分不够清晰，一方面对母公司应该

管哪些、管到什么程度缺乏科学认识，微观上管得太具体，宏观上管得太笼统；另一方面在集团公司对下属企业管控上缺乏深入系统的研究，管理的随意性较强，管少了怕被架空，管多了又怕控得太死，陷于收放两难的困境。

这些问题有的直接影响集团现在的有效运行，有的间接决定集团未来的走向和命运。如何及时、正确地解决这些重大问题，已经成为集团发展的当务之急。

五、H集团公司管控模式优化策略

（一）集团管控模式优化分析

下面，运用集团管控模式匹配模型，按照从分权到集权的顺序，选择H集团部分高管人员和从事职能管理的部分人员，对11个要素分别进行评分，以此作为进一步管控模式匹配的依据。

1. 定量分析

本次调查问卷的范围包括集团机关部室的部分中层管理人员以及集团总经理、副总经理等高管人员。调查问卷共发放30份，回收30份，回收率100%，有效问卷达到了100%。

通过对问卷调查数据进行统计分析，按照下列公式（1），计算得出H集团现有产业的11个因素平均分值。

$$W_n = \frac{1}{N}\sum_{i=1}^{N} w_i \qquad (N=30; n=1,2,...,11) \qquad (1)$$

接下来，在上述分值评估基础上，根据公式（2），计算出各产业的影响因素平均分值。

$$V_m = \frac{1}{M}\sum_{n=1}^{M} w_n \qquad (M=11; m=1,2,...,16) \qquad (2)$$

各产业全部影响因素的平均分值见下表。根据各项影响因素平均估值，运用集团管控模式匹配模型，便可确定集团管控集分权的综合评级，找出对应的集团管控模式。

表2 H集团各产业影响因素评分估值一览表

序号	产业门类	影响因素平均分值V_m	对应的管控模式	现行的管控模式
1	煤炭采选	7.21	运营管控型	运营管控型
2	煤化工	6.66	战略实施型	战略指导型
3	盐化工	6.73	战略实施型	战略指导型
4	电力	6.88	战略实施型	战略指导型
5	物流	5.64	战略指导型	财务管控型
6	民爆	5.35	战略指导型	财务管控型
7	工程建设	6.17	战略实施型	运营管控型
8	房地产	4.24	战略指导型	财务管控型
9	生物能源	4.54	战略指导型	财务管控型
10	职业教育	3.56	战略指导型	财务管控型
11	医疗服务	2.93	财务管控型	财务管控型
12	工业设计	3.34	战略指导型	财务管控型
13	精细化工	3.35	战略指导型	财务管控型
14	金融证券	2.98	财务管控型	财务管控型
15	航运	2.82	财务管控型	财务管控型
16	农林	1.91	财务管控型	财务管控型

总体上看，目前H集团管控力度偏弱，16个产业门类中，有10个产业管控模式选择不当，9个产业管控力度弱化，1个产业管控力度过大。

2.定性分析

鉴于定量分析的不足，在上述定量分析的基础上，还需对各产业发展情况进行定性分析。最终，采取定量分析和定性分析相结合的办法，确定H集团各产业的管控模式。

从H集团现状看，由于涉及的业务领域比较多，根据集团公司"十二五"发展的战略定位，集团管控模式应采用以战略控制型为主的方式。在具体产业的管控方式上，首先，根据战略定位和业务重要性，对现有产业进行分类。整体上可划分为三大类：主导产业（煤炭、煤化工、盐化工、电力、物流）、支持产业（民爆、工程建设、生物能源、房地产、金融）、其他产业（医疗、教育、建材、农林、航运、设计、精细化工、贸易等）。其次，在产业分类的基础上，统筹考虑现有产业特点、产权模式、产业发展阶段、集团对各产业的熟悉程度、集团管控能力、协同效应等因素，确立各产业的具体管控模式。

（1）主导产业。

煤炭采选：集团有着50多年的经营历史，生产、技术、安全、管理、营销等方面都比较成熟，是公司收入和利润的主要来源，产业发展处于快速扩张期，经营环境基本稳定，集团管控能力较强，适于采用相对集权的运营控制型。

煤化工：焦化等煤化工项目为煤炭采选的下游产业，对集团公司来说这是一个新的行业，其生产工艺和管理流程不太熟悉，股权结构采取集团为主、关联方参股，目前处于成长期，宜于采用适度分权的战略控制型。

盐化工：盐化工是一个庞大的项目群，对集团公司来说这是一个非常陌生的领域，由于涉及到烧碱、PVC、电石、水泥等众多产业，投资规模又非常大，股权结构为集团控股、多方参股，目前处于基本建设期，适宜采用适度分权的战略控制型。

电力：对大型电厂项目，由于装机容量大，技术装备水平高，投资强度大，采取合资共建的办法，吸引具有电力运营成熟经验的大型电力企业参股，目前处于成长期，宜采用适度分权的战略控制型较为合适。

物流：从传统的煤炭物流、供应物流演变而来，管理较为成熟，目前处于扩张期，适于采用适度分权的战略控制型。

（2）支持产业。

工程建设、民爆产业：管理较为成熟，目前处于快速扩张期，适于采用适度分权的战略控制型；

房地产：这是一个新的行业，主要定位于解决内部职工住房问题，适度进入房地产业，宜采用适度分权的战略控制型；

生物能源：这是一个非常陌生的行业，目前产业技术尚不成熟，处于孕育期，多元投资主体，宜采用适度分权的战略控制型；

金融：处于培育期，投资参股部分商业银行，目的获取稳定的投资收益，宜采用高度分权的财务控制型。

（3）其他产业。

其他产业涉及医疗服务、职业教育、建材、航运、设计、金融、精细化工、农林等。对其他产业，考虑到与主业关联度不大或基本没有什么相关性，集团总部在这些领域也不存在管理优势等因素，采用财务控制型管控模式是比较合适的选择。

（二）集团管控模式优化方案

综合以上定量分析和定性分析结果，H集团各产业的管控模式优化方案：

表3 H集团各产业管控模式优化方案表

序号	产业门类	现行的管控模式	理想的管控模式
1	煤炭采选	运营管控型	运营管控型
2	煤化工	战略指导型	战略实施型
3	盐化工	战略指导型	战略实施型
4	电力	战略指导型	战略实施型
5	物流	财务管控型	战略指导型

序号	产业门类	现行的管控模式	理想的管控模式
6	民爆	财务管控型	战略指导型
7	工程建设	运营管控型	战略实施型
8	房地产	财务管控型	战略指导型
9	生物能源	财务管控型	战略指导型
10	职业教育	财务管控型	战略指导型
11	医疗服务	财务管控型	财务管控型
12	工业设计	财务管控型	财务管控型
13	精细化工	财务管控型	财务管控型
14	金融证券	财务管控型	财务管控型
15	航运	财务管控型	财务管控型
16	农林	财务管控型	财务管控型

从集团管控模式优化方案中，可以看出，H集团总体上对各产业的管控力度偏弱，需要对管控模式进行优化调整，加大集团管控力度。对各产业管控模式的调整可划分为三类：

第一类：管控模式合适类。即现行的管控模式与理想的管控模式一致。包括煤炭采选、医疗服务、工业设计、精细化工、金融证券、航运、农林等7类产业。

第二类：加大管控力度类。即现行的管控模式力度偏小，需要进行调整，加大管控力度。包括煤化工、盐化工、电力、物流、民爆、房地产、生物能源、职业教育等8类产业。

第三类：减小管控力度类。即现行的管控模式力度偏大，需要进行调整，降低管控力度。包括工程建设产业。

（三）有关对策与建议

1.合理总部职能定位

在集团管控模式确定之后，应明确总部的功能定位，这是集团管控体系建设首先需要解决的问题。目前，集团总部定位为"四个中心"，过多地关注于总部的职能运作，而忽视了总部的资源整合、业务协同和资本运作所创造的价值，尽快实施总部功能改造势在必行。总部改造的目标，就是要在传统总部的战略决策中心、资本运营中心、经营监控制中心、人力资源管理中心的基础上，进一步变成集团的宏观调控中心、价值创造中心、制度输出中心。通过责权体系调整，使总部成为"四个主体、三个中心"：战略规划主体、资本运作主体、监督考核主体、人力资源管理主体，宏观调控中心、价值创造中心、制度输出中心；二级子公司定位为利润中心、安全生产中心、人才培养中心；三级单位（矿厂）定位为成本中心。

2.优化设置组织结构

按照"总部做强、基层做实、适度分权、高效运转"的思路，以总部职能简单化、组织机构扁平化、部门职能专业化为方向，推进总部机关机构整合，压缩管理层次，扩大管理幅度，下移管理重心，确保集团政令畅通和稳健发展。一是对总部业务流程进行全面梳理，实施部门职能归并和整合，突出总部关键职能定位，将关键流程部门化，清晰界定职责和权力边界。二是在总部关键职能专业化的基础上，进一步对集团内部经营事务合理划分，精简总部部门及人员，并将煤炭主业日常经营事务充分下放，以事业部（按照产业或区域划分）的形式对煤炭主业、煤化工、盐化工实施专业化管理，合理划分事权，提高管理效率。三是随着集团所涉及业务领域的逐渐成熟，总部组织结构应转向战略投资控股模式，集中精力在战略规划、投资管理、下属业务单位业绩监控、外部资源关系整合等事关全局的重大事务。各业务按照产业形成专业化的分工协作体系，日常经营事务则充分放权，并以规范的法人形式进行管理。

3. 完善公司治理体系

公司治理是一组规范公司相关各方责、权、利的制度安排，是现代企业中最重要的制度架构。它包括公司股东会、董事会、监事会、经理层和其他利害相关者之间的一整套关系，即治理结构和治理机制。一是优化成员结构，尽可能减少经理层成员与董事会成员之间的交叉任职，提高董事会的独立性。条件成熟时，可聘请业内外知名专家、专业人士（律师、会计师）为外部董事或独立董事，以提高公司治理水平。二是重整规则体系，按照《公司法》和建立现代企业制度的要求，整合管理制度和议事规则，界定董事会、监事会、经理层的职责和权限，完善企业党委会、董事会、经理层、监事会议事程序和规则，形成决策、监督和经营管理之间的各负其责、协调运转、有效制衡的运行机制。三是健全治理机制，合理设计一套有效的激励制度，激励董事与经理努力为企业创造价值，减少道德风险。包括薪酬激励机制、剩余索取权和剩余控制权激励机制、声誉激励机制。

4.健全母子公司管理体系

从集团现实出发，健全母子公司管理体系，打造母子公司协同效应，增强集团对子公司的宏观控制力，已是当务之急。一是应从过去全过程的操控式管理，转变为结果式管理，各业务单元负责人全权负责该单位的业绩，这样易于进行以经营成果为导向的绩效管理，便于集团高层将精力和时间放在关键的管理事务上。二是为了体现不同业务单元的特点，应综合考虑其在集团战略中的地位和业务现状，对各业务进行分类归并，实施业务分类管理模式，以突出不同类型业务的管控目标和重点，其各自的特点应体现在相应的考核指标中。三是对不同类型的业务单元采用不同的管理和控制手段，战略关键环节集权，实现战略协同；对发展处于不同阶段的业务单元提供不同的发展空间，改变目前集团"大一统"的一套体制管理所有下属单元的"大锅饭"现象。四是集团对所投资的企业应在其法人治理结构体系下进行依法规范监管，对控股公司和参股公司的监管深度应有所不同。

5.结论与展望

本文在国内已有研究的基础上，运用集团管控基本理论，对大型企业H

集团的管控现状进行了剖析，分析了目前集团管控中存在的突出问题，并从企业集团未来战略发展的需要出发，结合自己多年从事企业管理的经验积累和深入思考，提出了H集团管控模式优化的思路和方案。

当前，集团管控已成为非常重要的前沿研究领域。随着国内集团企业的发展壮大，客观上需要学术界为企业管理提供更多的理论支撑。本文受研究数据的限制，对有关的实证分析还不够深入，作为本文研究计划的延伸，今后将加强对集团管控模式选择绩效的研究，注意收集相关数据，为模型构建和实证研究奠定数据基础。

PROFIBUS 现场总线实施的质量管控措施

神华福能发电有限责任公司　桂思玉

一、引言

20世纪80年代中期，美国Rosemount 公司开发了一种可寻址的远程传感器（HART）通信协议。采用在4～20mA模拟量叠加了一种频率信号，用双绞线实现数字信号传输，出现现场总线的雏形；1985年，Honeywell和Bailey等大公司发布了FIP协议；1987年，Siemens、Rosemount、横河等几家著名公司制定了PROFIBUS协议。1994年，两大集团宣布合并，融合成现场总线基金会（Fieldbus Foundation）简称FF。

国内自引进现场总线技术，到推广应用至今，不过十几年时间，在工艺流程行业的运用起步较晚，与传统成熟的DCS控制系统相比，用户接受度相对较低，五大自动化行业市场中的化工、石油，特别是电力等行业的现场总线运用相对较少。但现场总线自身所具备的优点，如设备与系统信息网络化、节省安装费用、节省维护开销、提高系统可靠性、提高系统集成主动权等等，使现场总线技术逐渐得到推广，火力发电厂现场总线应用越来越多，如何保证现场总线实施的质量，是火力发电厂热工自动化专业关注的首要问题。

目前，在国内火力发电厂现场总线应用过程中，如何在基建期现场总线实施过程中采取相关的技术措施来保证现场总线系统应用的可靠性、安全性，尚无一套成熟的、标准化的办法，本文拟就此方面谈一谈个人的看法及成功经验，以期对国内后续现场总线实施过程能够提供参考借鉴。

二、现场总线实施质量管控原则

现场总线实施的质量管控，要从设计、安装、调试、试验等几个方面入手，对现场总线实施进行全方位的管控，既要过程管控，又要验收测试，做到及早暴露基建施工过程中潜在的问题，及早消除隐患。

三、现场总线实施质量管控措施

（一）制定现场总线施工工艺质量标准

参照《火力发电厂现场总线设备安装技术导则》，参照各总线设备厂商提供的技术文件或说明书，与现场总线设备提供商共同从总线桥架设计、总线电缆敷设、总线接地、总线接线、终端电阻配置等各方面，编制现场总线施工的工艺质量标准。

在总线设备施工前，组织施工单位、火电厂工程人员、火电厂生产人员、监理公司等各个参建单位进行培训，经考试合格颁发总线施工资质证书，要求总线设备安装、总线电缆敷设、总线接线及调试全过程，相关人员持证上岗，未通过考试人员不得参与施工、监理及验收工作。

（二）现场总线施工过程中的质量检查

总线设备施工过程中，施工监理不定期组织工程、生产人员、总线供货商、施工单位等，从总线桥架设计、总线电缆敷设、总线接地、总线接线、终端电阻配置等各方面，对总线施工工艺是否符合标准要求进行检查，发现违反工艺标准的立即制止，责令整改；同时，利用现场总线厂商提供的专用诊断工具，对施工完毕的现场总线网段进行通讯检查。

1.总线接地检查

现场总线的敷设、接线、终端电阻设置、地址设置等，严格按照施工工艺质量标准要求进行检查，在此不再赘述。特别指出的是，现场总线的接地检查，应格外引起重视。因接地质量的好坏，将直接影响现场总线的抗干扰能力。国内火力发电厂现场总线应用中也曾发生过几例因接地问题导致的不安全事件。

按照PROFIBUS现场总线接地要求，Profibus-PA总线采用单点接地原则，Profibus-DP总线采用多点接地原则；对于多点接地的设备接地，为有效避免干扰的要求，因此要求厂房区域的接地网为等电势接地。

根据现场总线接地要求，编制现场总线接地质量检查确认表如表1所示：

表1　现场总线接地质量检查确认表

序号	设备名称	总线起点	总线终点	接地是否合格	电缆编号	电缆型式	备注
1							
2							
3							
验收人（签字）：						验收日期：	

按照上述检查确认表，组织人员对每一现场总线设备的接地情况，进行全面检查，保证每一个现场总线设备的接地都合格。每一接地检查项目可参照表2所示（不限于此）：

表2　现场总线接地质量检查项目表

检查项目	验收结果
通信电缆屏蔽层是否接入屏蔽地，而非保护地	
接地线连接处，是否用垫圈压接，表面涂漆是否刮去	
通信网络是否采用等电位接地	

续表

检查项目	验收结果
系统各部件之间的等电位连接，是否使用铜质电缆或镀锌接地条	
等电位接地，是否与具有大面积的接地端连接	
系统内所有PROFIBUS设备和接地，是否与等电位接地系统连接	
金属电缆支架的各部分，是否彼此连接并尽量多地与等电位连接系统相连	
通信电缆屏蔽层，是否在控制柜入口与等电位连接	
DP电缆是否多点接地	
PA电缆是否单点接地	

2.总线诊断检查

（1）启动ProfiTrace后，点击"Live List"，可直观地判断出系统各个地址设备的"健康"状态。

绿色—设备进行数据交换；黄色—设备丢失；红色—参数错误；紫色—组态错误；无色—在线但无数据交换。

通过不同的颜色能很直观能地看到哪些设备是"故障制造者"。

（2）点击"开始报文记录"，进一步分析网络通讯的信息，可从屏幕上看到一个整体直观的演示。

观察主站与从站之间的通讯是否正常，一般情况下，周期数据交换正常、无红色帧（ErrFrame、WrongSD、ParityError）、无SYNC帧即为正常。如果没有周期数据交换、有红色错帧（ErrFrame、WrongSD、ParityError）、有SYNC帧则表明通讯有异常。

（3）启动ProfiTrace后，点击"ScopeWare"，出现图1波形图，示波器立即以不同的模式进行运行，显示测量到的所有信号。

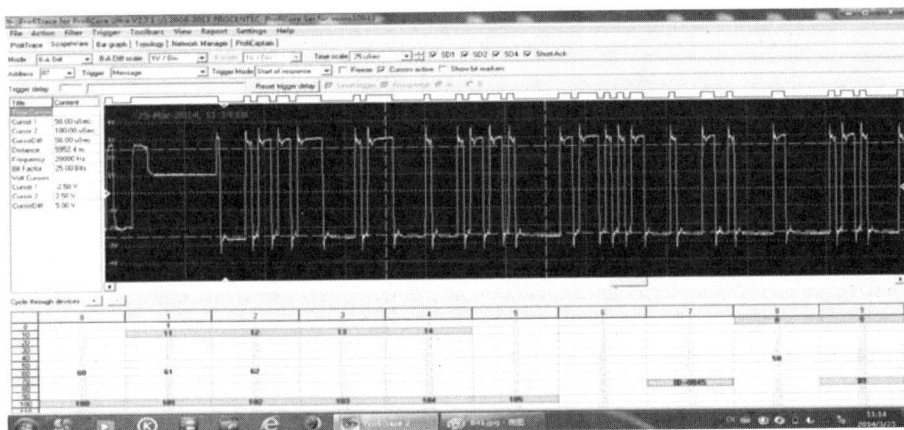

图1 波形图示意图

正常（可接受）信号几乎可以说是"真正的" 四方型波纹，平均振幅为5伏。当振幅较高时，信号似乎近似这种四方型波纹，但仍属于可接受信号，且闲置状态的噪音要保持在最小，闲置状态必须为1伏。

Bit上的波峰是处于正常状态的。波峰产生的原因是由于ProfiCore 所连接的短小分支线所致，也许该系统中的电缆长度相对较短。

当缺少终端器或出现断线时，信号就会反应在缆线上，形成大起大落的波峰。当A 线与B 线之间出线短路时，反射波一步一步地将信号的振幅越降越低。

因此，可通过不同的波形图来具体分析故障类型，找出故障点，检测信号质量的好坏。

（4）启动ProfiTrace 后，点击"Bar graph"，出现图2条形图，显示总线上所有设备的信号平均等级。

平均电压应为5 伏左右。当总线出现问题时，条线图将显示不同的电压等级，条形的颜色将发生变化。因此，可通过分析条形图显示的电压等级来具体分析故障类型，帮助找出故障点，检测信号质量的好坏。

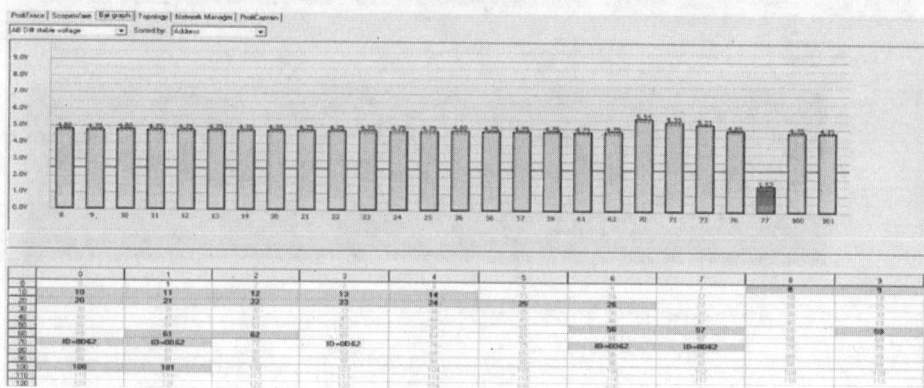

图2 条形图示意图

（三）现场总线验收过程中的测试及试验

1. 现场总线可靠性测试

此项测试主要针对现场总线设计方案的正确性、总线设备的可靠性进行检验，包括冗余环节测试、故障影响测试、HAMS系统测试等。

（1）冗余环节测试：就单个控制站而言，现场总线冗余情况如图3所示：

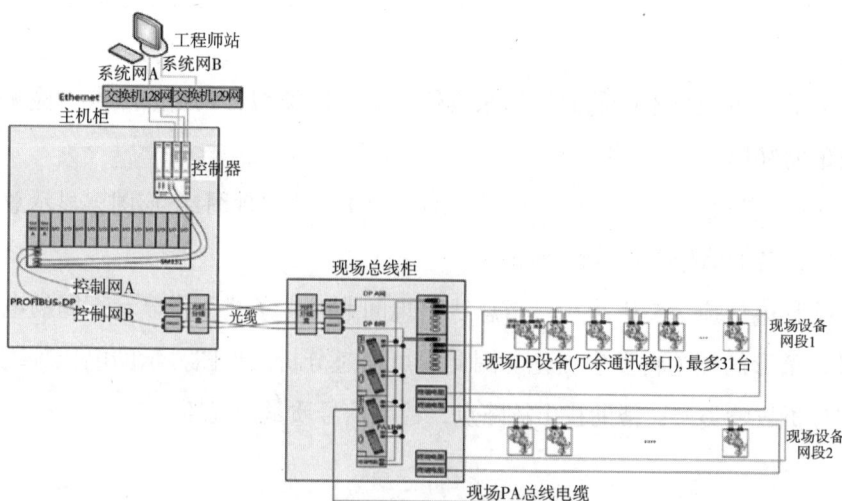

图3 现场总线网络结构示意图

根据图3所示，冗余环节主要有控制站到就地现场总线柜网络通讯、现场总线柜内冗余通讯网络、现场总线柜至就地设备的冗余通讯以及现场总线柜内冗余电源。冗余测试的目的是人为设置各个冗余环节故障，检查现场总线系统工作情况是否能够满足正常运行需要。

例如，人为断开控制站到就地现场总线柜网络A，在DCS操作员站上观察控制系统参数采集及设备是否存在异常，并进行记录；人为断开现场总线柜内冗余电源，在DCS操作员站上观察控制系统参数采集及设备是否存在异常，并进行记录等。

此项测试目的是确保冗余系统能够正常工作，检验设计、施工及调试过程的正确性。

（2）故障影响测试：现场总线就地设备在原理上属于并联，但在物理连接上属于串联连接，因此，当某个总线设备出现故障时，不应对此网段上的任何设备通讯产生影响。此项测试的目的，就是检测总线网络中任一设备故障时，对总线网络产生的影响。

例如，任选一台就地设备（如电动执行机构），将设备断电或设置故障，在DCS操作员站上观察网络上其他设备是否能够正常工作，并进行记录；任选某一网段的终端电阻，将其断开连接，观察整个网段的总线设备是否能够正常工作，并进行记录等。

（3）HAMS测试：HAMS现场总线设备管理软件，是以HART、FF、PROFIBUS协议为基础，集数据采集与数据分析为一体的一款现场总线设备管理系统，它作为DCS网络上的一个节点，管理整个DCS系统的现场总线设备。功能上，HAMS能够完成现场总线设备监测、诊断，对设备进行主动性维护与预防性维护，提高现场总线设备可靠性。

但作为DCS网络上的一个节点，它的存在或工作是否会给整个DCS系统带来负面影响，这是我们主要关心的问题。

HAMS软件测试的方法，即在DCS系统正常运行时，打开HAMS软件，扫描DCS网络上的现场总线设备，这时，DCS的通讯负荷率应相应增加，我们的目的就是考查这时DCS系统的性能是否受到影响，DCS操作员站画面上工艺系统参数是否正常，操作是否正常，并进行记录。

2.场总线电磁兼容性（EMC）测试

现场总线的抗干扰能力，一直是国内长期以来不能够广泛推广现场总线技术的障碍之一，国内也发生过多起因现场总线抗干扰能力差导致的不安全事件。而电磁兼容性（EMC）测试，能够全面反映现场总线系统或设备的物理层规范、安装的质量，因此，在基建期施工结束后，机组整套启动前，对整台机组进行EMC测试是非常有必要的。

现场的干扰源，主要来自两个方面：即自然干扰源和人工干扰源。自然干扰源主要是雷电干扰；人工干扰源主要是电子电气系统、无线发射机、静电放电等。其耦合途径主要是导线传导的电压、电流和空间辐射的电磁波。

现场总线抗扰度指标要求，主要包括：静电放电抗扰度、射频电磁场辐射抗扰度、电快速瞬变脉冲群抗扰度、浪涌（冲击）抗扰度、射频场感应传导骚扰抗扰度、工频磁场抗扰度、电压跌落与暂时中断、振动波和振铃波抗扰度等。

EMC包括两个方面的内容：一方面是自身产生的电磁发射，对其他设备或系统的影响；本系统的抗干扰能力，能否保证本设备或系统不受其他干扰的影响。

（1）第一步，依据相关标准，进行现场环境的EMC测试，对现场电磁环境进行综合评估；

（2）第二步，也是EMC测试的重点，即根据分析结果，利用专用仪器仪表设备，模拟各种自然和人工噪声源，对现场总线设备抗干扰能力进行全面测试。测试结果可通过专用设备或DCS数据监测方式获得。

（3）第三步，根据试验测试结果，对整个现场总线抗干扰能力做综合评价，更重要的是，要分析出现场总线系统中抗干扰能力薄弱的环节，找到异常原因，并进行整改。整改后再次进行测试分析，直至满意为止。

四、结论

现场总线技术在国内，特别是火力发电厂起步较晚，在应用过程中也出现过因雷击及现场电磁环境干扰导致的不安全事件，致使现场总线技术的推广饱受争议，然而现场总线作为新一代控制系统，有着它不可替代的优点，在未来取代DCS是必然的趋势。神华福能发电有限责任公司2X1000MW机组项目现场总线实施过程中，在基建的不同阶段，采取针对性的技术措施，真正地从设计、施工、调试到验收进行全过程的质量管控，发现了大量的包括电缆敷设、接线错误、接地不良、设备选型、网段分配诸多方面的问题，消除了大量隐患，很大程度上保证了现场总线实施的质量，提高了DCS控制系统及现场总线系统的可靠性，目前为止，该项目现场总线网络工作稳定，希望该项目应用经验能够对后续现场总线实施的质量管控提供一些参考。

调研报告——企业发展战略

G电气工程公司发展战略研究　袁国胜

一、绪论

（一）选题背景

随着中国经济的发展壮大，市场竞争日益激烈，企业经营环境更加多变、更加复杂。为了企业的生存和持续发展，决策层必须对影响企业的各项要素进行研究，系统全面地理解其所处环境，了解掌握自身的实力地位，分析影响企业成功的关键，用恰当的方法制定和实施企业竞争战略，才能使企业构建和打造核心竞争力，获取并保持持续竞争优势，让企业"做大、做强、做久"。

G公司于2005年正式成立，专业从事配电工程、高低压电气工程、送电工程、建筑智能化工程、给排水工程，实现工程的设计安装调试和投运一条龙服务。G公司经过了几年的高速发展之后，已经由原来的求生存阶段转变为现在的谋发展阶段。

随着社会对供电质量的要求越来越高，要求整个电力行业所提供的产品和服务应比以前更具专业性和环保性，这同时也对电气工程行业提出了更高的要求和标准。随着电力市场改革的进一步深化，电力工程行业的外部发展环境正在发生着巨大变迁，外地电力工程企业大量涌入、卖方市场迅速化为买方市场、部分工程设备与施工不再打包（工程收入，利润骤降）等一系列变化使得市场形势变得日益严峻，只有转变管理观念，进一步研究、制定适应市场的发展战略，才是G公司生存和可持续发展的唯一出路。

（二）研究目的和研究意义

针对G公司实际情况，运用课程学习到的相关理论，通过系统分析G公司经营和发展面临的内外部环境，运用SWOT战略管理工具，找出企业的优势、劣势、机会、威胁。确定企业战略目标，系统性、长期性地规划行动方案，从而获得可持续的发展动力和竞争优势，同时其制定的发展战略对同类型的其他公司具有一定的借鉴意义。

（三）研究方法与研究架构

本文在充分调研的基础上，主要采用实证分析与案例研究法相结合的研究方法，对G电气工程公司战略发展进行比较深入细致的研究。一方面采用了最实用的调查方法；同时调阅了近年来H省、Z市电力业行业报告，收取了国内外十多篇的典型交流材料；再次，为了高质量完成论文，作者查阅了大量的文献资料，这些资料的获得为本论文的撰写提供了第一手素材。

本文研究主要分为七个部分：第一部分绪论。主要从研究的背景和意义论述全文的主要思路，并提出了研究的方法及思路，对全文作了简单的内容简述；第二部分是阐述了企业战略的概念，提出了企业战略管理理论，为全文的研究奠定了理论基础；第三部分对G公司的政治、经济、技术及社会文化等四个方面的外部环境进行了分析，按照迈克尔·波特的五力模型，对G公司外部环境中的微观行业环境进一步做了分析；第四部分是G公司内部环境分析。首先介绍了公司的基本情况，重点对资源、能力和核心竞争力进行了比较详细地分析，为公司的战略制订奠定基础；第五部分是本文的重点，在已对G公司所面临的外部环境做了阐述（包括公司所面临的宏观、微观及竞争对手状况等）的基础上，运用 SWOT分析法对公司进行战略分析，试图通过SWOT分析，组合寻找到G公司的战略定位，解决"拟做"的战略问题。第六部分G公司战略实施保障措施也是本文的另一个重点，提出了具体的战略实施措施。最后做了总结与展望。

二、战略管理概念及工具

（一）战略管理相关概念

1.企业战略管理

战略管理包括战略制订与战略实施两个部分。战略管理又称战略规划，当代管理学者认为，企业战略是企业在激烈变化的经营环境下，为求得长期生存和不断发展而进行的总体谋划。它是企业战略思想的体现，也是企业经营范围的科学规定，同时又是制订各种计划的基础。具体来说，战略是在实现企业使命的条件下，充分利用环境中存在的种种机会，确定企业同环境的关系，规定企业从事的经营范围、成长方向和竞争对策，合理地调整企业结构和配置企业的全部资源，从而使企业获得竞争优势。

2. 企业发展战略

一个企业自身所面临的外部环境和内部实力，基于自身利益和持续发展目标，在有效协调企业自身与外界的相互关系的基础上，对企业未来的发展方向进行的自主选择和自我设计，就是该企业的发展战略。伴随企业发展战略的理论研究的发展和企业经营的实践，诸多专家学者提出不同的发展战略，有密集型成长战略、一体化战略、多元化以及国际化战略等。

（二）战略规划工具

1.行业结构分析模型

决定一个企业盈利能力的首要的和根本的因素是行业的盈利能力。有些行业，很多企业都能赚取极具吸引力的收益；而另一些行业，尽管管理人员竭尽其能，却没有几家企业赢得高收益。行业的盈利能力显然因行业而异，是由潜在进入者、替代品、买方、卖方和现有竞争对手这五种竞争力量的集合力决定的。详尽地分析五种竞争力量，对准确判断行业盈利能力、竞争强度和行业吸引力，把握行业环境的特性，具有重要意义。对五种竞争力量进行分析讨论，最著名的是波特模型。

2.SWOT分析

SWOT方法是众人皆比较熟悉的一种方法，它就是战略规划阶段出现的一种经典的战略分析工具，SWOT分别代表企业的优势、劣势、机遇和威胁。SWOT分析方法主要是通过对影响企业经营状况的外部因素进行宏观分析，包括地理环境、经济政策、政治和社会要素分析等，然后再对企业的营销状况、治理能力及组织结构等进行分析，从而找出企业的内部资源优势与劣势、企业外部发展机会与风险，以最终确定出企业资源与机遇的完美匹配，为企业提供对应的战略选择。

三、外部环境分析

（一）宏观环境分析

1. 政策环境

（1）促进中小企业发展的政策：中小企业是我国国民经济和社会发展的重要力量，国家"十二五"规划提出要促进中小企业发展，减轻其在税收等方面的负担。工信部2011年发布了《"十二五"中小企业成长规划》，这是我国首次将中小企业发展问题纳入国家级专项规划。随后各地纷纷出台利于中小企业发展的具体政策。

（2）智能电网纳入国家发展规划：未来10年将是我国智能电网建设的重要时期，按照规划，2009年—2020年，国家电网公司将投资4.5万亿元用于智能电网建设，据估计，同时在特高压建设方面，国家将投资6000亿元。

（3）新的电改方案提出，放开配电侧，允许社会资本进入配电网，对行业的短期和长远发展均有积极影响。

2. 经济环境

近年来我国经济增速呈进一步放缓态势，电网的投资比例以及电源结构中新能源的比重在逐年提升，电网建设将成发展重点。2014年1—8月，全国电网投资2296亿元，同比增长2.68%，2014年配网投资达到1614亿元。

在全国联网的大格局中，H省电网处于"三华——两北"大型特高压电网的重要互联位置，未来10年将是我国智能电网建设的重要时期。H省电力公司明确"十三五"城乡配电网发展目标，计划2020年实现城乡配电网发展水平大幅提升，推动省电网"十三五"期间跨越升级，实现各级电网协调发展。

2015年省电网投资将突破400亿元，同时以加大农网投资为着力点，计划三年投资500亿元建设农村电网，以满足农村用电需求的增长。"十三五"期间，H省计划新建110千伏变电站713座，新增变电容量6174万千伏安，新增线路9833千米；新建35千伏变电站169座，新增变电容量494万千伏安，新增线路3929千米，H电网进入快速发展的新阶段，智能电网建设进入新一轮高潮。电力工程企业正面临着一个巨大的机会是不言而喻的。

3. 技术环境

国家对电气工程承包商的工程技术水平的要求越来越高，而电气工程项目的承包方式也是越来越多，除常见的施工总承包方式外，还出现了一批主流的国际化高端承包模式，如EPC（设计-采购-施工）、BOT（建造-经营-移交）、BOOT（建造-拥有-经营-移交）、PMC（生产及物料控制），TURN-KEY（交钥匙工程）。

4. 社会文化环境

（1）总体人口继续增长：人口与经济和社会发展有密切关系，中国是人口大国，2010年年末全国总人口13.4亿人。

（2）未来20年，人均用电量年均增长速度超过10%，近10年的人均生活用电量保持11%的年增长率，这种增长预计2020电力消耗人均高达712千瓦小时，这是可能达到中等收入国家水平的。全国总装机容量的客观要求发电能力保持一定的增长速度，这就需要保持一定比例的电力投资增长，并最终反映在工程和电气设备的需求。

（二）行业环境分析

1. 行业新进入者的威胁

大量新进入者的出现导致竞争的加剧。在全省都出台了不少鼓励民营经济发展的政策。随着电力体制改革，外地电力工程企业大量涌入，市场竞争激烈，由卖方市场迅速转化为买方市场，G公司的市场份额受到不小的冲击，同时可预见部分单位不再将设备与施工打包，工程收入、利润骤降。而且H省拥有各类资质的企业已大幅增加，打破了从前由供电系统内部第三产业企业所形成的行业垄断，进入了激烈的行业竞争状态。

2. 行业内现有竞争者之间的竞争

在同一行业内，各个企业之间总是相互制约，企业的行为势必引发竞争反应。G公司积极参与竞争的战略，其竞争力和超额利润的追求必定会受到挑战。影响竞争的因素通常是价格、质量、服务和创新，因此，为了提高其市场地位，必须要增加竞争行为的力度。目前，根据G公司的主要市场范围、区域、企业规模、运作机制和工程总量，其竞争对手有两类：

（1）同为供电系统属下的各市县电气设备安装企业和个人：由于各市县企业的业务地域主要是在当地，市县与市县间由于经济发展的不平衡，所重点发展的方向不同，使得各市县企业间的市场大小存在着较大的差异。虽然存在着市场的不平衡，但这些企业间同样是在电业公司的统一协调下，使得这些企业间只存在很少的竞争，甚至可以说并不存在竞争。

（2）与G公司拥有相同资质的供电系统外企业：虽然市场在不断地扩大，但由于竞争对手的增加，行业的竞争强度也在不断地增加，导致行业的平均利润将逐渐降低。

3. 供应商的讨价还价能力

因为近年来国家电力体制改革，对城市和农村电网改造工程给予了很多支持，供应商在迅速扩大市场，并不断后续投资，扩大生产线，不断提高生产力，以适应需求的增长，在利益的驱使下，更多新的投资者加入到制造业的竞争。当前，市场的综合生产能力一直保持供大于求的局面，特别是部分城市和农村配电网络改造工程材料招标厂商不能进入，被挤出了市场的改造工程后，急于维持系统以外的用户工程的市场份额，价格通常是更低。

与其主要的竞争对手相比，在大部分的供应商面前，G公司是在H省拥有不少的市场份额的公司，在行业中有一定的地位，在规模、资金和信誉上更具优势的G公司在供应商面前拥有着更强的讨价还价能力。

4. 购买商的讨价还价能力

随着新加入者的增加，据统计在H省的电气设备安装行业中，行业工程项目大约是25%左右的年均增长速度，但竞争者的增加速度比市场的增长速度高出16倍。在此背景下，投资者在和电气设备安装企业的讨价还价谈判中占有绝对优势。由于参与的竞争企业众多，虽然工程数量有所增加，但随着企业的数年增加致使每个企业的平均工程量减少。

四、内部环境分析

（一）公司简介

G公司于2005年正式成立，是一家专业从事配电工程、高低压电气工程、送电工程、建筑智能化工程、给排水工程，实现工程的设计安装调试和投运一条龙服务的公司。自公司成立以来，经过不断地摸索与创新，锻炼培养了一支专业技术人员设备、组织管理严格、施工技术过硬的队伍，成功地完成了多个国家和省重点工程，提供过设备安装和调试等工程总承包服务，并得到行业内外及用户的一致好评。

（二）公司核心能力分析

1.资质较为完备

经过十多年的成长与发展，G公司已经在工程总承包的多个环节上具备较完备的资质体系，包括送变电工程施工承包贰级资质、机电设备安装工程施工承包贰级资质、建筑智能化工程施工贰级资质、电子工程施工承包贰级资质、消防设施工程专业承包贰级资质、省安全技术防范工程设计、安装、维修壹级资质等资质证书。但是在部分环节上其资质等级还存在一些欠缺。

2.品牌与信誉

G公司成立在H省，发展在H省，壮大在H省，一直以来，公司都在积极参与H省的经济建设，都把主要的业务地域定点在H省，公司拥有着一批相对稳定的客户。随着H省经济的发展，EPC（设计-采购-施工）总承包项目有了显著增加，特别是有很多的大型项目也已经在在建过程中，使得G公司的形象和品牌赢得了越来越多客户的认可和支持，有一部分客户甚至是在与G公司的合作过程中不断地发展壮大。所以G公司在广大的客户特别是房地产开发商中已建立了较好的信誉，打造出了H省电气工程的品牌。

3.生产能力

随着近年来经济发展，H省市场容量也不断扩大，G公司的营业额每年有新的突破，以便适应市场快速增长。G公司除了在人力、财力、物力上加大了投入，提高生产能力，确保了产品的质量，也在短期电力应急建设的发展上，与许多具有较强的施工技术和电力工程的公司建立了合作关系，通过合作使G公司在投资不是很大的情况下，提高了施工能力的灵活性。

G公司在行业内相对于其他竞争对手拥有着不错的资源，但要使资源的组合能够达到理想的状态，还需要资源间的恰当组合。

4.项目管理能力

G公司属于项目驱动型企业，因此企业的项目管理能力是实现其竞争力的重要手段之一。从实际情况来看，公司的项目管理能力仍需强化：

（1）在项目组合管理层次上，由于才刚解决完企业的生存问题，对项目的管理还没有上升到项目组合管理这一层次上来，项目管理还处于不断完善的阶段，而对项目群的管理还处在摸索阶段。

（2）在项目管理上，现在已经构建出了含项目人事、项目财务、项目管理软件和项目管控平台等在内的项目管理体系，但是对于项目管理软件的建设还处于计划阶段，仍不能有效地控制项目成本和项目信息。

总而言之，随着公司不断地签约新的大型项目，以及随着公司总体项目的不断增加，仍旧全部依赖于各项目现场参与员工的经验和能力，对项目进行管理，势必会使得各项目在成本、进度和质量等方面存在显著的不同。随着企业在建工程项目数的迅速增多，总部应该不断加强对各类项目的风险监控、预警与管控。

（三）关键内部因素矩阵分析（IFE矩阵）

根据对G公司内部环境的综合分析，列举出以下影响内部环境的关键因素，并借用矩阵得出公司的总评分为2.64分，高于平均分2.5说明公司内部管理水平略高于行业平均水平，从其优势和劣势分值来看，其优势大于劣势，G公司可以通过发挥优势，克服劣势，谋求公司不断发展。内部因素评价矩阵如表1所示。

表1　G公司内部因素评价矩阵

	关键内部因素	权重	评分	加权分数
优势	公司资质齐全，能够承接电气类大型工程	0.1	3	0.3
	业务涉及面广，产品品种齐全，能满足不同客户需求	0.1	4	0.4
	地域优势，市场稳固	0.1	4	0.4
	有良好的客户关系和市场形象	0.08	3	0.24
	良好企业文化，员工队伍建设较好	0.05	2	0.1
	科学的管理理念和完备的内部网络系统	0.05	2	0.1
	市场应变力强，反应比较灵活	0.06	3	0.18
劣势	公司业务发展存在局限性	0.1	2	0.2
	市场分析和新技术、新产品研发能力较弱	0.08	2	0.16
	公司规模较小，难以招聘到和留住高素质人才	0.1	2	0.2
	现代化公司管理机制还不够完善	0.1	2	0.2
	品牌和商誉尚未有完整规划	0.08	2	0.16
合计		1		2.64

五、发展战略选择

前文已对G公司所面临的外部环境做了阐述（包括公司所面临的宏观、微观及竞争对手状况等），也对企业内部条件做了详细剖析。在此基础上，运用SWOT分析法对G公司进行战略分析，试图通过SWOT分析，组合寻找到公司的战略定位。

（一）SWOT 分析

1. 优势 S（Strengths）

（1）公司在工程承包方面资质较齐全，能够承接电气类大型工程。

（2）公司业务领域涉及面广，产品品种齐全，能较好满足不同客户需求。

（3）目前公司已形成电力工程、机电工程、水电、火电、变电等完整的产品类别。

（4）公司与用户、公司与设计院等相关单位在合作中培养了互信互助关系，为公司在省内工程承接打下了坚实基础。

（5）较好的市场形象。随着一系列重点工程的建设和实施完成，G公司品牌和形象得到许多客户的认可，并在长期合作中积累了一批信誉良好的供货商作为合作伙伴，产品价格在市场中具有竞争优势，产品售后服务周到，得到用户肯定，在客户资源、品牌形象、人力成本和社会关系方面都具备比较优势。

（6）反应比较灵活，市场应变能力强。扁平化的结构建设，形成"部门经理——副总经理——总经理"的决策机制，提高了对市场感知的灵敏度和做出快速反应的能力，具有很好的市场适应力。

2. 弱势 W（Weaknesses）

（1）技术能力和人员素质参差不齐，公司的员工年龄结构比较年轻，受教育程度的结构也比较高，专业的技术人才也较多，这体现了公司好的一方面；而另一方面我们必须看到技术人员的专业水平参差不齐，有部分外聘员工和公司原有员工的技术水平不高。

（2）品牌与商誉的营销不足，G公司基本没有对自身品牌进行宣传和推广，全靠客户的宣传和自己"干出来"的良好口碑，对品牌与商誉也没有进行相关方面的评估，没能表现出其内在的隐性价值。

（3）市场调研能力不足，公司目前没有设立职能部门对行业市场进行分析研究，也没有哪个部门兼有此项职能，各部门各司其职，整体而言公司对市场的把控不足，容易受到市场变故的冲击。

3. 机会 O（Opportunities）

（1）H省新一轮电网建设热潮。

在全国联网的大格局中，H省电网处于"三华——两北"大型特高压电网的重要互联位置，未来10年将是我国智能电网建设的重要时期。H省电力公司明确"十三五"城乡配电网发展目标，计划2020年实现城乡配电网发展水平大幅提升，推动省电网"十三五"期间跨越升级，实现各级电网协调发展。

2015年省电网投资将突破400亿元，同时以加大农网投资为着力点，计划三年投资500亿元建设农村电网，以满足农村用电需求的增长。十三五"期间，H省计划新建110千伏变电站713座，新增变电容量6174万千伏安，新增线路9833千米；新建35千伏变电站169座，新增变电容量494万千伏安，新增线路3929千米。

（2）中央建设新农村政策的发展机遇。

党中央"一号文件"7年来连续7次锁定农业、农村和农民问题，落脚点都是增加农民收入、加强农村基础建设。H省是农业大市，中央建设新农村政策一定能促进农村经济的发展。这对于农村和农业人口众多的H省来说，农村的发展必定为城市整体经济的发展提供更强的后劲。

4. 威胁 T（Threats）分析

（1）H省电力工程企业间竞争极其激烈，能影响承接一项工程的可能因素越来越多，另外建设单位拖欠工程款、垫资施工都给企业带来了极大风险。

（2）外地电力工程企业大量涌入，市场竞争激烈，由卖方市场迅速转化为买方市场。G公司的市场份额受到严重冲击，同时可预见部分电力企业不再将设备与施工打包，工程收入、利润骤降。

（3）受国际金融危机影响，电力消费需求减缓，发电量和用电量增速大幅回落。

（二）SWOT 组合分析结论

根据SWOT分析，本文列出公司的 SWOT组合方案，根据下图所列的组合方案，可以清楚地看出，SO 方案可以增强企业的综合实力，提高公司的市场竞争能力，WO 方案能够降低工程项目的施工成本，ST 方案有助于提高公司的良好品牌形象，WT 方案可以加强对项目成本的预测以及项目实施过程中的成本控制。因此，根据G公司的实际情况，在实施发展战略过程中主要以 SO 方案为主，同时以其他三个方面为辅，来全面提高G公司的市场竞争优势，如表2所示。

表2 SWOT组合分析

内部优势/劣势 外部机会/威胁	优势-S 1.公司资质较齐全，业务领域涉及面广，能承接大型工程，能较好满足不同客户需求 2.较好的市场形象和客户关系 3.财务指标较好 4.工程管理能力较强 5.拥有一批施工经验丰富的技术人才	劣势-W 1.操作大型工程项目带来资金方面的困难 2.技术能力和人员素质参差不齐 3.品牌和商誉尚未有完整规划 4.市场分析和研究能力较弱
机会-O 1.国家积极推行智能电网的改造升级和城乡电网改造工程 2.H省新一轮电网建设热潮 3.中央建设新农村政策的发展机遇 4.电力开发呈多元化趋势	SO战略 1.加强企业业务拓展能力，做大做强电力工程主业 2.强化公司与房地产开发及电业局的业务联系 3.加快公司多元化战略发展的节奏	WO战略 1.加强企业融资能力的培养 2.强化对公司、工程项目的成本控制 3.做大做强电力工程主业，争取更多地降低材料成本
威胁-T 1.电力行业竞争日益激烈，潜在进入者众多，电建施工市场僧多粥少 2.经济下行，电力消费需求减缓，发电量和用电量增速大幅回落 3.拖欠工程款、垫资风险 4.外地电力工程企业大量涌入	ST战略 1.提高企业的融资能力 2.强化业务多元化发展战略，拓展新的利润增长点	WT战略 1.加强工程成本预算能力 2.提高项目成本控制能力

（三）公司发展战略的选择

1."立足省会、向其他地市延伸"的市场稳定型开拓战略

（1）"立足省会、向其他地市延伸"的选择。

公司的大本营在H省省会，经过10余年的经营，公司积累了一定的资源，熟悉这个地区电力市场的环境和运作模式，因此公司的市场战略选择是"立足省会、覆盖全省"，继续加强上述省会市场的开发力度，不断提高公司电力工程的市场竞争力，巩固和扩大该地区市场占有率。

（2）"以点带面、向外延伸"的选择。

既然外地电力工程企业能够参加H省地区的市场竞争，G公司也要适当走出去，参与竞争。第一步参与大H省经济圈城市的竞争，第二步参与H省其他城市的竞争，第三步在条件成熟时参与外省市场的竞争。其有利条件是G公司在H省中心城市的主业发展，使公司能够在信息、技术、市场、施工等方面均可以做到与时俱进，但省会城市竞争激烈，工程利润下降将是不争的事实。

G公司处于快速发展期，资金积累非常重要，特别是在后金融危机时代，如果只在中心城市开展业务，势必影响公司的利润，中小城市市场的开拓既能充分利用公司的资源，也可以为公司带来较大业务和利润，保持公司稳步发展。

2. 建设大型电力企业集团的成长型战略

G公司在电力工程等方面承建了大量的工程，积累了丰富管理经验，拥有较大的业务量和较强的市场竞争力，达到了行业先进水平。因此公司应在分析自身实际的基础上，坚持"有所为，有所不为"的原则，进一步稳固和扩大电力工程建设主业，选择电力工程利润高的产业项目，将公司建成以电力工程施工为主，其他辅助产业相得益彰的大型电力建设企业集团。

3. 以市政产品开发为主的成长型战略

G公司自成立以来就注重选择产品市场，在电力工程安装施工中积累了丰富的经验、熟练掌握了主要施工技术并不断提高、完善和技术创新，技术水平在H省电力行业内居先进水平，建立了公司独特的产品优势。因此，产品开

发成长型战略应多选择市政工程，因为市政工程多为政府的形象工程，社会影响力大，有利于提升公司的品牌形象。因此公司战略选择应集中力量开发市政工程产品，力争再建成一批具有大规模、高难度、高技术含量、高装备水平的代表性、标志性的市政产品，并形成独特的产品优势。

4. 提升企业技术层次的技术创新战略

G公司在几年的发展中强烈感受到企业不创新就会被淘汰，而电力行业的技术创新更是企业生存和发展的根本所在，与进入国内市场的外国电力企业相比，公司的技术创新能力还有差距，劳动密集型的管理模式必须让位于技术密集型管理模式，以技术创新来提升经济效益。因此公司应以电力技术开发为中心，继续加大技术投入，并联合相关机构、科研院所共同开发技术，并采取自我开发与发展合作相结合的道路，力争用最短的时间，在电力建设技术和新材料、新工艺以及新方法等应用方面走在全省电力建设企业的前列，不断提高技术水平，加强公司高科技项目的技术创新能力，进一步提升竞争力。

（四）公司战略目标

根据G公司的发展战略要求，公司目前是在一个"电"字上做文章，这是供电系统内企业发展的基础，我们不能放弃，但也不能抱着一个"电"字不放。市场竞争不断加剧，行业平均利润水平下降是大势所趋，公司作为H省地区电力公司龙头企业，更应注重企业的长远发展，开拓新的市场，在现有资源的基础上，注重横向的发展，逐步发展为H省地区机电设备行业的龙头企业。另外，更应注重企业本身资质的提升，进入低竞争高利润的市场。

G公司总体战略目标是：紧紧把握国家拉动内需及电网大建设机遇，以国家电力改革为契机，建立一个资本营运和管理控制型的企业，拓展相关经营，有长期战略业务合作伙伴，有相对稳定的实体专业施工队伍和供应商作为保证，最终成为全国知名品牌的电力工程企业。

六、战略实施保障措施

1.引进与培训人才

大力培养、使用有学历、有能力的青年工程技术和管理人员，培养一支年轻化、知识化、专业化的管理团队。增强人力资源管理能力，对接市场，掌握人才市场的动态，建立人力资源网络库，形成财政管理、法律事务和技术专家智囊团队的发展战略，满足公司在各方面的发展需要。

2.提高企业的经营决策层能力

加强公司高级管理层的建设，建设一支管理协调和决策能力强、开拓创新、年富力强的高级业务管理团队。公司逐步提高具备中、高级职称员工的比重，特别是在公司中层管理者中的比例，以提高决策层综合能力，适应公司未来发展与项目执行的需要。

3.培育核心竞争力

增强公司的核心竞争力应该体现为先进的项目管理能力、独特的技术专长、公认的市场业绩和良好的信誉形象及服务创新能力。这就要求公司加强对招标的理解，比竞争对手更了解业主、了解业主追求及业主的思维，甚至在主动找到和发现业主过程中与业主合作，引导业主的需求方向，培养业主的个性需求，提供竞争对手不可替代的服务，以形成自己的优势。

G公司的项目管理能力，包括了社会资源相结合的能力、技术创新能力、风险控制能力。公司应加强各种社会资源相结合的能力，通过对现有资源的整合，以实现创新。技术创新不是一般所称的技术的进步，而是对现有产品或技术进行整合来产生新产品和新功能。公司没有自己的专利产品、专有技术并不可怕，更重要的是要求公司能够有集成了各种知识、信息、技术、产品以及人才的能力。

G公司需要加快自己在建筑施工总承包、电力工程业务上的核心竞争力，培养公司在高、精、尖电力工程上的施工能力，获取非一般电力工程所能企及的利润。同时探寻新的行业工程承包市场，将其作为新的业绩增长点，如机场、地铁、城市轻轨和港口的供电设备工程等。

4.财务管理

公司的财务管理目标是净现金流入量最大化，本着这一目标，公司应该统筹安排资金结构，采取妥当的资金运作和投资方案，以求达到企业利润最大化的目标。操作方法建议如下：重点监控资金流动、通过核算项目财务指标，随时监督项目进展情况；重点管理企业营运资金，通过整合集团分散资金、统筹安排，加快资金周转速度，减少资金占用，削减资金使用成本；将财务管理与企业的年度经营计划相结合，进行与信息化管理平台的对接。

5.品牌管理

经过很多年的项目经验和积累，G公司的品牌已经在H省工程承包市场中具有了一定的影响力。但是，如果要实现"H省电力物业第一品牌"的企业发展愿景，公司在品牌营销方面还需努力改进。

6.建立供应商体系

通过整理设备供应商资源，构建一个供应商体系，建立一个规范、高效的电子商务网络。实际操作为：按《招标法》进行招标；改进供应商管理机制，对合作过的供应商按产品进行综合评级，并改善对供应商的后期跟踪；将所有的设备供应商进行分类，将其分为一般供应商，重要供应商以及核心供应商，并建立一个供应商分类管理数据库，对各类供应商实行动态管理。

7.结论

本文采用了 PEST、五力分析法、SWOT 分析法对G公司的外部环境、产业环境、内部环境进行分析，深入了解了公司所存在的问题及机会。并进一步依据企业战略的基本理论和分析方法，制定了G公司的战略发展目标，根据这一目标制定了战略实施的具体措施，以此保证G公司战略目标的最终实现。

本论文的主要研究成果如下：

（1）结合公司自身的实际，运用 SWOT 分析法对G公司进行战略分析，得出优势大于弱势，机会多于威胁。公司战略目标是建立一个资本营运和管理控制型的企业，拓展相关经营，有长期战略业务合作伙伴，有相对稳定的实体专业施工队伍和供应商作为保证，最终成为全国知名品牌的电力工程施工企业。

（2）提出了具体的战略实施措施，即完善企业治理机制、加强人力资源管理、培育核心竞争力、加强组织与管理等。G公司应该利用自己在工程施工领域的专业资质、技术、人才等方面的优势，加快市政工程业务的拓展，跳出传统的竞争方式，向那些高难度、高技术、高利润的项目进军。

浅谈勘察设计企业的管理创新

安徽省交通规划设计研究总院股份有限公司　徐启文

管理创新是企业内部管理体制、决策制度与决策方式的转变，是企业创新的保障。无论产品创新还是技术创新，都需要经过企业管理职能逐步实施，经过管理的各个层次具体执行。现今的企业经营管理已逐渐步入自动化、网络化、智能化、信息化的轨道，管理创新更是企业适应市场竞争环境、培育竞争优势的保证。

一、管理创新的必要性

1.管理创新背景

当前，全球经济复苏的不稳定因素依然突出，我国宏观经济正在放缓增速，以转方式、调结构为发展战略，面对我国经济发展的新起点，国家提出了"促进技术创新、业态创新、内容创新、模式创新和管理创新，推进文化创意和设计服务产业化、专业化、集约化、品牌化发展，促进与相关产业深度融合"的要求，对行业深化改革和管理创新进一步明确了方向和要求，特别是将"设计"纳入"文化创意服务"的范畴，对勘察设计行业的改革发展具有重要的意义。

2. 管理创新存在问题

在管理创新过程中，一些勘察设计企业受传统的计划经济影响较深，对市场环境和竞争格局缺乏充分的认识和分析，缺乏明确的切合实际的战略目标体系，如何解决专业分工协作模式中的协调问题，如何推动组织管理体系向EPC

管理转变，从长远发展、设计行业竞争的环境以及公司现实状况分析，竞争和业务增长模式的创新，都要求我们要高度重视管理创新。

3. 管理创新迫切性

企业的内部管理经历了从事业改企业的阶段，到建立现代企业制度的演变，经过长期以来不断地调整优化，作为行业深化改革后的勘察设计企业必须通过管理创新来提高生产率，改良资源整合方式，不断提高服务水平，达到既能满足市场需求，同时拓展新的地域和新的设计领域的两新业务，才能在行业中实现可持续发展的态势。

二、管理创新的理念

1. 企业战略管理

企业战略既是思想又是行动，战略在企业经营管理中并不全是一些高深的思想，将知识作为企业经营的特殊资源，将企业知识作为企业核心竞争力的基础，用知识的观点重新观察和解释企业结构和企业行为，可以形成新的管理思想，也可以形成新的企业战略思想。但是，企业战略也是一个体系、过程，需要落实到企业的经营管理行动之中，进行战略管理。明确企业的战略愿景，提出阶段性的目标体系，建立与现代工程公司相匹配的管理运营体系、专业技术体系、风险控制体系和融资担保体系。

2. 企业决策管理

决策机制是否完善、是否健全，关系着企业的生存与发展。具体来讲：首先，应该把决策的过程规范化，让每一个决策者都严格遵循这个过程，不能随心所欲，只有这样才能使决策科学化。要实现决策科学化，就必须遵循科学的决策程序，运用科学的决策手段来完成决策工作。实行决策科学化的目的在于避免和减少决策的失误，使决策立于不败之地。这就要求决策者必须站在战略的高度，具有全局的观点，采用系统工程的方法，运用好专家智囊团集体的知识、智慧共同完成决策工作。认真地做好调查、收集大量的信息，然后对得到的信息进行科学的分析，把有用的信息集中起来，确定问题的性质，找出解决问题的多种方案，提供给决策委员会以进行选择。决策者需要对各种方案进行权衡，找出最好的解决方法，予以实施。在决策的实施过程中，也不能掉以轻心，而是应该注意影响实施的各种因素，发现问题及时进行处理。只有具备一种认真的工作态度，认真执行决策的每一个步骤，才能制定出最好的决策方案，其次，要杜绝企业领导的独断专行，还要避免投资决策的失误。

3. 企业沟通机制管理

现在大多企业沟通总体上还停留在指示、汇报和会议这些传统的沟通方式上。这些已不能顺应社会经济的发展、组织成员心理结构以及需求层次的变化，即使采用因人制宜、因时制宜的有效沟通方式，也不能使得组织成员的精神需求得到充分满足，譬如，他们自我价值的实现和对组织的归属感、集体荣誉感和参与感的满足。

可以采取定期的领导见面和不定期的群众座谈会的方式，这是一种很好的正式沟通渠道，它也能切实地解决上述存在的问题。领导见面会可以让那些有思想、有见解的员工有机会直接与主管领导沟通，一般情况下反映的意见，都是员工经过多次正常途径沟通仍未得到有效回复的意见。群众座谈会则是在管理者觉得有必要获取第一手关于员工的真实思想、实际情感，而又担心通过中间渠道会使信息失真而采取的一种领导与员工直接沟通的方法。与领导见面会相比，群众座谈会是由上而下发起的，上级领导是沟通的主动方，而领导见面会则是应下层的要求而进行的沟通。

三、管理创新的体系

1. 制度创新

制度创新是企业创新的前提，要实现企业制度的变革，尽量使各个方面的权利和利益得到充分的体现，使企业内部各种要素合理配置，并发挥最大限度的效能。几十年来与计划经济体制相适应的企业制度已经成为制约企业创新的障碍，建立起完善的法人治理结构，是适应国内外市场竞争的一个必备制度条件。一方面要合理安排公司的控制权和监督，另一方面是合理安排有效的激励和约束机制。积极推进多种模式探索，向工程公司转型发展，引进具有互补关系的投资推进体制改革，最终促使公司治理的优化，企业运行机制的市场化和管理者职业经理人队伍的发展。

2. 组织结构创新

组织创新的目的就是依据企业的实际需要，建立一套高效、有序的现代企业制度，真正做到"职责明晰、权责分明、政企分开、管理科学"。企业的组织创新不但要适应企业当前的经营管理的需要，更要着眼于企业的后续发展，要对企业未来的发展方向、经营目标以及活动范围进行系统筹划。根据企业战略定位和阶段性发展目标，处理好企业的价值链管理模式。不同业务的管理模式以及企业组织结构的阶段性演变设计，围绕着关键管理职能的建设对管理部门组织结构进行优化设计，补充缺失的职能，加强弱化的职能。公司的管理体制和组织结构要与公司的规模相适应，以工程项目为单位，按"矩阵式"结构组建项目管理团队，进行专业和人员结构的调整，避免人力资源分散，内部互相竞争的弊病，改变设计师一做到底的设计程序。建立绘图员岗位，使设计师致力于专业化水平的快速提高，合理配置人力资源，形成核心竞争力。

3. 技术创新

技术创新是企业管理创新的基础。现代企业要想获得更多的经济效益，取得更大的社会效益，赢得竞争上的话语权，就必须进行技术创新。企业的技术创新包括技术研发和技术改造，企业可根据自身的技术条件充分开展技术创新活动，通过技术创新取得核心技术优势。围绕企业发展战略，了解科技发展和本行业的发展动态，结合本企业的实际情况，指定技术发展规划，每年指定技术创新目标，一是根据项目类型组织具体技术研发中心执行；二是根据生产需要提出的科研、标准化和信息化建设项目，开展综合性、长远性的课题研究，加强行业标准的研究，形成技术创新体系，为企业创造良好的技术环境。

四、结语

管理是企业永恒的主题，是企业发展的基石。创新是现代企业进步的原动力，是增强核心竞争能力，获得跨越式发展，实现持续成长的决定性因素。在当今科学技术和经营环境急剧变化的复杂环境之中，企业管理者必须把握好管理创新发展的新趋势、新要求，不断进行管理创新，把创新渗透于管理整个过程中。在信息化、市场化、一体化日益深化的背景下，要在理念、技术、组织及制度上不断创新，运用新的理论指导企业管理，在变化中求生存，在创新中求发展。

浅谈新形势下国有房地产企业管理创新与风险内部控制

安徽省高速地产集团有限公司　黄小毛

随着宏观经济进入"提质减速"的新时期，房地产行业也步入深度调整期。卖方主导楼市的时代已结束，成交疲软、库存高企、价格滞涨、利润摊薄等正成为楼市运行"新常态"，房地产行业已悄然进入垂直化、专业化的发展布局，管理创新与风险控制已成为企业能否转型升级的关键要素。

一、房地产行业发展环境分析

（一）宏观经济环境分析

表1　2011—2014年我国国民经济和房地产开发主要经济指标

年份 项目	2011	2012	2013	2014
GDP（亿元）	484124	534123	588019	636463
GDP增速（%）	9.49	7.75	7.69	7.4
城镇居民人均可支配收入（元/人）	21810	24565	26467	28844
全社会固定资产投资总额（亿元）	311485	374695	446294	512761
房地产开发投资总额（亿元）	61797	71804	86013	95036

（资料来源：国家统计局官方网站）

从表1中可知，自2011年起我国GDP增速不断下滑，经济增长基本告别过去30余年10%左右的高速度。在经济"新常态"下，寻找和构建新的增长点将是未来几年改革和调整的核心。未来几年，房地产将面临从类制造业向现代服务业转型的重大挑战。

（二）政策环境分析

在"市场调整"由局部逐渐蔓延至全国这一宏观调控背景下，中央政策以"稳"为主，更多关注民生保障和长效机制，通过货币政策调整、户籍改革、棚户区改造等措施保障合理购房需求。各地因时因地出台相关政策，加速房地产市场化转型：限购、限贷手段逐步退出，并通过信贷公积金、财政补贴等多轮支持政策刺激住房需求、加快库存去化。目前，房地产市场将逐渐回归自身调节机制，行政调控色彩趋于弱化。未来，户籍改革、土地改革、不动产登记、房地产税等长效机制的稳步推进，以及新型城镇化的有序发展，都是保障房地产市场长期稳定发展的重要因素。与政府合作参与城市建设和开发是国有房地产企业可以考虑的发展方向。

（三）区域经济环境分析

2011—2014年安徽省经济发展和房地产开发主要经济指标，见表2所示。

表2　2011—2014年安徽省房地产开发投资、商品房销售额及曲线图

项目 ＼ 年份	2011年	2012年	2013年	2014年
GDP（亿元）	15110.3	17212.1	19038.9	20848.8
GDP增速（%）	13.50%	12.10%	10.40%	9.20%
城镇居民人均可支配收入（元/人）	18606.1	21024.2	23114	24839
全社会固定资产投资总额（亿元）	12126.3	15055.0	18251.1	21256.3
房地产开发投资总额（亿元）	2590.1	3151.6	3946.2	4339.0

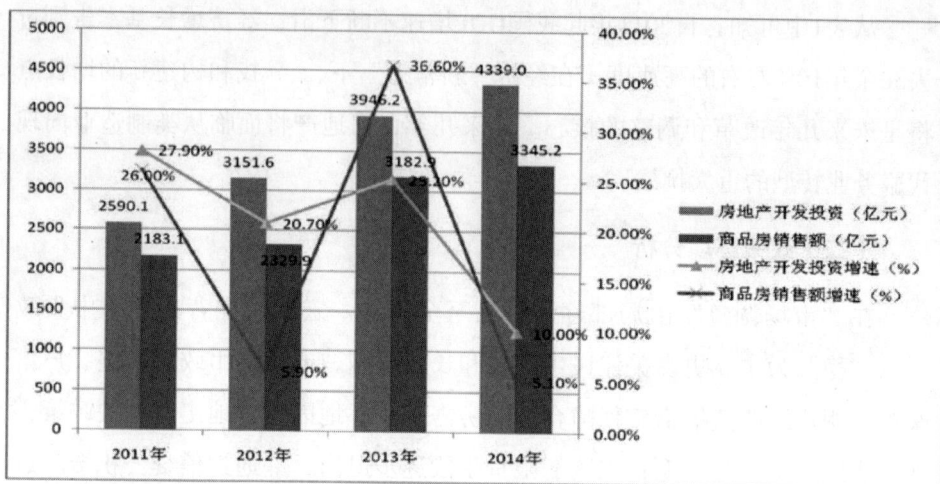

（资料来源：安徽省统计信息网）

图1

从表2中可以看出，在全国GDP增速持续放缓的情况下，安徽省GDP增速连续4年超过国家水平，保持在10%左右，社会固定投资及人均可支配收入也在逐年增加，全省区域发展的协调性逐步增强。

目前安徽省房地产业发展的基本面较好，发展速度减慢也是顺应经济进入新常态和正常市场化调整的必然结果。近期看，安徽省房地产市场发展的环境仍将以刚需为主体，以市场供求为主导，区域分化还会延续。近几年，安徽省房地产市场有望维持"低增长、稳运行"的格局。因此，寻求顺应调控政策的产品，通过内部管理创新，延伸对自身发展举足轻重的产业链，开拓新的利润增长点，是新形势下企业转型升级的目的所在。

二、国有房企管理创新的必要性

（一）现状评估

1. 行业竞争日趋激烈

随着房地产企业开发的项目增多，政府卖地的步伐加快，我国房地产总体呈现供过于求的趋势，行业竞争激烈，部分地区恶性竞争、倾销等现象频发。

2. 行业利润率下降明显

随着国内房地产市场供过于求现象的出现，政府的宏观调控，市场的激烈竞争，导致房地产行业"黄金"时代一去不返，房地产进入"白银"甚至"青铜"时代，行业利润下降明显，房企纷纷转型发展。

3. 行业集中度不断提高

目前，房地产行业的集中度不断提高，拥有资金、品牌、产品等优势的房地产企业发展迅速，房地产行业面临新一轮的洗牌。

4. 从业人员综合素质不高

大部分企业管理人员缺少对大形势的学习；营销人员呈现出普遍素质不高的特点；物业管理人员素质良莠不齐；大部分房企更愿意直接招聘或引进高素质的人才参与企业经营管理，缺乏战略性的人才培养、使用眼光。

（二）走势分析

1. 行业两级分化愈发严重

2015年上半年，房地产行业实现业绩超过500亿元的仅有7家，而业绩在100亿元以下的房企数量达到68家。其中排名第1位的万科地产上半年的业绩是排在第100位的阳光100的37倍多，行业两极分化愈发严重。

2. 组合重组成为"新常态"

一种是"强强联合"的整合模式。例如，2015年5月15日，万达集团与万科集团签署战略合作协议，通过联合拿地、合作开发的方式进行合作，"万万合作"开启了中国房地产企业强强联合的新模式。另一种是"大鱼吃小鱼"的发展模式。随着行业增速放缓，大型企业在不断加速收购步伐：保利地产拟收购上置30%以上股份，嘉华斥30亿入主万通……截至2015年上半年，全国挂牌待转让房企及项目股权（及债权）累计达42宗。随着金融风险加剧，中小房企被并购或破产的现象还将继续。

3. 传统住宅业务利润压缩，养老养生、旅游地产或成为新增长点

房地产市场未来还有空间，但这些空间是属于有创新能力的企业。以住房为绝对主体的投资开发阶段也会过去，在个性化消费结构升级和产业结构升级的支撑下，商务地产、旅游地产、养老地产等形式或将有较大需求。

4. "互联网+房地产"成为新生存之道

以全民经纪人为体现的微信营销和发挥定向推广功能的大数据应用构成了目前"互联网+房地产"的具体模式。"互联网+房地产"的模式不仅可体现在营销环节，同时可以走向深入，逐步覆盖前端的融资、拿地、设计、开发、建材采购等领域以及中后端的生产建设、商业运营、社区服务等领域。

三、职业经理人试点工作介绍

作为资金、技术、人才密集型的房地产行业，其投资额大、风险高、投资回收期长、专业性强等特点，决定了日益发展变化的房地产行业竞争已转向人才的竞争。因此，基于"人力资源管理创新"的企业管控模式的调整将成为企业改革创新的重头戏。下面，以阜阳高速·时代城项目为例，简要介绍地产集团职业经理人制度建设试点工作（以下简称试点工作）。

（一）管理创新举措

根据安徽省国资委要求，地产集团将试点工作与观念解放、思想解放结合起来，与法人治理结构完善结合起来，与市场化选人用人结合起来，与体制机制创新结合起来，与干部从严管理、加强监督结合起来，制订了涉及职业经理人招聘录用、薪酬绩效、激励约束等方面的制度体系框架，并选定阜阳高速·时代城项目（2015年3月18日竞得）的经营层团队作为职业经理人。

在坚持党管干部、完善法人治理结构、做好人员选聘、实行契约化管理、加大关键节点管控的基础上，试点工作取得了四个方面的突破：

一是突破了企业原有的薪酬激励模式。给予职业经理人更加灵活的薪酬激励方式，制定了《职业经理人薪酬管理办法》和《项目效益奖励基金管理

办法》，并按照"对内具有公平性，对外具备竞争性"的原则，对试点项目职业经理人团队采取"低基本薪酬"+"高延迟兑现"的方式，实现个人利益与项目效益的捆绑。

二是突破企业原有的薪酬分配模式。在试点项目试行薪酬总额"包干制"，除试点项目经营层外的其他人员，月发工资标准由试点项目在年度核定的工资总额范围内，根据工作需要，自主进行分配。

三是突破企业原有的人事管理模式。给予职业经理人一定的用人自主权。试点项目的中层，除财务、成本部负责人外，其他部门负责人及基层人员的选聘、任免、考核等，由试点项目总经理决定。

四是在安徽省国资委和安徽交通控股集团有限公司（地产集团母公司）的支持下，为试点项目争取到了薪酬总额单列的政策，为试点项目的独立运行、封闭运作提供了强有力的政策支撑与资金兑现环境。

（二）风险防控措施

在稳步推进国有房企管理创新的同时，地产集团不断完善职业经理人跟踪引进、薪酬绩效、评价激励、约束监督等风险防控措施。

1. 跟踪引进与培训管理方面

（1）制定《职业经理人人才储备库管理办法》，明确职业经理人的准入管理、跟踪评价和退出管理机制。

（2）制定《职业经理人培训管理办法》，明确职业经理人在地产集团整体教育培训体系中的作用，以及队伍培养提升方面的责任和义务。培训形式主要包括但不限于经营层讲座、专业主题培训、培训辅导讲座、问题诊断导航、每周经验分享。

2. 绩效评价方面

对职业经理人的目标评价以项目周期为限，在项目开发完成时以项目决算方式进行目标评价。同时，重视职业经理人业绩的过程管控，将项目开发周期目标任务分解至年，以目标利润和成本管控为重点，对试点项目的工程、销售、成本控制、利润和安全生产等指标进行年度考核。对考核低于一定分值的职业经理人，启动职业经理人退出机制。

3. 薪酬激励方面

与市场接轨，凭业绩说话，坚持按劳分配与责、权、利相匹配的原则，采取"有奖有罚，奖罚对等"的原则，遵循实际收入水平与公司效益及工作目标挂钩，与公司长远利益相挂钩的原则。薪酬结构分为基本工资、绩效工资和项目效益奖励三部分。其中，基本工资和绩效工资的权重分别为40%、60%，绩效工资的一部分作为风险抵押金延迟兑现。

4. 财务监管方面

制定《职业经理人财务支付管理办法》与《职业经理人财务管理评价办法》。一方面，充分发挥企业内部财务管控作用，确保各项资金支付符合制度流程要求。另一方面，建立职业经理人财务规范管理年度评价机制，从财务支付、财务基础管理、内部控制制度执行多方面综合进行评价，进一步规范职业经理人财务管理意识。

5. 成本管控方面

制定《职业经理人试点项目工程合同费用变更管理办法》和《职业经理人试点项目工程类招标管理办法》，高度重视成本管控的约束作用，通过过程与动态管控，确保职业经理人行为规范。同时，明确降本奖励区间，对项目开发过程中产生的降本节约行为给予薪酬激励。

6. 利益捆绑方面

职业经理人任期内每一个年度的绩效薪酬按一定比例作为项目风险保证金纳入延期兑现管理，由公司设立专户存储，项目结束（经决算审计）后根据考核结果兑现。

（三）需突破的瓶颈

作为国有房地产企业，在职业经理人制度建设试点推进过程中，主要面临三个方面的瓶颈。

一是制度瓶颈。如何在国有企业现有的制度管控模式下，开辟出一块"试验田"与"特区"，搭建一条"快车道"与"高速路"，进一步与市场接轨，进一步体现竞争与效率意识，仍然需要企业去探索与尝试。

二是审计瓶颈。试点过程中，一些创新的举措设想，例如为提高招标工作效率，引入并建立战略合作供方库，与上级的审计要求，与现有的国有企业招投标制度规定，存在相互矛盾与抵触的地方。

三是风险瓶颈。房地产项目公司，资金集中且流量巨大，存在较大的财务管理与运营管理风险。对于试点工作的初衷，是进一步简政放权，充分调动职业经理人的积极性；但受制于现有国有企业体制机制，职业经理人个人利益与企业利益并未有效捆绑，企业缺乏对职业经理人有效的约束手段，为防范风险，地产集团必然需要加大对试点项目的约束力度，"放权"的要求与"风险"的担心成为难以调和的矛盾。同时，目前对职业经理人的约束方式，很大程度上是停留在道德与职业操守上，是基于双向信任的一种合作模式，国有企业和出资方，存在较大的管理风险。

四、结束语

房地产业作为我国国民经济中的重要组成部分，对我国社会经济的发展有着重要的影响。针对目前国有房地产企业管理中存在的一系列问题，无论是体制机制方面的，还是管理战略或管理思路方面的，均需要上级主管单位、企业自身以及上下游产业链上的合作单位加强对话与合作，通过不断地创新与"试错"，优化企业内部治理方式，提高企业经营管理水平，在新时期、新常态下为企业的长远可持续发展提供核心动力。

"云丝带"关爱计划：共享、共生、共赢

云丝带吸烟室公益计划运营中心　梦　潮

公共场所吸烟问题一直是场所管理者难以妥善解决的一大难题，由于大部分公共场所吸烟室没有专业的烟雾净化设备，导致吸烟室如同"毒气室"，很多烟民站在门口和厕所抽烟，不仅给非吸烟者带来痛苦，也为公共场所管理埋下隐患，甚至引发火灾。卷烟作为特殊嗜消品，短时间内很难全民戒烟，如何解决吸烟与控烟的矛盾？中烟瑞智以"云丝带"为切入点，另辟蹊径，以独特的创意，创造性地开拓了一个多方合力共赢的空间。

从2014年元旦开始，中烟瑞智推出"云丝带"关爱服务计划，契合利益相关者的诉求，平衡利益相关者的矛盾和利益，营造了一个多方共赢、和谐共存的空间，赢得了利益相关方的高度赞誉。

2016年1月8日，第十二届中国营销领袖年会暨第十一届"标杆"中国营销大奖颁奖典礼在广州举行，权威杂志《新营销》评选"中国创新营销案例大奖"，授予"云丝带"2015年度"最佳公益传播案例奖"。获奖理由："云丝带"从关爱公众角度出发，从品牌的服务营销入手，对公共场所吸烟室进行人文关怀的改造，打造良好的特殊人群的需求空间，有效地解决了吸烟与控烟的矛盾，为公众营造一个清新的环境。解决了场所管理者的难题，为品牌商提供一个精准营销的窗口，以全新的思路破解了多方困境。可以说是个一举三得的好创意、好项目，能够推动公益走得更远。

一、生态轨迹：关爱烟民健康

2010年，中烟瑞智开始关注中国机场"吸烟室"。当时大部分机场吸烟室环境脏乱差，气味刺鼻，敏感的烟民站在门口抽烟，一脸无奈的表情，而非吸烟者则避之唯恐不及……

2014年年初，"云丝带关爱计划"创意出炉："云"，纯净自然，飘逸舒展；"丝带"，是关爱的符号，也是关爱的代名词。在社会各界、企业、机场的支持和鼓励下，"云丝带"项目如同风口上的蒲公英，四处飘落，生根、发芽、开花。经过一年多时间的考察、探索、实践，中烟瑞智综合各方面情况后决定选择哈尔滨、乌鲁木齐、郑州、西安、成都、昆明、合肥、桂林等8个城市机场作为试点，而第一阶段则选择了在我国较有代表性的郑州、西安、乌鲁木齐、成都4个机场（共计约9137万人次/年），观察"云丝带"关爱项目聚焦公益、营造清洁环境（机场）的可行性和社会正效益性。

从2015年4月20日起，中烟瑞智陆续完成成都、西安、乌鲁木齐、郑州4个机场共25间生态吸烟室的改建及宣传上刊。25间生态吸烟室，符合企业人文关爱和机场环境管理的要求，既安全，又健康，提升了烟民旅行生活质量，促进社会和谐发展。

在已经完成的25间生态吸烟室中，22间为新型生态吸烟室，3间为对老旧吸烟室进行生态改造。"云丝带"生态吸烟室建设网点的具体信息如表1所示：

表1 "云丝带"生态吸烟室建设网点具体信息表

机场名称	（部分）点位信息	设备运行	上刊内容	平均客流（周）
成都机场6间	国际出发A指廊VIP室　1台	良　好	门楣：云南中烟关爱计划云丝带吸烟房； 拉手标识：云南中烟关爱提示	2100
	国内出发指廊GTC　1台	良　好		4200
	国内出发指廊T1办票大厅2F休息区1台	良　好		3500
	国内出发指廊T2，140号登机口3台	良　好		12600
西安机场10间	T1远机位，30—32登机口　1台	良　好	点烟器标识：云南中烟关爱提示 烟灰缸标识：云南中烟关爱提示 招贴海报：神秘花园&玉溪庄园 LCD*2：红塔山大师、传奇、印象烟庄、玉溪庄园的视频；印象烟庄、玉溪庄园、红塔山大师、神秘花园、好山好水好烟的静态画面	4200
	T2国际出发候机厅　1台	良　好		1400
	T1&T2连廊　2台	良　好		8400
	T2　12号登机口　1台	良　好		4200
	T2远机位　1台	良　好		3500
	T2&T3连廊　1台	良　好		2800
	T3特人群候机区　1台	良　好		1400
	T3出发厅升降电梯出发处　1台	良　好		2800
	T3到达行李提取大厅　1台	良　好		4200
乌鲁木齐机场6间	T1候机厅　1台	良　好		1800
	T2出发候机厅　2台	良　好		4200
	T3西指廊A区　1台	良　好		4200
	T3出发候机厅C区　1台	良　好		4550
	T3国际出发　1台	良　好		1800
郑州机场3间	4号登机口　1间　（60平方）	良　好	印象烟庄主题厅	6000
	12号登机口　1间　（45平）	良　好	大师主题厅	4800
	14号登机口　1间　（50平）	良　好	大重九主题厅	5600

郑州新郑机场老吸烟室生态改造在"云丝带"项目运作中具有较强的代表性。郑州新郑机场始建于1997年，有3间老吸烟室，面积为45～60平方米，使用多年亟需改造，经多次现场勘察、征求各方意见后确定：一是更换吊顶、吊灯、点烟器、烟头储存器；二是清洗排风；三是增加烟雾净化设备、长条吧台、环绕吧台；四是产品陈列及销售专柜。截至2015年5月20日，郑

州新郑机场3间生态吸烟室全部改造完成，同时完工的还有3间品牌形象展示厅（4号印象烟庄、12号红塔山大师、14号云烟大重九），各种专营或前置证照也同时完成。通过表2、图1对比，不难看出改造前后的变化效果。

表2　生态吸烟室改造对比表

改　造　前	改　造　后
消费者停在吸烟室门口，或快速吸完烟就走，烟雾呛人，污染严重	更多的烟民愿意停留在吸烟室内，空气净化后清新宜人

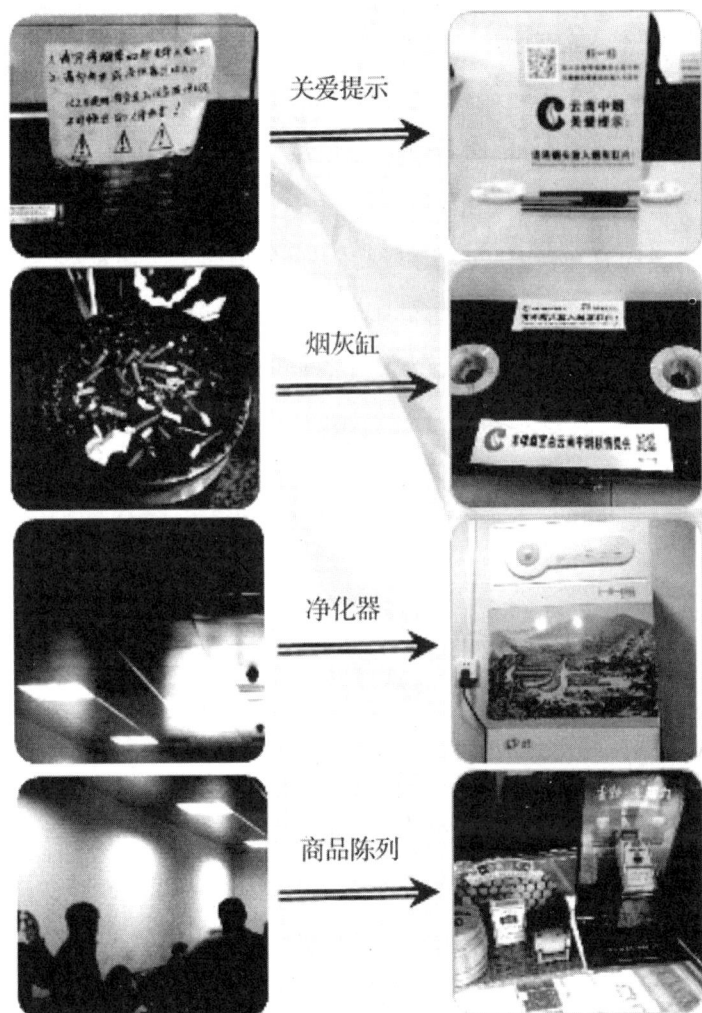

图1　生态吸烟室改造对比图

郑州新郑机场4号登机口生态吸烟室于2015年初改造完成，由于客流太大，墙体和顶棚已达不到"云丝带"关爱服务的标准，目前正准备进行二次保洁和新增净化设备，以保障烟民的健康和营造机场生态。12号红塔山大师主题厅结合零售终端建造模式，呈现为多元化生态链的品牌陈列展示+品牌灯箱海报招贴+专业销售对品牌讲解互动。14号云烟（大重九）主题厅将"人文"体现到责任服务的软件、硬件细节之中，生态净化吸烟室与云南茶艺相结合，品云烟，品云南茶，品云南历史。

改造后的郑州新郑机场生态吸烟室，强烈的人文关怀与人文服务尽显：①生态吸烟室每打开一次，声控播放器就会自动播放："感谢您关爱非吸烟者健康，清新的空气能给你带来更多享受，本生态吸烟室由云南中烟'云丝带'关爱基金倾情赞助"（间隔3分钟播放）。②区域WiFi、灯箱或LCD视频及杂志架传播旅行健康知识和当地历史文化，动态播放养生保健知识，悬挂绿色植物及摆放知识卡片，为吸烟者提供知识储备，让每个吸烟者都能够受到保健知识影响，把吸烟危害健康的程度降低到最小化。③通过扫一扫，辨别真假香烟，保护消费者权益和健康，同时提供润喉糖、利咳润肺等赠品服务。④植入云南民族元素，打造全新的生态空间，提倡绿色环保。⑤专门设立吸烟旅客反馈意见簿和失物登记表，与机场管理处共建良好的机场生态环境。郑州新郑机场生态吸烟室被烟民称赞为"中国最有人情味的生态吸烟室"。

二、"云丝带"：多功能关爱健康服务平台

根据实地调查汇总后测算，如果对全国500间生态吸烟室改造完成后，每年可以为中国3.5亿烟民中14%的烟民，总数超过5000万人次的吸烟者提供多功能生态服务链，而众多的公共场所，特别是机场可以实现低碳环保，让人人都能享受机场等公共场所健康生态的权利和福利。

首期第一阶段生态吸烟室完工运行后，中烟瑞智对机场烟民进行调查，数据显示：97%的烟民对改造后的生态吸烟室环境表示满意，100%的烟民认

可云南中烟支持"云丝带"生态吸烟室建设，85%的烟民认为云烟（大重九）主题厅播放的《重九》微电影很有品位和生活价值，38%的烟民希望获取烟民保健知识和旅行地风俗人情知识，90%的烟民愿意接受生态新品体验。同时，随机采访了许多非烟民，不同的人群，对于生态吸烟室的评价也许更有参考价值。有人评价说："我这个人没什么别的爱好，就是喜欢看书，有时候来得早，就想找个清静的地方看书，可是外面太吵了。后来，我路过这个生态净化了的吸烟室，发现里面灯光很亮，别人都在玩手机、看报纸什么的，我就抱着进去试一下的心态，发现里面环境真是没得说的，空气清新，灯光明亮。""每次来机场都很累，而且休息的地方人多，想找个清静的地方休息一下都没有，后来发现这里的人特别多，而且有很多女性，有一次实在累得不行，就硬着头皮进去，坐了一会感觉到里面的空气比自己想象的要好得多，自然清洁，还能上网，看看有意思的微电影。不错，点赞一个。"

首期第一批生态吸烟室取得成功，随后便提前把哈尔滨、合肥、桂林、昆明4个城市机场提上了改造日程。第二批吸烟室工程改造拟以老吸烟室的生态改造和新建生态吸烟室（有展示柜）为主，在创新生态吸烟室设计的同时，加大健康和品牌宣传力度，以及突出健康产品售卖展示功能，建设多功能的关爱健康服务平台。

三、新模式：责任文化融入新常态

"云丝带"关爱计划不仅是改造生态吸烟室，更重要的是在改造吸烟室的同时，将"云丝带"的"责任文化"融入关爱服务的每一个关爱细节中，一步一步走来，无论繁花似锦，亦或曲折坎坷，始终不忘初心。通过以下细节，可见一斑：①环境改善中的"责任文化"：吸烟室全新吊顶、通风口墙体粉刷洁白、灯饰更新，全新的休闲吧台，先进的空气净化设备，电路更新，安装视频播放器，进行整体健康生态形象设计。②互动中的"责任文化"：在健康的净化环境中，与烟民进行服务互动，让烟民了解更多，体验更多。③服务中的"责任文化"：从落地执行至今，始终配有设备维护技术人员及关爱服务人员，以保证设备正常运转及对关爱服务进行监察。"云丝带"生态吸烟室在确保每天客流量700人次，空气滤芯每10天更换一次的前提下，创新服务模式，确保消费者能够享受"净化的空气、旅行地人文关怀、公众通讯服务"等更多的增值服务，不断完善生态服务下的健康运营新模式。④"云丝带"公众微信上线，以各机场吸烟室烟民为主要受众群体，通过线上多元化的表现手法与烟民互动，实现品牌宣传、旅行地人文地理、健康知识和大数据采集信息传递等功能完美结合，其信息传递、展点互动、大牌驾到、思想范、保健养生等众多板块，成为烟民的旅途宝典，催生新常态下的新模式。

四、多方合力：推动公益走得更远

中烟瑞智关爱吸烟者和非吸烟者健康，以此为创意点，策划"云丝带"项目。调查数据显示：中国大部分机场、高铁等场所的吸烟室，烟雾缭绕，排烟不畅；空气微流通，不但不能隔离二手烟，反而形成新的污染源；大部分吸烟室陈设简陋，环境卫生条件差，缺少人文关怀，无法使烟民受到尊重。

与此同时，中烟瑞智引入烟草品牌冠名"云丝带"绿色休闲吧，通过品牌植入，面向烟民精准营销，提升烟草品牌形象，拉动终端销量。

"云丝带"作为关注社会公益的服务型生态项目，针对控烟与吸烟的社会现实，搭建"三生（机场生态、烟民旅行生活质量、烟民生命健康）指数"的人文关怀和生态服务平台，以新型生态吸烟室为阵地，构建了一个集国家相关政策法规普及、养生保健知识传播、与吸烟有关的健康保健品赠送、清新空气输送、绿色植物垂吊美化、品牌展示服务为一体的多元化生态服务系统。

"云丝带"项目，让非吸烟者远离二手烟，给烟民一个更清洁的环境，为企业提供一个展示品牌形象和终端销售的平台，多方合力，一举多得，推动公益走得更远。

浅议制造业企业成本管理与控制

安徽淮海实业集团　康生虎

一、制造业企业成本管理的内涵与意义

成本管理是指在成本方面指挥和控制组织的协调活动，是指企业生产经营过程中，各项成本核算、成本分析、成本决策和成本控制等一系列科学管理行为的总称。成本管理一般包括成本预测、成本决策、成本计划、成本核算、成本控制、成本分析、成本考核等职能。企业成本管理需要充分动员和组织企业全体人员，在保证产品质量的前提下，对企业生产经营过程的各个环节进行科学合理的管理，力求以最少生产耗费取得最大的生产成果。

在面对智能制造带动自动化设备、智能制造装备及软件系统发展，培育新兴产业全球化的竞争压力下，客户的要求日益提高，制造业企业只有不断提高企业管理水平，提高经济效益，才能在行业内站稳脚跟，其中成本管理对于降低企业产品成本、增加企业收益、扩大企业产品市场占有率有着举足轻重的作用和意义。

（一）加强成本控制有利于增加企业的盈利

实现企业利润最大化目标成本是反映企业对于人、财、物的消耗与占用情况的价值指标。企业控制了成本，也就控制了这些资源和占用。根据"利润＝收入－成本"，增加收入可提高企业利润，提高销售价格和增加

产量均可以增加收入，但是价格的增加只是使社会财富在部门之间转移，总的财富并没有增加，而且由于市场、生产能力和资源的制约，产量也不可能无限制增加，只有通过提高生产技术，不断降低成本，才是企业盈利的持久来源。

（二）产品的价格更有竞争力

在激烈的市场竞争中，对生产过程进行有效的控制，使生产发生的各种耗费、支出控制在目标范围内，使企业拥有了产品的定价主动权。

（三）有利于改善和提高企业的经营管理水平

产品成本是反映企业各项工作质量的综合性指标，实行成本控制，需要分析和研究影响成本的有关因素，选择最优设计方案，制定相应的成本控制标准和成本控制制度。这些工作不仅涉及生产技术各个环节，还涉及生产经营管理的各个方面。做好这些工作使之与成本控制的要求相适应，可以提高企业的经营管理水平。

二、经济新常态下制造业企业成本管理存在的不足

1.未建立完善的成本管理制度

制造业企业目前普遍认为成本管理是财务部门或是部门管理人员的职责，因此，在成本管理制度设计中，容易将设计部门、物流部门、生产部门、一线员工等排除在外，从而造成精通成本管理的人不懂产品，精通产品的人不懂成本管理。同时，在具体的管理制度中，对于成本管理已经习惯于事后核算分析，不注重过程控制管理。虽然事后核算分析能够为下一阶段的管理工作提供一些改进管理措施的依据，但是事后分析无法还原当时记录情况，无法挽回已造成的损失。更为麻烦的是，这样不完善的成本管理制度还会诱发同样的错误重复出现的情况，从而造成成本管理问题难以从根本上解决的局面。

2.成本管理绩效监控机制尚未健全

制造业企业对于生产过程的废品损失只记录不分析不处罚，对于生产过程中的有效改良没有奖励。很多制造业企业缺乏规范、明细的绩效考核指标，对员工工作的优劣没有一个合理的评价制度，个人绩效好坏与个人收益多少缺乏直接联系，不仅影响员工工作的积极性和创新能力，也导致一旦出现成本管理问题，难以实现有效的责任认定与处罚。

3.未形成全员的企业成本管理意识

制造业企业自主研发生产产品较少，绝大多数都是根据客户订单进行安排生产计划任务。在接单后安排生产模式下，企业养成了仅仅为了完成客户订单的习惯，根本不会重视生产过程中成本控制的过程管理。生产现场管理人员多为生产一线员工内部晋升，管理素质相对较低，管理理念落后仅凭多年的现场工作经验，没有成本管理的概念。在实际工作中容易出现只注重生产产品，而忽视生产成本的情况。

4.未优化先进的成本核算方法

制造业企业成本管理采用的方法比较简单，目前基本上是实际成本计算成本制度，即仅满足目前的会计准则和会计制度，简单地把生产过程中的全部成本都计入产品。由于成本核算方法过于单一，难以与成本标准相比较，从而在分析实际成本与成本标准的差异以及进行成本分析的时候，缺乏相应的深度，无法在根本上推进成本管理的优化。

三、加强制造业企业成本管理的举措

1.建立正确和发展的企业文化

企业文化的确立和发展对企业成本控制具有重要作用，它不仅为企业成本控制提供了健康的文化氛围，而且促使企业员工形成了严格的成本控制意识和理念，对成本控制的具体贯彻实施具有重要的理指导意义。首先，应从公司层面，建立正确的企业成本文化，使得上至管理层，下至一线员工，都将成本控制作为自身的工作内容和自觉习惯，实现员工的自我成本管理。

其次，管理者应具备成本意识。企业的发展状况如何，取决于管理的水平素质。这不仅要求管理层要有成本意识，而且需技术创新意识、市场意识等。

2.转变成本管理理念

制造业企业应加大企业人员的培训力度，促进成本理念在企业文化中深入人心。要让员工明白只有用最少的消耗生产出更多符合社会需要的产品，用最少的支出取得最大的利润，才能实现资本增值、企业增效和个人增收的"三赢"局面。制造业企业要建立完善的成本控制体系，应摒弃传统成本控制中一味"节约、节省"的观念，树立现代的成本效益观念，使企业的成本与效益有效结合，从而在市场竞争中获得更多的经济效益的同时，实现成本控制的目的。企业在成本管理工作中，要树立全面的市场观念和竞争意识，不仅要关注传统的产品市场，还应关注新兴市场对成本管理的影响。企业生产活动的组织和实施应该以市场为导向，以客户需求为目标。只有设计开发、生产、销售满足客户需求的产品和服务，才能得到市场认可，将企业发生的成本转为效益。

3.实施技术创新

市场竞争及企业转型升级的需求，都使得制造业企业对技术创新的需求越来越强烈，实施技术创新，必须符合企业自身发展状况，不搞脱离实际的高投入，否则会加大成本。企业应结合自身实际，以市场客户为导向，研发设计出满足市场需求且成本效益合理的产品，制造业企业要加大自主研发力度，同时联合上下游企业，建立战略联盟，降低研发设计费用的同时，加速产品更新速度，在竞争中获利。此外，利用技术创新对现有产品进行再设计，也能够实现降低成本。生产环节是制造业企业成本控制的关键，对每道工序，进行成本分析，将技术攻关的重点放在制约生产成本降低的重点环节，确立技术攻关重点。通过改进生产工艺，改进产品技术等手段，实现降低成本的目标。

4.改进完善成本管理制度

企业要把成本管理贯穿产品全过程。从产品设计阶段设计理念开始，就要考虑成本去创新开发新产品。要让研发设计人员既要注重产品性能设计又要考虑产品所产生的社会经济效益，也要考虑企业现有库存材料的可替代性。在材料采购阶段，采购人员在采购材料时，既要考虑材料价格，也要考虑材料的质量、可靠性、送货及时性和物流成本等诸多因素，对采购材料全面成本进行估算，避免一些材料不能用，造成成本浪费。生产计划安排阶段，生产计划要加强各部门的联系，对生产数量、工时、机器等进行合理配置，应充分利用现有的机器设备，确保机器设备充分运作。生产阶段要合理安排生产流程，裁减重复的操作岗位，节省人工工时的耗用，提高生产过程机器自动化管理。生产完工物流阶段合理安排运输，节约成本支出。每个阶段都要记录过程，各部门密切联系有问题及时反馈，为下一个管理流程提供改进措施和借鉴经验。

5.健全成本管理绩效监控制度

首先，对生产过程中的废品损失要从原因上进行分析，原材料质量造成的要追究原料供应商的法律责任与经济责任，操作人员的技术或责任心问题造成的要加大处罚力度与原因纠察力度。其次，采用成本递减制度，由专人负责整理分析。每年年初要求各部门提交当年每月预计成本减少目标，每月终了各部门人员汇报当月完成情况，专人汇总审核，年度终了分析，并查找原因。对于提交成本减少项目要具体分析，比如采购部门提交的采购成本下降，有时拼命压低供应商的报价，表面上看着成本降低，但是供应商也会为其成本考虑，有可能会有以次充好的原材料来供应给企业，进而降低企业的产品质量。再比如生产部门人工费用的降低，表面上看企业费用减少，但也可能会造成员工工作积极性的下降，进而影响企业产品产出，收支相抵，企业得不偿失。所以对于企业成本降低的项目中要控制好一个"度"的问题。最后，建立合理的绩效指标，一切的改进措施最终都要与员工个人利益相关，要体现在个人收入的增长与减少，才能调动全体员工的成本管理的积极性。

6.优化制造业企业的生产经营流程

对于制造业企业来说，优化企业的生产经营流程，可以全过程地降低企业成本。制造业企业要从自身发展状况出发，走出一条适合自身的流程优化路径。如对物流板块业务改造，制造业企业可以通过设置专门物流配送业务部，实现自营物流，也可以外包给专业的物流公司并与其建立长期稳定的合作关系，在与企业的实际相适应的情况下，两种方式都可以降低物流成本。另外，制造业企业可以利用网络信息化来宣传推销产品，适当精简部门和营销人员，降低营销费用和人工成本。利用营销激励机制，带动营销人员的积极性，开辟新的有效销售网点，不断实现营销费用合理化。

国有资源型企业集团产业结构战略调整的实证研究

中国平煤神马集团　梁建明

一、前言

企业集团是现代企业的高级组织形式，是以一个或多个实力强大、具有投资中心功能的大型企业为核心，以若干个在资产、资本、技术上有密切联系的企业、单位为外围层，通过产权安排、人事控制、商务协作等纽带所形成的一个稳定的多层次经济组织。而国有企业集团是政府投资参与控制的一种企业组织，它担负着国有资本的保值和增值功能，并承担着一定的社会责任，是我们党和国家事业发展的重要物质基础和政治基础。我国国有企业集团的发展经过了由小到大，由弱变强，由单一到多元，逐步壮大的过程。在这个过程中，只有企业适应了内外部微观、宏观环境变化，适时科学调整企业的产业结构以适应变化了的环境，才可以有效发挥自身资源优势和竞争力，规避市场风险，做大做强国有企业。在这个过程中产业结构的科学动态调整起到一个至关重要的作用，它既是企业发展战略思想、发展方向的具体体现，也是企业发展壮大的物质保证，更是企业利润的来源。因此，一个企业集团的产业结构必须尊重客观经济规律，适应市场需求并与时俱进，企业才可以挺立潮头发展壮大，反之则会遇到困难和挫折。

二、产业结构战略调整的主要原则

坚持市场效益导向。以市场需求为导向，以赢取利润为目标，充分发挥市场配置资源的决定性作用，促进要素向市场需求大、效益好、竞争力强的产业流动，壮大优势产业，限制淘汰劣势产业，促进产业结构优化。

坚持创新驱动。大力推进科技创新，发展新兴产业，培养附加值高、科技含量高、利润率高的战略新兴产业，实现企业的产业结构升级。

坚持绿色发展。资源型企业要大力发展循环经济，实现企业集团内部产业链之间资源的互补利用，实现结构优化与环境改善同步推进，经济效益和生态效益共同提升。

坚持立足实际，科学发展。产业结构调整要结合企业自身的实际，在所处的环境、拥有的市场、资源、能力、技术等因素基础上科学实施，力争以较小的投入获得尽量多的产出。

坚持超前谋划，抓住关键。产业结构的战略调整不是一朝一夕可以完成的，它是一个在发展战略指导下不断进行的动态过程，因此必须要对产业发展的环境、生命周期、趋势、经济新增长点等提前预判，拿出对策和实施方案。同时要有所为有所不为，集中优势资源向优势产业或新兴产业集中，而不可"眉毛胡子一把抓"，分散企业有限的资源。

三、中国平煤神马集团的产业结构调整实践

中国平煤神马是一家以煤炭资源为基础的大型国有能源化工集团。中国平煤神马集团创立于2008年12月，由平煤集团和神马集团两家中国500强企业联合重组而成，其中平煤集团是新中国自行勘探设计开发建设的第一个特大型煤炭基地，已有60年的历史。其产业结构的发展大致分为四个阶段：第一阶段是改革开放前的单一煤炭产业，按照国家计划生产经营，不断扩大煤炭产量；第二阶段是十一届三中全会后，开始"以煤为主，多种经营"，1995年煤炭产量突破2000万吨，并初步构建了焦化、机械、建筑、电力等非煤行

业，企业成为以煤为主、多业并举的大型煤炭集团；第三阶段是双轮驱动发展期，实施"以煤为本，相关多元"战略，重点打造煤焦、煤电、煤化工产业，实现了煤与非煤产业并重，非煤产业收入接近全部营业收入的50%。2008年平煤集团和神马集团实施战略重组后，创立了中国平煤神马集团。聚集和放大了各自有优势，使得产业链条有效对接，产业结构更趋合理，集团竞争力又上新台阶。

新集团成立后，企业在坚持"以煤为本、相关多元"发展战略的同时，审时度势提出"三个转变"战略构想，积极实施产业结构调整，推进企业实现由规模增长向质量效益提升转变，传统产业向传统产业与战略新兴产业并重转变，实业经营向实业与资本双轮驱动转变，现在集团产业结构调整已经进入了第四阶段，即多元化快速发展的新时期。目前已经打造了煤炭采选、煤焦化工、尼龙化工、盐化工、战略新兴等五大主导产业和相关辅助产业构建的产业体系，各产业既独立运行，又相互支撑。企业已经由60年前的"一煤独大"发展为高端煤基化工为代表的非煤产业"三分天下有其二"的产业新格局，由一个传统的煤炭企业变身为新型的能源化工集团。

在"十二五"期间，集团在产业结构调整方面坚持有关原则，全力推进，具体做法如下：

首先，坚持以煤为本，强基固本提后劲。煤炭产能由建矿初期的21万吨，增加到现在的近5000万吨。大力推动煤矿由生产型向生产经营型转变，努力提升煤炭产业市场竞争力。提高原煤洗选比重，推动产品结构向精煤为主转变，不断提升产品附加值。加强科技创新，成功开发出附加值高、市场前景好的煤炭新品种，全年可转化动力煤400万吨，有效破解了当前动力煤销售困境，开辟了转化增值新途径。

其次，"相关多元"调结构，"三化"结合促转型。在立足煤、延伸煤、超越煤上作文章，始终围绕煤炭就地转化增值找出路。一是发展煤焦产业，提高焦煤转化率。煤炭消耗以燃料为主转变为以原料为主，推动焦化产业向更高水平、更高层次转型升级。构建煤—洗精煤—焦炭—化产品产业链。2004年集团焦炭产能只有100万吨。之后通过投入引进社会资本和战略投资者，现焦炭产能达到1600万吨，打造了中国最大的焦炭生产基地。10年来，焦化板块就地转化约11056.88万吨精煤。二是延伸焦化产业链，发展高端煤化工产业。大力延伸煤焦化工产业链，把资源优势转化为竞争优势。焦化企业可以生产30多种产品，以"化"养"焦"，告别粗苯、硫铵、焦油"老三样"，代之以科技和附加值更高的氢气、硅烷气、针状焦、工业萘、LNG等一批新产品，不仅提高了核心竞争力，而且成为下游产业的重要原材料。通过焦炉煤气制氢工艺，打通了全球最完整、技术含量最高、循环经济最明显、最具竞争力的煤基尼龙化工产业链，使该链条成为集团"承上启下"的产业转型链，实现了从原煤—焦炭—焦化品—尼龙66盐—工业丝—帘子布等高端产品的延伸。利用煤焦油软沥青，生产开发国际领先的针状焦，使超高功率石墨电极实现了原料国产化，成为中国最大的超高功率石墨电极企业。通过焦炉气—氢气—硅烷—工业电子产品，打通了煤基电子、战略新兴产业链。利用焦炉煤气，打通了煤基液化天然气产业链，占领了技术高峰。利用煤焦油中提取工业萘，打通了煤基糖精钠产业链，巩固了世界最大的单套糖精钠生产基地地位，最终实现从煤到终端产品的吃干榨净，在延伸产业链的过程中实现了煤炭资源增值，实现了绿色循环发展。三是发展大尼龙产业，提升国际竞争力。尼龙产业是集团的支柱产业之一，具备全球最完整的产业链条和广泛的产品组合，拥有关键技术自主知识产权、全球知名的品牌优势和现代化的销售网络。2009年以来，尼龙产业推动20万吨尼龙66盐、气囊丝项目、双30万吨己二酸己内酰胺等一批项目的建设，使主要产品年产能由20.6万吨增至65万吨，为建设百万吨级尼龙化工产业基地奠定了坚实的基础。推动产业和产品高端化，精己二酸产品达到食品级，打破国外对该生产技术的垄断，并以此打开了国际市场。尼龙下游则开发出高初始粘合型浸胶帘子布以及几十种高附加值产品，提升了产品性能和档次。结构调整促产能、效率大幅提高。尼龙66切片由成立初的1.7万吨/年增至现在的15万吨/年，可消化近一半的尼龙66盐产量，为上游满产满销及降低成本提高了有力支撑，同时为下游提高原料，保证了集团煤基尼龙化工产业链的高效运行。气囊丝作为尼龙产业的一种高端产品，规模由2007年的3000吨，快速增加到13000吨，占据了国内30%以上的市场，部分产品实现了出口，稳固了行业地位。通过发展己内酰胺、尼龙6切片，现在已构建起尼龙66、尼龙6相互补充，有效规避市场风险的大尼龙产业格局。四是依托资源优势，发展盐化产业链。集团发展盐化工产业，其战略构想是依托煤炭、原盐资源优势，形成"一黑""一白"两条产业链，促进企业良性快速发展。先后建成了50万吨离子膜烧碱和PVC、45万吨电石和120万吨制盐等项目，完善了煤电—电石—PVC产业链。这些盐化工及配套项目都是用电大户，使工业用电量大幅增加，进一步带动了电煤销售。五是发展电力产业，实现动力煤市场本地化。电力项目的建设，不仅为多元化发展开辟了新路，还在当前煤炭主业受到市场严重冲击的情况下，成为煤炭就地转化增值的"定盘星"。集团通过独资、控股、均股、参股等形式获取优良电力资产，截止到2014年年底，权益装机容量突破1212兆瓦，年发电量达370184.2万千瓦时，年供热量达148.66万吨，每年使25%的电煤内部消化。另外，和下游客户合作，锁定本地大用户，又消化了50%左右的电煤。这些电力项目在拉动煤炭主业发展的同时，还通过直供电、自备机组等形式，大大降低了集团化工企业的生产成本，提高了这些化工企业产品的竞争力。

再次，创新驱动不停步，大力发展战略新兴产业。习近平指出："从全球范围看，科学技术越来越成为推动经济社会发展的主要力量，创新驱动是大势所趋。"集团在做强主业的同时，强力挺进光伏产业，建成了世界最大的碳化硅精细微粉及制品生产基地，光伏刃料、太阳能分布式电站等战略新兴产业。率先在国内独家开发切割树脂金刚线新产品，技术达到国际先进水平。导电银浆（粉）、锂电池隔膜产品从无到有，为集团在新能源产业的进一步发展奠定了基础。强强联合，实现高纯度硅烷气历史性突破，现已经持续生产出99.9999%的高纯度硅烷，结束了国外技术垄断和国内产品全部依靠进口的历史。针状焦、超高功率石墨电极也打破了国外垄断，对于提高我国炭素行业的整体技术水平和产品结构调整，促进钢铁工业发展起到了重要作用。

最后，实施"双轮驱动"，拓展资本运作空间。开展资本运作，探索产融结合的路径，有效避免了产业扩张的资金风险。实体产业向金融产业提供发展资本，金融产业通过资本增值反哺实体产业，实现实体经济与虚拟经济的双动力驱动。通过组建财务公司、投资公司、担保公司等金融平台，投资证券、银行、基金、融资租赁等金融机构。盘活存量资金，拓展多样化融资渠道。目前已与40多家公司与世界500强企业、知名央企以及民营企业开展合资合作，走在了全国前列。

通过产业调整，在煤炭"稳"，化工"优"，战略新兴产业"进"，金融资本产业"兴"的大格局下，坚决从不具备竞争优势的产品中"退"。同时紧紧围绕主业发展了物流贸易、建工建材、机械装备等必需行业，实现了煤炭采选、煤焦化工、尼龙化工、盐化工等主业的结构比例更趋合理、产业体系日益完备。中国平煤神马集团实现了煤炭从初级原材料到高端煤化工产品的成功延伸，在全国都具有较强的示范意义。

四、结论

中国平煤神马集团经过十多年来积极推进产业结构，产业结构调得早、调得好，布局相对合理，抵御市场风险的能力强，有效降低了市场持续下行带来的风险，从中可以得出以下几点有益的结论。

（1）要建立一个科学的战略管理体系。这个体系要有战略信息收集分析判断能力、战略决策能力、战略执行能力和战略调整能力，尤其是战略决策能力是战略管理体系的决定性要素，只有企业的战略决策层善于未雨绸缪，超前研判行业的发展趋势，才可以在进行产业结构调整时做到早起步，早谋划，早发展，抢占先机，顺应经济发展的大趋势。

（2）产业结构调整要立足企业实际，制订科学的发展规划，优化产业布局。结合国家的产业政策，全面协调好发展战略新兴产业与稳定煤炭产业和提升传统非煤产业的关系，做到进退有序。一般来说，传统资源型企业产业结构调整应以现有资源为基础，因地制宜，向周边产业延伸，进行相关多元化，从而推进产业转型升级，引导产业布局向合理方向发展，走出一条有效益、有特色的科学发展道路。

（3）要善于借鉴国际国内领先企业的产业结构战略调整经验，扬长避短，为我所用。企业要认真研究发达国家同行的发展历史，分析其不同阶段的产业构成、产业升级的发展方向、产业升级的具体做法、产业调整的成败得失，从中找到产业转型升级的成果路径和实施方案。

（4）要善于利用政府政策、社会资源推进产业结构调整。在产业结构调整过程中，需要投入大量的资本、技术、土地、人工、知识技能等有形和无形的资源，这些资源企业难以全部具备，这就需要企业有获取政府政策支持，整合外部资源的能力，利用相关要素积极进行产业调整。

（5）抓好项目建设这个关键，使产业结构战略调整见实效。项目建设是战略规划实施的具体体现，也是产业结构调整的结果。项目的优劣直接决定了产业结构调整的成败，因此，需要有一套科学的项目建设决策管理体系，审慎科学把好建设项目关口，在项目前期要抓好可行性研究，在项目实施期抓好投资、技术、建设等关键因素，项目建成后则要提升经营管理能力，尽快实现盈利目标。只有这样才可以促进产业结构调整升级，使企业进入良性发展的轨道。

总之，加快国有企业集团产业结构调整升级是现阶段我国经济社会发展的客观要求，是保持国有企业持续健康发展的必由之路。因此，国有企业只有从实际出发，把握经济发展新特征，加大产业结构调整力度，加快转变经济发展方式，才可以实现更高质量、更有效率、更加公平、更可持续的发展。

经济新常态下勘察设计企业发展战略研究

安徽省交通规划设计研究总院股份有限公司　谢洪新

一、公司概况

安徽省交规院公司全称安徽省交通规划设计研究总院股份有限公司，是一家为公路、水运、市政等建设工程提供专业技术服务的工程咨询公司，主营业务为交通工程咨询服务，主要提供道路、桥梁、岩土与隧道工程、水运工程与市政工程的勘察设计、咨询研发、试验检测、工程管理等相关技术服务。公司成立于1960年，现各类专业技术人员千余人，是拥有国家工程勘察综合甲级、公路行业设计甲级、水运行业设计甲级以及市政、建筑、咨询、试验检测、工程监理、水土保持、环境影响评价、城市规划、地质灾害评估等多个行业和专业资质的综合性勘察设计单位。业务范围涉及公路、桥梁、隧道、岩土、建筑、交通工程、水运工程、市政工程等行业。公司拥有国内一流的勘探、试验检测设备和计算机软硬件系统，建立了快速高效的办公及商务信息化平台。致力于通过持续的技术创新为工程建设提供全过程、全方位、多领域的集成服务。

公司建立了股东大会、董事会、党委、监事会和经营层组成的治理架构，组建了较为规范的公司内部组织机构，制定并完善了规章制度。股东大会是公司最高权力机构，执行公司章程中规定的重大事项的议事决策工作。董事会、党委会核心任务是研究战略目标与决策，董事会下分战略委员会、薪酬与考核委员会、提名委员会、审计委员会。监事会对董事会、经营层行使监督权。经营层实行总经理领导下的分工负责制,负责公司日常业务经营和管理工作,组织实施董事会会议决议,对董事会负责。

二、调研方式

调研分为资料收集与研究、行业内标杆企业调研、组织安徽省交规院公司内部高管层与员工层访谈与讨论。

资料收集与研究主要是收集企业发展环境分析需要的国家经济政策、基础设施投资规划、行业发展形势、国际市场环境等。

行业内标杆企业调研主要是对行业内的标杆企业进行考察,对行业竞争格局和主要竞争对手进行分析,如央企设计单位、行业内上市公司、省属设计院等。

为了充分了解安徽省交规院公司的发展战略和经营管理现状,深入全面了解企业整体情况,在调研阶段还对公司高管层进行了访谈,对中层管理人员和技术骨干组织了研讨活动。

三、公司发展状况

通过调研、座谈、访谈以及组织讨论,并查看公司以往各项指标数据,了解到安徽省交规院公司目前发展状况。

(一)公司发展战略

公司坚持"质量为本、科技兴院"的建院方针,坚持"厚德筑道、自强不息"的企业价值观,坚持"守信、尽责、严谨、协作、思危、创新、卓越"的企业精神,坚持"成为综合交通领域卓越的技术运营商"的企业愿景,始终以"创作精品工程、设计现代交通"为使命,努力把公司建设成为"依托科技创新,为综合交通提供一体化优质服务的跨区域、多领域的国内一流的工程咨询集团"。

公司围绕"科技创新化、业务多元化、工程一体化、区域多层化、服务优质化、地位一流化、组织集团化"的战略指导思想，致力于构建工程建设的全过程一体化服务链的运营体系，以交通规划设计为主业，通过不断提升自身核心竞争力，逐步将公司发展为市场竞争力显著、主业优势突出、抵御风险能力强、现代企业管理体系完善、企业文化先进、具有良好品牌优势的工程咨询服务企业，为股东、客户、员工和社会持续创造价值。

（二）总体发展状况

通过调研了解到公司在过去五年成长性良好，营业收入平稳增长，累计增幅为8.51%，年复合增长率为3.76%；通过整合内部资源，提升管理能力，成本总额大幅下降，净利润实现了翻番，科研投入逐年增长。

过去五年期间安徽省交规院公司总体保持高速、高质发展，战略定位基本实现；业务整体发展情况良好，市场目标基本完成；主要职能板块有力发展，重点任务落实到位。基本实现了"规模扩大、业务拓展、区域突破、科研升级、管理提升"的战略目标。

（三）业务发展状况

构成公司主营业务的勘察设计、咨询研发、试验检测及工程管理业务的收入占比波动不大，主营业务收入构成较为稳定。2012—2014年间，勘察设计及咨询研发业务收入在主营业务收入中的占比分别达到87.21%、88.06%、90.74%、91.91%。

2012—2014年，公司主营业务中勘察设计、咨询研发、试验检测及工程管理业务的收入总体增长。但是，因全国固定资产投资以及交通领域基础设施建设投资收紧，2014年新承接业务额受到一定影响，公司主营业务出现小幅回落。

（四）管理水平状况

公司逐步推进了组织管理变革，优化了项目管理机制，构建院集团化管理体系；并实施股权激励，引进外部投资者，完成股份制改造，争取实现上市；继续推行并完成信息化管理体系建设，加快财务管理能力提升和财务管控体系升级，继续优化管理制度体系，重点提高制度的执行性。

公司结合上市公司要求，加强体制建设和管理创新，建立法人治理结构，优化调整组织机构，修编管理体系文件，完成股份制改造，完善信息系统建设，提升财务管控能力。使得体制健全、体系完善、组织合理、信息全面、财务规范。

（五）科技创新情况

公司加大了科研业务投入，通过实施两个专业化，即科研专业化、产品专业化，加快科研业务的突破升级；制定专项科技发展规划，加大科研人才、科研资金、科研设施等的投入，制定合理的科研激励与保障机制，摸索建立科研工程平台，逐步提升科技创新能力，努力为业务的长期持续发展提供技术支撑。

公司完成了科研项目管理诊断与咨询工作，制定了科研规划顶层设计方案，完成了多项科研项目，取得多个技术中心，建立了科研工程平台，获得了一批有影响力的荣誉和奖项，取得了重大技术突破。

（六）市场营销拓展状况

积极布局省外营销网点，形成"立足安徽、面向全国、拓展海外"的区域格局，业务覆盖西北、西南、华南地区，组建了六个省外分支机构。业务在区域上取得了积极的进展，在云南、重庆、四川、青海、湖北、湖南、甘肃、新疆、内蒙古、广东、福建、浙江等多个省份，以及非洲的莫桑比克、马达加斯加、肯尼亚、南亚的斯里兰卡、老挝等多个国家均取得了项目，省外营业收入逐年增加，目前占比已达25%左右。

（七）人才队伍建设状况

公司坚持"健康工作、幸福生活、持续发展"的人才发展战略，通过实施人力资源规划、创新人才培养体系与发展通道、加强人才队伍的合理流动和关键资源配置、实施长效激励政策、优化分配考核与福利机制，保障员工的发展利益，最终提升员工的幸福指数。

四、公司发展形势分析

（一）发展环境分析

1.宏观发展环境

从经济角度，国民经济、固定资产投资放缓的背景下，面临"稳增长、调结构"的"新常态"。固定资产投资增速放缓，以投资拉动的经济刺激效应减弱，对于典型依赖固定资产投资增加获得快速发展的勘察设计行业单位来说，行业的发展速度也可能下降。

从政策环境角度，从近期投融资体制改革政策的解读来看，国企改革、严控地方政府债、大幅放宽民间投资市场准入将成为改革方向，对设计院未来的发展产生深远的影响。

从技术环境角度，互联网+、3D打印、绿色建筑等前沿技术将推动建筑行业技术变革、创新发展。随着绿色城市、智慧城市、人文城市理念深入人心，城市综合基础设施建设、城市产业布局优化面临着广阔的市场空间。

2.行业发展环境

2014年以及2015年上半年，勘察设计行业收入持续增长，但行业利润率持续下滑，业内企业普遍面临转型升级。工程总承包业务模式得到国家政策支持，资质管理逐渐放开，标志设计行业面临新的市场化改革进程。

从行业发展趋势角度，国家投资体制改革，资本运作成为发展热点；市场化进程进一步推进，加快行业改革步伐；推进行业产业化发展，加大企业资源整合能力要求；并购重组进一步加剧，行业集中度将逐步提升。

从行业投资环境角度，随着多项区域发展规划的出台，和国家"走出去"步伐的迈进，勘察设计和工程建设领域的总投资规模将仍保持稳定增长态势。

（二）发展环境分析结论

"十二五"期间，受益于国家固定资产投资和基础设施投资政策，勘察设计行业企业都得到了快速发展，规模得到了扩张，从业人员迅速增加，但今后随着经济新常态，固定资产投资增速放缓以及投资结构的调整，在民用建筑、工业、高速公路等细分领域勘察设计业务量将增速减缓，相应勘察设计企业存在转型压力。

受惠于国家投资结构的调整，新型城镇化、一带一路、生态环保、水景观、水环境、轨道交通、综合管廊、海绵城市等新型业务将成为新的增长点。

五、公司战略发展研究

（一）战略发展优势

1.技术及研发优势

公司具有"集成一体化、技术领先性、设计信息化、研发绿色化、工程工业化"优势。

公司八个行业，以勘察设计、咨询研发、试验检测和工程管理四个主产业链，具备十八个专业，为客户提供集成一体化的工程咨询服务。在大跨度、高墩、特殊结构、市政景观桥梁设计领域，公司在行业内具有领先地位；具备在复杂地形和特殊地质条件下的勘察设计能力；在城市隧道和山区长大隧道领域，公司设计技术实力较强；在市政工程领域，公司具有品牌和多专业协同优势。以"互联网+交通""互联网+勘察设计"为载体，"转变新思维、应用新技术、发展新模式"，充分应用协同、BIM、云计算、3S、数据库、三维、智能交通等新一代信息技术，实现产品的"可视化、精确化、参数化、协同化"。公司依托交通运输部批准的公路节能环保研发中心，围绕废旧材料循环利用技术、节能环保新材料新技术开发以及节能环保新产品研发等方向开展新技术、新工艺、新材料、新产品的技术研究，在行业内具有领先地位。基于标准化设计、工厂化制造、装配化施工创新设计研发与应用，构筑物标准化方面形成成套关键技术，同时强化科技成果向行业工程化应用与产业化推广，提升行业科技含量。

2.人才队伍优势

人才资源是勘察设计行业的核心资源，公司的人才优势突出表现在拥有一支高素质、年轻化、专业化和经验丰富、结构合理、服务意识强的人才队伍。专业涉及众多领域，具有丰富的专业理论知识及实践操作能力，为公司项目的勘察设计、研发、改进等提供了良好的专业背景。同时公司具有完善的人才培训体系和人才激励制度。公司高级人才储备充足，高于行业平均水平。

（二）战略发展不足

1.业务可持续增长压力

2014年下半年以来，国内经济下行压力日益严峻，国家基础设施投资强度、结构、方向进行了调整，市场萎缩，行业竞争日趋激烈，导致公司2015年新增合同额、新承接项目同比出现明显下滑。

2.多元化业务转型压力

受到资质审批、设备投入、资本能力、投资人才的限制，在轨道交通、施工总承包、EPC\BOT\BT\PPP、股权投资等多元化业务拓展方面成效不够明显。

3.管理创新的压力

公司目前实行的是扁平化、一体化的管理模式，在这种模式下，公司管理层可快速地将决策权延至生产经营的最前端，管理层次比较精炼，管理弹性较大。随着公司规模的快速增长，相应的管理幅度也在不断增大，如何有序整合相关的数据、合理配置企业资源、有效提高决策效率等一系列精细化管理的需求是公司当前面临的重要课题。

4.市场拓展压力

虽然省外营销网络初步构建，未形成集中拓展优势。省外市场没有可靠的客户资源，形成不了区域集中优势；同样，海外市场处于初步发展阶段。总体来看，公司的各项业务在省内经营能力较强，但全国化拓展能力不足，进展不快。

（三）战略发展建议

通过对公司发展的外部环境和内部资源的分析，公司虽然当前发展状况较好，但未来面临一定的压力，应最大程度挖掘内部资源，形成合力，提前进行转型升级。建议：

1.资本化

建议公司推进上市工作，通过资本运作平台的建立，整合企业内外部多方面资源，凭借上市后雄厚资本实力和品牌影响力在大型项目上具有竞争优势，并借助上市形成非相关业务多点开花的多元业务布局。

2.拥抱互联网

以"互联网+交通""互联网+勘察设计"为载体，建立"数字设计院"，实现"管理信息化、运营网络化、产品数字化"，发展互联网营销、数字化生产和信息化管理。

3.产业链延伸

立足主营业务，通过市场营销与转变服务方式提升产品附加值，保持主营业务的可持续增长；同时提倡跨专业和行业横向拓展和实现产业链上下游延伸纵向发展形成多元业务形态。

国际工程项目人力资源管理现状分析
与管理体系探讨

中国水利水电第十三工程局有限公司　鲜仕军

一个企业的国际化程度，不仅是业务的全球化，更重要的是理念的全球化，人力资源要素的全球化。优秀的人力资源是公司的核心竞争力，国际化的人才是国际企业谋求全球发展的核心资源。

一、国际工程项目人力资源管理概述

（一）国际工程项目概念

关于国际工程项目，学术界还没有一个统一的、明确的定义。本文认为国际工程项目是指面向全球，参与主体来自不同国家，投入较大数额资金，在一定约束条件下，按照国际惯例经过决策、实施等一系列程序，以形成若干内在联系的单项工程组成的实物资产为明确目标的一次性过程。

（二）国际工程项目人力资源管理概念

国际工程项目人力资源可以定义为：从事国际工程项目生产活动的所有干系人的劳动能力的总和。根据干系人的性质，可将国际工程项目人力资源分为两种类型：内部的人力资源，即项目经理、项目团队成员等项目团队能力总和；外部的人力资源，即除此之外的项目参与方的能力总和。

国际工程项目人力资源管理是为了顺利完成客户委托的项目任务，根据既定的目标任务设置工作岗位，科学合理地在全球范围内配备人力资源，明确每名成员的工作职责、权限和具体工作任务，调动其积极性和主动性，实现人力资源与工作任务之间的优化配置，并对团队个体成员进行管理、约束和激励，在项目实施进程中不断地进行沟通、协调、修正，从而实现"质量好、进度快、成本低"的项目管理目标，对项目人力资源进行规划、获取、管理和开发，以实现最优组织绩效的全过程。

国际工程项目人力资源管理是在人力资源活动、员工类型和项目所在国三个维度之间进行国际招聘、分配和有效使用人力资源的过程，主要目标是满足全球化竞争的战略需要。

国际工程项目人力资源管理是客观实践活动及其理论基础的统一，即一种有意识地按照项目的特点和运行规律，对工程项目进行人力资源管理的过程/活动，同时它也是一种管理学科的分支，即以工程项目管理中的人力资源管理活动为研究对象的一门学科。它是探求工程项目人力活动的科学的理论和方法。

（三）国际工程项目人力资源管理的特点

国际工程项目人力资源管理属于微观领域范畴，是国际项目管理系统的子系统。相对于一般组织人力资源管理，它的独特性主要体现在以下几个方面：

1. 国际化人才的需求

国际工程项目的履约过程，不仅是一个生产的过程，而且还是一个国际商务过程，一个经营的过程，一个建立合约关系到履约结束的法律过程。不仅需要生产技术人员，还需要国际商务人才、经营策划人才、公共关系沟通与法律事务等方面人才。国际工程是一项充满风险的事业，国际项目管理需要一大批复合型、开拓性和外向型的中高级国际化专业人才。

2. 人员的高流动性

据一项调查数据显示，国际工程项目的工期一般在一年到五年。工程项目结束后，其项目成员及组织结构也随之解散，人力资源和劳动工具也会随着转移回母公司或转移到新的项目。

另外，参与工程项目的人员数量也随工程进展而发生变化，具体表现为开工初期递增，施工后期逐渐递减，中间阶段是对人力资源需求的高峰期，人力资源管理的方式和内容需要经常根据环境条件的变化进行调整，实现动态管理。

值得注意的现象是，人员的高流动性一般发生在外派的中方员工身上。如国外某市政工程项目履约到第二个年度时，就已发生人员流动（含退场和组织调离）110余人次，而项目高峰期中方人员仅139人。如此高频率的人员流动给项目人力资源管理和实现持续稳定的履约带来相当大的困难。

3.跨文化管理

国际工程参与者多来自不同国家和地区，因社会环境、经济环境、文化环境、政治环境、语言环境、法律环境、宗教信仰的不同，在生活方式、沟通环节、风俗习惯和工作方式方法等方面存在很大的差异，如何融合地域差异，使不同文化背景的项目干系人协同工作是国际项目人力资源管理面临的最大挑战。

二、国际工程项目人力资源管理现状

伴随着"走出去"战略的深化，中国企业的国际化发展进入了与国际接轨的实质性起步阶段，但国际化进程仍然较慢，国际人力资源管理尚处于艰辛的探索阶段。

分析国际工程项目的人力资源管理状况，除了需要与国际一流企业或国际化程度比较高的日韩企业进行对标外，还需要将之置入公司的发展战略和人力资源规划等层面进行综合分析。

基于上述思考，目前，中国涉外施工企业国外工程项目的人力资源管理在宏微观层面存在一定的问题。

（一）高层重视不够，缺乏理论研究

决策层对现代人力资源管理缺乏足够的认识和重视，因而在企业发展规划中，人力资源战略还没有放在应有的重要地位，适合中资企业特色的海外人力资源管理理论和管理方法的研究与探索动力不足，还没有构建一套适合自己，并与国际接轨的境外工程项目人力资源管理框架体系。

（二）人力资源管理部门的职能发挥不到位

大部分企业的人力资源管理部门，其职责基本停留在人事管理层次上，其观念和工作思路与现代人力资源管理的基本要求有相当差距。在人员管理上还是以"安置"和"管控"为主要目的，部分企业甚至还没有建立起完整的人力资源库，更不必说员工的职业发展和规划了。

另外一个比较突出的问题是岗位设置不科学，按照行业进行岗位设计较为普遍，"博而不专、专而不精"常见，这与国际工程项目对专业技能的需求不匹配，不利于人力资源的深度开发和企业核心竞争力的培育，其根源在于国际工程项目人力资源管理部门缺少战略的引导和系统的支持，基本停留在人事管理的日常事务上。

（三）内部人员的甄别和选派缺乏科学性

在内部人员的甄别和选派中，最主要的问题就是运用"国内取得的绩效等同于海外所能取得的绩效""高学历高文凭等同于高技能"等观念来指导实践操作。名牌学历与国内的业绩成为最主要的选择标准，而国际标准和国际惯例等知识结构、语言技能、跨文化沟通能力却没有引起足够的重视。尽管业务技能是重要的，但是与不同文化背景的个体和群体协同工作的能力对于外派人员更为重要。

（四）外派员工不适应国际环境

在海外项目经营过程中，从企业内部外派的员工经常遭遇"水土不服"的困境。国际工程项目日益面临国际化人才缺失、外派员工绩效低、工作不适应、人员归国后离职率高等一系列问题。

外派员工的失败，无论对组织还是个人，所带来的直接和间接损失都是巨大的。直接损失如时间成本、重新安置和再培训费用等。间接损失则不可量化，包括企业在员工心目中的形象、员工外派失败的心理阴影给重新上岗所带来的影响、增大项目干系人正常沟通的难度、企业声誉受损、挫伤员工工作积极性以及降低员工满意度等。

（五）对国际雇员的合同管理能力偏低

目前，国际工程项目管理中，针对第三国雇员的管理系统尚未健全；劳动合同方面，依然存在岗位设计、职责范围、业绩考评和薪酬体系等方面的不完善；激励和职业道德约束机制亟需完善。

（六）项目绩效管理不规范

项目绩效管理是一项复杂的系统工程，包含绩效计划、绩效执行与沟通、绩效控制、绩效考核、绩效反馈等多个环节所组成的一个循环不断的过程，其核心是通过提高团队成员的绩效，达到提高项目绩效以及整个组织绩效的目的。

把绩效管理简单理解为绩效评估的现象较为普遍，将绩效管理工作简化为对一张或几张评估表格的事前设计、事后填报和认定工作，而进一步的绩效分析、绩效反馈与沟通、改进与提高等环节的工作并没有真正开展。

绩效管理的目的只是用于利益分配，从而忽视了绩效管理最终目的是实现绩效的改进和提高的真谛，导致项目绩效管理的真正目的无法实现，甚至诱发矛盾冲突。

（七）缺少系统培训

目前，大部分企业人力资源培训还只是停留在基本的业务层面上，还没有形成一套有效的行前培训系统，如缺少海外工程项目亟需的针对性很强且行之有效的培训内容，大致包括：文化与环境意识培训、语言训练、模拟练习、体验式训练、预先访问及一些诸如压力管理和敏感性等方面的新型培训内容。另一方面，目前培训的主要动机是提高员工技术水平以便适应现有的工作，而疏忽员工积极性和创造性的开发，没有建立起员工职业发展和规划等方面的培训学习体系。

对培训效果缺少评估或者评估流于形式。大多数企业的培训往往是浮于形式，甚至是为了应付检查，形成了为了培训而培训的尴尬局面。培训效果也没有一个系统的评估机制，这样，对培训过程起不到一个良好的促进和监督作用，培训效果也无从考证。

（八）员工考评体系不健全

员工考核应包含工作态度、基础能力、业务水平、责任感、协作能力以及自我学习能力等几个方面的内容。

现实中大部分中资企业的国际工程项目管理中，员工考核评价体系不全面，甚至根本还没有这个体系。

（九）薪酬激励脱钩

1. 与国际优先发展战略脱钩，外部竞争力差

中资企业实施国际优先发展战略，但薪酬体系没有真正向海外员工倾斜，海外员工和国内职工之间的收入差距不明显，而工作环境相对恶劣，工作压力大；有些核心岗位的薪酬不具有外部竞争性，造成外派难和留住难的"两难"局面。

2. 与项目特点脱钩，内部竞争不公平

单纯以项目合同额、上缴利润两个指标决定项目薪酬系数，而没有综合考虑项目本身的复杂程度、项目所在地的环境、风险程度以及项目的中标背景以及中标策略等因素，越是高风险、恶劣环境和执行艰难的项目，内部薪酬激励的不公平越突出。

3. 与工作业绩脱钩，有效激励不够

没有根据岗位设置、工作态度、个人能力以及工作业绩综合考评确定薪酬水平，单纯以岗位确定系数，不能体现出不同岗位之间绩效和工作努力程度的差异，既不符合现代企业制度的绩效管理理念，也不能调动国际项目员

工的积极性。

海外业务优先发展的政策不够强劲，薪酬待遇和晋升通道的优势和差异化不明显，吸引力度不强，激励力度不够，属地化经营程度较低，在一定程度上放大了海外经营风险。

三、国际工程项目人力资源管理体系建设

（一）建立项目组织机构

国际工程项目的组织框架及其人员结构、专业技能要求和需求量，基本取决于项目内外环境、项目规模、施工内容和专业的复杂程度，以及公司总部在项目所在国家的业务发展计划和项目人员流动损失预测等因素。在实际工作中，项目所需的管理人员和施工人员数量随着项目执行阶段和内外环境变化而不断调整。在中高端市场，工程项目的组织框架大致由项目、技术、合同、商务、施工、行政、安全和质量部门经理组成，根据工程特点和项目工作量，按照专业需求设置不同的岗位。

（二）工作分析

所谓工作分析，就是指对项目施工内容和有关的各个因素进行系统、全面地描述和研究的过程。它的主要功能是为人力资源管理部门及其管理者提供诸如"这项工作的内容是什么，其职责和权限是什么、承担这项工作的必要条件是什么"等方面的信息，以便于人力资源管理部门掌握项目所需人力资源的基本条件。

具体做法是：分析总结每项项目活动的六个方面，即工作内容（What）、责任人（Who）、工作岗位（Where）、工作时间（When）、怎样操作（How）、为何要做（Why），根据这些工作信息制定工作说明书和工作规范两类专门文件。其中，工作说明书具体说明工作的内容、责任和环境等；工作规范责任说明任职资格。

（三）岗位设计

岗位设计又称工作设计，是在工作分析的信息基础上，根据项目履约并兼顾个人的需要，规定每个岗位的任务、责任、权力以及项目组织中与其他岗位关系的过程。它是把工作的内容、工作的资格条件和薪酬结合起来，目的是满足员工和组织的需要。

岗位设计问题主要是组织向其员工分配工作任务和职责的方式问题，岗位设计是否得当对于激发员工的积极性，增强员工的满意感以及提高工作绩效都有重大影响。

1. 岗位设计的主要内容

包括工作内容、工作职责和工作关系的设计三个方面。

2. 岗位设计考虑的因素

一个成功有效的岗位设计，必须综合考虑各种因素，即需要对工作进行周密的有目的的计划安排，并考虑到员工的具体素质、能力及各个方面的因素，也要考虑到本单位的管理方式、劳动条件、工作环境、政策机制等因素。具体进行岗位设计时，必须考虑员工因素、组织因素和环境因素。

3. 岗位设计的原则

岗位设计要遵循的三个原则：专业分工原则、协调费用最小原则和不相容职务分离原则。

（四）招聘与录用

招聘合适的人选并将其安排在合适的岗位上使其发挥作用，是国际项目人力资源管理的一个重要任务。由于国际项目的员工招聘涉及跨国问题，与国内相比，就显得比较复杂。但不管怎样选择人才，专业能力、跨国文化的适应能力、家庭因素，以及企业本身的经营范围和发展规划都是几个必须考虑的要素。有时可能针对不同国家的经营战略要求，采取不同的招聘政策。

1. 人力资源来源

外求与内调。外求如东道国人员、第三国人员等。

2. 招聘标准

①适应能力；②独立工作能力；③年龄、经验和教育；④健康及家庭状况；⑤动机等。

3. 招聘途径

①内部招聘（针对性培训，要求更全面、更特殊的知识和技能）；②刊登广告；③推荐渠道；④利用当地资源；⑤利用代理机构，并支付费用，如猎头公司和中介公司。

4.属地化管理

当前，在境外工程项目的实施中，中方企业一般采取如下举措来实现本土化管理：

雇佣当地专业人才为企业服务，如律师、工程师等人员。这些人员可以帮助中方企业更加透彻地了解当地的法律法规，工程习惯以及社会习俗；菲律宾、印度和巴基斯坦等国家的雇员，他们构成了中东国家工程项目普通工程师的主力军，语言沟通无障碍，同时具备一定的专业水平。

对于普通技术工人和服务操作人员，实行分岗招聘。如普通工人主要来自尼泊尔、印度等国家，劳动力数量庞大，具有低成本优势，但工作技能需要培训和开发；设备操作手和司机等操作人员需要在当地获得证书，必须采取当地招聘；对于其他服务岗位，主要采取从印度、巴基斯坦、非洲等不发达国家招聘，以保证此类人员可以高效获得同时成本低廉。

辅助岗位如文控和秘书之类的岗位，雇员主要来自菲律宾，因为他们有语言和低成本优势。

需要格外注意的是，在与应聘者进行录用谈判时，特别是外籍雇员，须明确各种薪酬与福利待遇，并且明确写入录用通知书或者劳动合同中。候选人来自不同的国家和地区，有着不同的文化和思维方式，如果不能明确各种利益相关事项，很可能导致其按自己的经验和习惯进行判断，从而极易引发劳动争议。

（五）持续培训

人力资源管理中的一个中心思想就是要保持员工与工作的持续匹配，而当员工技能与工作要求出现偏差时，就需要对员工进行培训。员工培训是人力资源管理投入的主要形式，其目标是使员工不断地更新知识，开拓技能，改进员工的动机、态度和行为。这是保持员工与工作匹配的关键环节。

由于项目的性质和特点不同，对员工的培训的内容和方式也不同。培训的形式主要有六种，即入门培训或新员工培训、矫正培训、晋升培训、再培训、交叉培训和再入门培训等。而就培训的整个过程来说，培训是一项系统工程，包括三个不可分割的阶段，即计划阶段、实施阶段和评估阶段。

员工培训也是人力资源开发的一项重要组成部分。无论是项目层面还是企业层面，通过培训和开发，不但能使员工获得更多对工作有利的技能，还可以实现两个目的：一是提高员工解决问题、沟通以及团队建设等方面的技能；二是强化员工对企业的奉献精神和贡献欲望，从而促进企业发展。对员工培训工作大致可以分为五种类型：

（1）一般知识普及和提高方面的培训，包含项目所在国政治、经济、社会信息和文化差异培训；

（2）有关项目工作岗位所需的专业知识和技能方面的培训；

（3）现代管理知识技能方面的培训；

（4）有关本行业领域最新技术方面的培训；

（5）企业文化方面的培训。

高质量的人力资源不是先天形成的，需要后天的培养。因此，培育人才是项目乃至一个企业人力资源开发与管理的主要职能之一。在培育人才的过程中，需要根据每个人素质、经历、能力和知识结构的不同，针对个人特点安排不同的培训计划。同时，培训过程中也要根据工作具体内容的不同，充分体现知识培训与实践培训紧密结合的要求。

（六）绩效考评

有效的绩效考评，不仅能确定每位员工对组织的贡献或不足，更可在整体上对人力资源的管理提供决定性的评估资料，从而可以改善组织的反馈机能，提高员工的工作绩效，更可激励士气，也可作为公平合理地酬赏员工的依据。

1.科学设计项目员工绩效考评指标体系

绩效考评指标体系的功能结构是一个系统，评价指标体系包括"德""能""勤""绩""关键事件"五大子系统，是素质结构，能力结构、态度结构和业绩结构等子系统的有机结合。这些子系统中体现功能的各个评价要素指标，又反映了不同员工绩效的不同功能。比如，素质结构中的各项评价指标反映了员工的思想品质功能，能力结构反映了员工的实际能力或特殊能力的功能，业绩结构则反映了实际工作效果的功能等。

2.建立规范化文件

员工绩效考评是一个有机的整体，测量是它的基础，评定是它的关键环节。为了使测量更加公正客观，建立全项目的《员工职能基准说明书》和《员工职务基准说明书》两份规范化文件，同时对"德"和"勤"评价子系统的各项指标也给予了较准确的界定，以保证员工绩效的评定更加科学合理。同时，员工绩效评价的实施，也可以为进一步补充和调整上述规范化文件，提供有价值的参考依据。测量和评定都是员工绩效考核的重要内容。两者相辅相成，互为补充。

3.构建科学权威的考评组织

考评组织包括考评人员和考评方式。不管考评制度如何完善，如果考评人员缺乏必要的培训，也决不会有效运用这一制度。有效的考评组织应该兼具权威性与科学性。

考评组织的权威性要求考评人员应该是作风严谨、坚持原则、精通业务并且值得信赖的。考评人员依据管理层次的不同可分为决策层、协调层和执行层等三个层次。决策层一般指项目经理，协调层一般指项目部门经理等人员，执行层一般指被考评人员的直接上级。

考评组织的科学性源于对考评人员坚持不断地加以培训。培训的主要目的是：统一调整考评人员使用的评定标准；明确考评规则；加深对考评方法的理解；加深对考评制度及目的的理解等。

4.选择考评方法

员工绩效考评方法，是一种兼有测量之长和评定之优，对所有员工的素质（德）、能力（能）、态度（勤）、业绩（绩）进行计量、鉴别的方法，是一种定性与定量相结合的方法。

运用定性—定量原理，我们将人事管理的丰富经验与先进的考评方法有机结合起来，从而实现了测评标准和计量方法的有机统一。

常用的考评方法有：等级评估法（ABCD法）、目标考评法、序列比较法、相对比较法、小组评价法、重要事件法、评语法、强制比例法、情境模拟法以及综合法。

采用多种方式进行考评，可以有效地减少考评误差，提高考评的准确度。

比如，可以安排直接上级考评直接下属的"重要工作"和"日常工作"部分；同事之间对"工作态度"部分进行互评。另外，还可以让员工对"日常工作"和"工作态度"部分进行自评，自评成绩不计入总成绩。主要是让考评人了解被考评人的自我评价，以便找出自我评价和考评组织评价之间的差距，这个差距可能就是被考评者需要改进的地方。这些资料可以为后面进行的考评沟通提供有益的帮助。

为了减少考评误差，人力资源部门可以建议考评人对被考评人的"重要工作"和"日常工作"经常进行非正式考评，并记录关键事件，在正式考评时，可以以此为原始材料。另外在考评时，考评人对所有被考评人的相同项目进行集中考评，而不要以人为单位进行单一考评。

5.制定考评制度

项目人力资源部门在完成考评内容选取、考评题目编写、考评方法选择及其他一些相关工作之后，就可以将这些工作成果汇总在一起，来制定项目的"绩效考评制度",该制度是项目人力资源管理关于绩效考评的政策文件。有了"绩效考评制度",就代表着项目的绩效考评体系已经建立。

"绩效考评制度"应该包括考评的目的和用途、考评的原则、考评的一般程序等方面内容。

6.避免考评误区

绩效考评,把人力资源管理实务的各项工作联结在一起,在人力资源管理实务中居于核心地位:招聘配置、培训开发、薪酬福利、职业发展、干部选拔等,都离不开绩效考评。因此,成功的绩效考评体系,是现代人力资源管理不可或缺的一个组成部分。然而,在从传统人事管理向现代人力资源管理转变,设计绩效考评体系的过程中,常常会不自觉地陷入如下误区,导致设计出来的绩效考评体系存在着诸多的不足乃至失败,如:

（1）传统消极文化和意识观念影响考评系统的运作;

（2）没有进行职位分析;

（3）考评结果全部由最高领导人审定;

（4）采用单一的、省时省力的综合标准;

（5）将考评等同于考察;

（6）黑箱作业,缺乏反馈;

（7）没有就考评结果与员工面谈。

项目绩效管理体制是由国际项目的特点决定的。由于外籍雇员来自不同的国家和地区,有着不同的思想和文化观念,如果一个绩效体系做得非常复杂,流程比较多,势必会在沟通上花费过多时间,所以国际工程项目的绩效管理体系应该崇尚简易、快速和重点突出。

（七）薪酬与福利

补偿、激励和调节功能为薪酬的三个基本功能。薪酬的补偿功能是指薪酬对在正常条件下劳动者的现实劳动消耗给予的物质补偿。薪酬的激励功能指薪酬会对劳动者的一定劳动成果给予奖励。薪酬的调节功能是指薪酬所具有的协调平衡。

项目人力资源的开发和管理中，薪酬与福利是一个最敏感的问题，尤其是工资问题处理的好与坏直接影响到项目目标的实施效果和员工劳动的积极性。通常，国外项目的工资薪酬系统由三部分组成，即员工收到的货币收入、福利待遇和工作条件与环境。

薪酬与福利也是提升员工满意度的关键因素之一。内部公平性和对外竞争性是维护员工对薪酬满意度的两大原则，公平性可以通过项目组织结构、职位系统和评价体系来实现；保持对外竞争性，了解当地市场同类级别薪酬的25%点、中点或50%点和75%点，薪酬水平高的项目应注意75%点处甚至是90%点的薪酬水平，薪酬水平低的项目应注意25%点处的薪酬水平，一般的项目应注意中点薪酬水平。

由于不同的人对工资有不同的理解，对于项目员工来说，工作薪酬是家庭收入的主要来源，而对于项目管理者来说，员工的工资薪酬又是项目生产成本的一部分，因此，不同的项目和不同施工环境，项目的薪酬和福利政策是有差别的，项目人力资源管理部门须掌握劳动力市场人才的供求状况，根据企业战略、企业价值观对人员的要求以及企业生产经营和员工特点，考虑国际国内两个市场竞争对手的人才竞争策略，在保证企业和项目财力能够支付的前提下制定符合项目实际情况的薪酬与福利政策。

国际工程项目的薪酬体系涉及的因素复杂多变，必须保持不同岗位、不同国籍的外籍雇员薪酬支付的合理性，同时保证薪酬绩效系统能真正提高各国员工工作的热情和积极性。

在国际项目中，合理的薪酬体系应该是以分层为主要依据，以分区为辅助依据进行上下调整，最终的结果该薪酬体系既能反映岗位的价值，又能反映国家和地区的差异，在动态中达到相对的平衡。分层是指按照岗位的重要性、岗位的价值以及对组织贡献度等区分出岗位层次，它是薪酬支付的主要依据。分区具体指的是以外籍雇员所在国籍为依据，按其国籍当地的生活成本、工资水平等的相似度划分归类的方法

针对岗位不同特点采取灵活计薪方式。根据项目各阶段的实际运作情况和岗位不同特点，设计出兼顾项目和员工利益的计薪方式。

欧洲和北美等地的高级雇员，工资水平非常高，所以采取了日薪制的计薪方式，节假日和休息日不支付薪酬，同时也不支付加班工资。这种方法也是欧美籍雇员普遍能接受的方式。

对于大部分的普通工程师和管理人员，项目采取了月薪制的方式，可以有效降低成本，又能满足其稳定拿到薪水的期望。

对于特殊雇员，比如，工作时间不确定的司机和部分操作服务人员，适宜采取比原工资稍高的固定工资制，从而可以有效降低用工风险和劳动纠纷。

由于国际工程项目的人员来源复杂，文化背景差异，个人的需求参差不一，因此，在国外项目管理实践中，除了实施物质激励外，正面的赞扬、愉悦的鼓励、开心的刺激要不吝惜管理的工作负荷和时间成本，因为它们能换来员工更大的动力和效率，同时还能转换成宝贵的快乐心境与愉悦的人际氛围。

后 记

　　《企业职场——高级职业经理人论坛（乙未年版）》汇集编撰了中企高管人才素质能力提升工程第一期、第二期高级职业经理人研修班学员的50篇优秀调研报告（研修论文），经过各方面的努力，终于付梓面世了。

　　出版此书，主要是中国企业联合会、中国企业家协会和中国人民大学会同河南、安徽、甘肃等省政府联合成立的中企高管人才素质能力提升工程委员会，为了更好地贯彻党和国家提出的"建立职业经理人制度，发挥企业家作用""更加注重发挥企业家才能，更加注重加强教育和提升人力资本素质"的精神，适应经济社会发展新常态，着眼于培养和造就一批具有世界眼光、战略思维、创新精神、经营能力的职业化、市场化、专业化和国际化的一流企业家和高级职业经理人才，从总结提升的层面凝聚职业经理人的管理创新经验，对建立有中国特色的职业经理人制度的路子进行了有益探索。

　　中国企业联合会、中国企业家协会副会长、中企高管人才素质提升工程委员会主任、安徽省人民政府原副省长黄海嵩同志作为主编，从该系列丛书的总体框架设计到书名确定、封面装帧等一系列工作提出了具体要求。河南投资集团董事长朱连昌、安徽古井贡酒集团董事长梁金辉，作为该书的副主编，为该书编撰出版发行做了大量工作。中企高管人才素质提升工程委员会常务副主任姚待献对全书内容逐篇认真进行把关审阅和修订。中企高管委办公室丁宁协调各方面和论文作者做了不少工作。在此，还要向负责本书出版的企业管理出版社孙庆生社长、企业管理杂志社采编中心主任王仕斌、责任编辑尤颖和其他编辑表示衷心感谢！

由于时间仓促，书中疏漏在所难免，恳请各位专家、读者提出宝贵意见和建议。

编者

二〇一六年三月